## 《清史论丛》编委会
（以姓氏笔画为序）

王戎笙　杨　珍　杨海英　李世愉
李华川　吴伯娅　陈祖武　张捷夫
林存阳　高　翔　郭松义　赫治清

**主　编**　李世愉

**副主编**　李华川　杨海英

**编辑部**　王士皓　李　娜　李立民

# 清史论丛

中国社会科学院
历史研究所清史研究室 编

二〇一七年 第一辑

总第三十三辑

社会科学文献出版社
SOCIAL SCIENCES ACADEMIC PRESS (CHINA)

# 《清史论丛》编委会

（以姓氏笔画为序）

王戎笙　杨　珍　杨海英　李世愉
李华川　吴伯娅　陈祖武　张捷夫
林存阳　高　翔　郭松义　赫治清

**主　　编**　李世愉
**副 主 编**　李华川　杨海英
**编 辑 部**　王士皓　李　娜　李立民

# 卷首语

  《清史论丛》是由中国社会科学院历史研究所清史研究室主办的专业集刊，创刊于1979年，是国内清史学界历史最为悠久的学术刊物。在历任主编杨向奎、王戎笙、张捷夫等先生的主持下，我们走过了艰辛的历程，即使在学术著作出版困难的岁月里也从未放弃。其间，得到海内外学术界的支持和保护，得以基本保持每年出版一辑，主要探讨清代政治、经济、社会、文化、思想、学术、中外关系等问题，每辑篇幅约30万字，努力展示历代学人潜心治学的成果，因而在海内外清史学界具有良好影响，也为欧、美、日、韩及东南亚、港、台许多大学的图书馆和研究所收藏。不看作者出身，只重论文质量；同时注重培养青年人，一直是本刊坚守的两大原则。不少清史学者的代表作和成名作均在这里发表，他们用辛勤的汗水浇灌了这个园地。为了适应学术发展需要，本刊从2015年起改由社会科学文献出版社出版，一年两辑，面向海内外一切清史研究及爱好者，栏目有专题研究、学术争鸣、读史札记、书评综述等。文章千古事，得失寸心间。让我们一起走过岁月，沉潜沉醉，沙里拾金。

# 目 录

## 本刊特稿

皇太极入关机缘与得失
——明金己巳之役若干问题考辨 ……………… 姚念慈 / 3

## 科举研究

"不劳兵之法"
——科举制度与清王朝的确立和巩固论析 ……… 章 广 / 121
明末清初的科举制与地方社会重整
——以明清鄞县科举望族为例 …………………… 夏 柯 / 138
以公益求公平：清代州县考棚述论 ……… 毛晓阳 邹燕青 / 147
清代河南乡试的供应状况及其特点 ……………… 程 伟 / 168
乾隆至光绪年间的新进士培养方式探讨 ………… 邹长清 / 185

## 专题研究

明清之际河南地方秩序的瓦解与重建
——以1644~1645年河南局势的变化为中心 …… 朱亦灵 / 205
乾隆诗文中的康熙妃嫔 …………………………… 杨 珍 / 226

雍正朝改土归流是为了完善法治 ………………………… 方悦萌 / 233
从不理村寨与非世袭的土司看雍正朝以后
　土司制度出现的新变化 ……………………………… 尤　佳 / 243
"救日"与救国
　——1901年辛丑日食的政治史及文化史意蕴 ………… 李　林 / 255

## 文献研究

论晚清乡土历史教科书的编写特色 …………………… 吴四伍 / 275
《李安德日记》节译之四 ……………… 李安德著　李华川译 / 290

## 读史札记

顾广圻集外题跋一则考释 ………………………………… 李立民 / 303
《清太宗实录》中天聪朝史实曲笔管见 ………………… 李文益 / 309

# CONTENTS

## Feature Article

Re-examination of 1629's Ming-Aisin Campaign: The Opportunity and Success-failure about Hongtaiji's Invasion of the Inlands
  Yao Nianci / 3

## Research on the Imperial Examinations

Way of not Using Force: The Imperial Examination System and the Establishment and Consolidation of the Qing Dynasty
  Zhang Guang / 121

The Reform of Imperial Examination System and Local Society at Late Ming and Early Qing Dynasty: Take a Literary Family of County Jin as an Example   Xia Ke / 138

For the Fairness by means of the Public Welfare: Rearch on the Examination Room of the Prefecture and County in the Qing
  Mao Xiaoyang, Zou Yanqing / 147

Supply Condition and Characteristic of Henan Provincial Examination in Qing Dynasty   Cheng Wei / 168

Research on the Ways of Training the New Successful Candidates in the Imperial Highest Examination from Qianlong to Guangxu Periods
  Zou Changqing / 185

## Research Articles

Overthrow and Reestablishment of Local Order: Focus on the Change of
　Henan's Situation (1644 – 1645)　　　　　　　　*Zhu Yiling* / 205

Kangxi's Concubines Illustrated in the Qianlong's Poems and Proses
　　　　　　　　　　　　　　　　　　　　　　　　*Yang Zhen* / 226

Improving the Rule of Law is the Purpose of Bureaucratization of Native
　Officers in Youzheng Period　　　　　　　　*Fang Yuemeng* / 233

New Change of Chieftain System after the Yongzheng Period through the
　Chieftains didn't Manage Villages and Lost Hereditary Rights
　　　　　　　　　　　　　　　　　　　　　　　　*You Jia* / 243

Rescuing the Sun and Rescuing the Country: Political and Cultural
　Implications of Reactions to the Solar Eclipse in 1901　*Li Lin* / 255

## Sources and Archives

Research on the Compiling Features of the Local History Textbooks in
　Late Qing　　　　　　　　　　　　　　　　　　*Wu Siwu* / 275

Translation of *Andrew Ly's Diary* (4)
　　　　　　　　　　　　　*Andrew Ly*, Trans. *Li Huachuan* / 290

## Research Notes

A Textual Research on the Prefaces and Postscripts beyond
　Gu Guangqi's Collected Works　　　　　　　　　*Li Limin* / 303

Deliberate Digression in Writing: Foucus on *Qingtaizong Shilu*
　　　　　　　　　　　　　　　　　　　　　　　　*Li Wenyi* / 309

本刊特稿

# 皇太极入关机缘与得失

## ——明金己巳之役若干问题考辨

### 姚念慈

**摘　要**：己巳之役是金军第一次深入畿辅，于明清双方影响深远。以往论述多从清官修史书，致使真相隐晦莫明。本文试用明清两方面史料互相参证，就皇太极兴兵本意、明朝抚御蒙古失策、蓟镇虚弱与金军入关之因缘、袁崇焕勤王及北京城下之战、崇祯逮捕袁崇焕与反间计之真伪、金军北返线路与时间、皇太极打通山海关受阻及出关之际明金两军态势等问题进行考辨，力图还原历史的本来面目。

**关键词**：己巳之役　皇太极　苏布地　孙承宗　袁崇焕　祖大寿

己巳（公元1629年，明崇祯二年，金天聪三年）之役，是明清历史上的一件大事。

皇太极大军自十月二十六日破关入明境，先据遵化、三屯，旋由蓟州直逼北京，其后南至良乡、固安，东突永平、山海关，蹂躏顺天、永平两府州县20有余，城堡村寨不计其数。明军则从溃败转入相持，直至围追堵截。双方大战于北京城下4次，其余战斗有记载者亦不下10余起。皇太极于次年庚午（1630）二月十六日出关，前后盘桓明境凡百有十日。明军收复全部失地更迟至五月初，距金军入关半年有余。

此役对明清双方影响深远，自不待言，却鲜见有系统的研究。究其原因，或在事件本身头绪繁多，而明清双方记载又多有阙失，且于己方均有夸大掩饰之嫌，以致彼此抵牾。明朝方面，《国榷》可信度虽较高，然稍显零乱，或夹杂传闻；《崇祯实录》多抄自《国榷》；《崇祯长编》所载奏疏甚多，而编纂不无舛误，且须判断拜发与批复时间之差。清官修《满文老档》不甚完备，《清太宗实录》较为整齐，但于关键处有意作伪。因此，人们至今难以对战争过程有较为全面深入的认识。真相不明，其得失和意义即无从谈起。治史者或图简便，或以"无尊不信"，奉清修官书为圭臬，偶引明朝记载，只作旁证，不自觉即堕入误导之中。

本文不避琐屑，以明清双方史料互相参证，就己巳之役若干问题进行考辨。史实表明，皇太极出师之日，目标似在察哈尔蒙古，而非如《清实录》所书"伐明"。经由蒙古地区行军半月，方决定南向攻明。由于明边防体系诸多缺陷，金军入关之初势如破竹。然深入北京城下，与袁崇焕军两战不胜，实已陷入维谷。崇祯逮捕袁崇焕导致局势恶化，关宁兵东溃，而与反间计无关。皇太极得以侥幸避免合围，随后东走，冀图打通山海关，却连连受阻，并有遭致明军东西夹击之虞，出关之际，实为仓皇。其战果既远非清官书宣扬的那样辉煌，亦非今人所谓攻灭明朝的成功模式。

遗憾的是，其间许多细节，无法详考。唯于信疑之间，多留余地，以免鲁莽决裂。人至衰年，闭门造车，倘于前辈时贤研究成果未及寓目，预先致歉。然绝无鲸吞掩掠之意，谨供印证参考之芹。若有合辙，幸莫大焉。

## 一　皇太极兴师"伐明"质疑

**1. 初衷攻明？还是察哈尔？**

《清太宗实录》（以下简称《实录》）卷5，天聪三年十月初二日癸丑：皇太极"亲统大军伐明"。《满文老档》（以下简称《老档》）同日，"丑日巳刻，谒堂子，率兵起行"，未有"伐明"字样。以前出征皆明书所掠之地，今以一国之汗亲率大军，既书拜堂子，则慎重其事；而何独不书所伐者为谁？

据《清实录》卷5，数月前皇太极已有联合蒙古诸部攻明的设想。六月初二日乙丑："上谕诸贝勒大臣曰：从前遣白喇嘛向明议和，明之君臣若听朕言，克成和好，共享太平，则我国满汉蒙古人等当采参、开矿，与之交易。若彼不愿太平，而乐于用兵，不与我国议和，以通交易，则我国所少者不过缎帛等物耳。我国果竭力耕织，以裕衣食之源，即不得缎帛等物，亦何伤哉！我屡欲和而彼不从，我岂可坐待？定当整旅西征。师行时，勿似先日以我兵独往，当令蒙古科尔沁、喀尔喀扎鲁特、敖汉、奈曼诸国合师并举。"此似因前与明督师袁崇焕屡次议和不成而形成的重大决策，而《老档》不载。迨八九月间，有左右翼贝勒济尔哈朗、德格类、岳托、阿济格率兵万人往略明锦州、宁远诸境，焚其积贮，凡一月，俘获以3000计，见《清实录》九月癸未。此行规模不小，仍是独有金国兵，并未如皇太极前谕与蒙古科尔沁等部"合师并举"。即使此时联络蒙古诸部尚未妥帖，亦见皇太极用兵明朝非必有满蒙联合之既定方针。《老档》缺八九月事，十月初二日兴师之上一条，乃七月十八日皇太极致书袁崇焕，其末有"我欲和好，而尔不从，致起兵端"云云，似十月初二出兵即因此而起，虽无"伐明"字样，而以前文已含此意故而省写。殊不知《老档》残缺而《实录》所载八九月攻明宁、锦之举，正七月致书中"兵端"之注脚。故《老档》不书"伐明"，倒不如解释为上月伐明之兵方凯旋，此时用兵意向并不明确所致。

十月大举兴师，究竟是实现皇太极六月初联合蒙古攻明之设想，抑进而肆掠诸部蒙古之敌察哈尔，或别有意图，遽难断言。总之，进兵半月有余，均在诸蒙古境内。蒙古各部先后"以兵来会"。初八日，皇太极责喀尔喀巴林部马匹羸瘦，来兵甚少，"朕曾谕尔等善养马匹，勿轻驰骋，以备征讨之用"。并见《老档》同日。实则此"征讨"令诸蒙古备马会兵，不过上年皇太极率军征察哈尔之重演。① 而诸部蒙古之所以倒向建州，即因天聪初年为察哈尔林丹汗所败，不得已向金国求援。② 林丹汗虽从兴安岭西行，退避至明边境宣大，并未遭到严重挫折。皇太极欲牢牢笼络诸部蒙古，即须为其彻底解除察哈尔的威胁。故其责备巴林部善养马匹"以备征讨"，并不能确指皇太极此行"征讨"目标即六月上谕所谓联合蒙古诸部以攻明。③

---

① 《清太宗实录》卷4，天聪二年九月庚申："上将征蒙古察哈尔国，遣使谕西北降附外藩蒙古科尔沁国诸贝勒，喀喇沁部落塔布囊等，敖汉、奈曼及喀尔喀部落诸贝勒，令各率所部兵会于所约之地。"并见癸亥以下各条；中华书局，1985。

② 和田清：《明代蒙古史论集》下册，商务印书馆，1984，第467~468、708~712页。

③ 晚出诸书，有踵《清太宗实录》者，如魏源《圣武记》卷1《开国龙兴记三》："天聪三年冬（崇祯二年），大举伐明，以蒙古兵为向导，兵十余万，分道深入。"中华书局，1984。《清史稿》卷2《太宗本纪一》："冬十月癸丑，上亲征明，征蒙古诸部兵以次来会。"中华书局，1976。然亦有不遵《清实录》者，如谈迁《国榷》卷90，仅于十月以下记"建虏"入大安、龙井诸口；中华书局，1988。谷应泰：《明史纪事本末补遗》卷6《东兵入口》，亦止述建州兵破关，而略其兴之由；中华书局，1977。夏燮：《明通鉴》卷81亦如之；中华书局，1980。今中外著述，无论通史抑断代史，反不加辨析，皆奉《清实录》为准的，以皇太极兴兵旨在攻明。

而最可注意者，《实录》十月十五日丙寅，大军次辽河，科尔沁部、察哈尔降部及喀尔喀部诸蒙古以兵来会。皇太极谕诸贝勒大臣暨外藩归顺蒙古贝勒等曰："明国屡背盟誓，蒙古察哈尔国残虐不道，皆当征讨。今大兵既集，所向宜何先？尔等其共议之。"诸贝勒大臣有谓"察哈尔国辽远，人马劳苦，宜退兵者；有谓大军已动，群力已合，我军千里而来，宜以见集兵征明者"。皇太极"以征明之议为是"，遂统大军向明境进发。发兵半月，中途再讨论用兵所向，足见出兵之日所谓"伐明"之绝不足信，皇太极亦漫无定见。而"察哈尔国辽远，人马劳苦，宜退兵"，实因劳师千里，不甘空手而归，方有"宜以见集兵征明"之议，则更见当初出师目标在察哈尔。《老档》同日详载与蒙古各贝勒相见，却不书咨询大军所向之事。是日尚未至喀喇沁领地，亦不见苏布地来见，则《实录》定议"征明"亦未必可信。

此后仍沿辽河上游一带西行，《实录》十九日庚午，至苏布地之城，方进入喀喇沁。二十日辛未，大军次喀喇沁之青城。是时仍有两种选择：继续西进，征伐明宣大境外的察哈尔，或南下向明长城进发。"大贝勒代善、莽古尔泰于途次私议，晚诣御幄，止诸贝勒大臣于外，不令入，密议班师"。据皇太极告之诸小贝勒，两大贝勒担心"劳师袭远，若不获入明边，则粮匮马疲，何以为归计？纵得入边，而明人会各路兵环攻，则众寡不敌。且我等既入边口，倘明兵自后堵截，恐无归路"。因此"固执不从"。皇太极谓诸小贝勒曰："我谋既隳。"且曰："伊等既见及此，初何为缄默不言，使朕远涉至此耶？众志未孚，朕是以不怿耳。""岳托、济尔哈朗众贝勒劝上决计进兵。是夜子刻（方与两大贝勒）议定，上遂统大军前进。"此段曲折与五日前众贝勒之议论相照应，亦不见于《老档》。然所谓远涉至青城，仍在可以前往明边外宣大之方向；所谓初缄默不言，正见十五日未必以攻明为定议，代善、莽古尔泰即属不赞成攻明者。今又以入明边境或将无所获，或深入之后遭明军围剿，故坚持班师。有必要指出，代善、莽古尔泰对深入明境的担忧，在很大程度上为日后的事实所证明。《清实录》既明载二人与皇太极意见冲突，为证明皇太极执意入关的决策正确，则势必夸张金军战果而掩饰其失利，这是《清实录》编纂者的意图所决定的。

此前十五日商议用兵所向，所谓"察哈尔国辽远"，即指林丹汗向西远遁,根据明朝方面的记载,当年八月察哈尔似已不在明宣大境外,至少前锋已抵至延绥一带。① 皇太极十月初二日出师时,很可能对此并不清楚,误以为察哈尔仍停留在明蓟镇以北,直至行抵蒙古诸部最西部的喀喇沁,方确认失去原定目标,须重新商议大军所向。故实情更有可能的是,二十日至青城,皇太极才明确即将挥师南下攻明,与两大贝勒密议时再次遭到反对。若就此而返,皇太极自然无以树威。幸有诸小贝勒迎合皇太极,力主攻明。于是当日敕谕八固山额真方有"朕仰承天命伐明"一语,与初二日出兵"伐明"、十五日"上以征明之议为是"相照应。然《老档》所载敕谕仍不见此语。《实录》此前定议"伐明"显为后来补述之词。《老档》未载诸贝勒分歧,唯载皇太极当日颁布敕谕与《实录》略同,有即将进军"山海关内"之意。

事实若果如《实录》所述,十月初二日沈阳出师目标即定于伐明,或十五日再次议定伐明,则二十日代善、莽古尔泰二人中途密议班师,则为阻扰进军,隳坏皇太极之成谋、众贝勒之定议,根据后金制度与传统,应为大罪。试观天聪四年监禁阿敏所据诸条罪行即可知。何于代善、莽古尔泰不予追究?若以己巳年皇太极羽翼未丰,不宜加罪二位兄长大贝勒,迨天聪六年初南面独坐,称帝之心昭然若揭,为此必打击代善、莽古尔泰,网罗新旧罪状,己巳之役途中隳坏成谋,阻扰攻明一事岂非一大口实,焉能放过?然观皇太极曾历数代善罪状,却并无此条。若以即位时代善曾有拥立之功,尚留情面,对莽古尔泰则无须顾忌。天聪十年诬陷莽古尔泰谋反,兼并其所辖正蓝一旗,竭尽诬陷之能事,但仍不见此罪行。

《老档》成书在《实录》之先,自无讳言之理由。然晚出之史料却提供佐证,又如何解释?《清史列传》与《八旗通志》之代善、莽古尔泰传俱不载此事。《清史列传》卷2《萨哈璘传》:"三年十月,上征明,次波罗河屯,大贝勒代善、莽古尔泰密请班师。"《八旗通志》卷129《萨哈廉传》不载此事。《八旗通志》卷136《岳托传》:"次喀喇沁之青城。岳托父大贝勒代善及大贝勒莽古尔泰入御幄议班师。"而《清史列传》卷3

---

① 参见《崇祯长编》卷25,崇祯二年八月初八日庚申,延绥巡抚张梦鲸疏言:"插部拥兵红水滩索饷,以宣、云为例,其数颇多。"癸酉,延绥总兵吴自勉塘报:"插部二十万挟赏不遂,拥众入犯。"台湾"中央研究院"历史语言研究所校印本。

《岳托传》又缺载。可见两书并非互抄。两书均不载于主要当事人之传，而皆代善二子传中，且不俱载，一载之《岳托传》，一载之《萨哈廉传》，可见两书编纂者皆不欲彰显其事。同一事隐于其父而见于其子，或古史之笔法。而更重要的是，此事于代善、莽古尔泰并不为过，而于岳托、萨哈廉（又写作"萨哈璘"——编者注）则可以为功。是故，代善、莽古尔泰密议班师一事即属事实，《实录》并非尽诬，之所以不能成为二人罪状，只能说明十月二十日行至喀喇沁青城，在是否进兵明朝上，代善、莽古尔泰与皇太极依然存在分歧，恰又证明伐明一举既非出兵之日成谋，亦非前五日之定议。魏源《圣武记》卷1《开国龙兴记三》尽从《清实录》，无所辨证，不足为训。

**2. 苏布地与皇太极关系之疑点**

十月皇太极兴师，十五日与科尔沁、察哈尔二部、喀尔喀、土默特诸蒙古会合，若以《老档》纪事为实，则并未明确下一步进军方向，而必待十九日至喀喇沁会见苏布地之后，次日方决定攻明，则攻明一举当与喀喇沁蒙古及苏布地有莫大关系。是皇太极为苏布地所引诱怂恿，抑苏布地面对皇太极所胁，为转移目标，故献计攻明，或别有原委，无详细史料，只能稍作推断。

察哈尔从兴安岭故地向西迁徙，喀尔喀、喀喇沁诸蒙古惨遭凌虐，故而倒向金国。但根据明朝方面史料，东部蒙古诸部与金国之结合似乎不像《清实录》记载的那么顺利。《清实录》卷3，天聪元年六月庚子，"蒙古敖汉部落诸贝勒、奈曼部落诸贝勒举国来附"。两部落皆察哈尔属部，从辛酉日可知为敖汉部落琐诺木杜稜塞臣、卓礼克图，奈曼部落衮出斯巴图鲁三贝勒。七月己巳日结盟，从此反戈相向察哈尔。然而同年明辽东督师王之臣向朝廷奏报："西虏都令色俾乃蛮黄把都等以数万人东投建（虏），幸其部落多不愿往，建（虏）亦疑忌，不令渡河，其部众已大半西投虎墩兔憨。今乃蛮黄把都部落夷目能乞、兔金、歹青等男妇共五千七百三十来降，臣令总兵杜文焕、尤世禄、侯世禄、朱梅，副总兵王牧民、祖大寿受之。"下部议，降夷置塞外。① 是则奈曼部有相当一部分人归附于明。都令既敖汉部杜稜塞臣，其投靠金国，使明山海关以外防线出现缺口。"西虏

---

① 《明熹宗哲皇帝实录》卷1，天启七年九月戊子；台北，中研院历史语言研究所校印本。

自都令等东投奴贼，北边行六七日间无一夷，则我之肩背皆受敌之地也"①，之臣旋命"都督府总兵王世忠出关抚夷"。王世忠为哈达部后裔，与林丹汗为姻亲，当是在察哈尔与敖汉、奈曼之间作调停。②

然而林丹汗继续西迁，并攻陷东蒙古诸部中最西的朵颜，即为明朝得知："插汗西攻摆言台吉哈剌慎诸部，诸部多溃散，或入边内避之。"③ 哈剌慎，清称之喀喇沁，即明之所谓朵颜。摆言即伯颜，或布延，为喀喇沁另一台吉弼喇什之父，见《清史稿》卷229《弼喇什传》。据宣府巡抚秦士文奏报："插汗儿即虎墩兔憨（林丹汗）争哈剌慎所分部落，谋犯塞，宜豫为备。时虎墩兔憨倾巢而来，以旧辽阳让（建房），杀哈喇兔，直抵杀胡堡，克归化城，夺银佛寺，收习令色等。""是月，插汗虎墩兔憨与习令色盟归化城。""时插汉虎墩兔憨驻独石塞外旧开平所胁赏，且东侵丰州滩（即归化城所在东土默特）套房，尔邻勒吉能告援。"④ 皆同一事。时为金天聪元年。此即所谓"赵城之战"，结果察哈尔大获全胜。于是便有了《清实录》卷4天聪二年二月，喀喇沁、喀尔喀诸贝勒塔布囊致书皇太极乞援，署名苏布地为首。⑤

而明朝方面的记载，皇太极最初则是凭借兵威，对喀尔喀、喀喇沁蒙古趁火打劫。"建房驻兵河上，邀截降夷难民"。"建房二万余骑屯锦州塞外，以都令为向导，攻克拱兔男青把都板城，尽有地产。青把都遁。复西诱束不的与合，不听。我兵亦出哨，截之回巢"。⑥ 都令与拱兔同为察哈尔属部。一投金国，一为金国所攻，取向不同，而皆林丹汗暴虐之所致。"西诱束不的与合，不听"，是知苏布地既不欲追随察哈尔余部，亦未投向

---

① 《明熹宗实录》卷87，天启七年八月戊申，督师王之臣奏；台湾"中央研究院"历史语言研究所校印本。
② 《明熹宗实录》卷2，天启七年十月壬寅。
③ 《明熹宗实录》卷2，天启七年十月庚申。
④ 分见《明熹宗实录》卷3，天启七年十一月甲子卷末；卷4，十二月卷末。
⑤ 和田清：《明代蒙古史论集》引《游牧记》下册："林丹汗恃其强，侵不已，（土默特部）鄂木布楚琥尔愤甚，因约喀喇沁苏布地等共击之于赵城。恐不敌，天聪二年，偕苏布地上书乞援，寻来朝。"第481页。依和田清的意见，苏不的或作苏布地、束不的，为朵颜部酋长长昂的遗子，即后来投降清太宗的塔布囊苏布地，为今喀喇沁右翼的始祖。同书，第457页。
⑥ 谈迁：《国榷》卷89，崇祯元年二月丁未、壬子。《崇祯实录》卷1，系于三月初四日乙丑；台湾"中央研究院"历史语言研究所校印本。

金国，其为明军拦截回巢，很可能是希望得到明朝接济，同时又乞请皇太极出兵共同攻打察哈尔。皇太极所遣使臣为察哈尔多罗特部截杀，遂亲率偏师击溃多罗特部，并再次致书喀喇沁贝勒吴尔赫、塔布囊等云"果欲和好"，则"可为倡率"，并"遣人来面议一切可也"。① 二人在苏布地等致书中，列名较后，而皇太极既不致书苏布地，亦不令二人转致，则苏布地态度甚可玩味。喀喇沁部为蒙古哈剌慎部与原朵颜部之混合体，或皇太极尚欲于其中施展纵横之计。

据《清太宗实录》卷4，直至天聪二年七八月间，喀喇沁方与金国结盟，迟于喀尔喀、敖汉、奈曼诸部数月。究其原因，即在于五月与察哈尔交战失利，而未能获得明朝支持，内部或发生分化。《崇祯实录》卷1，元年五月己巳，"朵颜卫苏不的即长昂孙也，三十六家同伯颜、阿亥等部，与插汗虎墩兔憨战于敖木林。插汗失利，杀伤万余人"②。云插汗失利，自是误传误信。达力扎布认为，此次与察哈尔作战的并不是喀喇沁（朵颜），而是金国联合察哈尔奈曼部攻击察哈尔阿喇克绰特部和多罗特部，而非林丹汗本部。③ 然而，作战地点敖木林（敖木伦）既在喀喇沁领地之内，若以察哈尔宿敌的朵颜似无所作为，颇不好解释，而朵颜内部分化亦又在此役之后。故推测极有可能是金国出兵助战，以此挟制喀喇沁投向金国。《国榷》卷89，崇祯元年六月丁酉："时朵颜三卫头目束不的与虎敦兔憨构兵，总督张凤翼檄谕之曰：尔始祖都督完者帖木儿以来，世效忠顺。插汉夺尔巢穴，尔聚兵报复，然尔三十六家力弱，又合顺义王乃济。今闻欲与建虏合兵。彼贪诈无信，何自投陷阱也。"可见苏布地乃朵颜部嫡裔，非后来侵入之哈剌慎蒙古一系。此次兵败，明朝不愿接济，苏布地投靠金国之事方露端倪。九月，喀喇沁部诸贝勒即参加金国联军攻掠察哈尔兴安岭旧巢。

---

① 《清太宗实录》卷4，天聪二年二月丁巳。
② 据《明熹宗实录》卷71，天启六年五月乙巳，辽东督师王之臣报："虎酋感朝廷厚恩，口口报德。虽未可必其功效，而据报夷头脑桑阿儿寨等领兵远涉，已到敖木林，以助兵为名。而哈哈、炒花等亦称会兵截杀，且留下通事二名以备缓急通报，则其情近真矣。"似林丹汗此次兴兵乃为报上年之仇。另据《明神宗实录》卷373，万历三十年六月戊申兵部署部事萧大亨疏："惟是东虏插汉脑儿原系元裔，驻牧旧大宁熬母林等处，部落繁衍，介在蓟之间。"则朵颜部并所属之敖木林原在察哈尔控制之下。
③ 见氏著《明代漠南蒙古历史研究》，内蒙古文化出版社，1998，第298~301页。

《清太宗实录》卷5，天聪三年正月辛未："上颁敕谕于科尔沁、敖汉、奈曼、喀尔喀、喀喇沁五部落，令悉遵我朝制度。"似以五部蒙古一体看待。当时并无蒙古编旗之事，"我朝制度"他书作"国宪"，内容若何，不能详指。奇怪的是，前引当年六月初二日乙丑皇太极上谕欲与联合攻明之诸蒙古中，却又不见喀喇沁在列。皇太极如欲假道攻明，喀喇沁为必经之地，且距明境最近，何以不将喀喇沁考虑进来？如此看来，喀喇沁与金国的关系多少有些微妙，至少不如其他四部落与金国关系紧密。六月初四日丁卯，有"蒙古喀喇沁部落布尔噶都戴青台吉卓尔毕"及土默特等遣使金国朝贡之事，却又非以苏布地之名义。

《清太宗实录》卷5，天聪三年八月初八日庚申："遣喀喇沁部落苏布地杜稜归国，上御殿赐宴，厚赉之。"相当慎重，却不书苏布地何时来金国，有何目的，叫人疑惑。《老档》不载八月事，不能得其详。《国朝耆献类征初编》卷首35《外藩蒙古回部王公表传》卷32《喀喇沁部总传》："六月，苏布地及图噜巴图尔孙色稜等率属来归，诏还旧牧。"① 据此则苏布地欲举部附属于金，并于金国领地内驻牧，而为皇太极所拒绝。故所谓"赐宴厚赉之"，以示不得已而仍然亲好。喀喇沁欲放弃旧地，越过土默特蒙古驻地东投金国，如此好事，皇太极何不仿其父将兀鲁特蒙古明安及巴约特蒙古恩格德尔两部编成二旗并允许在金国境内游牧之先例加以收纳，而偏偏令其还驻"旧牧"呢？据明朝方面记载，当年初喀喇沁、喀尔喀蒙古以及金国皆发生饥荒。② 事实上，苏布地在请求金国接纳其部众的同时，又乞援于明朝督师袁崇焕接济，详见次节。故皇太极拒绝苏布地的理由，是仅考虑到金国内部难以承受此压力，抑或嫌其在明朝与金国之间虚与委蛇，难以判断。总之苏布地在金国未能如愿以偿，多少是一种挫伤。在此背景下，恐很难设想此时双方已达成两月之后进攻明朝的密谋，且下文所述皇太极大军破关入明时苏布地未曾同行，以及苏布地对明朝的态度，均难与此猜测吻合。

《国榷》卷90，崇祯二年（天聪三年）八月十三日乙丑："建房三千骑、属夷束不的三千骑，自大镇堡分二道，自杏山高桥铺，自松山直薄锦

---

① 《清史稿》卷518《藩部一·喀喇沁部》同。
② 谈迁：《国榷》卷90，崇祯二年三月丁巳："朵颜三卫及建房大饥。三卫夷半入于建房。"

州。"十四日丙寅,又至。十八日庚午,陷双台堡。二十九日辛巳:"建虏出大小凌河,毁右屯卫城而去。"似为一次规模不小的联合行动。然如前所述,《清太宗实录》九月癸未追述济尔哈朗等往掠锦州,未见有蒙古军队的配合。《明史纪事本末补遗》卷6《东兵入口》:"先是,建州兵有事辽西,(明)重兵皆聚宁前、锦右,而山海关以西塞垣颓落,军伍废弛。三卫束不的等多携贰,故建州兵大举入口。"亦只言皇太极大军入关时有苏布地(束不的)部落,而未言苏布地部参加金军掠辽西锦州。估计即或有部分喀喇沁蒙古参与,亦非苏布地所属。①

而可以明确的是,引导皇太极入关攻明的为喀喇沁另一台吉布尔喀图,即《清太宗实录》六月赴金朝贡之布尔噶都戴青。《清史稿》卷518《藩部一·喀喇沁部》:"(天聪三年)十月,上征明,以塔布囊布尔哈图为导,入遵化。"同书卷229《布尔喀图传》:"布尔喀图,初为喀喇沁部台吉。天聪三年六月,使入贡,九月,来朝。十月,太宗自将伐明,以布尔喀图尝如明朝贡,习知关隘,使为导。师入边,克龙井关,抚定罗文峪,分兵命布尔喀图戍焉。"六月入贡,正是皇太极宣布联合蒙古攻明之时,而喀喇沁蒙古不在其中。布尔喀图正赴金国,则当有所闻知,或表示支持。其九月朝贡金国,明载《清太宗实录》卷5天聪三年九月癸卯,或专为祝贺金国攻掠山海关锦州一带,离上次赴金仅隔3月,甚是亲密。但没有材料显示布尔喀图此行是奉苏布地之命,其对金国的态度,或与苏布地有所差异。

**3. 皇太极入关后苏布地之表现**

更可注意的是,《清太宗实录》卷6,天聪四年正月二十六日丙午,皇太极大军深入燕京之后,于北返时东突山海关不果,不得不西旋而又受困于遵化之际,令苏布地作明金双方调人,代己致书明崇祯:

> 朵颜三卫都督都指挥苏布地等奏:臣等累世以来,为皇上固守边围,受恩实多。今满洲以强兵来侵,臣等不暇为备,以致被困,手足

---

① 明人纪事,凡三卫,即喀喇沁、喀尔喀蒙古部落,多归于苏布地名下。如谈迁《国榷》卷90,崇祯二年十月庚辰:"京师闻警,或言建虏及束不的合兵,或言建虏插汉合兵,无确耗。"若以朵颜参与破关攻明,尚不为无据,而以察哈尔与金国合兵,则风马牛不相及。谈迁于此无定见,录风闻而已。

无措。切思满洲汗之意，或驻汉境，或返本土，势不使臣等出其掌握。臣等受皇上厚恩，不胜惓恋，是以驰奏。臣等闻满洲汗云："我屡遗书修好，明国君不允。我将秣马厉兵，以试一战，安知天意之不终佑我也。"其言如此。皇上若悯小民之苦，解边臣之怨，交好满洲，以罢师旅，则朝廷赤子获享太平，而臣等边防属国亦得蒙恩矣。不然，臣等愁困，小民怨苦，何时可已？朝廷之民不得耕耨，臣等不蒙恩泽，恐失皇上爱养斯民、优恤属国之道。伏乞皇上推仁，急允和议罢兵，庶小民得事耕耘，臣等亦得安堵。惟皇上熟筹，速议修好焉。

苏布地自述其身份为"朵颜三卫都督都指挥"，当为明朝所封三卫最高首领。皇太极于蒙古诸贝勒中独以苏布地联系明朝或以此。苏布地书中自称"臣等边防属国"，名义上仍奉明为宗主国，则知其即使不是三卫中唯一与明朝保持联系者，也是联系最为密切或最能为明朝信任者。书中所述朵颜随金国大军攻入明朝乃因胁迫所致，自难据此以判断其情伪，然而至少表明苏布地并未完全投靠金国，仍愿与明朝保持宗藩关系。其转述皇太极"以试一战，安知天意之不终佑我"，字面意思是退却之际仍不肯承认失败，或欲再次兴兵，实又透露出皇太极对此番攻明并不视为成功。苏布地随即委婉道出此次金军联合蒙古兵入边，目的一如往昔犯抢劫掠，[①] 并未因曾围攻燕京而兴灭明之意，这些都是显而易见的。明朝方面记载，"是月，三卫属夷为建虏请款"，即指苏布地致书崇祯之事。[②]

何以皇太极独以苏布地致书崇祯？其为明所封朵颜三卫都督都指挥固然是一个理由，但如欲增加致书的分量，则当如《清太宗实录》所记天聪二年二月喀喇沁乞援金国以苏布地领衔，附以其他众多首领。而之所以未如此，则又似朵颜首领中唯有苏布地未曾彻底投靠金国而与明朝破裂。此

---

① 此与次月皇太极致书崇祯及明锦州方面转呈议和书，表达的是同一个意思："意者以城下之盟为耻，抑冀我兵之速退为幸，故不相答耶？天既假我以机，我奈何弃之而去？我将于天所与之地耕屯以守，尔八府之民岂能安意耕乎？……今我两国之事，惟和与战，别无他计。和则尔国速受其福，战则尔国被祸，何时可已？尔锦州官员其传语众官，共相商榷，启迪尔主，急定和好之议可也。"见《清太宗实录》卷6，天聪四年二月初九日己未。并见《老档》同日。

② 《崇祯长编》卷30，崇祯三年正月。

与八月苏布地赴金国请求归附入其领地内驻牧无果而归，或不无关系。

还可注意的是，《清太宗实录》卷6，苏布地致书明朝半月前，天聪四年正月初九日己丑，镇守永平贝勒济尔哈朗、萨哈廉奏言："喀喇沁部落苏布地仍前扰我降民，闻即来朝见，伏乞皇上严谕之。"当指苏布地即将从朵颜故地入关朝见皇太极。另据《老档》同日："闻苏布地入边掳掠归降汉人，二贝勒遣人致书曰：为何杀掠我降民？尔一表人才，而来犯无故，实尔先启衅端矣。我绝不轻贷。命将所掳妻子尽送还原籍，尔等亦永返家，否则严惩不贷。"喀喇沁部众随皇太极大军入关，明见《老档》《清实录》。① 但苏布地及其所部显然并未随行，而此时方至，又为济尔哈朗等责令返回。《老档》二月初一日："闻喀喇沁蒙古至迁安抢掠，遂遣人致书于喀喇沁部众台吉、塔布囊等：若奉汗命而来，可往朝见。汗若有旨，即遵行之。若非奉命而来，令速返回。倘在此不往，则我方之人畏惧尔等，致误农事，我等亦不容尔等留此，必调兵驱逐出境。勿疑我言，当速行之。"二月十四日，皇太极致书跟随金军的喀喇沁卓里克图等四人严厉约束部众，不见苏布地其名。而至二月二十日，即皇太极出关四日之后："苏布地杜稜迎于敖木伦河岸，杀牛十、羊二十进宴。"综此数条，似则苏布地正月初九日方欲入关或入关后不久，即被遣回故地。其代皇太极致明崇祯之书是从塞外发出的，或因此《老档》不载。凡此，皆说明苏布地与皇太极配合得不甚默契，似隐隐折射出其二者关系并不和谐。

关于朵颜部进入迁安县境，明朝亦有记载。《崇祯长编》卷30，崇祯三年正月二十五日乙巳："大清以永平所获之半散给口外诸部，调束不的等三十六家进桃林口，阿晕台吉并夹道各家进董家口，赶兔、秃拉光、阿李台吉舍剌兔等进罗文峪，俱约以次日齐入。总兵官杨国栋密探以闻。"按，桃林口在永平府治以北60里，董家口在抚宁东北70里，属明蓟镇三协中之东协。明朝前线将领以为苏布地部众奉皇太极之命入关，当是误解，而苏布地此举被皇太极拒绝，又为我们猜测苏布地与皇太极之间颇似有所提防提供了证据。

《崇祯长编》卷30次日丙午："束不的等三十六家果从冷水关进口，

---

① 《满文老档》，天聪三年十月二十九日，中华书局，1990。《清太宗实录》卷6，天聪四年正月二十一日辛丑。

营于蓟州城南八里神仙岭，约二千余骑。因向奉敕书在南门观音堂讲赏，遂以此行本来相助，请给粮草为词。监军吴阿衡同马世龙、宋伟、吴自勉、曹鸣雷四总兵会议，遣参将王某出城答之。"苏布地之二千余骑声称曾受明朝抚赏，故"此行前来相助"，乃指助明朝阻击金军。蓟州此时为明西线驻军会集地，明朝众官员亲自接触之后，虽不见有接纳之举，然亦未以苏布地部落为敌。冷口在迁安县北70里，为三卫贡道，与以东第一关河流口关向为出入要路。① 并为朵颜部所熟悉，而为皇太极所陌生。尤可注意者，此时正皇太极大军北返，本欲从永平府抚宁打通山海关，但受阻于祖大寿而不果，遂西行至三屯营、遵化一带，征战数月，疲惫自不待言。即将出关之际，又有陷入明军东西夹击之虞，正需有生力军之助。而遵化、迁安相邻一带隘口，即次月皇太极逸出之处。若苏布地与皇太极关系密切，及时率兵前来配合，必不至方欲率其部众入关即被皇太极驱逐出境。至若嫌朵颜部众抢掠、破坏金军形象，以及妨碍农事等，纯属借口，金军此行入关正以抢掠为补充。② 而皇太极于出关之前必于此一带扫清苏布地部众，恰说明对苏布地始终存有某种警惕。

明朝方面还提供了另一条线索。《崇祯长编》卷30，三年正月二十二日壬寅，礼部尚书李腾芳等上言："朵颜三卫彝人素沐朝廷恩赉，然其怀心叵测，实非输忱向化者。上年十一月东兵方抵遵化，而卫彝之贡亦至通州。传闻二国合谋，其迹已为可异。今督臣报，抚赏方颁，竟随东兵扬去，饱我金缯，肆彼奸谋。若非早定驾驭之方，恐复堕彼阴狡之计，不但纵之至京、至通不可，即仍听其叩关受赏，亦非成谋之得也。"也就是说，皇太极大军方破关时，朵颜三卫通贡使已抵达京东之通州，则出发当早于皇太极大军南下之日；且得到明朝礼部赏赐，必盘桓有日，待金军北返时方逃离。故明朝疑为与金国合谋，未必属实。苏布地为明朝所封朵颜三卫都督都指挥，三卫贡使当苏布地所遣，则其与明、金双方关系大可玩味，为我们留下种种猜测。贡使一行是苏布地为掩盖皇太极即将破关而故意迷惑明朝，抑仅仅向明朝示好效忠，尚无其他史料提供参证。

---

① 见顾祖禹《读史方舆纪要》卷17《北直八·永平府·迁安县》，中华书局，2005。
② 《清太宗实录》卷6，"天聪四年四月十二日辛酉，阿巴泰、济尔哈朗、萨哈廉率所部兵凯旋，我军所获人畜财币器皿等物悉载以行"。

但有一点可以明确,即事后皇太极从未夸耀过如何设计苏布地巧妙配合大军入关。众所熟知,皇太极施用反间计令明崇祯杀掉袁崇焕即明载于《清实录》及清修各传记。倘果真有天聪三年八月苏布地的金国之行已与皇太极达成攻明之密谋,因而皇太极十月兴师之时堂而皇之大书"伐明";迨率喀喇沁部众随同入关,又故意将苏布地留在本土,以待日后金军从北京东突山海关不果、皇太极于战和两难即将逸出关外之际,作为金国与明朝和谈之代言人。如此深谋远虑,《实录》岂有不载之理?但这种设想中有一个不可克服的障碍,即皇太极于破关攻明之前,具体说即十月十五日至二十日,曾为大军兵锋所向究竟是察哈尔抑或改而攻明犹豫不决,即足以将上述天方夜谭推翻。

今据上引史料所可断言者,即苏布地尚未因金国攻明之举而为虎作伥,遽然与明断绝关系。于是不妨进而推测,天聪三年十月二十日皇太极决定不再追踪察哈尔,转而攻掠明边境,很可能出自喀喇沁诸贝勒的怂恿,但不一定是苏布地。喀喇沁诸贝勒之所以不引导皇太极继续西行追击察哈尔林丹汗,而南向破关攻明,自然对明边防了若指掌;而皇太极之所以乐从喀喇沁诸贝勒,很可能亦只考虑到掳掠,未必料到日后将会深入北京城下。

清朝官修《实录》《老档》竭力渲染,皇太极挟直捣明京城之余威,屡次放出议和信息,甚至令苏布地代己致书明崇祯皇帝,恳请双方息兵,似诚不为已甚,宽仁之至。而明廷没有接受城下之盟,由此错过和议良机,可谓愚昧至极。但皇太极本人与金国统治集团究竟如何看待此次兴师入关的成果,仍是一个值得探究的问题。至于明朝方面认为皇太极与苏布地早有成约,或苏布地勾引金军入关,以及袁崇焕纵容苏布地为皇太极大军储备粮食,则似属捕风捉影,并无确证。下文辨证。

总之,我们有理由怀疑《实录》十月初二日兴师之日目标已定为伐明,且为长期预谋的行动,并非实情,乃后来官修《实录》时所增饰。《清太宗实录》经康熙朝多次润饰。玄烨晚年《遗诏》以自古以来大清得天下最正相标榜,竭力美化乃祖的形象,赋予清军首次破关之举的政治意义。清军战无不胜,攻无不克,以至于可以攻取北京城而不为,以显示其仁德。故清军"伐明"乃正义之师,且必以当初决策归于皇太极一人。此为官修本朝开国史通则,无足多怪。即以事实而论,金军在明京城畿辅地区左冲右突，且一度占领河北数城，称此行为"伐明"，谁有异词？① 然若以皇太极兴兵之初宗旨即在伐明，则殊为不然。

**4. 入关伐明是否符合皇太极本意？**

从金国统治集团内部的关系来分析，亦不能找到皇太极兴兵之际旨在伐明的支撑。

皇太极不肯屈从代善、莽古尔泰的建议班师，而不惜劳师远征，深入从未涉足的明朝内地，除性格上具有某种冒险精神之外，还应看到其内心亟欲树立权威的渴望，以证明自己继承汗位是实至名归。皇太极能以努尔哈赤庶出第八子继位，表面上是出自代善、岳托、萨哈廉父子的倡议，并由三大贝勒共同推举，而实则彼此间达成妥协：皇太极放弃天命年间与济尔哈朗、德格类、岳托等诸小贝勒的某种结盟，令其"听命于（各自）父兄"，即承认三大贝勒对于其子弟诸小贝勒的管辖权，见诸即位典礼各方誓词，可谓信誓旦旦。汗不得干涉各旗内部事务，这意味皇太极仍为不足20牛录的正黄旗之主，虽有一汗之名，仅获得对阿济格兄弟两白旗名义上的监护权。而代善两红旗55牛录、阿敏镶蓝旗61牛录，各占全国牛录约四分之一，加上莽古尔泰正蓝旗22牛录，对皇太极具有压倒优势。② 与之相应，天聪初年的政治格局则全面实行努尔哈赤晚年设计的"八王共治"，一切大政均需众贝勒共议，四大贝勒轮流值月主政，皇太极并无绝对权威。听政时四大贝勒并坐，代善与皇太极居中，而私见时皇太极尚须对三大贝勒行兄长礼。以皇太极的抱负和才具，自不甘心受此虚汗之名。要成为名副其实的大汗，必须削弱三大贝勒的地位，尽管皇太极手段高明，并有诸小贝勒支持，但亦需要时间和机会。而此前金国的一系列征战，似乎并未朝着有利于皇太极一面发展。

天命十一年十月，皇太极即位方两月，代善、阿敏两大贝勒率大军万人征讨喀尔喀蒙古扎鲁特部，这是皇太极即位以来金国第一次大规模军事行动。喀尔喀五部，即朵颜三卫中泰宁、福余二部，地处察哈尔、明朝和金国之间，紧邻金国西面，对三方关系都极为重要。虽与金有过盟誓，然时时助明攻金。金国欲对外扩张，必须首先制服喀尔喀。代善、阿敏迅速

---

① 台湾《清史稿校注》卷1《太祖本纪》，于"伐"之一字多有辨证，循古义，是。今从通义。
② 此数据《满文老档》，天命六年闰二月。八年，努尔哈赤将皇太极正白旗何和礼拨给代善正红旗，皇太极劣势更明显。而检诸各种史料，天聪初年没有发现各旗牛录调整。详参拙著《清初政治史探微》，辽宁民族出版社，2008。

获得成功，此后喀尔喀以及其他蒙古诸部纷纷倒向金国。次年天聪元年正月，阿敏率大军东征朝鲜，迫使朝鲜订立城下之盟，解除金国西向的后顾之忧，此行亦不出两月。然而当年五月，皇太极率金国大军倾巢而出，攻掠明锦州、宁远，显然冀望一举获胜，同时折服三大贝勒。不料损兵折将，无功而返。"是役也，贝勒济尔哈朗、萨哈廉及瓦克达俱被创"，即《清实录》亦无能掩盖其惨状。这对于亟欲树威的皇太极无疑是一次极大挫折，自不能甘心。强攻明辽西防线不能得手，皇太极不得不与明辽东督师袁崇焕虚与委蛇，继续施放议和烟幕，而更为切实地将目标转向蒙古地区。而此时察哈尔蒙古林丹汗急于西迁，凌虐东部蒙古诸部，一时形势大乱，恰为皇太极提供了重建威望的契机。上述《清太宗实录》卷4天聪二年二月癸巳，喀喇沁、喀尔喀蒙古联军与察哈尔相战，兵败赵城，苏布地等致书皇太极求援，对皇太极无疑是天赐良机，当然不会放过，随即亲率一支偏师作试探性进攻。九月，皇太极亲率大军征讨察哈尔，联络蒙古诸部，从辽阳北行直捣兴安岭察哈尔残余。① 这两次亲征，固然体现皇太极善于捕捉时机，然一为策应之举，一为扫荡旧巢，虽有所获，若论战功业绩，仍不足与代善、阿敏两大贝勒相埒。况天聪三年初，皇太极以诸小贝勒代替三大贝勒值月，已显露出汗位独尊的端倪，若能有一场对外作战的重大胜利，无疑将极大增重皇太极对三大贝勒的砝码。

皇太极即位后接连四处用兵，还因为金国内经济压力的驱使。皇太极在宁锦失败之后，"时国中大饥，斗米价银八两，有人相食者"。朝鲜方面虽被迫开市纳贡，然所供有限。次年初朝鲜国王李倧致书皇太极："贵国以民人乏食，要我市籴，但本国兵兴之后，仓库一空。今仅得米三千石，以副贵国之意。"并答应尽快开市中江。皇太极致明朝议和书，竟以"将率各路外藩蒙古兵筑城逼居，以俟秋成，取尔禾稼"相胁，非窘迫至极，曷至于此。② 东蒙古诸部既已归顺，不能再当作掳掠对象，而继续用兵宁锦与袁崇焕作战，又难免前辙之虞，故此路只能偏师以作牵制，以防袁崇焕乘虚而入，此即八九月间济尔哈朗等率兵略锦州之意。皇太极大举兴师，亲为统帅，目的既在于树威，又以劫掠缓解国内物质匮乏。不论从哪一方面考虑，皇

---

① 分见《清太宗实录》卷4，天聪二年二月、九月癸巳及相关诸条。
② 分见《清太宗实录》卷3，天聪元年六月戊午；卷4，二年正月庚寅、五月辛未。

太极都应计出万全,而不至于毫无成算地将目标锁定在远涉蒙古地区然后攻入明朝内地。相较之下,上年攻掠察哈尔兴安岭一役,既得到东部诸蒙古相助,又得知林丹汗众叛亲离内外交困之实情,故而远征仓促西迁之察哈尔本部,消灭金国多年宿敌,无论从掳获人口财物,还是建立塞上霸业,对于皇太极来说都是更大的诱惑。综合诸方面考虑,联络诸蒙古追击察哈尔当为皇太极首选。我以为这才是皇太极己巳十月亲征之预设目标。

## 二 明廷的失策——放弃抚赏朵颜三卫

### 1. 蒙古形势变化与抚御之分歧

在察哈尔退出东北旧巢之后,紧邻明蓟辽防线的朵颜部没能作为明朝藩屏,反而成为皇太极大军攻明的跳板和助力,毫无疑问是明朝防御战略的重大失败。

自明初撤除万全都司及大宁、开平二卫,蓟镇以北即无藩屏。① 朵颜三卫原属万全都司,分布于明蓟辽边境之外,"自宁前抵喜峰口,曰朵颜;自锦、义历广宁至辽河,曰泰宁;由黄泥洼逾沈阳、铁岭至开原迤西,曰福余"②。地域广袤,而朵颜部正当蓟镇要冲。明嘉靖以来,察哈尔蒙古"世雄漠北。其住牧在广宁直北,去边千余里"③。诸部蒙古及辽东女真皆在其控御之下。福余、泰宁为土默特、喀尔喀蒙古所并,朵颜为哈剌慎(喀喇沁)所并。明朝仍以旧名称之为朵颜三卫,而于哈剌慎、朵颜又有区别,以其一为蒙古别部,一为明朝旧属,尚未融合之故。④ 察

---

① 顾祖禹:《读史方舆纪要·北直方舆纪要序》:"都燕京而弃大宁,弃开平,委东胜于榛芜,视辽左如秦越,是自剪其羽翼而披其股肱也。欲求安全无患,其可得哉!"
② 《明神宗实录》卷41,万历四年正月丁未,巡按辽东御史刘台条上三事。
③ 《崇祯长编》卷12,元年七月己巳,督师王之臣疏言。
④ 陈仁锡《无梦园集·海集一·纪蓟门夷情》:"蓟之中、东二协边外夷人系朵颜卫,酋首长昂为大头目,所属诸酋三十六家。长昂长子伯洪代。速不的者,则伯洪代第三子也,见统三十六家夷人部落。长昂父祖孙等酋,俱山后哈喇慎王子下头目。哈喇慎昨年被插酋剿除,速不的恐势孤不能拒,所以顺奴,欲借以抗插。"朵颜三十六家与哈喇慎之别及隶属关系甚为清楚。彭孙贻《山中见闻录·西人志》:"自宁远至前屯,朵颜三卫地也;宁远迤东至广宁,虎敦、炒花、宰赛诸部地也。朵颜三十六家,来晕大、董忽力、暖兔、贵英他不能、索只速让台吉、哈那彦不喇度台吉、哈那颜蟒金他不能、苏不的(束不的)、丸旦、郎素、义罕孛罗世,皆宣镇诸虏也。又答喇明暗、欧儿计台吉、王(汪)烧并(永邵卜)之属,毋虑数十万部落,不相统一。"

哈尔以"封王请贡"要挟明朝，时时率蒙古侵犯蓟辽边境，成为大患。万历初虽有督臣吁请"发精兵二十余万，恢复大宁，控制外边，俾畿辅肩背益厚，宣、辽声援相通，国有重关，庭无近寇，此万年之利也。如其不然，集兵三十万，分屯列戍，使首尾相应，此百年之利也"①。然卒不能行。

抚赏边夷为明朝宗藩政策之体现，大体有贡赏、市赏两类。辽东市赏又分马市与木市，前者始于成化，后者兴于万历。"百余年来，互市马货，利在中国；又以互市之税即赏市夷，且贡夷诇房声息，即有大举，我得收保预备，其利多矣"②。然因边情缓急，时行时废。万历中叶朝鲜之役，使建州女真坐大，努尔哈赤于万历末年立国，严重威胁辽东。辽东一镇处于蒙古、女真之间，两面支吾，捉襟见肘。于是以抚赏笼络蒙古，以市易制约女真，即成为明基本策略。③亦即"今欲携奴虏之交，全在复抚赏之旧"④。察哈尔林丹汗屡以"控弦十万"欲与金国争胜负自诩，颇为明朝所借重。实则努尔哈赤侵吞辽东，察哈尔始终不敢与之公开对抗。朵颜三卫虽称助明，然明边将驾驭无法，难保辽沈不失。天启二年（1622），明失掉重镇广宁，努尔哈赤得之亦不能守。其时察哈尔势力尚未动摇，明廷惊惶之余，亟欲借重察哈尔和朵颜三卫对抗女真，甚或收复失地。于是有抚赏之议。主其事者为蓟辽总督王象乾，辽东经略王在晋与之同志。

朵颜三卫本为明朝属藩，万历以来属蓟镇管辖，称"前哨三卫"，又称"蓟镇三卫属夷"，岁赏六万，⑤故有助明守边之责。其初在防御察哈尔，⑥其后主要是防御金国。"总督蓟辽王象乾以诸虏哈喇慎大酋罕孛罗势等，及朵颜三十六家酋首速不的、煖太等，各领兵马，于宁前、中前等处

---

① 《明史》卷220《刘应节传》，中华书局，1984。
② 《明神宗实录》卷366，万历二十九年十二月辛未。
③ 《明神宗实录》卷531，万历四十三年四月丙申，巡按山东御史翟凤翀陈制驭东西夷虏机宜。
④ 《明神宗实录》卷572，万历四十六年七月乙未。
⑤ 分见《明神宗实录》卷236，万历十九年五月辛未；卷239，万历十九年八月庚申。
⑥ 《明神宗实录》卷531，万历四十三年四月戊寅："兵部请将朵颜卫头目失林看、福余卫头目马哈喇等各升授都指挥金事，颁给敕书，令其赍捧回卫，管束部落，恪守职贡。如或北虏犯边，就彼并力截杀，以效忠顺。若统驭无法，致扰地方，就将职级褫革，以示惩戒。上从其议。"

列营驻扎，为我哨探守边，并送回乡人口，驮运器物柴米，济军民急用，移帐携家，裹粮跋涉，乞给赏米布，以收其向用之心。从之。"① 据王象乾言，哈剌慎和朵颜首领皆诚心效忠明朝，表现出相当强的向心力："罕孛罗势愿自出帐房三百顶，又传属夷共出帐房一千顶，为我哨守宁前一带地方，谓是'皇爷肉边墙'，语非虚也。朵颜大酋狭晕大偶尔物故。诸酋煖太、速不的等，皆其兄弟子侄，护丧北归，煖酋谕其二子夜不收、卜地什力曰：朝廷豢养我家二百余年。我生你二人一场，为人当尽忠尽孝，宁要名在，不要人在。""诸夷既闻宣谕，怡然色喜，寂然无哗，欢呼罗拜，真是胡越一家。"因而"堂堂天朝，抚育万邦，何可不少洒涓滴，使漠外毡毳之群，函濡于皇仁浩荡之中乎！"② 至孙承宗经略辽东之初，情形依然如此。"自宁远以西五城七十二堡悉为哈喇慎诸部所据，声言助守边"③。当察哈尔尚与东部蒙古相安无事，金国为明朝和蒙古共仇。虽然蒙古诸部时时阑入边境，对明形成困扰，但总体来说，明朝对抗金国，实得蒙古之助。

启祯之际，北方形势为之一变。林丹汗见努尔哈赤国势日盛，自忖无能争胜，乃凌虐诸蒙古，逐渐西移以避金国锋芒。崇祯初年移至宣大境外，威胁明边，却仍称以牵制金国以邀赏。明廷所忧不单在关外之宁锦，亦在西线之蓟镇、宣大，两相兼顾，倍加窘迫。明廷虽仍寄希望察哈尔颉颃金国，而林丹汗实无此意。朵颜三卫乘机填补察哈尔留下的空间，"其部落所驻牧地，自宣府独石边外起，至辽东中后所边外止"④。地处于明朝、察哈尔、金国之间，而与察哈尔仇怨既深，然不能抗；在明金之间，则视两方强弱利害为转移，故其势虽弱，实为左右明、金双方轻重的砝码。努尔哈赤对于东部蒙古喀尔喀（泰宁、福余）、喀喇沁（朵颜）助明守广宁虽甚愤然，却无暇多分兵力，乃恩威兼施，隐然已有相结之患。但终努尔哈赤一世，结成世好者唯北方科尔沁部，喀尔喀尚未彻底归附金

---

① 《明熹宗实录》卷22，天启二年五月壬子。
② 《明经世文编》第六册卷463《王司马奏疏一·诸虏协力助兵俯准量加犒赏疏》，中华书局，1987。
③ 《明史》卷250《孙承宗传》。
④ 《崇祯长编》卷11，崇祯元年七月己巳，督师尚书王之臣疏言。

国，① 而喀喇沁与金国往来更疏。对明朝而言，加紧争取朵颜三卫，方为得计。

然而明朝内部的认识却不尽一致。《明熹宗实录》卷23，天启二年六月庚寅，辽东经略王在晋力主抚事蒙古："奴（努尔哈赤）用财帛诱（喀尔喀部）歹青、都令、桑昂台吉，欲与结亲。万一我不能用虏，虏必为奴用，此真系边塞之安危，而庙堂之上所当急为计处者也。"《明熹宗实录》卷24，七月乙未，命廷臣集议抚虏事宜。"时总督王象乾、经略王在晋合疏，以关外事势不得不用虏以救目前，议斟酌新旧赏额：计犒西虏虎敦兔憨（察哈尔林丹汗）等八大营，哈喇慎夷炒花、巴领等二大营，歹青、昂、洪、剌麻、速班、大儿等六枝，每岁费可百万。"即以朵颜三卫与察哈尔并当抚赏。兵部赞同，又虑虚掷金钱："汉物有穷，夷情无厌，抚又恐不得不绌于终。且时迫费剧，谋贵金同，乞敕大小九卿科道，会议停妥。"同卷当月庚子，署兵部事左侍郎张经世提出一个变通条件："其谓哈喇慎夷兵悬赏银十万两，是助兵则赏，不助则否；其谓讲折夷使吃食犒赏等物，约用银十万两，是讲款之初则赏，款后则否。其谓插汉进兵赏银十万两，是进兵则赏，不进兵则否。其谓朵颜等夷兵三千提防守关者，岁该月犒银六万五千两，又谓插汉、哈喇慎二大营防守广宁、宁前夷兵二万名，岁给犒银三十六万，是来守则赏，不守则否；实有其人则赏，无其人则否。"也就是说，百余万两是一个悬设之额数，具体抚赏多少依成效而定。且以抚费由内帑支出。王象乾游说首辅叶向高上言："虏来无以应之，必与奴合，为患甚大。今兵饷匮乏，加以道路断绝，外解不至，该部无可

---

① 彭孙贻《山中见闻录·西人志》：天启二年广宁之役，"（泰宁部）宰赛住镇安，炒花部尤逼建州，建州深结之。惟哈喇慎三大部，白言黄台吉，肆不世（韩不世）恶建人之吞辽也，将召卜（失兔）、火（落赤）诸大酋，以攻建人。建人多用降人守广宁，已又虞其变也，尽迁之海、盖间，悉易建人为守"。次年努尔哈赤放弃广宁，即与蒙古诸部有关。《明熹宗实录》卷71，天启六年（金国天命十一年）五月甲子，王之臣塘报：逆奴掩袭炒花部落，杀其名王贵人，掠其牛马，虏众避难来归者二千计。臣恐中间夹杂奸人，呼炒花领赏白喇嘛举其来归夷目一一质问，喇嘛泣言俱是炒花部落。随行宁前道会同总镇，将来归汉人汉地安插；其夷众老弱者善为抚慰，候事定仍归虏营，以示恤患之意。《清太宗实录》卷1，天命十一年十月己酉，金国出兵攻喀尔喀，理由即："尔喀尔喀五部落，竟潜通于明，听其巧言，利其厚赂，以兵助之。是尔之先绝我好也。"

措处，乞皇上亟发帑金五六十万应抚赏急需。"又言："抚赏他项可以折银，惟蟒缎一时无处可买，虏又不肯折。乞皇上轸念封疆，不吝捐在笥之帑以给军需。"得旨："览卿等所奏，抚虏御奴，以为犄角，具见为国筹边，朕甚欣悦。所请抚银，准发二十万两，蟒衣量发八百匹。"①

大学士孙承宗阅边之后，对王象乾、王在晋抚赏蒙古以屏藩边境、威胁金国的设想不以为然："待款西虏，议减东兵，愚于宋矣。"②故提出诘难："塞外之夷，议旧赏又议新赏，而无敢减于兵也；塞内之卒，议旧饷又议新饷，而无敢减于夷也。夷赏日厚，而增兵以防；兵饷日加，而仍买夷为款。嗟乎！国家何取于不能制夷之兵？而又何取于不能省兵之夷也？大约山海日前所费二十万，而统前抚夷用夷可得一百二十万，其费甚大。安危之机，所关亦甚大。"并以前广宁巡抚王化贞援引蒙古守城失败为例："奴未抵镇武，而我自烧宁前，此前日经、抚之罪也。我弃宁前，奴终不至。而我坚委为西虏住牧之所，不敢出关向东行一步，此今日道将之罪也。"此明谓熊廷弼、王化贞，实则指桑骂槐，讥刺王在晋、王象乾。承宗之意："即无事，亦宜驱西虏于二百里外，以渐远于关城，更以收二百里疆土于宇下。""更望经臣于虚活之着，提掇道将之精神，使其人人在战，事事在战。盖不能战，决不能守。而以战失守不可，以守忘战（尤）不可也。总之西虏之幕必不可近关门，杏山之众必不可遗西虏。百万之金钱，或当为远大之图；中前之修守，竟当作宁远之计。不尽破庸人之论，则主帅之闻见不清。"③双方势同水火。

承宗亟欲进取，故"尝论讲款之害曰：未服而构之款，其心必骄；有挟而要其得，其愿必奢；幸而竣其全局，其费必大；既款而仍防，与恃款而弛防：其祸皆至于不可支"④。要之讲款一无可取。承宗的慷慨激昂，获

---

① 《明熹宗实录》卷24，天启二年七月己酉。
② 孙承宗：《高阳集》卷19《柬李御史应升门人》，《四库禁毁书丛刊·集部》第164册，北京出版社，1999。
③ 分见《明熹宗实录》卷24，天启二年七月壬子、甲寅。钱谦益：《初学集》卷47《孙承宗行状》偏袒其座师云：承宗阅视关外，"乃知守边助顺之不可信，而主抚者之非忠计也"。上海古籍出版社，1985。
④ 见钱谦益《孙承宗行状》。

得朝内部分官员支持，①终于改变了朝廷初衷。王在晋极为难堪："人情方信而忽疑，议论昨同而今异。臣闻都中有三说：一曰城不须筑，一曰房不可款，一曰钱粮不须多发。恐安危系于一线，利害淆于两可。"旋再作申述抚赏蒙古的理由："抚夷不如养士，款赏不如内备，督臣（王象乾）与臣岂在诸臣下？但奴强虏众，强与众合则危；奴远虏近，远与近合则危；奴在两河，虏在九边，同时为寇则危。今化谋犯为输心，化作贼为受羁，化抢关为设帐，可乎？不可乎？况自二月至六月，给过各酋吃食缎匹等项，仅费一万四千六百有奇耳，此不当山海六万兵三四日之用，何事而辱盈廷之过计哉？'款''守'二字，原并行不悖，乞无惑于两是之言，为宗社生灵计长久。"②然"上谕已有旨"，则显然肯定了孙承宗。

朝廷右承宗而罢在晋，从此主抚派落入下风。承宗遂请自代经略督师，③有慨于"合天下只有一怕"，以为"方今庙堂当以恢复为大计，责边臣以酌量进止"④。故方至关门，即一反王在晋紧依关门加筑八城，提出经营宁远，并欲将防线推进至关外400里。适逢金国内部汉人叛乱纷起，努尔哈赤弃河西，退至三岔河一线，广宁一带为空虚之地。⑤明廷若仅固守宁远以内，区画得宜，安抚诸蒙古妥帖，即不能令其作屏藩边境、牵制金

---

① 归纳反对讲款者之理由，不出二端：一则曰因抚赏而不修武备；二则曰虏阳奉阴违，故不可恃。实则无非庙谟不定，致使任事不得其人，操纵不得其法，乃有偏激之论，甚至不惜因噎废食。仅各举一例。《明熹宗实录》卷29，天启二年十二月甲子，御史霍镇言："国家不爱金钱款虏，盖借虏以修备也。乃虏日益骄，我日益匮，军日益弱，民日益涸，皆缘恃款而忘备也。"《明熹宗实录》卷32，天启三年三月辛卯，御史刘重庆言："西虏抚赏，难言遽断，而渐不可长也。今黠者咳奴金帛，与之婚姻，既阴合于奴，又阳附于我。观鹬蚌之持，收渔人之利。初讲抚赏三十万，今至一百三十万未已也。小不如意，辄嚣然哄起。未发一兵，未折一矢，而中国之财力已坐耗矣。"
② 分见《明熹宗实录》卷24，七月甲寅；卷25，八月丁卯。
③ 《明熹宗实录》卷25，天启二年八月庚辰："吏部等衙门会推辽东经略，已题推阎鸣泰、李三才、王之寀、王之臣四臣，会枢辅孙承宗以经略遽难得人，自请身任，内言：'西虏决非守关之人，逃将决无守关之计。臣愿以本官赴山海督师。'"
④ 孙承宗：《高阳集》卷19《又启首揆》。
⑤ 钱谦益：《初学集》卷47《孙承宗行状》："奴以数万守广宁，二万守右屯。至是奴且老，贼巢猜忌间作，聚食易尽，而我军渐张，乃撤广宁，焚其余粮；度我必追袭，伏兵西宁堡以待。我兵不出，乃徐引渡河以去。辽之遗黎数千人，乘间入广宁，食其燎余。"金国放弃广宁，《满文老档》中有确据。只不过原因不在内讧，而是国内汉人叛乱此起彼伏，且广宁又为察哈尔禁脔，此时努尔哈赤尚不欲与之冲突，而孙承宗实亦无力进据广宁。

国入犯，亦不至于与金联合攻明，正其时也。而孙承宗雄心勃勃，正重新规划"三方联络"之策，即从宁远拓至广宁，与东江、朝鲜以及天津、登、莱相呼应。

**2. 进取辽西与抚赏蒙古**

在承宗的宏图中，利用蒙古诸部并不居有重要地位。其时境外朵颜三十六家尚未听命努尔哈赤，而承宗似独钟意抚赏察哈尔林丹汗以助剿。① 承宗"又侦广宁之空也，议以夷官副总兵王世忠统兵三千居之，亲虎酋而招金、白之裔落。总之离夷虏之交，系归正之心，寓进取之计"②。寄希望于贪鄙无常之林丹汗，且欲兴灭国继绝世，扶植早已被努尔哈赤吞并的叶赫、哈达二部，而未将重点放在朵颜三卫上，承宗的判断已大大落后于形势。

承宗既以进取为方针，故将察哈尔、朵颜抚赏之场东移200里之外，固欲避免蒙古侵扰关宁一带，亦含有令其进据锦州作前驱之意，而非安抚接济之道。③"夷阑入一步，即以掠论"④。然朵颜部不愿为明军坐门，举部西撤，明中右所参将王楹带兵拦截而被杀。⑤ 承宗"遣马世龙从大盘岭压其巢。五部孩斯、衮奈台吉等，皆远徙三百里外"⑥。当初寄厚望于察哈尔援军以进

---

① 《明熹宗实录》卷25，天启二年八月壬午，督师孙承宗题："前蒙发帑五十万，今虎酋且到关，则五十万将为抚赏之用。"
② 《明熹宗实录》卷35，天启三年六月癸亥，兵部覆督师枢辅孙承宗疏。
③ 《明熹宗实录》卷40，天启三年闰十月初一日丁亥，孙承宗以其九月巡视关外题奏："抚夷协将王牧民，以暂抚虎酋诸部于此广宁道，近议迁兴水矣。又一日抵中后所，将为鲁之甲，兼抚哈剌慎诸部，而抚夷王之栋近分抚拱兔，尚同城而居。"茅元仪：《督师纪略》卷13："公既恢复宁前，即以虎墩八里铺之抚场移于兴水县，小歹青八里铺之抚场移于黑庄窠，拱兔八里铺之抚场移于寨儿山，哈喇慎八里铺之抚场移于高台堡，皆在二百里之外。"《四库禁毁书丛刊·史部》第36册，北京出版社，1999。并参《明熹宗实录》卷33，天启三年四月己卯，孙承宗题奏。
④ 钱谦益：《初学集》卷47《孙承宗行状》。
⑤ 《明熹宗实录》卷41，天启三年十一月丙子："督理军务大学士孙承宗奏治仙灵失事罪，言：'向来辽东失事，俱以将不固守，兵不顾将。日者中右哈喇慎部夷朗素、贵英作恶，住牧喜峰口外，挟赏关门，桀骜狡猾，至断通丁之发，烧高台之刍，撤去坐门夷人，除兴、永以东为拱兔坐门不撤，而高台以西既撤而归，独仙灵寺地来归也。参将王楹奋臂当贼，力战而死。'时令总兵官择其受恩深而负义者，立枭千总周继武等十九人，以传首五部。"
⑥ 钱谦益：《初学集》卷47《孙承宗行状》。

复广宁，亦复不果，① 承宗所置前线诸部蒙古，其结果适足为明之累。②

承宗虽未公然废止抚赏蒙古诸部，然自其督师以来，明廷内部放弃抚御蒙古、进剿金国之声开始活跃。③ 王楹之死，使主抚派面临责难，王象乾不得不引咎请辞。④ 在此趋向之下，朵颜三卫抚局始终无着，⑤ 仅保留贡赏一线未绝。而朝廷对三卫的颁赏，每岁所值不过万金，但官商作弊，非但不能行笼络之实，反徒激化矛盾。⑥ 所幸经蓟辽总督阎鸣泰力争，朵颜

---

① 钱谦益：《初学集》卷47《孙承宗行状》："抚夷道万有孚私于僚佐曰：'辽人髡而从贼，亦贼也。虎酋遣贵英哈以兵二万导我，馘千余人，复广宁一大都会，可中封侯率。以此为相公地，不亦可乎？'公曰：'是安得毳余我哉？'乃下檄曰：'西房（朵颜三卫）乘东房（察哈尔）撤广宁，欲援复广宁赏格，不可听。其杀我人以当奴，必以杀我人论致爵，如盟质。'是役也，活遗民千人，遏西房不可知之诈，沮抑有孚辈之侥冒功赏者。"

② 钱谦益：《初学集》卷47《孙承宗行状》：其时辽人从金国逃回者日众，而"西房驻宁远东瓯脱地，遇而掠之无虚日。公遣满桂、尤世禄袭击之于大凌河，斩首四十三级，伤残数百人，号泣西窜"。钱谦益为其座师开脱，以为承宗抚御察哈尔，"虎酋既服，八部皆不敢内讧。而主抚者妒而思败之矣"。完全是一偏之见。

③ 《明熹宗实录》卷32，天启三年三月辛卯，御史刘重庆对王象乾抚赏不以为然，极言房不可恃，主战不主款："若夫一力支撑，一身担荷，则在枢辅必灭奴而后朝食，断无弛于负担之理。惟乞申饬毛帅，勉之底绩。"谕："督臣抚驭西房处置得宜。枢辅当关，徐图进剿，勿复轻言回朝也。"

④ 《明熹宗实录》卷42，天启三年十二月己酉，兵部尚书蓟辽总督王象乾疏言："秋防将竣，臣正欲与抚臣议叙，适有参将王楹之事，议论横生，使大小文武劳臣概失所望，且欲重议其罪焉。窃谓诸司抚者也，既以尽挂弹章；臣主抚者也，何可独容漏网？"

⑤ 《明熹宗实录》卷70，天启六年四月癸巳，蓟辽总督王之臣疏言可备一说。其云："夷酋明暗、合落赤、黑石兔等，顺义王之亲属也。天启三年五月内入犯白马关地方，幸官兵有备，不至大失。前督臣王象乾将二酋之赏尽行断革。二酋自停赏以来，无日不思狂逞。先督臣患之，每欲招抚，二酋倔强不服。臣为赤城道时，与二房紧邻，彼服臣威信。比臣督蓟，彼即具禀申款。今据石塘路管参将禀称，二酋带领头脑马步盔甲夷人一千余骑，到关外有棚处所叩关禀罪，钻刀九遍，歃血俯首，对天盟誓。今将番汉合同先行呈报，数年不了之局，才得归结。臣屡奉严旨，催赴督师之任，犹濡滞瞻顾，心结此局者，盖二酋能倡率诸房。逆奴肆祸于东，诸房鼓煽于西，两难俱作，支持费力，故不敢过为推求，以冀旦夕之安，使可毕力御奴耳。"疏下兵部。按："顺义王之亲属"，指东部土默特，则"明暗"即喀尔喀五部中兀鲁特首领明安贝勒，在明即所谓朵颜三卫中之泰宁福余之属。"犹濡滞瞻顾，心结此局"一语尤可注意，实谓多年未行抚赏也。

⑥ 《明熹宗实录》卷37，天启三年八月丁丑，礼部尚书林尧俞言："带管会同馆主客司主事毕自肃呈称，颁赏三卫夷人近五百人，户工两部银数千两，衣缎堆积亦各数千，总计万有余金。宜其欢欣领受，感恩不暇。乃踌躇进退，必再三开谕，始至赏所。银稍低昂，辄欲哄退，缎匹颜色稍暗，即行挑拣，衣服入手，尽皆抛弃，若不知为朝廷之赐者。臣取而视之，多朽蠹破坏，随风披裂，手不可触，始叹夷人骄悍固其天性，抑谁实借之口也。朵颜诸卫，岁岁入贡，皆积猾熟夷，名为纳贡，实则要挟。闻此项钱粮每岁给发，常累巨万，辗转侵盗，莫可穷诘。如此则奸弊何时可清？夷衅何时可弭也？"

贡赏总算勉强维持下来。① 孙承宗三方联络进取之势究竟能否威胁金国，令其死守老巢坐以待毙，暂且不论。而驱逐朵颜三卫，又自树一敌。且调集兵力加强关宁，蓟镇愈加虚弱，即金军不来，朵颜诸部从蓟镇诸口内犯，亦在在可虞。此一危害，至崇祯二年金军入关势如破竹方显露无遗。

面对承宗一改安抚蒙古以固守关门为积极拓边进取，明廷内部对于金国联络东部蒙古，假道攻明，并非没有质疑。《国榷》卷85，天启三年十一月二十日丙子，兵部尚书赵彦奏："据山海关总兵马如龙报，回乡人云：'敌造西虏罗罗车三千余辆，传众牛鹿头目，每家作西虏衣帽，欲借西路往喜峰。'臣等以敌既得志，何尝一日忘西窥之心。今西虏罢守口夷人，称兵挟赏，而东报适至，始知西虏之款不可恃也。"② 此处"西虏"即前述承宗所欲驱使之朵颜三卫。认为朵颜欲与金国勾结，自是传闻，未必可信，却引起一番议论。

直隶巡按潘云翼言："辅臣孙承宗与督臣王象乾，御与抚虽互为成，而实各为任；关与蓟，虽合其势，而实分其权。今西虏鹰吻难饲，大骨时争，动辄要求，动辄犯抢，则虏尝借奴以为我难，辅臣且以御奴者御虏矣。迨虏氛益炽，奴谋转深，时称窥关，时称假道，则奴更借虏以为我难，督臣（王象乾）且以御虏者御奴矣。驯至于今，而设伏猖狂，顿成逆逞之势；造车看路，业稔入犯之形。不几御在关门者急，而御在蓟门者更急哉。不意督臣之忽以忧去以代请也。夫蓟何地耶？且今何时耶？目前报谍所称，奴酋贿买炒花，趋捷径于喜峰，倘一路有警，处处皆危，何以振长驱而固半壁？朗素纠合各家，时踯躅于关外，倘抚剿未当，部部生心，何以弥衅隙而杜危萌？且今一闻狡马启疆，人孰不侈口于御奴，固知舍御无别法。而一闻不受戎索，人人皆归咎于抚虏，然而舍抚有别法否？"表面上各打五十大板，实以抚赏蒙古诸部出不得已，而又当时唯一可行之策，隐约批评枢辅督师孙承宗不当干预王象乾抚事；而将朵颜与金国一视

---

① 《明熹宗实录》卷75，天启六年八月癸丑，总督蓟辽阎鸣泰题朵颜三卫贡夷一事："祖宗设法，二百余年以来未之有改。今廷臣虑患未然，颇议裁减。遵照明旨，第令一二人进京，余俱关外领赏。煌煌天语，边臣敢不仰承？第人情骤变其常则骇，忽夺其所欲则忿，骇而且忿，无论东西合谋，即诸部哄起，能支乎？不能乎？此不待智者而后知也。往复商榷，不如仍旧之妥。"上是之。

② 《明熹宗实录》卷41，天启三年十一月二十日丙子，"西虏"作"西达子"。

同仁，适足以促使其联盟入犯。户科给事中朱钦相亦表达了同样的担忧："自奴酋倡逆，欲歼奴，不得不抚虏。夫西虏非我族类，其不为我用明矣。而计必出于此者，亦以虏即不为我用，犹庶几羁縻之，使不为奴用，然后我可以修边、除器，一意东向耳。今边报屡至，种种情形，虏已明与奴通。奴之攻山海难，而走喜峰易。举朝久以为忧，惟冀虏不合则不肯假道，道不假则奴无从寄径。今既以如此，蓟门一带是尚不可为寒心哉！"①

对此责难，孙承宗以辞职相要挟，逼使朝廷罢总督王象乾，关、宁两抚尽听命于承宗。但天启五年九月，明军前锋偷袭三岔河攻金国，中伏溃败，② 孙承宗旋即罢职，无异宣布其全盘战略设想的失败。而其为时人所攻者之一，即裁撤抚御朵颜三卫。兵部尚书高第奏："经略关门，莫大于防御奴酋。而抚西虏欲为我用，正防御奴酋之嚆矢也。自歹青被杀，都令挟索偿命银，此人情不容已者，在我当善为讲处。乃含糊耽搁，以致西虏怀怨，声言犯报。臣在部时，曾具疏请旨饬文武诸臣，以结此局。乃抚虏一事，主裁者枢辅也，讲处者巡抚及道将也。乞严敕枢辅、辽抚讲处停妥，方准离任，不得以候代而置之。"得旨："枢辅允归，辽抚（喻安性）准病，岂能复制西虏？尚有督抚道诸臣在事，经略到任，同心料理，务期安辑虏情，毋得轻坏。"③

**3. 启祯之际抚赏之议**

高第继任经略取代孙承宗，闻知金军来犯，竟令关门以外全部撤守。唯宁远巡抚袁崇焕不听命，督诸将死守。天启六年初，努尔哈赤进犯宁远失利，明廷内部又纷传金国不甘心，即将兴兵报复，并有再犯宁锦，或与察哈尔联合攻明，或假道蒙古破关种种预测。刑科给事中王鸣玉疏陈处置西虏事宜："今国家岁费百万金缯抚赏，非为奴豢虏乎？奴入寇而谕虏，出力邀击则有赏，不则诛勿贷，非使虏噬奴乎？闻奴之渡河也，虏次日即与俱出，此非有要结之私，则欲观鹬蚌之势。谁谓虏不当杀，而杀虏非功？第念豢之非久，谕之方新，万一愤而与奴合，不且并力内向耶？"御史门克新条奏目前切要，言："奴兵之散，俱由兴水。兴水与大红螺山相

---

① 《明熹宗实录》卷41，天启三年十一月戊寅、己卯。
② 明朝称"柳河之役"，金国作"耀州之役"。
③ 《明熹宗实录》卷65，天启五年十一月癸丑。

对，虎憨之老巢也。倘奴因败而谋于虏，必舍榆关而北趋也。虏部落最众，地方最宽，自红螺至三协一带，皆其属夷，长驱一进，孰能御之？"① 兵部尚书王永光疏言："自蓟辽虏穴所伺，岁凛秋防，八九年来，辽、广沦覆，退保河西，犬羊他族，渐有轻中国之心矣。幸宁远一捷，狂奴溃奔，西贼破胆。奴报四月不来，八月当来。炒花被掩，虎憨自顾不暇，助兵之议，已成画饼。万一丑类无知，暗中奴饵，小入大入，彼此俱瑕，或再困宁远，或直抵关门，或假道各口，而虏蹑其后，腹心肩背，皆受敌之处。"② 于是抚赏察哈尔、朵颜三卫重新提上日程。经略高第会同蓟辽总督王之臣奏请朝廷赏额为33万，获准。③

王永光则将抚赏一事委任于巡抚袁崇焕，其覆御史梁梦环疏有云："西虏以奴来为奇货，议守议防，诚今日第一紧著。至桑、虎诸酋助兵要赏，辽抚沉机密算，定出万全。特戎心叵测，意外宜防。兵家自恃而不恃人，在一申警之耳。"上是之。④ 此时袁崇焕虽无掌握全局之权，然其认识最为清醒，判断也最为明确：

> 臣见奴儿哈赤自宁远败后，不能遽举者，势也。阳为渡河西向，以懈炒花。炒果堕其彀中，不备，奴得尽驱其众。彼又借攻炒之威，以安其部落之心，且劫黄毛达子哈儿慎为之用。养成气力，必倍于今春攻宁（远）之势，乘秋冬野有可掠，方行入犯。
>
> 而说者俱虑其席卷西虏，遂越辽而攻山海、喜峰诸处。人虑，臣初亦虑之。然按其起兵至今日，非万全不举。彼岂不知有此奇道可乘哉？然奇道亦险道也。奴酋宁得而不守，无守而复失。此酋之稳处下

---

① 分见《明熹宗实录》卷68，天启六年二月壬寅；卷69，三月庚辰、辛巳。
② 《明熹宗实录》卷73，天启六年闰六月乙巳。其他如卷70，天启六年四月壬辰，蓟辽总督阎鸣泰疏言："连日屡接辽东塘报，有谓奴酋的在四月初七八以里上马过河，复要来抢者；有谓歹青台吉聚兵一千，亲身与里边助力。若奴酋果来，带领兵马住于女儿屯营者。此或出于属夷之侦探，或得自回乡之目击，事似近真。第此番倾巢而来，其势必众；乘怒而出，其锋必锐；多算而行，其计必诡。或阳攻宁远，而阴薄关门；或陆出关门，而水窥岛上；或明攻关外，而暗袭关内。皆势之所必至，而防之不可不周者也。"
③ 《明熹宗实录》卷68，天启六年二月癸卯。次月，王之臣代高第为经略，重起阎鸣泰接任总督。
④ 《明熹宗实录》卷71，天启六年五月壬子。

著，臣最苦之。然料其断不越关外而他攻。若西虏炒花五大营，犹近奴穴，众可七八余万。奴近克而取之，遗其部落望西北而奔，以依虎酋。奴得其部落生畜无算。炒（花）之版升，夷汉杂处，穷而归我，亦二千余口。照边约汉人归汉，而移之前屯，简强者为兵，分插各堡；若夷人，照夷人还夷之约，以不开汉过而已。

今炒花被攻，而我之藩篱稍撤。幸炒尚在，臣故宣谕虎酋厚存之。后酋以奴贼，四月报急，遣其台吉桑昂寨率诸头脑领兵相助，已抵近边，离宁远七十里，连营二三十里，俱驼带盔甲。臣差人出边慰谕。旋报奴攻炒花，而撤回以自固。小赏之酒食千余两，感而不争，与向在广宁称助兵，而率额赏五万颇不同矣。

虎（酋）带甲可数十万，强与弱，奴非虎敌。然奴百战枭雄，虎无纪律，乱与整，虎又非奴敌。臣故亲出，厚遣其领赏之人，嘱其无与奴野战，脱有急，移于我之近边，彼此声势相倚重。虎感皇上多年豢养之恩，且自图存，必不折而入奴。若哈喇慎之三十六家，最称狡猾，自督臣王象乾一抚之后，顺多逆少。今日之计，我方有事于东，不得不修好。而西虏即未必可用，然不为我害，即已为我用矣。岁费金钱数十万，其亦不虚掷乎？西款不坏，我得一意防奴。

得旨：览奏，夷虏情形具见，防御有法。①

崇焕肯定王象乾抚御成效。虎酋即林丹汗，外强中干，而与金国为死敌，必不至于为金所用。西虏炒花五大营，即清所谓喀尔喀蒙古五部，其于金时顺时逆，为努尔哈赤所攻，颇有附明之意。黄毛达子哈尔慎或哈喇慎即朵颜之别称，朵颜终努尔哈赤之世未与金国发生密切关系，虽"最称狡猾"，然亦非不愿接受明朝抚赏，故明金双方皆应及时争取。在抚赏朵颜三卫一事上，袁崇焕并不附和昔日统帅孙承宗，而赞成主抚派，但又不同意一味迁就察哈尔以各部抚赏并给之，而必欲恢复朵颜三卫并行抚赏。而三卫中最重要的朵颜部，据蓟辽总督阎鸣泰奏报，其时基本上倾向于明朝。② 若能积极笼络住

---

① 《明熹宗实录》卷72，天启六年六月戊子。
② 《明熹宗实录》卷82，天启七年三月甲申，阎鸣泰言："（蓟镇）东协诸虏哈喇慎一支，独汪烧饼未款。凡有作歹者，俱归诸汪酋。二月五日（发生冲突之后），汪酋随即叩关愿罚。……俯首顿地，悔过格心，甘罚九九，说誓立盟。"

朵颜，至少可以减轻蓟镇压力，甚且有利于辽东防御。可惜明廷当局始终未能清醒意识到这一点。

天启七年五月，皇太极进犯锦州、宁远，明军处境严峻，袁崇焕自然需要得到蒙古军队支援，"且令王喇嘛谕虎酋领赏夷使贵英恰率拱兔乃蛮各家从北入援，无所不用其力"①。同时建议乘察哈尔要挟抚赏而令其与朵颜三卫和好："西虏连年与诸部落相安于无事，而各领各赏。自今春并（泰宁部）炒花而有之，又朵颜各家与宣府之报正合。虽其犬羊自相吞噬，然敌之大，我之忧也。在以威德宣谕，令其仍立五大营之后，使为我藩篱，庶炒花即播越而故物不失，我即费赏而国法益伸。乘虎酋领赏而多方与之讲誉，合三十六家与都令、乃蛮之好，不致逆以激之变，此臣意中而未敢必者也。"② 随即重申察哈尔之不可信，绝不能令其独大："虎酋忽并炒众，无异奴并南关。今领赏且盈万人，明知我有东患，而挟我以曲遂其私心，必欲得炒赏而后已。臣颇得要领，因而借赏以存炒，方在讲誉，数日内自有着落。独惜赏物不凑手，旷日生端，何暇加遗于伯酋与三十六家。宣镇虽有警闻，臣敢保其无虞。虎既不能南牧而患边，安得东向而攻沈？"③

欲迫使察哈尔与朵颜三卫相安无事，未免一厢情愿，但不废三卫抚赏，与察哈尔互相制约，皆为我藩篱，不可谓非崇焕之卓识。而令他为难的是权力有限，抚赏之事不全操于己。"赏物不凑手"，仅一泰宁尚且难以措办，况朵颜三卫全部。其后任督师时设法变通，却又为自己埋下祸胎。此时崇焕认为，金国若再犯明边，仍将攻宁锦，而暂无可能假道蒙古，抚赏三卫正是时机。这一判断果为次年皇太极破关攻明所证实。亦证明"西虏即未必可用，然不为我害，即已为我用"这一判断的正确性。虽金国暂无假道蒙古的条件，但并不等于说将来亦无此可能，从袁崇焕后来的疏奏看，他确实存在此种担忧。

**4. 崇祯举棋不定与本末倒置**

察哈尔林丹汗自天启六年即欲西迁，次年春劫掠朵颜三卫，④ 迫使东

---

① 《明熹宗实录》卷84，天启七年五月甲申。
② 《明熹宗实录》卷84，天启七年五月戊辰。
③ 《明熹宗实录》卷84，天启七年五月庚辰。
④ 《明熹宗实录》卷83，天启七年四月甲辰，兵部尚书王之臣覆宣府巡抚秦士文言："虎酋插汉儿王子与白言等，皆款夷也。乃插酋与把汉哈喇慎一枝讲计人马不遂，心久怀仇。俄拥兵压哈喇慎之境，诸虏情急求援，边臣来告。"

部诸蒙古重新选择出路。若不能内附于明或以明为奥援，即谋求投向金国。正如袁崇焕所言："虎酋新并抄化（炒花），意殊叵测，都令、赛令新通于奴，而仇于我。"① 塞外局势变得更加复杂莫测。与此同时，金国重新对明采取攻势，兵锋直指关宁，双方形势骤然紧迫起来。争取蒙古诸部也愈显重要，故如何权衡利害、计虑长远，考验着明统治者的智慧。

林丹汗众叛亲离，已成强弩之末，既无力牵制金国，亦不可能对明朝边境构成重大威胁。当时陕西道御史李柄看得很清楚："插部受赏辽东，今已十年。虎墩兔嗜利好色，驭下无法，众部落如都令、色令、拱兔等咸散。于是插酋动西行之念，谋报哈喇慎向年仇隙，一举而攻溃哈喇慎部落，乘胜西攻宣镇边外白酋等，又乘胜西攻大同边外顺义王卜石兔，致卜石兔不支西遁套内暂住。而插遂在宣大时东时西，随水草住牧。此数月来情节也。宣大边外原非插巢穴，彼安能保白、卜等之不攻其后？则挟赏而来，受抚而去，亦自可预料。如谓志不在赏，原在入犯，则西来数月矣，何不即犯，而直待我有备始犯乎？"② 其识见胜于王象乾。明廷若能明晰此一形势变化，当及时调整方针，即将抚赏重点转移在朵颜三卫上，采取更为积极的态度。

可惜明廷狃于积习，昧于识见。或以为察哈尔强盛，犹足以对抗金国。最荒唐莫过于兵科给事中李鲁生疏言："插酋虎墩兔憨（林丹汗）近与西房哈喇慎白言（伯颜）等称兵。欲救，则立挑北房之衅；不救，则坐失西房之心。闻虎酋素狎奴，奴强，实虎忌也。前广宁未溃时，曾共约灭奴。果能遣谙习情形者，晓以利害，大申前约，虎酋必听我。听我而西房获免于祸，且又德我。倘虎酋从黄泥洼击沈（阳），我从河上济师窥辽阳故墟，毛帅（文龙）更乘其惰归，邀之半渡，应无弗得志者。"而兵部尚书王之臣议覆时竟言："应如鲁生言，择一人素为西房所信向者，专领抚夷事，使虎墩兔憨罢西构之兵，仍令助兵四五万住黄泥洼，为捣奴之举。关宁再选精锐数万，使能将统之渐东。俟奴孽内顾返兵，则东江、登海便可乘此出奇，设伏张疑，或剿或袭。奴贼久疲于外，必不能当逸待之师

---

① 《明熹宗实录》卷83，天启七年四月丁巳。
② 《崇祯长编》卷10，崇祯元年六月庚子。

也。"二人一唱一和，满以为抚赏林丹汗即将收到一连串奇效，使金国陷入困境。相较之下，倒是阁臣清醒，拟旨："用虏攻奴，固是一策。然必我先能自用而后可以用虏。近日关宁尚自却顾，未敢轻谈。虏利财物，未必不即许为我用，以规近利。尔时我又未能自用，以用虏虚声恐喝，将无益增一番措置乎？"① 又幸赖袁崇焕持重，以"夏水方积，未可深入。而夷（金国）且聚兵以俟"回复。② 若依李、王之言，后果何堪设想！而又有另一极端者，以为明朝必非察哈尔之敌，除讲款之外别无他策。如福建道御史魏光绪疏言："方今大患，无过边外插部、秦中大盗而已。插酋拥数十万之众，横行数千里，迫处近塞。以战则必非其敌，以守则必不能固，其计必出于款，而款必非旧额之所能得，少者十数万，多即数十万，此等大费，出于何处，不当预为会计乎？"③ 崇祯优柔寡断，不见其利且复不顾其害，担忧察哈尔骚扰宣大，又虑财政日绌，而吝惜内帑更甚，仍唯以抚赏察哈尔以了眼前之急。而不知此时抚赏朵颜三卫对明朝更为紧要，故未能作出相应改变。

欲以朵颜三卫抵御金国，实难成事，而三卫一旦投靠金国，明将两面受敌，疲于应付，祸患无穷。三卫之有求于明者，不过抚赏市贡，即所谓"饭碗""一条白道"，④ 此则明朝之能羁縻三卫而金国所不能者。金国所能控御三卫者有三：兵锋胁迫之，联姻笼络之，共同抢掠以利诱之。于三卫而言，前两者皆无实惠，以抢掠之物啖以余桃的联姻恩赏岂能持久，而后者目标非察哈尔即明朝，均有风险且不稳定。明朝固不能指望三卫全然听命，至少不应令其倒向金国，此不待辨而明。况抚赏朵颜三卫岁额不及20万，⑤ 较

---

① 《明熹宗实录》卷83，天启七年四月丁巳。
② 《明熹宗实录》卷84，天启七年五月戊辰。
③ 《崇祯长编》卷18，崇祯二年二月庚子。
④ 《明经世文编》卷463第六册，《王司马奏疏一·请发帑金以充抚赏疏》。
⑤ 《明熹宗实录》卷42，天启三年十二月己酉，总督蓟辽兵部尚书王象乾言："去年关门累卵，臣妄意西虏苟入条缴，逆奴不敢西向，即有所费，较之版图残缺，利害自有重轻。既为御侮，此臣惟欲捍蔽危疆，仰纡我皇上之东顾已耳。然事虽创始，用惟崇旧。计两年三季，赏过银共三十万六千九百有奇，尚不及旧额每年二十万之数。"确数见毕自严《度支奏议·堂稿》卷4，崇祯二年二月十五日具题《题议各边主客兵饷疏》言抚赏之费，除蓟密等镇抚赏银29,227两，辽东抚赏银116,062两，共银145,289两，在于年例之外。见《续修四库全书》第483册，上海古籍出版社，2003。

之蓟镇一镇年例仅约三分之一、河北五镇十分之一。① 而于所拟察哈尔赏银30余万相较尚不及一半。② 若周济此费而成款局，以坚属夷内向之心，则诸部未必尽唯金国之命是从。但明朝万历末年以来军费日渐拮据，各镇连年拖欠。③ 朝廷虽竭泽而渔，仍不过杯水车薪。④ 在财政极为困难的情况下，即使十数万抚赏费，于明廷也确是剜肉补疮。然与天启初所议百余万相比，实已大为削减。问题更在于，崇祯后来忍痛将"肉"剜出来，却没有补对地方。

崇祯元年五月，察哈尔50骑抵宣府边外新平堡胁赏，被杀。林丹汗遂围攻大同，旋兵解。欲讲赏得胜口，为明廷所拒。⑤ 崇祯本意，甚不以款局为然。⑥ 而至九月，起王象乾总督宣大，⑦ 委以"款虏"之事，所忧仍在察哈尔部，惧其与西部卜石兔等联兵犯边。⑧ 崇祯命象乾"往与袁崇焕

---

① 《明神宗实录》卷530，万历四十三年三月壬申，蓟辽总督薛三才言及密蓟永昌四镇主客兵马钱粮，嘉靖间无定额。隆庆初年总计175万有奇。万历元年酌定经制，以160.4万有奇为额。至十九年，又酌减为160.1万余两，不无减削太过。嗣后题增，率皆就此中裒益通融，未尝请加于原额之外。则河北四镇年例160余万。而后日渐削减。毕自严《度支奏议·堂稿》卷4，崇祯二年二月二十六日所上《详陈节欠各边年例钱粮数目疏》，蓟门镇年例为42.7万，合密云镇36.5万，永平镇29万，昌平镇14万，易州镇14.6万，几近137万。
② 《明熹宗实录》卷68，天启六年二月癸卯，经略高第会同总督王之臣疏言："虎墩兔（憨）为八部酋长，素称骄黠。观其不饵奴贿，而终为中国藩篱，可谓忠顺矣。（加上被明军误杀的台吉歹青的偿命钱）总无增于额赏三十三万之数。"得旨："这本区画甚当，著兵部速与覆议行。"
③ 毕自严：《度支奏议·堂稿》卷4，《详陈节欠各边年例钱粮数目疏》：自万历三十八年至天启七年，各边欠饷累计968万，其中蓟镇53万，尚不包括辽东镇及黔西用兵。
④ 毕自严：《度支奏议·堂稿》卷2，《钦奉上传覆查外解拖欠疏》：崇祯元年六月，"户部王家桢奏各省拖欠□八百万两，（限期催解。）迄今地方未见解完，臣部未经覆奏。详查原题开欠8,269,449两零。六月以来，催到新饷银636,133两、旧饷银842,345两，共银1,478,479两，较原欠之数，未满二分"。
⑤ 分见《崇祯实录》卷1，崇祯元年五月己巳、丁亥，六月庚寅、辛丑。
⑥ 谈迁：《国榷》89，崇祯元年六月丙辰，召廷臣于平台，上曰："朕疆事仗一喇嘛僧讲款，诸文武何为？房不轻我中国哉？"刘鸿训曰："讲款，权也。"
⑦ 《崇祯长编》卷13，崇祯元年九月辛未："起升王象乾仍以少师兼太子太师兵部尚书兼右都御史督师行边，抚驭西插，总督宣大。"卷19，崇祯二年三月甲申，又称象乾为"宣大督师尚书"。
⑧ 《崇祯长编》卷13，崇祯元年九月辛未，召象乾及廷臣于平台，问象乾方略。帝曰："插汉意不受抚何？"对曰："当从容笼络。"帝曰："如不款何？"象乾密奏，语不尽闻。帝善之。

共计"①。

时袁崇焕任蓟辽督师，显然更为重视朵颜诸部，主张亟加抚赏：

> 宁远三面临边，必战必守之地也。其逼处于我，为患切肤者，哈喇慎三十六家也。督臣王象乾知大计，令番僧王喇嘛、游击张定往致三十六家，三十六家如约；令祖大寿致拱兔，朱梅致都令，亦如约。虎见各部内附，亦孤而求款。（中略）三十六家流离失食，我之边人不肯为存恤，故东附（于建州），且欲借力抗虎。此今日边情大概也。
>
> 今西部无存，东患我独当之。若东若三十六家寝处于我边外，经道惯熟，若仍诱入犯，则东自宁前，西自喜峰、古北，处处可虞，其为祸更烈。臣窃忧之，于本月十九日调三十六家至边，臣同道臣郭广亲谕之，彼亦直认不得已之故，窘于无食之穷，凌弱之虎，故求为与。为今之计，急修我备，务诱致之。倘其归我，即厚为费不妨；若不可致，则相机剿逐，无令逼处，自贻伊戚。②

察哈尔林丹汗西迁凌虐喀喇沁、喀尔喀蒙古诸部，明廷得知在上年五月。而据袁疏，当初诸部蒙古本欲入明境内安置，而为明边将不能善处之，故不得已乞援金国。袁崇焕显然意识到问题的严重性，故仍欲挽回，召三十六家至宁远以抚谕之。"倘其归我，即厚为费不妨"，即针对七月间崇祯断绝蒙古各部抚赏、九月又重新商讨而言，希望崇祯不吝赏金，以争取稳住朵颜三十六家。袁崇焕固欲亡羊补牢，然其对于朵颜、金国双方关系的判断并不错。

崇祯元年五月前后，正值明朝方面人事更替，蓟辽总督阎鸣泰撤职，继任张凤翼方赴任山海关；③ 蓟辽督师王之臣三月罢，④ 新督师袁崇焕尚未

---

① 谈迁：《国榷》卷89，崇祯元年九月庚戌，谕王象乾曰："前平台召对，卿奏昔年款房，合朵颜三十六家、布憨兔八大酋费七万金，岁两市，今当倍之，且至三十六万。卿可传示袁崇焕、督抚喻安性确察以闻。"
② 《崇祯长编》卷15，崇祯元年十月壬辰。
③ 分见谈迁《国榷》卷89，崇祯元年三月戊辰："兵部尚书阎鸣泰免，明年遣戍。"《崇祯实录》卷1，崇祯元年正月壬申。
④ 《崇祯实录》卷1，崇祯元年三月甲辰。

至京，赴关门更迟至八月初。原负责抚事之王象乾正丁忧，起复尚待九月，抚赏一事暂无着落。① 以上方面大员的职务变动原因很复杂，不见得都具有合理性，关键是失去了争取朵颜诸部的时机。五月，朵颜与察哈尔战于敖木林，兵败后欲投金国，既闻之明总督张凤翼，而凤翼又移书劝止，则似事情尚未至不可挽回，但未见有更积极的措施，或正待庙堂决策。不出两月，张凤翼为喻安性所代。崇祯敕喻安性："与新督师袁崇焕悉心筹划，一洗积弊，以宁边患，纾朕宵旰之忧。"② 但此前七月，明崇祯决定取消对蒙古诸部的抚赏，则是将喀喇沁推向与金国结盟的决定性一步。

《国榷》卷89，崇祯元年七月癸未："初，广宁塞外有炒花、暖兔、贵英诸房，蓟镇三协有三十六家守门诸夷，所云西房也，皆受我赏。建房虽强，其势未大合。至是中外迎上指，谓通建房，并革其赏。诸夷已哄然。会塞外饥，请粟，上坚不予，且罪阑出者。于是东边诸胡群起扬去，乃尽折入建房，不受汉索矣。"③ 即指七月断绝朵颜三卫抚事，且将加罪阑入边境之蒙古部众。个中曲折反映在《清实录》，即天聪二年八月喀喇沁方与金议和，距苏布地当初致书皇太极已过半年。明边臣之所以亟亟争取朵颜，不完全是无的放矢。结合明金两方面记载，可以对此段史实有较为深入的理解，金国方面积极而灵活的姿态，与明廷的颟顸而轻率恰成鲜明对照。

九月崇祯重新起用王象乾议抚，所谓"朵颜三十六家，此日亦当联络"，其意或在令朵颜无争，与察哈尔共受明约束，以加强掣肘金国。其时皇太极正联络诸蒙古兵伐察哈尔兴安岭，明廷又棋输一着。现存史料未见抚赏朵颜三卫形成定议，苟明如此，即知袁崇焕虽欲笼络朵颜诸部，亦难有作为。试观崇祯所为，先前崇祯元年欲拒绝抚赏察哈尔，然后并朵颜诸部一并停赏；继则崇祯二年初又欲安抚察哈尔，当时反对抚赏察哈尔者

---

① 谈迁：《国榷》卷89，崇祯元年三月戊辰：兵部尚书阎鸣泰"前荐前总督王象乾云：'往事不具论。自天启二年二月广宁陷后，以中枢自请行边至关门，率抚夷诸将王牧民、朱梅等至八里铺。呼虎酋之中军贵英恰等面劳之，各踊跃从命。'时象乾年逾八旬，下部议"。而此时袁崇焕尚未起用，王象乾复出已是半年之后。
② 《崇祯长编》卷12，崇祯元年八月癸卯。
③ 《崇祯实录》卷1同。夏燮：《明通鉴》卷81，系于九月；[考异]："诸部革赏而独抚察罕。卒之察罕仍不受抚，而广、蓟诸部以革赏叛去，边事所以日蹙也。"

不乏其人，崇祯皆不听，一意安抚。① 而于朵颜诸部，则置之不顾。明廷如此短见，反复无定，焉能与皇太极争胜！

虽然王象乾在崇祯面前援引袁崇焕支持抚赏察哈尔，② 很可能是崇焕了解庙谟已定，不欲另持异议，令崇祯反感，或希冀借抚赏察哈尔争取对朵颜三卫的抚赏，并不代表崇焕仍以为察哈尔能左右辽东局势。事实上，崇祯二年四月察哈尔款成，③ 而"新赏岁糜金钱五六十万"④。八月间察哈尔部已开始西迁河套，⑤ 虽暂时解除了宣大的威胁，然于蓟辽形势的影响基本消失。后来皇太极大军入关，林丹汗反而趁明廷焦头烂额之际举兵要挟。⑥

---

① 《崇祯长编》卷20，崇祯二年四月丁亥，兵科给事中陶崇道疏言："近日插部款成。"并参甲辰，巡按直隶御史叶成章疏言，及辛亥崇祯召对辅臣及五府六部，察哈尔欲并新赏、旧赏、辽东赏银及土默特诸部赏银，合四五十万。卷22，崇祯二年五月庚子，兵部尚书王洽上疏指责王象乾一味款虏："插之议款也，督臣王象乾疏称市赏银三十二万，系买马银两，每岁应得马52500匹，故臣有'银出马入'之疏，而督臣之疏亦言'有一马乃与一马之银'。今督臣之疏不但与虏议大不相合，即与前疏亦自矛盾，老成谋国，岂无所见而云然乎？督臣向者盖唯恐其不折也，而今且唯恐其不尽折也。督臣因其求折而欣欣然，急以入告，即与臣前疏相背不恤也，即自与前疏相背亦不恤也。诚以边疆之事，呼吸变态，不可为常，且成例可循，不得以胶柱碍通方也，臣亦何忍强执一议，掣疆臣之肘哉？惟是开市之日，须明白告诫曰：'皇上悯尔无马，量从旧例允折。俟尔马畜繁衍，彼此交易，务复俺答旧例，不必循卜兔陋规。'其开市条例，令督臣详列遵守。"得旨："马折可行，亦大委曲。既说量从照例，姑准目前暂行，此后当亟议更置。朕以边事外寄督臣，内属卿部，须力图上策，以副委任。"
② 《崇祯长编》卷19，崇祯二年三月甲申，宣大督师（当为总督）尚书王象乾疏言："而督臣（当作督师）袁崇焕书来，每言西靖而东自宁，虎不款则东西并急，而中外困矣。审时度势，共抱隐忧。"
③ 谈迁：《国榷》卷90，崇祯二年二月壬寅，督师王象晋（乾）言款虏抚赏，有旨："阃外事朕不中制，酌画具奏定夺，卿自有筹略，何待会议。三镇额赏，该部即与续发。"按"三镇"，象乾既督宣、大，又与崇祯协议抚赏，另一镇当为蓟镇。崇祯二年四月抚局成。《国榷》模棱两可，同卷，崇祯二年三月"插汉虎墩兔憨纳款"；闰四月己未，"督师王象乾报插汉虎墩兔憨就款"。
④ 《崇祯长编》卷21，崇祯二年四月甲辰，巡按直隶御史叶成章疏言。
⑤ 并参《崇祯长编》卷25，崇祯二年八月八日庚申，延绥巡抚张梦鲸疏言；二十一日癸酉，延绥总兵吴自勉塘报。卷26，崇祯二年九月十三日甲午，行边兵部右侍郎魏云中条上八事。
⑥ 《崇祯实录》卷3，崇祯三年正月二十九日己酉："插汉虎墩兔憨以十万骑抵宣府，胁旧赏四十万金。止括十八万予之。"谈迁：《国榷》卷91，系于次日三十日庚戌："原议四十万金，止括八万予之。"《崇祯实录》卷3，次月十六日丙申："户部奏：插汉修贡，旧赏新赏春秋分发，王象乾所定赏额与今有异，乞命定额，著为永例。"

明廷数十万抚赏或所谓折价"买马",完全打了水漂。①

**5. 袁崇焕为苏布地"储粮"辨**

崇祯为满足察哈尔贪欲而停止东部蒙古诸部抚赏,意味放弃与金国争夺东部蒙古控制权,不啻在金国之外又于北边树敌,加剧边境压力。袁崇焕身为前线统帅,亲临其境,见识自与庙堂不同。但也只能在自己的权限内极力周旋,不令朵颜等深怨于明,转而协助金国,此即后来"通敌勾房"之罪名。

《国榷》卷90,崇祯二年三月丁巳,"朵颜三卫及建房大饥。三卫夷半入于建房,束不的求督师袁崇焕开枲于前屯之南台堡,互市貂参。边臣俱不可,独崇焕许之。盖束不的为建房窖米,谋犯蓟西。虽有谍报,崇焕不为信"②。前半段云朵颜遭受饥荒,苏布地请求袁崇焕互市,为事实描述。所谓三卫半数投入金国,当即前述苏布地率部投靠金国而被"诏还旧牧"事。至于求援于明朝,是否边臣俱不可,独袁许之,无其他史料佐证。而后半段苏布地借此为金国储蓄粮米,以便入秋内犯,则纯为主观判断且近乎罗织。

《国榷》卷90:"是月(三月),陈仁锡使辽东,未出都,报建房十五万骑犯宁远。及抵关,不见一骑入犯也。问之,曰:往朝鲜矣。抵高台堡,知□□束不的为插汉买妇女,为建房积谷。"以下全引计六奇《明季北略》卷5《陈仁锡使辽东》一节:陈至宁远,遇武进士王振远、陈国威,二人谓仁锡曰:"束不的居关外,阳仇插汉,其实昵之。部落不满万,驻宁远关外者六七千人,此地开市,止二千卒,不及备,夜半可刺也。盖建州哨在束不的内,计四百余人,不挟弓矢。插汉远在漠北,驰救不及。

---

① 《崇祯长编》卷26,崇祯二年九月十六日丁酉,兵部尚书王洽疏言:"督师王象乾塘报云:'秃捧黄台吉下李把总到臣公署,称插汉儿王子为朝廷不与辽赏,恼恨至极,必要带领兵马进边亲讲。有秃捧黄台吉日夜苦劝:辽东大赏俱有了,你不要为些须小赏轻动,坏了大事,谁人替你再讲?'……又据宣府总兵侯世禄塘报:'八月二十五日,忽报插部因辽赏不遂,要统兵进边挟讲。'……二十八日,副将王家宾塘报:'土罢黄台吉下李把总密禀,插部原要犯边,有土罢台吉可托气喇嘛苦说,皇爷恩赏不少,况军门太师恩典甚厚,莫听下人之言,为些须小赏轻动,坏了大事。军门王太师老了,谁人替你再讲等语。'到部。臣谓插部旷悍,动辄恃强挟赏。然嗜利畏坚,观其自誓兴兵甘罚,则其无意败盟亦可见矣。但其心叵测,有备无患,是边臣所当竭力修备而已。"

② 《明史》卷23《庄烈帝本纪一》系此事于崇祯元年:"是年,革广宁及蓟镇塞外诸部赏。诸部饥,告籴,不许。"

斩头寝内，边警息矣。失此机会，四月间命将先至，秋冬诸王子几支入，必舍辽而攻蓟，宣动天下之兵，何益？"仁锡言于边臣，甚壮之，竟不果。后大清兵入攻，俱如二生言。云云。此段出自陈仁锡《陈太史无梦园集》之《海集二·宣诏山海关辽东都司纪事·与宁远武进士门生料束虏必引奴入犯》。① 陈仁锡虽亲至辽东，然集中记苏布地（束不的）事，则多得自传闻。② 其述朵颜与察哈尔关系，自相矛盾，无足可信。至以己巳之秋金国及诸蒙古兵攻明，乃苏布地与皇太极长期之精心预谋。前文既考证皇太极出兵之初漫无定见，攻明是半月后中途临时决定，则知其说尤谬。

《明史》卷259《袁崇焕传》："哈喇慎三十六家向受抚赏，后为插汉所迫，且岁饥，有叛志。崇焕召至于边，亲抚慰，皆听命。"所记为崇祯二年三月事，盖崇焕尽力安抚，朵颜三卫已有诚意。《明史》一书为清朝官方审定，其于明清之际尤严，绝不允许虚美崇焕。既不惜著录皇太极以反间计除崇焕，若崇焕果纵容苏布地贮粮以俟金军入关之用，焉有不传喧之理，仅此一条，即可置崇焕于死地，何待北京城下施用未卜之反间计？然崇祯既有断绝抚赏之严令，则崇焕已有违命之嫌；加之关宁连年欠饷，宁、锦两镇先后哗变，辽东巡抚毕自肃竟为叛兵侮辱逼迫至死。崇焕之镇后，第一件事即安辑七月的宁远兵变。解决欠饷为当务之急，故连疏以催："请速发关内外积欠七十四万金及太仆寺马价并抚赏四万金，以无误

---

① 计六奇：《明季北略》，中华书局，1984。陈仁锡：《陈太史无梦园集》，《四库禁毁书丛刊·集部》第59册，北京出版社，1999。
② 如苏布地为插汗买妇女，为建州买粮食。又多事后诸葛，夹杂主观构想，如《海集一·纪蓟门夷情》："哈喇慎昨年被插酋剿除，速不的恐势孤不能拒，所以顺奴，欲借力以抗插，其祸原始于此矣。奴亦利速酋之降，希图假道犯蓟，其受降殆有深意焉。"又喜议论，多主张，如《海集一·纪全辽形势建置》："彼既不从插而西，乃插之叛部也；又暗交于奴而东，乃奴之心腹也；犹且买我之米粮卖之奴，乃我之内奸也。盍请密旨，暗令督镇或借厚赏之名以尽杀，或出采猎之举以灭绝。此虏一剿，东可断奴之窥伺，西可泄插之忿恨，内可除我之肘腋之患，岂非一举而三捷也！""欲复广宁，先剿速不的，我得并力东向，而无后顾之忧。除插叛部，非挑插酋之怨，何惮而不举此耶？"竟至以刺杀一举为收服全辽之关键。仁锡以二生之言，"密谋关内道，甚壮余言"，"会当事不合而中止"。关内道未知何人，而"当事"无疑指袁崇焕。故其讥刺崇焕"以款局为胜者，以喇嘛为心膂"。而以不行刺杀苏布地为恨，何啻谬悠之谈！此殆钱谦益所谓好谈兵者，如金声、申甫、刘之纶辈。而计六奇、谈迁皆不之疑，以深恶袁崇焕，竭力贬低，而惋惜毛文龙被杀也。时南人纪事多类此，张岱《石匮书后集》诬蔑袁崇焕至不堪入目。

封疆，仍请敕饷司及各道悉听纠劾，以一事权。俱从之。"① 到任三月之后，即蒙崇祯亲自批发15万两，然又新欠53万两。② 然朝廷亦只能挪新补旧，"关内外向缺八九两月饷，昨取发帑及户部新解，仅可补完八月，而九月尚缺。从此陆续解去，不过补完九月。目今十月矣，转盼又是十一月，则关宁终欠两月之饷，是户部终日解银，关宁终日缺饷也"③。崇祯二年四月王象乾与察哈尔达成抚赏，已在崇焕召朵颜三卫予以安抚之后，而史籍中仍不见有恢复朵颜三卫抚赏之记载。《初学集》卷65《申用懋神道碑铭》："新城王公（象乾）总督宣大，请款插以制奴，公力主其议。王公病免，三十六家束不的未受款，王公荐公自代，不果。公叹曰：'祸未艾也！'上蓟、昌修攘大计疏，厘为八事。己巳六月，束酋果以议婚为名，导奴大入。"六月苏布地与金国联姻，引导金国攻明，是牧斋误信，然为崇祯二年朵颜三卫未与察哈尔一体抚赏提供了佐证。

明乎崇焕此际处境，若云其竟置军心于不顾，独犯众怒而全力接济朵颜，听其籴粮，以助金入犯，崇焕即至愚，恐亦不至于此。崇焕亲密部属若赵率教、祖大寿、何可纲、朱梅等皆有识之士，不加劝诫，而竟与崇焕通同昧心之事，或尽为崇焕所愚，有是理乎？按史籍，所谓接济苏布地，约有两端：

其一，崇焕欲以未发之抚赏银购买马匹，但此事尚在与兵户二部商议之中。④ 而据后来兵部职方主事周梦尹上言："自天启二年辽抚王化贞冀借插以御东，遂有抚赏之议，岁额三十四万，取之兵部者二十二万有奇，取

---

① 《崇祯长编》卷13，崇祯元年九月壬戌。
② 详参《崇祯长编》卷15，崇祯元年十一月壬戌，因御前发饷疏谢，并陈兵马饷数。
③ 《崇祯长编》卷14，崇祯元年十月戊戌。
④ 《崇祯长编》卷19，崇祯二年三月庚申，户部尚书毕自严等疏言及辽东抚赏，前此俱与臣部无与。自天启四年题增赏额，枢部给发之外，臣部分发虎墩（林丹汗）抚赏银66,012两5钱，又分发炒花抚赏银50,000两，遂沿为例。然原无额编之银也。顷者督师袁崇焕欲以未发抚赏移以买马。及查臣部自天启四年秋季起至崇祯元年止，除解发外，尚欠银15,884两4钱；再以崇祯二年应发余数计之，又该116,062两5钱，此则臣部未发抚赏之确数也。至于枢部应发银数及节年拖欠银数，臣不与知，想督师处必有确数矣。昨蒙皇上召对，谕臣部与枢部措处，谨将臣部两年未发银131,946两9钱，俱于原设旦辽饷内尽行解发，而臣部之力竭矣。即日先发银50,000两，余容陆续再解，务与枢部共完足321000之数。此后或仍有未发抚赏，及欲移插部旧赏于宣云，俱应枢部任之，遇臣部无与也。

之户部者一十二万有奇,此定数也。天启六年后,插赏既停,已解者多为官吏侵私,其在户兵两部者,若为无主朽物。崇祯元年,袁崇焕经略辽东,借以买马,皇上特允所请,敕发四十九万。明年插款(即崇祯二年重新抚赏察哈尔)既成,崇焕复取兵部八万金,并辽东所贮赏物,按季给之。"所借银两,原应从辽镇年例中偿还,崇焕被逮,已不能追问。① 此即崇焕借抚赏银买马始末,所谓"崇焕复取兵部八万金及辽东所贮赏物按季给之",对象乃是察哈尔。至于买马一事,原于辽镇、朵颜两便,乃崇焕于抚赏已停之后的变通之法。若崇焕擅自接济朵颜,被逮之后,朝廷必不致如此措辞。而另据《明史》卷92《兵志四》:"辽东督师袁崇焕以缺马,请于两京州县寄养马内,折三千匹价,买之西边。太仆卿涂国鼎言:'祖宗令民养马,专供京营骑操,防护都城,非为边也。后来改折,无事则易马输银,有警则出银市马,仍是为京师备御之意。今折银已多给各镇,如并此马尽折,万一生变,奈何?'帝是其言,却崇焕请。"则崇焕欲买马借以安抚朵颜之策,实已胎死腹中。朝廷死守祖训不肯变通,崇焕赏金何来?崇焕幕僚程本直有一段议论,意谓崇焕欲守关宁,必蓄养兵马,然兵马强壮,非仓卒能成,皆须时日。故崇焕不拒绝金国议和,虚与委蛇,意在争取时间。"崇焕之言曰:敌以款愚我,我亦以款愚之也。"故本直认为:"款之为言,缓也,所以缓彼而急我也;谓款之有害于兵也,愚也","款敌正不必为崇焕讳也"②。则知与金国讲款,向朵颜买马,或市米换马,皆崇焕争取时间以谋自强之道。款敌既不必讳,买马市米又何须讳?

其二,崇焕既要安抚朵颜,然赏金无出,又值朵颜饥荒求援,约曾卖米于朵颜,即所谓"市米"。关于此事有两段史料。钱谦益《孙承宗行状》:崇祯三年收复永平等四城之后,有"西虏锁合儿所部来乞赏,(辽东巡抚丘)禾嘉收置墙外,遂夸诩入奏曰:'行抚赏于驽嚄之后,以夷致夷,即以夷攻夷,此豢龙饲虎之手也。'公驳之曰:'往以吊丧愚奴,而为奴愚;以买米愚束,而为束愚。今之愚虏者,安知非昔之愚奴、束者乎?'"

---

① 《崇祯长编》卷30,崇祯三年正月己丑。
② 程本直:《漩声》,载袁崇焕《袁督师集》附录,《丛书集成续编》第148册,新文丰出版公司,1989。

承宗所言，即指斥袁崇焕借为辽东买米而接济朵颜苏布地。又，《崇祯长编》卷31，崇祯三年二月丁丑："兵部尚书梁廷栋以李逢申劾其虚名无实、浮气未融，不如原任尚书王洽早识，能驳款议，因具疏辨之。谓袁崇焕关市买米时，臣方在山海，见其举动乖张，知必坏国事，遗书枢府，令早为之所，而后王洽始有禁米驳款之疏。是王洽之早识，由臣点破。而逢申见王疏，未见臣书，故云然耳。谨将书揭进呈，帝报闻。"是知即使崇焕有买米款虏之举，时间亦必不长。而流传民间，遂成崇焕明知苏布地为金军储粮，而仍予以接济。

朵颜三卫分布于蓟辽两镇边外，安抚朵颜必须与蓟督协同行事，而新督喻安性并不在崇焕节制之内，恰又逢蓟州兵当年二三月间因欠饷哗变。①军饷节年拖欠，士卒枵腹难撑，稍一迟延，各镇效尤，将成连锁反应，封疆大吏内顾且不暇，即或崇焕输米朵颜苏布地以示怀柔，数量亦必极其有限。然而崇焕的苦心皆作话柄，竟成罪名！明廷最终结怨朵颜，其谁之咎？而一旦有失抚御，朵颜诸部即可能犯边抢掠，或为金国所用，联兵内犯。凡此皆情理之所必然。"其为祸更烈"，前引崇焕上年十月疏中实已备言之矣。与陈太史刺杀苏布地、剿灭朵颜，然后捣巢建州之高论，相去岂以道里计！至谓苏布地于朵颜诸卫匮乏之余，竟一意为金国、蒙古大军储积粮食达半年之久，②而所以能如此，又得自袁崇焕之助，无乃不近情理之甚乎！甚则以金军先头部队已至朵颜内部，自春徂秋，潜伏待发，则又无异悬度。

---

① 据毕自严《度支奏议·堂稿》卷4《臣部措饷甚艰蓟镇兵骄可骇疏》："崇祯二年三月初一日，户科抄出该兵部题为'饥军急讨钱粮事'，准蓟辽总督喻安性咨，据称：三屯左营勇壮因八月无粮，遂有赴蓟索讨之意。本月（二月）十五日辰时，口称'忍饥不过，只得赴讨'，聚众前赴三屯。据此为照。军兵惟借月饷为生，乃欠至八月，谁复堪此？""三月初三日接蓟辽督臣喻安性手书，云：蓟镇中协南北军兵，以七月无粮，饥饿难忍，一时并起，欲径赴内部讨饷，势不可遏。非发二十万金钱必不能收拾。内难已作，饥虏复窥于外，封疆事有不可言者。"三月初一日，又发生太平路守台南兵与东游营军发难。关于此次蓟州兵变规模，并参《度支奏议·堂稿》卷4，崇祯二年三月初七日具题《蓟门月饷旋发兵哗警报踵至疏》。
② 谈迁：《国榷》卷90，崇祯二年正月丁巳朔，"建虏渡河，官军拒之。时西虏馈建虏之饷"。《国榷》所载是年初金军屡犯明边，当皆得自陈仁锡《无梦园集》，而于《老档》《清实录》无征。

揆诸明万历以来史实，抚赏蒙古，诚不能保其必无进犯，且尽为我用；而诸部之所阑入境内劫掠，或因明朝暂停抚赏，或冀以此增加赏银，其意皆在赏银、物资而已，而不在得明朝土地人口。若断绝抚赏，致使其无望，则明朝边境无宁日。"夫虏不与我合，则必与奴通。小路不防之处，皆奴眈眈之地，皆可虏也，则奴何以不来也。"① 殷鉴不远。乃书生辈徒弄口舌，竞相诡计奇谋，与朝士所谓尽驱属番以扩充疆域之阔论宏图，桴鼓相应，而于此卑之无甚高论，了不着意。

### 三　金军顺利破关与蓟镇防御再检讨

#### 1. 蓟镇三协分布失当

据《清实录》《老档》，天聪三年十月二十六日丁丑夜，金军突破长城隘口，左翼克龙井关，进至汉儿庄，招降潘家口；右翼克大安口，继克马兰营、马兰口。次日戊寅，皇太极进入洪山口。各处皆未遭遇明军有效抵抗。② 然后歼灭山海关援兵，合军克遵化、三屯营。诸口由东迤西，为汉儿庄、龙井关、洪山口、大安口、马兰峪。汉儿庄在迁安县西北，其余皆在遵化县，并属蓟镇三协之中协。龙井关内即中协驻所三屯营，在遵化县以东。三屯营东北外缘为喜峰口。③ 皇太极得以瞒过袁崇焕，实因原拟由蒙古地区西进攻略察哈尔，南下攻明乃中途改变。而祖大寿言："臣在锦州，哨三百里外踪迹皆知。讵意（皇太极）忌臣知觉，避臣邀截，乃从老河北岸离边六日之程潜渡入蓟。"④ 而不知其中缘由。

皇太极大军之所以轻易破关，一时所向无敌，实由于明蓟镇防御非但薄弱，而且失调，"蓟镇边分东、中、西三路。东路帅驻台头营，所急者四：曰山海关，曰石门寨，曰燕河营，曰建昌营。中路帅驻三屯营，所急者四：曰太平寨，曰喜峰口，曰松棚谷，曰马兰峪。西路帅驻石匣营，所

---

① 梁鸿志本《明熹宗实录》卷39，天启四年二月戊子，解学龙疏言，台湾"中央研究院"历史语言研究所校印本。
② 《清太宗实录》卷5，"十一月初一日壬午"条下，云二十八日己卯金军攻石门，歼明援军，石门寨驿丞来降。《满文老档》系石门驿丞降金于十一月初七日。石门驿在蓟州以东60里，金军似无可能于二十八日进至此地，《清实录》误。
③ 并见顾祖禹《读史方舆纪要》卷11《北直二·顺天府》。
④ 《崇祯长编》卷29，崇祯二年十二月甲戌。老河即当潢水。

急者四：曰墙子岭，曰曹家寨，曰古北口，曰石塘岭。"即三协所辖十二路。"蓟州自山海关而西，至居庸（关）之灰岭，隘口共一百二十处，相去约二千一百里。"① 防守殊为不易。境外为朵颜驻牧地。"三协各关口，虽无处不险，而平原大川，可容数十万大举入犯；又当贡夷出入之路，则喜峰、潘家口为最。皆中协地也。"②

蓟镇于九边中号称雄镇。"山川之阻，墙台之坚，独甲于诸镇。迩以抚赏之故，苟且目前，一切据险修边之政，都置而不问。"③ 蓟镇边备废弛，并非始于察哈尔部讲款。万历间即有"蓟镇实神京肩背，藩篱一决，则烽火达于甘泉。徒驱无衣无食之卒，以当十方方张之虏，所谓腐肉之齿利剑，必无幸者也"④ 之说。日后虽疏奏屡屡，总无改作。天启初为防辽，蓟镇更为削弱。兵部尚书王象乾疏言防秋："蓟昌拥护陵京，与各镇虏情原不同。近滦水以东，视蓟门为家当，闻惊设防，倍于各边。即神器、火药，大半乌有。贡夷来往，不改鸱音。东西二协，虎酋乞炭孩妄觊加赏，中协骆驼遗蘖，窥伺喜峰诸口，燕河、建昌二路，以扒墙传烽，不一而止。"⑤ 经略辽东王在晋述沿途险要，于蓟镇尤为担忧："关门以内，隘口甚多，守军徒挂虚籍，营马皆下驷，有可守之地，而无可守之兵。先是，见蓟镇总兵许世臣，一一讯各边武备，谓各边铳炮器械火药弓箭，皆挪借援辽，辽不能存，而各边有贴危之势，其以辽民充塞，酿成腹心之患。"⑥ 直隶巡按御史潘云翼疏言："近据塘报，东夷假道谋犯，已有情形。至于喜峰诸口，言之殊可寒心。夫喜峰一口，可通万骑，夏秋时河水作金汤，冬来冻结，即无所恃。且青山口、□家口、董家谷、铁门关，处处皆冲。本路主兵合马步应援官军，仅六百有奇。秋防分布，合主客南北官军，仅

---

① 于敏中等：《日下旧闻考》卷152《边障》，北京古籍出版社，1983。按：东协副总兵原驻建昌营，万历二十三年方移至台头营。见《明神宗实录》卷281，万历二十三年正月壬午，兵部议覆巡关御史张允升条陈边防九事。
② 谈迁：《国榷》卷86，天启四年五月庚午，顺天巡抚邓汉疏。按：蓟镇创设三协，始于万历四年戚继光任蓟镇总兵。蓟镇十二路原置两协守，各辖东西六路，"总兵居中调度，颇称节制"。戚继光以"该镇边长二千余里，山势萦回，预警驰援不及"，于是于中路添设协守一员，驻三屯营。见《明神宗实录》卷46，万历四年正月乙酉。
③ 《明熹宗实录》卷41，天启三年十一月己卯。
④ 《明神宗实录》卷453，万历三十六年十二月乙亥，兵部疏言。
⑤ 《明熹宗实录》卷10，天启元年五月乙卯。
⑥ 《明熹宗实录》卷21，天启二年四月乙亥。

六千有奇。若不亟议搜调，严为设防，倘误事机，噬脐何及？"① 防御薄弱，可见一斑。孙承宗经营辽东之后，以蓟镇"精锐尽调以东。关内单弱，不得不募新兵，乌合之众，未习操练，不逃则盗。先年有墙台烽堠，明暗尖哨，近来水面倾圮，班军尽赴山海，三年未筑"②。"蓟镇军士，年来虚耗于援辽，逃亡于粮薄，精锐几空"③。至天启六年，"山海关太监刘应坤巡边查阅兵马数目奏报：因言桃林口等处城堡倾颓不堪，喜峰等口又无水门可恃，万一东西告警，声东击西，山海虽坚，恐无所赖"④。而朝廷经费难继，一味裁减，兵丁马匹粮草短缺，实不忍言。⑤ 故虽形似严关，实则内里腐朽，不堪一击。

皇太极大军得以顺利入关，又与三协布置变动有关。山海关行政区划属辽东都司广宁前屯卫，而地望属永平府抚宁县东北，防御上为前屯与蓟镇东协交接点，蓟辽兼辖。中协三屯营为蓟镇总兵所在，⑥ 东协尤须兼顾关门之外。⑦ 两协兵力虽不为不多，但彼此之间却呼应不灵。万历末年，努尔哈赤起兵反明，攻陷抚顺，明廷调集各镇援辽，山海关新设总兵，即曾以蓟镇东协四路隶属山海。⑧ 至天启初年，边情更为紧迫，顾虑金军从关门、蓟镇之间偷袭，故又有主张"山海、蓟门首尾联络，以成常山之势。此备御之急著也"⑨。于是有蓟门三协如何分布协调之议。承宗以枢辅阅师，提议蓟辽分设大将。以三协仍各辖原四路，但东协升为总兵，移驻山海关，东协四路尽为关门之用；中协驻遵化县东之三屯营，而以西协移驻遵化。

而经略王在晋、总督王象乾对此有疑义，以为东协原驻永平府属之台头营，本为山海关之援，今改移山海关；而中协升为总兵驻三屯营，却去

---

① 《明熹宗实录》卷33，天启三年四月辛酉。
② 谈迁：《国榷》卷86，天启四年五月丙寅，总督蓟辽吴用先疏。
③ 《明熹宗实录》卷66，天启五年十二月壬辰，总督蓟辽王之臣奏。
④ 《明熹宗实录》卷72，天启六年六月己丑。
⑤ 详见《明熹宗实录》卷72，天启六年六月戊戌，顺天巡抚刘诏备陈巡历蓟昌情形。
⑥ 于敏中等：《日下旧闻考》卷152《边障》引《边庭硕画》。
⑦ 参《明神宗实录》卷425，万历三十四年九月甲午，蓟辽总督蹇达疏言。
⑧ 山海关总兵称"镇守山海关应援蓟辽总兵官"。分见《明神宗实录》卷568，万历四十六年四月丙辰、戊午；卷569，闰四月壬申、壬午。并见《国榷》卷83，万历四十六年闰四月壬申。
⑨ 《明熹宗实录》卷20，天启二年三月癸亥，保定巡抚张凤翔疏言。

山海关有400里之遥，于应援为疏。①而西协移至遵化，"去三屯仅六十里之近，于建牙为赘"。于是提出将东协四路分为二，分驻山海、永平；而将中、西两协合并设一总兵统之。部议时，署兵部事张经世与侍郎陈邦瞻赞成王在晋、王象乾。然承宗坚持原议："盖臣之意，欲聚天下文武豪杰于东北，以相机挞伐，而先严防守。假奴窥山海，我当厚集其阵以直塞之。奴知山海有重兵，而捣瑕于桃林、冷口诸冲，我又当密布其势以横塞之。故棋布三将，各握重兵。"后因原拟西协总兵许世臣被劾，改任孙寿祖时仍驻密云之石匣营，算是一点妥协。朝廷最终采纳承宗之议，亦顾全在晋、象乾的意见。②

象乾坚持西协不调往遵化而仍驻密云境内东北之石匣营，或有护卫总督府所驻密云之意，遽难断言。③石匣营与昌平镇互为犄角，固自有一层保障，然距三屯营约300里之遥，④彼此很难及时照应。孙承宗也承认："关门之议虽同，蓟门之见未合。"⑤后来皇太极大军破遵化、三屯营，却未见石匣营来援，或以此。而就中协而言，由永平西移至遵化三屯，显然是在加强关门的同时顾及蓟镇中段的防御。但与驻关门之东协山海关相距约400里，较之与西协应援更难。

**2. 蓟辽总督驻所东移与总督暂缺**

蓟镇中、东二协既相距辽远，而三协各升为总兵，一旦事有缓急，能否及时呼应，谁来协调，也都是问题。即如潘云翼所言："三协原属一体，

---

① 并参《明熹宗实录》卷22，天启二年五月癸丑，礼科左给事中周朝瑞陈保山海要著："永平当喜、松、马、太之冲，旧设有道将，专为防北。近新添总镇，犹以中协四路为名，恐拘守信地，东援之意稍分。"
② 《明熹宗实录》卷24，天启二年七月辛丑、戊午。《明史》卷271《孙祖寿传》："承宗坚执如初，乃命祖寿移镇遵化。"似未留意后来变更。
③ 《明史》卷72《职官志二》，蓟辽总督"开府密云"。在西协之石匣营西南60里、石塘岭关东南40里，见顾祖禹《读史方舆纪要》卷11《北直二·顺天府·昌平州·密云县》。于敏中等：《日下旧闻考》卷140《京畿·密云一》引《名胜志》："县为蓟辽总督所驻。"当是开府之际。
④ 于敏中等：《日下旧闻考》卷152《边障》："蓟州以三屯营居中，为本边重镇，东至山海关三百五十里，西至黄花镇四百里。"顾祖禹：《读史方舆纪要》卷11《北直二·顺天府·昌平州》："黄花镇，州北八十里。""密云县，州东北百二十里。""石匣营，县东北六十里。"在居庸、古北之间。以此计算，黄花镇距石匣营约百里，则石匣营距三屯亦约300里。
⑤ 梁鸿志本《明熹宗实录》卷48，天启四年十一月辛酉。

旧制互相应援,总隶三屯镇守,居中而调度之。顷以协守改镇,遂至权并势分,调度不行,策应何望?甚至烽火断隔,畛域攸分,非旧计之得者。今后有警,乃互相应援,协力拒剿,尤为今日蓟门要务。"得旨:"所奏深切边防,该部作速议覆。"即指出三协原由中协调遣,而改镇之后,彼此不相属,只能由蓟辽总督统辖。① 所幸者天启年间蓟镇尚无重大边警,迨天启六、七年努尔哈赤、皇太极父子两度兵犯宁锦,辽东为众目所注,蓟辽总督所重便更在山海关一线。

明设蓟辽总督,驻密云,蓟、辽两镇皆受其统辖。天启六年三月,阎鸣泰任此职,次月疏言:"祖宗设立总督一官,开府檀云,节制四镇。"② 自有辽事以来,明廷防御尽在关门以东宁锦方向,于是有经略、督师之设,而总督职责未变,颇有叠床架屋之嫌。为人所忽视的是,万历四十六年辽东事起,即有"督臣出关调度,事出创见"③。而自天启六年初,蓟辽总督驻所已从密云移驻关门。《明熹宗实录》卷68,天启六年二月壬寅,总督蓟辽王之臣疏言:"臣驻宁远,与镇道诸臣图善后之策。"王之臣以总督移驻宁远或以次月为经略督师,自当在关外。阎鸣泰继任总督,试观四月筹备辽东防御诸事宜,亦必身历辽东,④ 而无株守密云之理。《明熹宗实录》卷70,四月己亥,辽东巡抚袁崇焕疏:"奴贼狡然思逞,我之应防,亦维此时。臣待罪此方,只有坚壁清野以为体,乘间击惰以为用。关内则有督师及镇守内臣、道协为守,隐然虎豹在关,不患后之不劲矣。总兵赵率教尽带关内兵马出壁前屯,以捍关门,以援宁远,精密坚饬,臣无可虑。"时崇焕驻宁远,所论皆为辽东之布置,疏中"关内则有督师",当指督师王之臣驻山海关,与蓟镇山海关总兵赵率教所辖各路驻扎在此亦称"关内兵马",为同一个意思。又可知兵部尚书王永光谓经略、总督与巡抚"关门内外",仅山海关一门槛之隔,蓟镇总督随时可赴关门。⑤ 《国榷》

---

① 《明熹宗实录》卷33,天启三年四月辛酉。
② 分见《国榷》卷87,天启六年三月癸亥;《明熹宗实录》卷70,天启六年四月乙未。"檀云",即密云。四镇,似指辽东、蓟镇、密云、昌平。
③ 《明神宗实录》卷569,万历四十六年闰四月己未。并见同月丙寅,蓟辽总督汪可受奏。
④ 详见《明熹宗实录》卷70,天启六年四月壬辰。
⑤ 《明熹宗实录》卷71,天启六年五月壬子。

卷88，天启七年正月己卯，御史智铤建议："调王之臣于密云，专御西房；调阎鸣泰于关门，责之御东房。下部议。"《明通鉴》卷80，天启七年二月："朝议以崇焕、之臣既不相能，召之臣还，罢经略不设，以关内外尽属崇焕，并便宜从事。"① 经略虽去，而崇焕亦不欲总督掣肘。《明熹宗实录》卷81，二月癸卯："吏兵二部会议关宁督抚事情。得旨：关宁重镇，近因督、抚二臣形迹不化，议论相掣，……今依卿等会议，召还督臣，资其筹策，关门兵马，听宁抚兼制调度，受其成算。蓟督（阎鸣泰）无事则照旧驻扎，有事则移驻关门。"同卷二月乙巳："蓟辽总督阎鸣泰疏言：臣闻警来援，行次北平，接巡抚袁崇焕手书，云：'奴子之遣兵，为护送夷使过河，原自无他。'臣乃提兵回镇。然中途揽辔揣摩，寻思累夕，殊有未敢即安者。"即不欲从关门回驻密云。五月，皇太极大军来犯，宁锦之战方酣，崇焕欲身赴锦州，"且敕督臣阎鸣泰移镇宁远"，② 则鸣泰又当在关门之外。此战结束，袁崇焕即罢职。朝廷以"王之臣代为督师兼辽东巡抚，驻宁远"③。而总督阎鸣泰一时总辖关外诸军事，批评巡抚袁崇焕种种布置不当，④ 不可能返回密云，实已移至关门。⑤ 总督驻扎关门，中、西两协总兵总须有人协调，不致各自成为孤垒，稽诸史料，实以顺天巡抚刘诏代理蓟镇防务。⑥ 而天启年间陆文献的疑虑和建议，"倘奴假道于虏，分兵数枝，从义院、界岭、马兰、喜峰、片石诸口，直达郊原，或恐两军不相

---

① 《明熹宗实录》卷81，系于当月己亥。
② 《明熹宗实录》卷84，天启七年五月辛卯。
③ 《明史》卷259《袁崇焕传》。
④ 详见《明熹宗实录》卷86，天启七年七月壬申。
⑤ 至于崇祯三年之后，孙承宗以督师驻关门，事权一统，蓟辽总督曹文衡乃回驻密云。《崇祯长编》卷53，崇祯四年闰十一月辛亥，吏科给事中熊开元上言："蓟辽三抚并设，信地画分之计诚备。然独于总督一官，既欲于关内外无所不辖，而又以切近之西协四路为其专管，是不异系骥足而责以千里矣。若责关前道将禀成谋于密云，骤雨迅雷，奚从飞度乎？"癸丑，礼科给事中谢玄珧上言："皇上允枢辅孙承宗之议，不设督师，俾顺、辽二抚悉听蓟督节制。其中尚有未尽机宜，则调度应援之当酌也。督臣僻处密云，而关内外两抚疆界既分，彼此将吏各有统辖，万一关外报警，号令若于隔属，呼应未必猝通。若待声息传密云，而督臣调度始至，兵机不已迟误乎？"故建议蓟督驻永平。同日，河南道试御史周堪赓仍建议：蓟辽"总督则移驻关门，居中控驭，不责以一隅，而责之蓟辽之全局"。时移势异，不可据此以论己巳之役。
⑥ 参《明熹宗实录》卷72，天启六年六月戊戌，顺天巡抚刘诏备陈巡历蓟昌情形疏。

应,自合于中路择其最冲之口宿重兵二三万,为大帅建牙之地"①,竟无人重提,这当然与崇祯即位之后以进取为大计有关,此不具论。

方面大员的人事更变,也进一步影响到蓟镇三协。天启六年初,宁远之役中,辽东两总兵赵率教与满桂失和,崇焕亲率教而疏满桂:"既称(满桂)群情欠调,暂准回府候推别用。其宁远防御事务,著左辅以原官管理,作速交代任事,原给印信缴进。关门内外大小将领俱听赵率教调度,以便责成。"而督师王之臣倾向满桂,故深致不满,疏言:"若抚臣有不足满桂之心,当与臣早一商之,或将两将互相更调,或以满桂用之山海,听臣调遣,似亦无不可者。乃去之唯恐不远,似稍欠宽和。"朝廷只得以满桂"暂准回府。既称将才难得,山海需人,应何委任,著兵部酌议来说"。崇焕寻悔之,乃以满桂为山海关总兵,"兼辖四路"②。《明史》卷271《满桂传》与《明熹宗实录》大致相同,且有"命桂挂印移镇关门,兼统关外四路及(蓟镇)燕河、建昌(二路)诸军",系此事于当年闰六月。同卷《赵率教传》:"(率教与桂)两人遂有隙。中朝闻之,下敕戒谕。而桂又与崇焕不和,乃召还桂,令率教尽统关内外兵,移镇宁远。"即改任宁远总兵,以山海关总兵属满桂也。次年五月宁锦大捷,满桂率山海关大军赴宁远,③ 与率教并有功。

迨崇祯元年袁崇焕起复为督师,八月赴任,即更议"全辽昔只总兵一员。自发难,更设无定。臣向为巡抚时,议关内关外各设总兵一员,与督臣王之臣见合。……终不若臣前议关内外各一员为妥"。具体而言,即以原蓟镇东协之山海关、石门营二路合关门前屯隶属平远将军,驻山海关;同时以征辽前锋将军统辖关外宁锦,实则两总兵皆在防守关宁,即所谓"内肘不掣","关内外不分两见,外援而内愈坚"。而还东协之燕河、建昌二路与蓟镇,故蓟镇中、西二协八路加燕河营、建昌营二路,凡十路。然山海总兵此时全力支援关外宁远,毕竟加强关门而削弱蓟镇。④《明史》

---

① 《明熹宗实录》卷67,天启六年正月庚午。
② 分见《明熹宗实录》卷71,天启六年五月戊午,袁崇焕疏;卷72,六月丁丑,王之臣疏。
③ 《明熹宗实录》卷84,天启七年五月甲申。
④ 《崇祯长编》卷12,崇祯元年八月丙辰。

卷271《满桂传》："崇祯元年七月，言官交劾之臣，因及桂。之臣罢，桂亦召还府。适大同总兵渠家祯失事，命桂代之。"其山海关总兵则由率教继任。《明史·赵率教传》："崇祯元年八月移镇永平，兼辖蓟镇八路。逾月，挂平辽将军印，再移至关门。"即是崇焕坚持之结果。率教改镇关门，遂与三屯相去400余里之遥，其间再无重镇。而就兵力而言，关门与宁远相去甚远，"宁远人心殊壮"，"至榆关人情则异于是。将不习于斗而习于奢，卒不善于攻而善于掠"①。岂知次年抗击皇太极入关的并非宁镇，而是山海关总兵赵率教。而蓟镇方面则迟至7个月之后，方任"朱国彦镇守永平蓟镇，专管马、松、喜、太、石、曹、墙、燕、建十路，兼备倭（当作'奴'）总兵官"②。驻所在蓟州东120里之遵化县境内三屯营。西协则仍旧置副将，分辖原属四路，③ 隶属于三屯营总兵。同时以尤世威为昌平总兵官，④ 以从西面配合西协。

三屯营、山海关各设总兵，彼此不相隶属，原并受蓟辽总督统辖协调。然而，当崇祯二年十月皇太极大军入关之际，蓟辽总督一职似属空缺。此前，崇祯元年六月，蓟辽总督阎鸣泰以建祠媚珰削籍。⑤ 尔后总督张凤翼为时甚短，八月喻安性接任，皆史有明文。至次年二三月间蓟州兵变，安性仍在任。⑥ 然何时卸任，史籍失载。《明史》卷248《刘策传》："崇祯二年夏，起故官，兼右佥都御史，总理蓟辽保定军务。"《明史》卷259《袁崇焕传》："时（崇祯二年皇太极大军）所入隘口乃蓟辽总理刘策所辖。"似喻安性之后，蓟镇军务即由刘策接管。然两"传"同出《明史》，究竟只能作父子证，而难言兄弟证。且《刘策传》所云"起故官"是上文之兵部侍郎协理戎政，抑或巡抚山西，不明，然四品"兼右佥都御史"似为巡抚之例，与总督例带兵部尚书衔稍有未符。参照其他史料，则

---

① 《明熹宗实录》卷75，天启六年八月乙卯，阎鸣泰陈榆关内外人情。
② 谈迁：《国榷》卷90，崇祯二年闰四月丙子。
③ 《崇祯长编》卷28，崇祯二年十一月丙申，袁崇焕疏奏："臣亦提兵驻蓟州，藩其西。惟西协石（塘营）、古（北口）、曹（家寨）、墙（子岭），亦与敌共之，但争内外耳。"
④ 谈迁：《国榷》卷90，崇祯二年四月壬子。《明史》卷269《尤世威传》："崇祯二年擢总兵官，镇守居庸、昌平。"
⑤ 谈迁：《国榷》卷89，崇祯元年六月丙申。
⑥ 见毕自严《度支奏议·堂稿》卷1《辽饷不敷济急无奇疏》。

疑点更多，但均不能支持刘策接替喻安性总督蓟辽之说。① 今推测崇祯二年三月蓟门兵哗变，蓟辽总督喻安性受到牵连去职，此缺未即补。而仿前阎鸣泰以总督驻宁远时由顺天巡抚刘诏代理军务，暂以河南按察使王元雅为右副都御史，"整饬蓟州边备，兼巡抚顺天"②。驻遵化，以其协调山海、三屯两总兵。③ 问题在设蓟辽总督时，顺天巡抚不过参与；督臣未补，便只能以巡抚暂时代理。更有力的证明是，《国榷》卷90，崇祯二年九月己丑："督师袁崇焕以建房欲西，先请驻宁远，增戍关门，至是，遣参将谢

---

① 《崇祯长编》卷28，崇祯二年十一月癸未："黑谷关守备张延庚哨探插部五万人犯龙门，总督刘策以闻。兵部尚书王洽言：插部与东兵素不修好，未必肯为东用。或假捏此报，使我宣大之兵不敢应援耳。"据此，刘策为宣大总督。而谈迁《国榷》卷90，崇祯二年十一月初九日庚寅，袁崇焕入蓟州。昌平总兵尤世威、宣府总兵侯世禄、保定总兵曹鸣雷等俱集，"保定总督刘策兵亦至，令还守密云"。则刘策又为保定总督。保定与宣大向无隶属关系，二者必有一误。钱谦益：《初学集》卷47《孙承宗行状》，记崇十一月十六日在通州，奏疏中有"当责总督刘策守密云"，与《国榷》相合。然据《明史》卷73《职官志二》，保定总督设于崇祯十一年，则当时未有保定总督一职。《崇祯实录》卷2，十一月初十日辛卯，敕各地勤王，宣大总督为魏云中，刘策为保定巡抚。而据《明史》卷257《王洽传》，保定巡抚为解经传。此又作何解释？《崇祯长编》卷28，十一月十八日己亥："督师袁崇焕疏陈分守方略"条，保定总兵为曹鸣雷，故刘策"还镇"，回总督治所也。《崇祯长编》卷29，崇祯二年十二月甲戌，祖大寿疏：当袁崇焕被逮，宁远兵东溃奔关门，"适阁部孙承宗、总督刘策、关院方大任各差官亦谕臣期复遵化"。刘策固当为总督。今推测刘策奉命勤王时方以保定巡抚擢升总督，而以解经传补保定巡抚一职。按保定例无兼属宣大者，刘策当与宣大无涉。《明史》卷73《职官志二》，原设"总督蓟辽保定等处军务兼理粮饷一员"，刘策或为此职。《明史》本传称"总理"而不称总督，或以其临时代理之意，尔后方正式任命。毕自严：《度支奏议》卷8，崇祯二年十一月十二日具题《蓟镇援兵本色甚急疏》："奉圣旨：刘策、王元雅调度各将，务着齐心协力，夹击奸贼，一体论功。"可见刘策入援之后方有蓟镇防御之责，位秩在王元雅之上，未至而元雅被难。《度支奏议·堂稿》卷9，崇祯二年十二月初六日具题《三河钱粮酌给蓟密兼济疏》："该蓟辽总督刘策揭为改岁在迩，京运难通，恳准权放关饷，以救饥军事。"次年初获罪，即以未副所望。

② 谈迁：《国榷》卷90，崇祯二年三月己卯。毕自严：《度支奏议·堂稿》卷1《辽饷不敷济急无奇疏》，称王应豸为"蓟抚"。

③ 《明史》卷73《职官志二》：成化八年，"以畿辅地广，从居庸关中分，设二巡抚，其东为巡抚顺天、永平二府，驻遵化"；西则"另设巡抚保定、真定、河间、顺德、大名、广平六府，提督紫荆、倒马、龙泉等关，驻真定"。又，"崇祯二年，又于永平分设巡抚兼提督山海军务，其旧者止辖顺天"。顺天巡抚兼管蓟镇三协及昌平防务，盖其辖境所覆，早在天启年间刘诏时已如此。见谈迁《国榷》卷72，天启六年六月戊戌，顺天巡抚刘诏备陈巡历蓟昌情形；卷88，天启七年三月壬申："蓟辽总督阎鸣泰、顺天巡抚刘诏并言：中协最冲莫若喜峰口，以其当三卫夷使之贡道也。其次董家口，修砖城二十三丈、桥五洞，计役九千余人。愿以蓟镇班军派东西二协者再留二三千，余需主兵。从之。"

尚政等往备。顺天巡抚王元雅谓虚警,遣归。"袁崇焕虽为"兵部尚书兼右副都御史总督蓟辽登莱天津等处军务",但驻扎宁远,① 并不具体负责蓟镇防务。设非王元雅为负责蓟镇防御最高官员,崇焕不至于专门遣人告诫。故崇祯三年给事中张镜心弹劾吏部高书王永光用人失误"即如蓟辽督抚,何等关系,乃用一王元雅,再用刘策开门延敌"② 可见刘策任蓟辽督抚在王元雅之后,次年,给事中吴执御言:"前年遵、永之变,袁崇焕、王元雅等皆以数百万金钱、数万兵马狼狈失守。"③ 亦以蓟镇防御责在王元雅。至于前述崇祯元年九月起复王象乾为宣大总督,职责在全力抚赏察哈尔,与蓟辽防务无与。总督、经略带兵部尚书衔,皆二品,元雅带右副都御史则为三品,即较之万历间刘四科带兵部尚书兼右副都御史巡抚顺天,亦差别显然,④ 且素无声望,骤膺重命,恐不副其任。参照后来孙承宗所言督抚并设诸多不便:"其督师与抚同体。而督师苦于隔抚以督镇道,抚苦于候督师以令镇道,其间反多牵制捍隔之病。"⑤ 王元雅或以此未肯积极任事。从半年后皇太极破关的情况来看,确也如此。

综上所述,可见天启以来,蓟辽两线东强西弱的布局非但没有扭转,反而加剧。对此,巡按直隶御史陈睿谟巡按直隶时已发出警告:"自有辽事以来,庙堂之上率言辽急,至蓟镇一带,宽缓视之,臣不谓然也。论他日侵轶之势,恐不中于辽,而仍在蓟。论今日窥伺之情,似迫中于蓟,更甚于辽。何也?今之蓟,非昔之蓟也。盖自南北两关并后,所与接壤者为宰赛,为煖兔,已无存矣。西为炒花五大营,为拱兔,为小歹青,亦各有所属矣。蓟东墙外散处朵颜三卫之地者,则三十六家束不的等是,今震惊于插之凭陵,一惟颐指矣。过此则虎墩兔,于诸部最大,近以仇攻哈喇称,拔帐而西。自插之西也,凡附蓟而居,如顺义(王)诸族,若赶兔、毛困等皆破毁伶仃,而伯彦台吉,而卜吉兔,皆逃徙一空矣。由此观之,自(辽东)三岔河以至宣大,长边近二千里,谁一为之碍者?大有可虑焉。彼知关宁宿重兵难捍,必疾趋蓟。当斯时也,蓟门百千余隘口,纷呈

---

① 谈迁:《国榷》卷89,崇祯元年二月壬子。
② 《崇祯长编》卷31,崇祯三年正月壬辰。
③ 《国榷》卷91,崇祯四年五月癸未。
④ 《明神宗实录》卷469,万历三十八年闰三月丙午。
⑤ 《崇祯长编》卷52,崇祯四年十一月壬辰。

其罅漏,而合受其必趋,危耶?不危耶?臣所谓蓟镇比辽倍急者,此也。臣观近日诸臣条上边事,言备辽,言备宣大,读之凛凛疚心。臣非不知之,乃姑舍之而独言蓟,迹似涉于张皇。不知辽东、宣大犹封疆也,蓟门则关系宗社。且宁远距京师千里,宣大尚有重关之隔,而蓟何如乎?一墙之外,便与之邻,朝抵壁而夕可及于辇下。庚戌往事,其明鉴矣。"① 时值察哈尔西迁,明廷既感到宣大面临威胁,又憾辽东抵抗金国顿缺助力,捉襟见肘,无力增强蓟镇兵力,只得头痛医头,脚痛医脚,唯有加紧抚赏察哈尔。结果如前所述,事与愿违,既拆了东墙而无又补于西墙。有鉴于此,即不难理解,何以袁崇焕一闻知皇太极出兵,即料定蓟镇危险。据崇焕军中兵部职方郎中余大成云:"先是,督师袁崇焕有疏谓:臣在宁远,敌必不得越关而西。蓟门单弱,宜宿重兵。"② 然朝廷置若罔闻。③

蓟镇兵变,其来有自。④ 天启以来,每况愈下,然明廷了无改作之意。崇祯即位后继续削减兵饷,裁汰士卒。皇太极破关前夕,蓟门防御薄弱,可参毕自严《度支奏议》卷8,崇祯二年十月二十九日具题《民兵尚无确数经费未见画一疏》。其云:"先,巡关御史方大任题为'兵实虚而议汰等事',奉圣旨:'兵虚饷冒,动辄危词告急,年来积弊相沿,殊可痛恨!据奏,蓟密永三协官兵虚旷名数,饷额宜(溢)而反诎!'"⑤ 其结果必然使军队积怨更深,迨皇太极大军入侵,不惜反戈相向,为外敌作先导。"自王应豸为(蓟门)巡抚,务为节省,将哨兵汰其大半。而所汰台哨诸兵骤革钱粮,资身无策,相率而为盗。前日既为鼓噪之倡,近日更肆勾引之毒。百年来豢养之兵,不侦敌而反为敌用,岂不深可痛哉!"⑥ 其咎在谁?此前诸臣之建议岂尽为杞忧!

---

① 《崇祯长编》卷15,崇祯元年十一月戊辰。
② 余大成:《剖肝录》,载袁崇焕《袁督师集·附录》。
③ 梁启超:《袁督师传》第九节《袁督师之冤狱》:"崇焕一疏不省,复再疏之,三疏之。得旨下部科会议,迁延不行。"当另据崇焕奏疏立言,惜今不可见。载袁崇焕《袁督师集·附录》。
④ 《明神宗实录》卷516,万历四十二年正月乙丑,兵部尚书王象乾言:"今仓廪空虚,四海困穷极矣。向者忧在财乏,今则忧在军乱。噪呼之变,一见于遵化,再见于蓟门,三见于永平。窃恐九边军士,效而尤之,脱巾之呼,甚于失伍,萧墙之祸,惨于敌人。"
⑤ 并参陈仁锡《无梦园集·海集二·纪调蓟兵之饷》"蓟军月饷甚薄"条;《无梦园集·漫集二·纪边防》"蓟镇边务空虚之极"条。
⑥ 《崇祯长编》卷30,崇祯三年正月庚寅,翰林院庶吉士解胤樾上言。

### 3. 金军破关与蓟镇中东两协

据清朝方面记载，天聪三年十月二十六日丁丑皇太极大军破关，至二十九日庚辰，歼明巡抚王元雅从遵化增援马兰峪诸路援军。三天之内竟似有征无战，如入无人之境。而以下记载则与明朝方面互异。

三十日辛巳，金军围遵化，招降明巡抚王元雅，不从，十一月初三日甲申，城陷，元雅自杀。① 然据《国榷》卷90、《崇祯实录》卷2，遵化失陷均系于初五日丙戌。之所以有此分歧，即在于明山海关总兵赵率教入援被歼的时间彼此有异。这是皇太极军入关之后遭遇的第一场激战，《清实录》《老档》均系于十一月初一日壬午，其意以歼灭赵率教而后方攻破遵化。但根据其他记载，这显然是错误的。

《明史·赵率教传》："大清兵由大安口南下。率教驰援，三昼夜抵三屯营，总兵朱国彦不令入，遂策马而西。十一月四日战于遵化，中流矢阵亡，一军尽殁。"是则率教抵达遵化以东60里之三屯营当在十一月三日。而据袁崇焕揭帖："臣于十月二十九日在中夜（后）所，一闻蓟警，即发援兵。而赵率教于臣牌未到之先，奉旨坐调即行。臣即以行兵方略遣游击王良臣驰书往谕，令其无轻视敌。孰知率教急于救遵，三昼夜驰350里，至三屯营，而总兵朱国彦不容入城，遂纵马向遵。中途大战，遇伏中箭，坠马而死。良臣竟不能及。"② 三屯至关门350里，而关门至中后所又有95里，③ 350里之程，率教急行军用三昼夜，是知即二十七日凌晨长城诸口方失，探报飞马疾驰抵关门，最早亦需至二十八日夜间。故率教得报虽先于崇焕，未必奉京师之旨，即仓促整兵启程，故不可能早于十月二十九日。经三昼夜驰行抵三屯营，然不能入，其间必有交涉，而后再西行60里至遵化，或已在次日，即十一月初二日。《清实录》卷5，记金国方面闻知率教"以精兵四千来援遵化，哨兵以告，贝勒阿济格等率左翼四旗及蒙古兵奋击，率教等败走，阿济格追之。会上率数骑往遵化，环视攻城之地，遇明败兵至，遂掩击之，赵率教为阿济格所斩"。战斗过程甚详，然系之十一月初一日壬午则显误。率教被杀，在战败逃亡之时，或在初三。《国榷》

---

① 并见《清太宗实录》卷5、《满文老档》。
② 《崇祯长编》卷28，崇祯二年十一月十五日丙申，兵部疏言。
③ 《明熹宗实录》卷33，天启三年四月己卯，大学士督理军务孙承宗奏关外各所里程甚详备。

卷90系于初四日乙酉，与《明史·赵率教传》同，有其合理性。① 然以遵化城破、王元雅自经系于次日初五丙戌，似稍晚。

据兵部转呈袁崇焕疏言："臣初五日行至抚宁县，知遵化城被克。"② 崇焕大军十一月初三日方进山海关，③ 初四日出发，则行经两天180里，方至永平府抚宁县。而遵化至永平府迁安县150里，迁安在永平府西北40里，抚宁在永平府东80里，④ 则遵化、抚宁间至少有两日程，故知遵化陷落、王元雅自经不当迟于初四日，似初三日更准确。至于三屯营陷落，《国榷》卷90以"三屯营副总兵朱来同等夜遁，总兵朱国彦忿甚，同妇张氏自经"，系于初六日丁亥。可与上引袁崇焕疏印证："初七日至沙河驿，闻三屯营官军径开门自溃。"自抚宁已续行两日，崇焕二万大军马步混杂，行军速度自不能与率教骑兵相比。故自关门行进六日500里，初十日到蓟州，亦不可谓不快。此沙河驿必在蓟州与抚宁之间，非关外辽东之沙河驿。而三屯营在蓟州以东100余里，以哨探间道飞马驰报至沙河驿，估计一日可至。三屯营距遵化60里，若与遵化同于初三或初四日失陷，则应初五日与遵化一并报知抚宁袁崇焕所在，不至于初七日方报至沙河驿，故其失陷应晚于遵化，《国榷》属之初六日较准确。《崇祯长编》卷28，初五日丙戌，"大清兵分围三屯营、遵化"。皇太极分兵是可能的，但以围遵化系于初五日，则误；"遵化破"，王元雅死，系于初七日戊子，更误。⑤

澄清这段史实，可以对明金两方面多一层理解：明军的溃败是长期布置失当、缺乏呼应的恶果。赵率教从关门长途急切赴援遵化，乃其职责所在，义不容辞，也说明率教清楚关门与中协400里之间防御薄弱。而当率教抵至三屯营，竟被中协总兵朱国彦拒绝入城，即使解释为朱国彦防止金军假冒，但无疑也暴露了两镇平日没有联络，以致缺乏在紧急情况下有效声援的方式。而西协副将与昌平镇合兵亦有5000余人，⑥ 然而对于中协的

---

① 《崇祯实录》卷二，系于初十日辛卯，更误。
② 《崇祯长编》卷28，崇祯二年十一月十五日丙申，兵部疏言。
③ 《崇祯长编》卷29，崇祯二年十二月甲戌，祖大寿疏言。
④ 分见顾祖禹《读史方舆纪要》卷11《北直二·顺天府·遵化县》；卷17《北直八·永平府·迁安县·抚宁县》。
⑤ 夏燮：《明通鉴》卷81，初四日，"是时三屯营及马兰镇亦为大清别将所下"，亦误。
⑥ 见《崇祯长编》卷28，崇祯二年十一月戊子，巡按直隶方大任疏言。

溃败全无反应。若赵率教、朱国彦、翟从文、尤世威等能彼此支援，合军固守三屯，安定人心，则三屯、遵化未必在袁崇焕大军到来之前即告失陷。虽三屯营之溃，内因在副将朱来同等临阵逃脱、朱国彦孤力难撑，① 可归结为明朝军队腐朽，但中协与山海关两镇及诸路守军轻易地被金军各个击破，则不能不追究防御体系上的缺陷。更须强调的是，明朝防御体系不能健全，蓟辽两线顾此失彼，又与明朝对蒙古抚赏失误、情报不灵相关联。当一个高度专制集权制度弊端丛生、病入膏肓之时，往往是一步错则步步错，很难在全局甚至各个局部上作出及时而正确的调整。

就金而言，皇太极大军十月二十七日破关，十一月初四日击溃明赵率教援兵，破遵化，初六日三屯营兵溃，前后十日。《老档》初八日己丑，皇太极尚在遵化为各军颁赏，十三日甲午，方从遵化向西推进120余里到达蓟州，对蓟州明守官诱降，此距攻克遵化又有十天。金军的进程并不如人们想象的那样迅速地向纵深推进。与明关宁劲旅不同，中协各路明军竟然如此不堪一击，很可能出乎皇太极意外。当然，大军初入明境，人地两生，必须谨慎，既要扫清左右各口驻防明军，安抚所得州县卫所官民，同时也须四处侦探，提防明朝各处援军。但这并不能完全解释皇太极何以在遵化久久盘桓。倘若皇太极此刻有意直逼燕京，威胁明朝都城，即当趁明朝援军未集，率大军疾驰西进。然而计不出此，原因何在？试观皇太极在遵化一带招抚，令汉人剃发受降，任命官员，约束军纪，却又不类出师之初衷纯粹以掳掠为目的。颇似有先巩固所得明边境州县、征服其地土人民的味道，即向金国内宣扬的"入关克城之捷",② 然后西进，走一步，看一步。能进一步拔城略地固好，否则在近畿富庶州县大肆劫掠一番，总之先在明境内打下一个楔子，令明朝有切肤之痛。而皇太极之所以萌生此念，很可能是他亲眼目睹了明军的无能。次年二月皇太极返回沈阳，依然以大军留守永平四城，也是此预想之残梦。但后来的进程说明，这在当时是一个不切实际而必然遭到失败的战略意图。皇太极低估了他的对手袁崇焕和明朝的潜力。袁崇焕宁锦兵先于金军抵达蓟州，肯定出乎皇太极意外。而

---

① 《明史》卷271《赵率教传》。
② 《清太宗实录》卷5，天聪三年十一月初四日乙酉。《满文老档》同日。并参两书当月初一日壬午至十五日丙申相关各条。

明朝虽已腐朽，却还并未瘫痪。

## 四 明金两军蓟门对峙与至京时间

### 1. 袁崇焕"遣散援军"原委

崇焕十月二十九日闻知金军破关，即传檄宁锦大军集结。十一月"初三日，而祖大寿、何可纲始相继入关。臣召镇协诸将共计之，有谓径赴援遵者，有谓往捣中坚者。乃祖大寿则谓：'蓟门兵脆，不足尚此。恐（金军）赢师缀蓟，而以劲兵西趋，则宗社之安危也。此时只以京师为重，须领精骑先从南取道，倍程以进，步兵陆续分附各府县，以联血脉，而屯扎蓟州，藩屏京师。京师巩固而后东向，此为万全。'臣深是其议，遂于初四日早发山海，初十日抵蓟州，计程五百里，而六日驰到"①。崇焕随军幕府程本直亦云："于十一月初十日驰至蓟州。"② 故十一月十三日皇太极大军进至蓟州时，袁崇焕已整军以待。

据巡关御史方大任疏报，袁军方至即小挫金军："蓟兵无一可恃，惟有关宁可用。今督师果至，用火器已获小捷。"③《国榷》卷90，十一月十二日癸巳："建房晨陷石门驿。袁崇焕移营城外，建房以二百骑尝我，闻炮而退，竟日不再见一骑。"④《读史方舆纪要》卷11《北直二·顺天府》："石门镇，蓟州东六十里。今为石门镇驿。"故袁军与金军相遭遇，尚未抵进蓟州城。然《国榷》所属石门驿遭遇战误晚二日，实则当在初十日。而谈迁之所以有此一误，是将石门驿之战与十二日马升桥之战混为一谈，见后文。此一战乃与金军前锋之遭遇，皇太极大军随后方至。

崇焕大军既先至蓟州，必抢据城而守："蓟州山不甚险，然城郭依岩，又当孔道，设重兵守之，贼不能过。"蓟州城易守难攻，然明驻军单薄，疏于设备："无奈兵仅千，势未壮也。"⑤ 崇焕之未立即对金军发动攻击，乃因两军兵力相差悬殊。《圣武记》云皇太极大军"十余万"。金国全部牛

---

① 《崇祯长编》卷28，崇祯二年十一月十五日丙申，兵部疏言袁崇焕揭帖。
② 程本直：《白冤疏》，载袁崇焕《袁督师集·附录》。
③ 《崇祯长编》卷28，崇祯二年十一月初九日庚寅。奏疏时间误早一日。
④ 《崇祯实录》卷2，崇祯二年十一月十二日同。
⑤ 《明熹宗实录》卷21，天启二年四月乙亥，经略辽东王在晋述沿途险要。

录丁额充其量亦止6万，①且不可能全部征调，当是包括随行的蒙古各部。《明史·袁崇焕传》云"我大清兵数十万"，更是夸大其词。袁部所属不过2万余人，②且长途疲惫，自当持重。更主要的是，崇焕要在此阻击皇太极大军西犯。崇焕方至蓟州，即拟"入蓟城歇息士马，细侦形势，严备拨哨，力为奋截，必不令越蓟西一步。初臣虞拦截，我军未必及蓟，今及之，则宗社之灵，而我皇上如天之洪福也"③。这相当于立下军令状，与朝廷的设想不谋而合。既然如此，袁崇焕何以会遣散入蓟诸路援军呢？

以下先述袁军与金军在蓟门对峙的情况，再就崇焕遣散诸军进行辨析。

据《满文老档》《清实录》，皇太极大军十一日从遵化出发，当日止行25里。十三日大军抵蓟州，当夜"过蓟州五里驻营"。是知初十日石门驿一战，乃金军先行部队。而按程本直《白冤疏》，皇太极大军抵达蓟州次日，双方即交战："十二日，即发前拨堵截于马升桥。十三日，敌乃尽撤遵营，横扎于蓟之东南角。林木茂密，山谷崎岖，两兵对垒，相持半日，不意宵遁而西。"④马升桥一战当是皇太极对袁军实力的尝试，受挫之后，金军即撤离蓟州。皇太极不向遵化方退走，反而西向，表现其高度灵活性，但无疑因石门驿、马升桥两战而慑于袁军威力，不敢犯险强攻，或闻明援军将至，不欲与袁军长久相持。祖大寿谓"初十日统兵入蓟，三日之内，连战皆捷"⑤，殆以石门驿、马升桥及十三日金军撤退并言之。虽不为大捷，但金军不利则无可讳言。崇焕之未能阻截十数万金军西奔，显然是单凭所部2万余人力有不及，不全为崇焕之失。故《白冤疏》云："安得谓崇焕驻扎蓟州，纵其入京乎？"

而此时明廷所遣诸路援军何在？是否为崇焕事先遣散？程更生于此多有辩说：

---

① 中国第一历史档案馆：《清初内国史院满文档案译编》上册，光明日报出版社，1989。天聪九年二月初八日，沈佩瑞奏："今计我马步兵六万。"天聪三年肯定不及此数。
② 程本直：《白冤疏》："崇焕自十月二十八日一闻蓟警，即撤调诸辽将兵赴急西援，躬统马步二万有奇。"载袁崇焕《袁督师集·附录》。
③ 《崇祯长编》卷28，崇祯二年十一月十五日丙申，兵部疏言袁崇焕揭帖。
④ 《崇祯实录》卷2，以"清兵值辽兵（关宁兵）于马伸桥，战不利"系于初十日辛卯，误。
⑤ 《崇祯长编》卷29，崇祯二年十二月二十四日甲戌。

若夫诸路援兵，岂不多多益善？然兵不练习，器不坚利，望敌即逃，徒寒军心。故分之则可以壮声援，合之未必可以作敌忾也。况夫回尤世威于昌平，陵寝巩固；退侯世禄于三河，蓟有后应。京营素不习练，易为摇撼，以满桂边兵据护京城，万一可保无虞。此崇焕千回万转之苦心也！以之罪崇焕，曰散遣援兵，不令堵截，冤哉！

　　谓敌越蓟入京，崇焕罪也，诚然也。谓散遣援兵而崇焕罪也，非然也。何也？蓟州三里之城也，其民素不兵也。有辽之马步万余也，又有总兵曹鸣雷之马步三千也。蓟民虽逃，犹强半于其城也。集兵而处，业嚣然也，复益之兵，则不必战敌而先自乱也。且蓟孤悬也，四外无援者也。退侯世禄于三河，去蓟六十里也，欲其驻三河以为蓟声援也；而不虞三河之不入世禄兵也。三河不入世禄兵，而世禄之兵于是乎颓然西溃也。

　　若夫满桂之遣也，桂，善逃者也，非善战者也，曩者锦宁之役其左券也。然桂兵差胜于诸路，令其踞都城而阵，惧京营之兵易摇撼也，所以壮根本，安人心也。此崇焕之苦心也，周虑也。而谓其罪也，非吾所能知也。①

据此，崇焕确实遣派诸路援军回守要地，侯世禄守三河，尤世威回昌平，满桂护卫京城，各有其理由，而仅保留曹鸣雷3000马步兵。但未能明确崇焕遣散诸军的时间。

首先可以确定的是，侯、尤、满三镇诸援军不可能在十二、十三日之内驻扎蓟州，否则，就会与金军发生战斗，但明清双方均无任何记载。既然如此，何以会构成崇焕"罪名"，而烦程本直有此一辩呢？

《崇祯长编》卷28，十一月初七日戊子，巡按直隶方大任疏言西协副将翟从文等并昌镇总兵尤世威等见驻蓟州，兵马止5194员名。而世威等已檄令前进，不能专留蓟也。保定总兵曹鸣雷报到起程赴援，兵马才1500余员名，其途尚远。而东协原无游兵，中协自顾不暇。其余除天津外，再有何兵可调？皇上试计之，足乎？不足乎？督师兵马虽已内援，各兵亦须首

---

① 分见程本直《白冤疏》《漩声》，并载袁崇焕《袁督师集·附录》。

尾援应。胜负俄顷，兵机难测，万一有失，应援者何兵乎？可知翟从文、尤世威5000兵早袁崇焕三日抵蓟，然为方大任所遣回。其时保定总兵曹鸣雷尚未到达，其余援军更杳无音讯。大任身任其事，当为可信。《国榷》卷90，十一月初九日庚寅："袁崇焕入蓟州。以故总兵朱梅、副总兵徐敷奏等守山海关；参将杨春守永平；游击满库守迁安；都司刘振华守建昌；参将邹宗武守丰润；游击蔡裕守玉田；昌平总兵尤世威仍还镇护诸陵；宣府总兵侯世禄守三河，扼其西下；保定总兵曹鸣雷、辽东总兵祖大寿驻蓟遏敌；保定总督刘策兵亦至，令还守密云。"此以崇焕入蓟州在初九日，误早一日。但将崇焕入蓟与遣散援军并系于一日则具有合理性。盖崇焕于石门驿击退金军前锋、入蓟城之后，如上引程本直所述，发现蓟州不利于大军集结，或又自信单凭关宁兵足以阻击金军，方有遣散诸援军分守后方要地的设想。即是说，若果有崇焕遣散援军，最有可能是在初十日入蓟之后和皇太极大军抵蓟之前，而必无双方大军对峙之际遣散援军之理。《国榷》于尤世威、翟从文、曹鸣雷之外，又有宣府总兵侯世禄、保定总督刘策均在遣散之列。侯世禄于上引程本直所言中可以印证，而刘策是否为崇焕遣散，尚有可疑。《崇祯长编》卷28，十一月初九日庚寅："方大任以总兵杨国栋已驻通州，各路援兵止有袁崇焕一旅可恃，请间道亲往速催崇焕兵至。从之。"故可确定者，只有尤、翟、侯诸军是在崇焕抵蓟之前或方至之时，先后为大任和崇焕遣回，均在皇太极大军至蓟之前。至于其他援军，在皇太极大军撤离蓟州之后尚未抵达，则无所谓遣回，即崇焕有檄令调遣，亦无关乎守蓟之事。下面通过朝廷征调援军的情况加以说明。

关于皇太极大军破关为明廷得知的时间，《崇祯长编》卷27，崇祯二年十月二十七日戊寅："大清兵至大安口。兵部尚书王洽疏言：臣先以书约督师袁崇焕，令祖大寿、赵率教伏兵邀击。今两路分入，如入无人之境，请旨严饬。"然此疏与同卷二十八日己卯礼部侍郎周延儒疏，从文气上看皆似事后追记。遵化距京城320里，不可能当日报至京城。据戎政尚书李邦华疏："臣等（十月）二十八日得塘报，知寇逼遵化，我师小挫。二十九日据蓟镇塘报，则又云寇开营，直奔蓟州。蓟州原无兵，复来告急。"[①] 则可信二

---

① 李邦华：《李忠肃先生集》卷4《发兵守通援蓟疏》，《四库禁毁书丛刊·集部》第81册，北京出版社，1999。

十八日明廷已得知金军入关。《国榷》卷90，二十九日庚辰"京师闻警"，晚一日。

其后几天，明廷一面加紧联络袁崇焕在蓟州堵截，同时檄调宣府、大同、昌平、保定各路总兵、巡抚入援，保护陵京，驻扎要道。据毕自严《度支奏议》卷8《酌给京军行粮疏》："本月（十一月）初二日准总督京营戎政李守锜、协理戎政兵部尚书李邦华手本'为羽书猝至等事'，奉圣旨：'京营照常操练，行粮查例量给。'手本到臣，内称'顷有赴通、蓟防守'。"《崇祯长编》卷28，崇祯二年十一月初三日甲申："谕刘策专责道臣许如兰严督将领分守各口，据险堵拒，以匹马不入为功。若纵入内地，以失机论。"① 而待十一月初七日获悉袁崇焕从山海关赴遵化途中奏疏，当即批准："督师袁崇焕疏报入援机宜。得旨：卿部署兵将精骑五枝联络并进，蓟兵总属节制，分合剿击，一禀胜算。宁镇守御当有调度，相机进止，惟卿便宜。卿前在关忧蓟，遣兵戍防，闻警驰援，忠荩具见，朕用嘉慰。官兵已发犒赏，还鼓励立功，以膺懋赏。"② 崇焕奏请部署"精骑五枝联络并进"，非必谓援军齐集蓟州，而令诸路援军入蓟，很可能是兵部尚书王洽说动崇祯的决定。③ 此即谈迁所谓："时命崇焕不得过蓟门一步，盖先有言崇焕勾建房，而崇焕不知也。"④

《国榷》卷90，十一月初十日辛卯："上闻援蓟各兵入城，命阁臣令兵部议营城外，联络犄角，勋戚、科道监守城门。"并见《崇祯实录》卷2同日。既谓勋戚、科道配合城外诸军防御，则指京师，即各路援兵曾一度抵达京师，但不可能俱入京城，亦不必包括全部赴蓟援军。《崇祯实录》继云："令总兵满桂、王威、黑云龙御□，宣大总督魏云中，宣府巡抚梁

---

① 另据刘宗周《刘蕺山先生集》卷9，崇祯己巳十一月初三日，《请发帑大赉疏》："今羽书告急，京师戒严。亦既调遣四出，兵势渐张。"则援兵似已渐集，恐未如之速。《四库禁毁书丛刊·史部》第38册，北京出版社，1999。
② 《崇祯长编》卷28，崇祯二年十一月初七日戊子。
③ 《崇祯长编》卷28，崇祯二年十一月十五日丙申，兵部覆崇焕疏："臣（王洽）看得：督师兵未至之前，臣曾疏请皇上敕督师以一枝劲兵间道趋蓟，为各路援兵之倡，冀可收夹击之功。而督师已先有成画，与臣疏意不约而同。果躬率锐师抵蓟门，为京师屏翰矣。是举也，祖大寿谋国之忠，袁崇焕集思之益，已见一斑。蓟以西可无虑矣。第东向邀截之策，尚有大商略，愿督师与诸将更深计而慎行之也。"
④ 谈迁：《国榷》卷90，崇祯二年十一月十五日丙申。

廷栋,保定巡抚刘策,河南巡抚范景文,山东巡抚王建义,山西巡抚耿如杞皆入援。诏应天、凤阳、陕西、郧阳、浙江各省直巡抚俱勤王入卫。"又知满桂等九路援兵初十日尚在调遣中,其中包括刘策,其职为保定巡抚。而当日袁崇焕已至蓟州。另据《度支奏议》卷8,崇祯二年十一月十二日具题《蓟镇援兵本色甚急疏》:"奉圣旨:'援兵行粮已有旨,着南居益发运,随真定援兵赴蓟,依奏。还着户部即专差司官赴通,协同督发给军。'移揭到臣。案查,先准兵部咨'为紧急夷情事',奉圣旨:'关宁大兵、续集镇协各兵分营,督师袁崇焕当指授方略。'"① 朝廷敕令虽急,无奈粮草供给难于措手,以上诸路援军十二日尚在途中,绝无可能在十三日金军撤离蓟州之前抵达。这可从现存档案中得到部分证明。十一月初七日,兵部呈稿云"所调援兵并未驰集,势急燃眉,合行再催"。初十日,宣大山西三镇援军"已将到蓟"。实则迟至十二日,宣、大两总兵侯世禄、满桂方从本镇启程。② 是知十三日金军撤离蓟州时,侯、满二镇尚在赴蓟途中,与袁崇焕渺不相及,崇焕正与皇太极相持,何至于遣返援军?

《崇祯长编》卷28,崇祯二年十一月十六日丁酉,兵部尚书王洽疏言更能说明问题:

> 本月十二日晚,内阁传出上谕:"连日不见动静,恐别有深谋。崇焕既屯蓟门,倘西绕密西潮河、古北等处,东袭永平、关宁及他空虚,间道捷要隘口,俱宜周防。卿等即传与崇焕,远行侦探,预为筹度,若得的确情形,速行具奏。"(中略)昨接袁崇焕塘报:"(蓟州以东)凡要害地方,俱已拨兵防守,南惟西协石、古、曹、墙一带,尚恐疏虞,平谷、密云,更须控制。诚如圣虑,早宜周防。"今宣大劲兵渐次俱到,可听督师调遣。臣昨有疏留满桂兵驻防顺义,正虑彼或西绕,以此一旅扼之,遂为万全。

---

① 按:此为十日之旨,见同卷《援兵本色专官督催疏》。
② 分见中国第一历史档案馆、辽宁省档案馆合编《中国明朝档案总汇》第6册,广西大学出版社,2014,第473页,崇祯二年十一月初七日,兵部为再催赴蓟援兵事行稿;第476页,十一月初十日,兵部为宣大山西援兵已将到蓟请亟发月粮事行稿;第478页,十一月十九日,兵部尚书申用懋等为居庸关一带防御情形事题稿,宣府巡抚郭之琮塘报内称。

是则崇焕确有塘报，到京时间在十五日。蓟州距北京200里，① 快报一昼夜可至。则崇焕拜疏之日可能在十四日，即闻知皇太极于前一日乘夜撤离蓟州，立即奏报朝廷。毋庸讳言，皇太极从蓟门西走，颇出乎崇焕意外。而崇焕塘报中所虑者乃在西协诸路以及平谷、密云，说明袁崇焕尚不清楚朝廷调集诸援军作何布置，已抵何处。亦未提及尤、侯、满三镇分守昌平、三河、京城，若有此建议，必在之后一疏，赴蓟已无必要，或顺从朝廷调遣。更可注意的是王洽疏中"今宣大劲兵渐次俱到，可听督师调遣"云云，则诸援军十五日尚未到蓟，已再清楚不过了。而调满桂守顺义，则是王洽之意。据《孙承宗行状》，十五日夜崇祯召见，得知调遣尤世威、满桂、侯世禄三镇分驻密云、顺义、三河，以为是崇焕之意，或是承宗误解，或是牧斋误书。

《崇祯长编》卷28，崇祯二年十一月十八日己亥：

> 督师袁崇焕疏陈分守方略。得旨："览奏，卿统大兵驻蓟，相机图更置兵将，分布厚防，至念陵京根本，具见周计忠谋。刘策着还镇，调度诸将，分信防御。卿仍联络指授。着各遵方略，殚力奏功。满桂领兵来京及防守事宜，该部确议速奏。"

此当是朝廷对崇焕调遣西协翟从文及尤、侯、满三总兵的批旨，时间晚至十八日，崇焕拜疏当在十四日塘报之后。而"卿统大兵在蓟"，则崇焕尚未撤离蓟州，即是说，崇焕此疏是紧接着塘报发出的。批旨中以刘策还镇，令崇焕"联络指授"，可见刘策尚未抵蓟，不可能与崇焕面晤。② 而否定王洽、满桂守顺义的建议，令其与侯世禄一并入卫京师，则是朝廷决

---

① 顾祖禹：《读史方舆纪要》卷11《北直二·顺天府·蓟州》。
② 刘策未至蓟门，而径赴密云，可参前注引毕自严《度支奏议》卷9《三河钱粮酌给蓟密兼济疏》。至于计六奇《明季北略》卷5《袁崇焕通敌射满桂》云：皇太极破关，"崇焕益惧，驰蓟州，会总督刘策，议奏抚赏。策曰：'敌志不在小，宜以战为正。'崇焕不从，奏议请款"。又，"崇焕闻遵化陷，谓刘策曰：'密云危矣，公速守密云。'策曰：'此吾地也，奈何去之？'"云云。道听途说，于崇焕满篇污词，无须详辨。

策。而按崇焕之意，乃檄调侯世禄驻扎通州。① 事实上，侯、满两军十五日行至顺义时，与从蓟门南下的皇太极军遭遇，即已败溃西奔，明清双方均有记载。② 毕自严《度支奏议》卷8，崇祯二年十一月十七日具题《酌议解发援兵行粮疏》："本月十六日准兵部咨，内称调到宣大等处援兵，俱于本日午时到京，令臣部给发行粮。"满桂、侯世禄军"比过通州以东，而饥渴载路矣。方到蓟门，即刻撤回"。据此，侯、满两军从顺义退至通州已难以成军。所谓"方到蓟门"，乃毕自严揣度之词，实则满、侯两军未曾抵达蓟门，亦未见到袁崇焕。

综上所述，确有几支援军曾先于袁崇焕抵达蓟门，方大任认为无济于事，业已遣回。而宣大山西赴蓟援军，既不能于十三日抵达蓟门，则非为崇焕所遣回。崇焕之前"精骑五枝联络并进"的意图已无法实现，故随后只能悬度，分布诸军。程本直在辩言中之所以不便明言各军行进和遣回的时间，一并算到崇焕身上，或不欲于朝廷调遣诸军加以责难，更因某些具体安排出自朝廷或崇祯本人的意思。所以，问题的关键不在于崇焕何以"遣散诸军"，而在于诸援军抵蓟时间上的差异。皇太极撤离蓟州时间及明诸路援军行止既明，则崇焕所谓"纵敌入京"之说自不能成立。明乎此，即可理解程更生"谓遣散援兵而崇焕罪也，非然也"。余大成时以太仆寺少卿署兵部职方郎中，凡兵部调遣疏稿皆出其手，其《剖肝录》为崇焕辩诬，于此事不置一词，实以其不待辩而自明也。而后来以此归咎崇焕，实乃欲加之罪。

**2. 入卫京师**

由是引起的另一问题，即崇焕建议诸路援军的分布是否得当。钱谦益《孙承宗行状》有两段值得注意：

---

① 分见《中国明朝档案总汇》第六册，第477页，崇祯二年十一月十五日，兵部为亟催镇兵赴都入卫行稿："照得：宣、大总兵侯世禄、满桂一腔忠愤。……业经本部札调赴都入卫。诚恐军士沿途骚扰，延迟时刻，相应再行札催，务要严加约束前来，定限时抵京东直门外扎营。其行粮至京补支，不得借留有误军机。"第478页，十一月十九日申用懋题稿内，宣府巡抚郭之琮塘报内称，十六日侯世禄云："本镇蒙督师袁谕赴通州等处防御。"

② 并见《清太宗实录》卷5，《明史》侯、满二人本传，前注引《中国明朝档案总汇》第六册，第478页，十一月十九日申用懋题稿。

（1）崇祯召孙承宗面议军事。承宗奏曰："臣闻督师尚书袁崇焕率所部驻蓟州，昌平总兵尤世威驻密云，大同总兵满桂驻顺义，宣镇总兵侯世禄驻三河。三边将守三要地，势若排墙，地密而层层接应，此为得策。"对崇焕和大任分遣诸军予以肯定。然"闻尤世威回昌平，侯世禄驻通州，且闻各援兵回本镇，似未合机宜"。不知侯世禄之驻通州非崇焕本意。承宗特强调三河："盖三河为东来西南必经之路，守三河则可以阻贼西奔，兼可以遏贼南下。"此即十五日平台召对时承宗所奏。① 另据王在晋所述，"三河县东十里有河通宝坻，冬夏水不涸。挑淤浚之使阔阻，上则沙可囊涧，下则水可安毒。河之东有山，可伏兵，距河多筑土堡，藏火器，山中伏发，首尾击之，敌势必摧"②。三河虽可阻击金军，但侯世禄却遭城守拒绝而无法入城，实与满桂同奔顺义。

（2）追承宗十六日暮奉命至通州料理，得知金军已抵通州郊外，又闻袁崇焕军抵达京城之南永定门。承宗上奏看详兵事："虏薄都城，止有二路。如臣前议，袁崇焕之兵移驻于通近郊，当其东南；满、侯、尤三帅当其西北，则战于通之外，正所以遏逼京之路。今驻兵永定门外，则是崇焕之来路，而非奴之来路。驻通则可顾京城，而驻永定则不可顾通，通危而京城亦危。"故"当责总督刘策守密云，令尤世威率五千兵与满桂、侯世禄联络于顺义之南，袁崇焕列阵于通州左右，不宜逼驻京城。四镇声势相接，贼分攻则分应，合攻则合应，或夹攻，或追摄，或出奇斫营，或设伏邀击，有机便可一创，否则勿迫其战。今天下安危在四镇，四镇不一力战，则贼终无已时；一浪战而失，则畿辅将惊溃而天下危"。此当为十七日戊戌事。奏上，而金军已薄都城矣。公叹曰："四镇兵早从我调度，岂令奴骑至此！"时崇焕为督师，承宗此语显为崇焕而发，大约承宗至通以后，对崇焕已渐致不满。《孙承宗行状》又云："当是时中外畏奴甚，喧传袁崇焕挟奴讲款，咸欲倚崇焕以媾奴，而独难公一人。有私于公者曰：'以靖国也，虽城下之盟何害？'公曰：'我受命防御，不受命为抚。存亡与公共之。'乃合文武将吏誓以死守。"由是可以理解，何以后来崇焕逮系

---

① 并参《明史》卷250《孙承宗传》。钱谦益：《初学集》卷30《少师高阳公奏议序》："己巳之役，五日而赴阙，一夕而出镇。"
② 《明熹宗实录》卷21，天启二年四月乙亥。

被磔时未见承宗救疏。①

《初学集》卷30《少师高阳公奏议序》:"今天子赫然震怒,誓灭奴以朝食。使公之书得进于广厦细旃,备乙夜之览。"钱氏当阅过承宗《奏议》。该《序》作于崇祯十二年,《孙承宗行状》作于三年之后,所述当据《孙承宗奏议》。然上引《行状》第(1)段,似是而非。若皇太极在蓟州与崇焕相持,崇焕二万精兵足以阻击,亦无劳诸军。但皇太极已从蓟州撤军西犯,崇焕仍留蓟州则毫无意义。若尤、满、侯三军能按时抵达密云、顺义、三河阻截金军,皇太极也未必能顺利抵达北京;金军在北郊修整两日,然后进逼德胜门满、侯两军,若回守昌平的尤世威能挥兵南进,则可对金军形成南北夹击。然诸军中途撤回,以成溃散之势,非独不能驻守于三河、顺义,亦不见驻守通州。

关于皇太极从蓟州抵通,《国榷》卷90,十一月十三日甲午,"袁崇焕侦敌将潜越蓟州而西,即西追之。犯蓟州,经玉田、三河、香河、顺义等县,皆陷"。《崇祯实录》卷2同日同。按:这条线路忽南忽北,不可尽信,或将金军分遣探路之军混入其中。《读史方舆纪要》卷11《北直二·顺天府·通州》:"东至蓟州一百二十里。"直线急行军一日可至通州。皇太极大军十三日从蓟州起行,十五日至通州,花费两日,纵使要甩掉袁崇焕,亦不至于如此曲折。况袁军绕行另一路线,并未紧紧追随,不可能不为金军哨探所侦知。按《清实录》《老档》,金军十四日抵达三河。而崇焕所遣尤世威不得入城,故已扬去,已见上引《漩声》。《清实录》次日,以左翼诸贝勒率兵至通州视察渡口。同日,闻知明宣府、大同总兵满桂、侯世禄驻扎顺义,随遣左翼阿巴泰、右翼岳托两贝勒率军赴顺义,击溃满、侯两总兵,②

---

① 梁启超:《袁督师传》第九节《袁督师之冤狱》,引余大成《剖肝录》,自崇焕入狱,申救者不乏其人:"凡崇焕在狱中半年余,关外将吏士民日诣督辅孙承宗所,号哭雪冤,愿以身代者未尝绝。承宗知内旨已定,不敢上闻。"并载袁崇焕《袁督师集·附录》。大成先在崇焕军中,后随承宗赴关门。《国榷》卷91,崇祯三年五月戊申,承宗露布有"太仆寺少卿兵部职方司郎中余大成"。故所记关上吏民将卒情景为其亲历。云承宗"不敢上闻",或有微意焉。

② 《清太宗实录》卷5:"自三河县起营。行二十里,得知明大同总兵满桂、宣府总兵侯世禄领兵至顺义县,遣阿巴泰、岳托率二旗兵及蒙古二旗兵往击之。阿巴泰、岳托分兵攻顺义县,败满桂、侯世禄,顺义城降。"并见《八旗通志》卷132《阿巴泰传》;卷136《岳托传》;东北师范大学出版社,1989。满、侯两军是否为金军击溃,尚有疑义。

解除通州北面的威胁之后，皇太极大军遂进驻通州。十六日遣济尔哈朗等赴北京侦察，十七日皇太极抵达京北20里牧马厂。《国榷》所载金军行军线路，于三河与顺义之间，多添香河一地，金军此刻全力向西，似无南折之必要；尤不必于蓟州与三河之间插入玉田，三河在蓟州西70里，玉田在蓟州东南80里。① 金军若十三日离蓟州之后趋玉田，势难于次日返回三河甚明。

上引《孙承宗行状》第（2）段，则幻想集全部精锐在顺义与通州之间构成一道马奇诺防线，以阻击金军逼近北京。以袁军驻扎京师之南永定门，显然误传误书，崇焕实在东南之广渠门。而关键是责难袁军未能在通州坚守。

皇太极大军十五日抵至通州。《国榷》卷90同日："袁崇焕至河西务，议趋京师。副总兵周文郁曰：'大兵宜趋敌，不宜入都。且敌在通州，我屯张湾，去通十五里，就食于河西务。如敌易则战，敌坚则守。'崇焕不听。"② 同卷十二月初一日崇焕被逮，谈迁为崇焕惜："苟矢志励众，剪其零骑，俾敛寇不敢散掠，遏其锋于通州，决一血战，无鸣镝都门之下，庶免于戾。"似崇焕在通州御敌，即可阻止皇太极大军入京，皆非的论。皇太极驻营通州城北，当在通州城北20里灞上，方为屯兵之处。③ 袁崇焕军抵运河西岸之河西务，则在武清县，去通州南60里，两军相隔数十里。张家湾在河西务与通州之间，距京城不下60里。④ 依周文郁之言，袁崇焕从河西务进屯张湾以逼金军，与金军凭潞河南北相望，北上逆袭，即不能胜，亦能牵制金军于通州，不使西奔京城。然崇焕在蓟州得知皇太极西奔，欲在金军之前护卫京城，故舍其步兵，仅带骑兵9000人，以此突袭皇太极大军，能保稳操胜券？文郁在军中，岂有不知？南北夹击金军的前提，是满桂、侯世禄、尤世威能从北面威胁金军，承宗自可居通州从中调度。但问题是满、侯、尤三军皆无声息，根本不存在夹击以堵截金军的可能。倘皇太极以一旅相牵制，而大军趋京城，岂不隔袁军于外，不得赴京！京城谁为护卫？这正是袁崇焕所担忧的。对此《潋声》已有辩说：

---

① 并见顾祖禹《读史方舆纪要》卷11。谈迁或将金军十二月北返时攻克香河、玉田误入其中。
② 钱谦益：《初学集》卷73《紫髯将军传》，述文郁功绩谋略成与垂成者甚详，而不载此事。
③ 见于敏中等《日下旧闻考》卷88《郊坰东一》。
④ 并见顾祖禹《读史方舆纪要》卷11《北直二·顺天府·通州·武清县》；于敏中等：《日下旧闻考》卷89《郊坰二》。

  敌能避崇焕之坚于蓟也，而不能知崇焕乘其瑕于潞也。敌能反客为主，而不能反主为客也。盖敌方乘崇焕之不能，得以潜越蓟西，蟠踞于潞中，断京师与崇焕首尾不相应。崇焕兵虽强，势不能缩地而顾京师，一面结营困潞，一面张势撼京。敌谓潞困而京可不俟攻也。不知崇焕之舍蓟而躡其后也，不知崇焕且舍潞而绕其外也，不知崇焕业据京而出其前也。①

换言之，从南袭击金军，皇太极正好可以阻断袁军进京。"潞"当指潞河驿，在通州旧城东关外潞河西岸，又有废潞县，则通州旧称。"舍潞而绕其外"，即指袁崇焕十六日离开河西务，② 放弃道经通州而从外绕入京，因而避过金军。此举想必非但令通州城中的孙承宗错愕不已，亦必令皇太极措手不及，当日遣济尔哈朗往北京方向侦察，即知已落后手。梁任公《袁督师传》据程本直《漩声》："敌军初在高密店，遇侦，咸大失色，诧以为袁督师之兵从天而降。"③ 高密店即高碑店，在京城与通州之间。即是说，当皇太极从通州进至高密店时，骤然发现袁军已先往京城，故不得已而率金军北走。可惜尤、满、侯三帅无一至者，故金军未遇阻击，得以从容而抵达京北郊外。牧斋亦好谈兵者，且曾与崇焕面谈兵事，④ 然《孙承宗行状》多揄扬其师，而非深知崇焕者也。⑤

关于崇焕入卫京师，梁任公《袁督师传》所言皆有据。唯以马升桥为相持欠妥。谓袁军先金军抵京，尤卓见，然以提前三日，则犹有说。一方面，十五日皇太极与袁崇焕既同在通州南北相望，通州去京城仅40里，半

---

① 程本直：《漩声》，载袁崇焕《袁督师集·附录》。
② 毕自严：《度支奏议·堂稿》卷9，崇祯二年十二月初四日具题《河干冻粮无恙据揭转报疏》。
③ 梁启超：《袁督师传》第九节《袁督师之冤狱》，载袁崇焕《袁督师集·附录》。
④ 钱谦益：《初学集》卷84《跋董侍郎文集》："天启元年，奴陷辽阳，袁自如（崇焕号自如）以邵武令入计，匹马走山海，周视形势，七日夜而返。（董）崇相要过余邸舍，共策辽事。"
⑤ 钱谦益：《初学集》卷73《紫髯将军传》引曹能始叙《边事小记》曰："丙寅之春，袁督得以却房守宁。若已巳之再出，驱奴复土，神京晏如，又不待明也。关门遣师助禁，在奴未入口之先；迎敌克捷，在奴已迫畿之后。此段公案，非身在行间，谁知之者！"尚不尽失公道。

日之程，即缓行亦只需一日，何至于两军至京时间相差三日？当是皇太极发现袁军已先赴京城东南方向，不欲于外线与袁崇焕作战，故折向西北，即《孙承宗行状》载孙承宗奏对语："虏薄都城，止有二路。是崇焕之来路，而非奴之来路。"由是益见周文郁之说不可取。两日后，皇太极于十七日至京北郊外，足见其相当谨慎，或为迷惑明军而分兵四出，[①] 或故意绕道远行，以隐避其意图。[②] 皇太极大军在北郊休息两日，静观明军动向。二十日出现在北京东北隅，左右翼分兵攻击满桂、袁崇焕两军。另一方面，袁军既急于护卫京城，即不再紧随金军，于十六日西行抵北京城东南，次日至北京城下，即有明廷补给粮草之事，见下。任公或只见皇太极二十日方兵临北京德胜门，而未细察金军十八、十九两日已在北京郊外息马，故有袁军先于金军三日抵京之说。

## 五　北京城下三战

### 1. 德胜门之战

自崇祯二年十一月二十日皇太极兵临北京，至十二月二十六日金军北撤，前后37天。其间除申甫以数千乌合之众外，明金两军有四次交战，明军主将两次为满桂，两次为袁崇焕，满桂两战皆负，而崇焕则两胜。以下略人之所详，而于人之所略稍作补充。

欲对战事有更明确的了解，须先明八旗行军驻扎方位。八旗两翼以正黄、两红、镶蓝四旗为右翼，镶黄、两白、正蓝四旗为左翼。皇太极时仅为正黄旗一旗之主，代善及其子岳托、萨哈廉分在两红旗，济尔哈朗为镶蓝旗贝勒，均在右翼。莽古尔泰为正蓝旗主，阿济格、多尔衮、多铎分主两白旗，豪格、阿巴泰为镶黄旗贝勒，均在左翼。左翼在东，右翼在西。十月二十六日丁丑破明长城关口，即以莽古尔泰等左翼四旗入龙井关，皇

---

① 谈迁：《国榷》卷90，十一月十七日戊戌："建虏营通州北二十里，分向彰义门、天津、密云、居庸关、良乡、固安。"记载不一定准确，但或许正是皇太极的策略。
② 《清太宗实录》卷5，十二月十九日己巳，皇太极北返时在北京城外西北隅。二十二日壬申，遣阿巴泰、济尔哈朗等率兵3000人往略通州，焚毁船只，攻克张家湾。《满文老档》二十日，皇太极抵至城北德胜门。二十五日，往略通州诸贝勒返回。《清太宗实录》当日，皇太极尚在北京城北安定门。亦可证明十一月十五日至十七日，皇太极从通州行至京北郊外20里是故意缓行。

太极等右翼四旗入大安口。① 大安口属马兰峪关,在西;龙井关属洪山口关,偏东。② 与八旗左右翼方位正相合。

《清太宗实录》卷5,十一月二十日辛丑,金军从牧马厂起行,逼燕京。皇太极"大军营于城北土城关之东,两翼兵营于东北"。《老档》同。京城北门有二,东曰安定,西曰德胜,土门关在德胜门外西北方向8里,即今北京北三环西蓟门桥北之蓟门烟树。③ 土城关之东正当德胜门,实为右翼之所在。而云"两翼营于东北",殊难解。"东北"若指京城东北,或安定门外以东,则当为左翼,似非两翼。若以两翼合军于东北,则皇太极大军似又不必营于土门关之东。总之含糊不明。

关于当日发生的德胜门和广渠门之战,《清实录》记述甚详。金军先得知明大同总兵满桂、宣府总兵侯世禄等来援,俱至德胜门。皇太极率右翼贝勒代善、济尔哈朗等迎敌。旋哨探"瞭见东南隅有宁远巡抚袁崇焕、锦州总兵祖大寿等以兵来援"。皇太极遂以莽古尔泰、阿巴泰等"领白甲护军及蒙古兵迎击",又似临时分兵。皇太极居德胜门外,指挥右翼军大获全胜。

奇怪的是,左翼"莽古尔泰等未率大军同行,止以护军及蒙古兵二千往,见宁远巡抚袁崇焕、锦州总兵祖大寿兵二万屯沙窝门外。莽古尔泰分兵为三队",阿巴泰、阿济格、多尔衮、豪格相继而进,莽古尔泰与多铎留后。因阿巴泰不遵指挥,扎鲁特、喀尔喀蒙古兵无纪律,故战斗过程甚为曲折,最后"击败敌兵"。《清实录》的叙述给人留下一个疑惑:左翼诸贝勒悉数出动,兵力如此单薄,且分为三队,那么,左翼剩下的大队人马又在哪里?总无原地不动之理。若加入右翼,则皇太极几乎是率两翼全部10余万人马攻击满桂、侯世禄两支残军,这非但不合八旗左右翼的传统,而且还多少有点胜之不武。

《老档》先统而言之:"按上所授方略,两路进击之。(将明军)填拥于狭隘处,尽歼之。其遁出者,汗复遣御前兵,尽斩之。"继云袁崇焕军伏兵四起,左翼诸贝勒几经反复,方将明军击退。未见《清实录》所云左

---

① 见《八旗通志》卷132《阿巴泰传》;卷136《岳托传》。
② 见顾祖禹《读史方舆纪要》卷11《北直二·顺天府·遵化县》。
③ 详见于敏中等《日下旧闻考》卷107《郊坰·北》。

翼仅派 2000 人前往，以及当日皇太极召集左翼诸贝勒评判其得失。两书虽皆夸大皇太极右翼战果，而未尽掩左翼作战不利，彼此之间的一些差异，还是给后人分析德胜门、广渠门两战实际情形提供了一些暗示。而史实证明，驻扎于广渠门的袁崇焕军并无北上支援满、侯两军的迹象，《清实录》所载分兵迎击，其实仍是遵循八旗左右翼的传统。

明朝方面记载亦多以德胜门、广渠门两战在同日，然《国榷》《崇祯实录》以两战皆在前一日即十九日庚子。

据《清实录》十一月十五日满桂、侯世禄于顺义被金军击败。因此，首先要确定的是两军何时返至京城，与金军相战于德胜门外。《明史》卷271《满桂传》综述其事："十一月诏谕勤王。桂率五千骑入卫，次顺义，与宣府总兵侯世禄俱战败，遂趋都城。帝遣官慰劳，犒万金，令与世禄俱屯德胜门。无何，合战，世禄兵溃，桂独前斗。城上发大炮佐之，误伤桂军，桂亦负伤，令入休瓮城。"《明史》卷 269《侯世禄传》："率师入卫，兵再溃，世禄被创。部卒剽民间，奔还镇。"《明史》代表清朝官方意见，故遵照《清实录》，以满、侯两军入京之前在顺义被金军击溃，至于入京时间，两《传》俱不明确。

户部尚书毕自严有供给城外援军粮草之责，所存《度支奏议》提供的信息相当准确。其书卷 8，崇祯二年十一月十七日具题《酌议解发援兵行粮疏》："本月十六日准兵部咨，臣等覆咨该部兵马现在何处。兵部回称：本部二次调宣大援兵各一万，续据宣府郭巡抚、总兵侯世禄报称，陆续共发兵一万一千二百三员名；大同总兵满桂报称统兵五千，但该镇所调兵马俱系陆续进发……查宣大各兵既未遇敌，且有押兵将领，仍有侯世禄、满桂实司调度。至于各军渐迩都门，近准兵部移咨请讨行粮。"本月十八日奉圣旨："宣大援兵抚辑已有专谕，行粮依议预发。"其中并无所谓满、侯两军顺义败绩之事，乃因缺粮哄散而撤退。而至十八日满桂、侯世禄即将到京，与前引《崇祯长编》卷 28 十八日己亥批旨"满桂领兵来京及防守事宜，该部确议速奏"以及侯世禄本人塘报①相合。《国榷》卷 90，十九

---

① 《中国明朝档案总汇》第六册，第 498 页，崇祯二年十二月初四日兵部尚书申用懋等为宣府总兵侯世禄国恩未报已大战重伤事题行稿："据侯世禄塘报：本职于十一月十五日顺义大战重伤左膊，于十八日勉强支撑复至京门。"

日庚子："建房大至。宣府总兵侯世禄、大同总兵满桂俱屯兵德胜门。世禄避敌，桂独战，城上发大炮，误伤桂兵殆尽，桂负创，卧关将军庙中。"① 系德胜门之战为十九日，而于满、侯二人是否当日至京，则未明言。

今据《度支奏议》结合上引《明史》两《传》及《中国明朝档案总汇》，初步推断如下：满桂兵止5000人，侯世禄军倍于满桂。至京日期为十八日在东直门，十九日移至德胜门。二十日与金军交战，侯世禄于接战之初即溃，负伤落马，昏迷不醒，为属官救起，逃至西山一带养伤。唯满桂一军独斗，又为城上明守军炮火误伤，因而溃散，之后散失不知所往。二十三日一度允许满桂军进入德胜门瓮城休整，可能是重新收集的散兵。二十五日复调往京城之南永定门。侯世禄则终未再至京城。②《国榷》以满、侯两军十九日至德胜门，是；而以当日与金军交战则否。又以满桂入瓮城系于二十一日壬寅，③亦误。总之，德胜门明军溃散无可讳言，明廷以为满桂获胜，属于误传，④然综合上述记载，德胜门一战似非激战。

满桂战败还有一个原因，即《国榷》所云"城上发大炮，误伤桂兵殆尽"。《明史·满桂传》同，而以侯世禄军溃，满桂独与金军战。《明史》卷265《李邦华传》："满桂兵拒大清兵德胜门外，城上发大炮助桂，误伤

---

① 关将军庙，清顺治十二年改为忠义庙，在德胜门外。见于敏中等《日下旧闻考》卷107《郊坰·北》。
② 毕自严：《度支奏议·堂稿》卷9，崇祯二年十一月十九日具题《措发满桂侯世禄兵马本折行粮疏》："本月十八日戌时，文书房传出圣旨：'户部尚书毕自严等明日即发粮草共料与满桂，见在东直门外扎营，立等回奏。钦此。'臣查总兵满桂率兵五千赴援，马亦称是。及准兵部咨文，则称见在德胜门外也。"二十二日具题《回奏总兵满桂给发熟食草料疏》："奉圣旨：大将首挫贼锋捷奏，深嘉忠勇。贼散复集，严阵以待。还联络督师各兵，合谋合力，犄角制胜。熟食（等物）遵旨速发，不得稽误。"据此，则满桂与金军德胜门之战在二十日，且传闻获捷，故崇祯令速予补给粮草。迨毕自严欲从城上缒粮供给，却找不到满桂军具体位置："除督师营中熟食草料，臣于二十日当夜躬率司属分办，各亲诣城上，已经缒发外，惟是总兵满桂原驻兵德胜门外，近复移师，不知下落，俟探有的确处所，即行给发。"实则满桂部当日溃散后去向不明。直至十二月初一日具题《给发满帅行粮确数疏》，方"查得大同总兵满桂本月十九日初到德胜门外，……又闻该镇移驻永定门，……又据臣部原委坐门司官员外郎林一柱呈称：'满总镇于本月二十三日才进德胜门瓮城。至二十四日北新等仓运到粮米豆草等项，登城付讫。'至二十五日，满镇复调援永定门"。此疏是经过核实之后所上，最为可靠。
③《崇祯实录》卷2同。
④ 陈仁锡：《无梦园集·海集二·山海纪闻二·宝坻道中》："沙河门之战，大帅谋仆其旗，壁厚不可破。忽令万兵伐树木，乱砍，而旗遂倒。我军缘之取胜。"满桂所部仅5000人，何能分兵万人伐树？岂《三国演义》张翼德长坂坡阻挡曹操大军一幕重演乎？

桂兵多。都察院都事张道泽遂劾邦华,言官交章论列,遂罢邦华闲住。"似确有其事。钱谦益《李公神道碑》讳之,仅以"用中旨罢归"①一语带过。北京城上炮火误伤满桂援军,因京营多市井纨绔,训练无方所致。三日后崇祯接见,满桂脱衣示创疤,②颇有自解之意,自愧无能与袁崇焕广渠门击退金军之功绩相埒。而说者以此贬低袁崇焕,浅之乎矣!

若以明朝方面记载有掩饰败绩之嫌,而后来清朝方面记载亦含糊其辞,且多有未合。《清史列传》卷1《代善传》:"趋京城北土城关之东驻营。明大同总兵满桂、宣府总兵侯世禄率援兵至德胜门,败之。"卷3《岳托传》:"十一月,同阿巴泰败大同总兵满桂、宣府总兵侯世禄于顺义;薄北京,复从父代善击败明援兵。"《杜度传》:"薄京城,败满桂、侯世禄。"卷78《鲍承先传》:"进薄燕京,复招降牧马厂太监,获其马赢及驼。我军自土城关击败明军于德胜门外。"《济尔哈朗传》《萨哈琏传》均不载此事。《清史列传》综合官方记录备案而成书,体例备载传主行事功绩,无省写之理。《八旗通志初集》底稿为雍乾时期满洲贵胄后裔回忆录,称颂先人功业尤不吝其辞,卷129《代善传》、卷136《岳托传》、卷139《杜度传》与《清史列传》各传同,皆似一场遭遇战,所谓"败之",乃轻描淡写之词。而可注意者,《八旗通志初集》卷146《杨古利传》:"杨古利率摆牙喇兵,败总兵满桂于明都城之北。我炮手陷敌伏中,复率亲军十余人溃其围,悉出之。"杨古利为金国第一猛将,既云溃围而出,则未曾获胜可知。卷130《济尔哈朗传》略而不书,似不以此战为增重。其余史料皆甚略,不赘。皇太极亲率右翼四旗及蒙古兵,当不下5万人,面对满桂、侯世禄两军奔逃之余,充其量15000人,战绩不过如此。故专记清朝武功的《圣武记·开国龙兴记三》,亦止记金军与袁崇焕军在"沙河门外鏖战,互有杀伤"③,而不载德胜门之战,以其实不甚值得夸耀也。

### 2. 广渠门之战

同日发生的广渠门外之战则堪称激烈。《明史》卷259《袁崇焕传》:"大清兵越蓟州而西。崇焕惧,急引兵入护京师,营广渠门外。"京城之南

---

① 钱谦益:《有学集》卷34《李公神道碑》,上海古籍出版社,1996。
② 谈迁:《国榷》卷90,十一月二十三日甲辰。并见《明史》卷271《满桂传》。
③ 按:沙河门,当如《清太宗实录》卷5之"沙窝门",详参后注。

有外城，凡七门：南三门为永定、左安、右安，东二门为广渠、东便，西二门为广宁、西便。袁军与金军先后在广渠门、左安门两战皆在京城以南偏东。京城东南为朝阳门，距通州40里。袁军从通州来，或先至朝阳门，而后之所以南折于外城东南角驻营，根据《度支奏议》，应是考虑到京城戒严，补给粮草经由内城崇文门运至外城两门，更能保证京城安全。

先说袁军抵京准确时间。《度支奏议》卷9，崇祯二年十一月十九日具题《请祈开门发袁督师兵马刍饷疏》："题为紧急军情事。本月十八日奉有'大兵远来，亟需刍饷，户部立刻措发，黎明完奏'之旨。又，文书房口传圣旨：'户部毕自严即发粮草与袁崇焕，钦此。'臣分委司官，连夜装运，齐集于城门边。因左安门不敢擅开，无从交卸。"同卷十九日《请拨兵拨车输挽行粮疏》："照得：近日督师袁崇焕之兵驻左安门外，总兵满桂之兵驻德胜门外，俱奉圣旨，责令臣部发运粮料。"虽闻袁军已至左安门外，嗷嗷待哺，然因戒严，不敢开启城门，口粮马料只得从城墙缒下，毕自严为此心焦如焚。同卷《关宁血脉不通太仓匮乏殊甚疏》："关宁（兵）不可一日缺饷。盖夷祸猖獗，在在观望，脱巾瓦解，只借寇兵，关系岂小？臣已遵旨，将关宁饷道行督师酌议矣。① 倘饷道终无可通，则酿乱究不可测也！"此疏上于二十日，两日后方准旨。即是说，二十日袁军是忍饥在广渠门与金军激战。再看同卷二十五日所上《回奏督师军中粮料疏》："本月二十四日戌时，恭接上传内阁传示户部：'督师军中粮料屡旨速给，如何只是缺乏？'（中略）臣于本月十七日亥时始闻督师兵到。臣即灯下檄各司官速办米豆，札御马场司官速□草束。十八日黎明登车，差司官范鑛、王肇生亲押解运至崇文门。格于门禁，羁留许久，而后得出。至左安门，而门禁益严，羁留益久。幸两司官随钦赏内使得出城与袁督师一面，乃定米豆从城墙垛口溜下，草束亦从城墙垛口丢下。二十日戌时，始闻督师战捷，收兵札营于广渠门下。"由此可以获得两个准确时间：第一，袁军抵达京师在十七日戊戌。② 第二，广渠门之战为二十日辛丑，而非十九

---

① 按：指如何通过崇文、广渠等门缒粮。
② 谈迁：《国榷》卷90，十六日丁酉："孙承宗入朝。袁崇焕抵左安门，时戒严，报不即入。漏下，始驰奏建房薄城下。"似提早一日。即后半夜崇焕报疏入朝，亦不至于次日亥时方为毕自严所闻。其以当日孙承宗入朝，则又晚一日，参钱谦益《初学集》卷47《孙承宗行状》。

日，《国榷》误。

关于广渠门之战过程，按上引《清实录》，二十日辛丑，金军左翼驻扎京城东北，是主动迎敌而进至广渠门，则金军是兵分两路，同时出击，或为避免袁崇焕从东南而来，与满桂、侯世禄对金军形成夹击之势，以保证德胜门外皇太极右翼军获胜。但明朝方面的记载，袁军则纯粹是一场防御战。故《清实录》所云左翼诸贝勒仅率少量部队绕东直门、朝阳门而至广渠门进犯关宁宿敌，双方鏖战良久，是难以想象的。

《国榷》十九日庚子："袁崇焕令都司戴承恩择地广渠门，祖大寿阵于南，王承胤等阵西北，崇焕阵于西，待战。午刻，敌骑突东南，我力战，敌却。而承胤徙阵南避，敌还而西，刀及崇焕，材官袁昇高刃格之而折，获免。南兵复合，敌稍却。我力战，游击刘应国、罗景荣、千总窦浚等追之浑河，敌骑多冰陷，杀伤千计，我亦伤失数百人。"此段记载大体属实，总之明军获胜，金军退却。此不作细述。兹引亲历者程更生之《白冤疏》，以见崇焕宁锦军之坚韧卓绝："自敌人逸蓟入京，崇焕心焚胆裂，愤不顾死，士不传餐，马不再秣，间道飞抵郊外，方幸敌未近城，得以身翼神京。士马疲敝，请休息城中，未蒙俞允。出营广渠门外，两相鏖战。崇焕躬环甲胄，以督后劲。自辰至申，转战十余里，冲突十余合，竟至运河。血战殊劳，辽事以来所未多有。此前月（十一月）二十日也。至二十六日，又舍广渠门，而攻左安门，亦时有杀伤。惟是由蓟趋京，两昼夜疾行三百里，随行营仅得马兵九千，步兵不能兼进，以故专俟步兵调到，随地安营，然后尽力死战。（十二月）初二、初三计程可至，不期初一日（崇焕下狱矣）。"《潋声》复云："是故广渠门之大战也，谓十五年来未尝有此劲敌也。于是乎魂销也，于是乎胆落也，于是乎不复逼京师，而惟出没于海子采囿之间，以观我动静也。"若以更生崇焕门人，其言不免偏激，则更有祖大寿奏疏在："二十日、二十七日沙锅、左安等门两战皆捷。城上万目共见，何敢言功！露宿城壕者半月，何敢言苦！"① 须知此时崇焕被逮，更生、大寿皆沦为蒙冤待罪之人，其辩言意在洗刷，而必不敢漫言冒功，故绝对可信。崇焕宁锦兵九千，于长途奔驰、饥寒疲惫之余，力抗金军左翼四旗及蒙古兵，令其丧胆而退，可谓第一伟绩。明都之能安堵无

---

① 《崇祯长编》卷29，崇祯二年十二月二十四日甲戌。

恙，实奠于此战。

当时形势危急而混乱，京城戒严，各门紧闭，内外消息不通，传闻纷繁，不得确耗，记载失实固所难免。后来史家追述，又受清朝影响，隐饰兼施，不足为怪。而可异者乃《孙承宗行状》云：承宗在通州，闻知金军"已薄都城"，于是"急简骑兵三千，遣游击尤岱将之，驰赴城下。奴方攻广渠门，见城上不发一矢，方挪揄手笑。岱兵忽从东来，与殊死战，杀伤过当。奴遁入南海子老营。谍知公所遣，咸咋指，以为神兵也"。这段文字活灵活现，竟以广渠门一战取胜，是由于尤岱三千骑这突来的生力军死战，可谓海外奇谈！实则尤岱军二十七日方至京师东便门，所部仅1600人。① 《孙承宗行状》数行之后继云："满桂战败，坐德胜门城下破车。袁崇焕、祖大寿战胜负相当，治军沙河门阙下。"言袁军与金军胜负相当固不为甚贬，然"治军沙河门阙下"一语，则将袁崇焕调至德胜门外，似与满桂并肩作战。沙河门具体位置不确，要之在德胜门之北。② 为夸大尤岱广渠门的战果，更以皇太极退避到南海子作衬托，时间、地点、人物并误。当然，这一切都是为颂扬孙承宗。钱氏自诩良史，《太祖实录考证》饮誉海内。《孙承宗行状》作于崇祯十五年，距己巳年十有三年，诸种纷异大可澄清。钱氏方过花甲，精力尚旺，赋闲家居，思虑当更精密，岂知其谬误至此！

**3. 左安门对峙**

事实上，尤岱参加的是前引《白冤疏》中二十六日的左安门之战，祖

---

① 见毕自严《度支奏议·堂稿》卷九《报发尤岱文光行粮疏》《恭报发过梁乡援兵行粮疏》。
② 于敏中等：《日下旧闻考》卷107《郊坰北》："土城关北十二里为清河，其水出玉泉山，分流西北径此，又东会于沙河，入于白河。"卷134《京畿·昌平州一》："京师九门，其西北曰德胜门。出门八里为土城，又二十里为清河，又二十里有玄福宫，又十八里为沙河店，又二十里为昌平州。"则沙河店去德胜门66里。顾祖禹《读史方舆纪要》卷11《北直二·顺天府·宛平县》："沙河。府北六十里，即榆河也。"北沙河与南沙河"二河分流，至沙河店东南窦家庄合为一。入通州界注于白河。沙河店在二河之间"。《昌平州》："巩华城。在州东南二十里，其地本名沙河店。（明嘉靖）十七年，始于沙河店之东建行宫，十九年成。城周四里，有四门，置军戍守。亦曰巩华台。"若钱氏《孙承宗行状》不误，"沙河门"即当指此，则袁崇焕军诚所谓"败北"也。《清太宗实录》之"沙窝门"，与祖大寿疏中"沙锅"相合，无疑在广渠门外。钱氏看不到清朝方面记录，但有可能看到祖疏。而"窝""门"二字又不可能为音误，除非一地二名。沙河甚多，然诸地舆之书皆不见广渠门外有此地名。即或钱氏笔误，然此一战何等之事，恩师《孙承宗行状》何等之书，而容有此误耶！魏源《圣武记》沿此之误，或据钱氏《孙承宗行状》。

大寿疏云二十七日更准确。这是北京城下明金两军的第三战，亦是金军与袁崇焕第二次对阵。此战史料无多，但皇太极的行止颇可注意。

《清实录》记二十二日癸卯，皇太极率诸贝勒及护军环阅燕京城。二十四日乙巳，转移至南海子。次日，为明朝所知。① 二十六丁未，皇太极进至距关厢二里而营。二十七戊申，闻袁崇焕、祖大寿复聚败兵营于城东南隅，竖立栅木，因令我兵列阵，逼之而营。皇太极视阅后曰："路隘且险，若伤我军士，虽胜不足多也。此不过败残之余耳，何足以劳我军。"遂还营。② 对此试作如下解读：二十日皇太极在德胜门外击溃满、侯二军，稍晚必得知左翼在广渠门与袁军交战失利，然而却并未前往支援左翼，一并攻击袁军。而之所以两日后方"环阅"京城，实因畏惧袁崇焕的关宁兵，故避开驻扎在京城东南的袁军，而集结两翼大军经京城西面绕至城南；其转入南海子，既为休整，同时也是为寻觅战机，金军优势在于骑兵的流动性，适宜于在开阔地带野战。袁军仍原地驻扎。而皇太极心存畏惧却又有所不甘，于是二十七日"列阵逼之"，殆攻坚非金军所长，或欲诱袁军出寨野战。而依程更生、祖大寿所述，则是袁军主动迎击，金军退却，情形为北京城墙上万目所睹。正待交手，皇太极不禁临阵胆怯，立即撤军。所谓袁军"败残之余，何足以劳我军"，实乃自饰之词，掩其望风而逃之实耳。分明慑于袁崇焕军，将欲南窜。而《清实录》二十九日庚戌条下偏偏加上一段："时围困燕京，统兵诸贝勒大臣俱请攻城。上曰：朕承天眷佑，攻固可以必得，但所虑者，坚城之下，倘失我一二良将劲卒，即得百城，亦不足喜。"云云。此即后来玄烨"遗诏"所谓能取明京城而不取之仁德。须知后来皇太极大军围攻抚宁、昌黎连番受挫，两座小城外无援兵，竟屡败金军，令其无功而退。而皇太极在北京坚城之下，且面对关宁强敌，竟敢萌生攻城之念，云可取而不取，谁云清朝官修实录缺乏想象力！

至于尤岱率三千骑增援，必当受督师崇焕调遣，何得独自冲锋陷阵，有如神兵天降？亦何须受承宗遥控？上引《孙承宗行状》两段之后，钱氏

---

① 《中国明朝档案总汇》第六册，第485页，崇祯二年十一月二十五日，兵部尚书申用懋等请调袁崇焕军固守外城事题稿。
② 《满文老档》稍详，二十六日《清太宗实录》之"关厢"，《老档》作"城南关"。

又云："二十六日，（承宗）调防漕副总兵刘国柱率马步兵二千与尤岱合营，发密镇兵三千扎东直门，发保镇兵五千扎广宁门。奴阑入畿南。"① 完全无视主力部队袁崇焕军的存在，此皆钱氏生花之笔。《明通鉴》卷81，十二月初一，即崇焕被逮之日追述其与金军广渠、左安二门之战："崇焕营广渠门外，伏兵隘口。（金）大军分道夹击，败之。崇焕复移营城东南隅，竖立棚木以守，大军列阵，逼之而营。"不仅胜负颠倒，即方位亦错乱。更有甚者乃陈仁锡的一番结论："自（崇祯二年）五月来，零奴渡河而西，未闻东返。束不的籴米于高台，积之葫芦岭。且蓟门剋减台粮，而军不归台，又复减其人，以致空单。奴既杀将破城，关宁兵马宜急趋灭奴；即不然，或扎营三屯等处要路，又或扎营石门险隘，令奴不得西闯。乃竟守偏北不冲之蓟州！虏既占石门，据形胜，止有退守三河总路。乃俟其越蓟始尾奔也！（京）城下两战，宜乘此时夜烧其营垒，而俟从容扎南海子，惟求入城自逸，真大误也！""但使在蓟诸将不令贼西向一步，贼之去也，② 不过一月耳。"③ 袁率关宁兵长途跋涉抵京，饥寒之余连番苦战，都城得以安堵，居功至伟。奈何陈太史高卧城中，毫无体谅，处处苛责，昏话梦呓，以见其高明。此与计六奇《明季北略》、张岱《石匮书后集》市井之谈，于袁崇焕竭尽谩骂诬蔑之能事，相去无几。殆其前赴辽东未能获准施行刺杀奇谋，耿耿于怀以至于是耶！

还有一点须作补述，集结于京城之下的勤王之师，不论是德胜门满桂、侯世禄军，还是广渠门外的袁崇焕军，均未得到城内京营的支援。时李邦华受命协理京营，其《覆奏扎营城外疏》：

> 臣等初闻寇警，即尝列营城外，旌旗相望，金鼓相闻。后因朝议异同，皇上始命撤为城守计。夫夜行无火，则前其手。欲固京师，未有不设兵于近郊以为耳目手足之用者。特以诸臣意见互殊，不得不勉从之。兹蒙皇上复令扼要扎营，臣等敢不恭命。第前日重在列营，则用兵颇多；而今日已定城守，故存兵甚少。再四计量，今止可扎二

---

① 夏燮：《明通鉴》照录此段，而综述于此前十一月八日命孙承宗"视师通州"条下，时间更加混乱。
② 按：谓金军退出关外。
③ 分见陈仁锡《无梦园集·海集一·纪奴入犯》《海集二·山海纪闻二·宝坻道中》。

营，每营四千……如督师袁崇焕、总兵满桂等志切勤王，职专战伐，营于城外，即此便见犄角；倘崇焕等前进击贼，即此便为后劲。……今城外居民逃匿已尽，市贩俱断。

勤王之师未至之时，仅倚京营防御京城，实不敷用。始欲扎营城外，然而朝议反复无定，终于撤回守城，既因捉襟见肘，亦见惊慌失措。而城外已是一片荒芜。又，《自请专守外城疏》：

自闻寇警以来，无日不言城守。然人情玩愒，呼而不应。自皇上特简中使出而提督，然后法行而令肃，一切守具既云备矣。惟是贼游骑连日再攻永定、广渠等门，岂非亦窥见外城之卑薄难守哉？而官军虽具，统领无人。今正阳等门皆闭，血脉不通，号令隔绝。①

群臣概无固志，惶惶不安，百呼不应，唯知闭城紧守。据毕自严《度支奏议》卷8，崇祯二年十一月十一日具题《酌议京军预支通粮疏》："合计三大营京军之数，共十一万三千二百有零。"十七日具题《京营城守军丁行粮给散逾期疏》："自十一月初二日军丁上城防守，通计十万六千余人，五日一支行粮。"则李邦华所云先于城外驻扎，或在十月底，而于十一月初二日登城守御。半月后，满桂、侯世禄军及袁崇焕初抵京师，各部所率不及万人。而京军10万人，粮饷充裕，以逸待劳，若训练有素，遇敌能战，足致皇太极于死命，何劳援兵四集？无奈市井乌合，坐糜粮饷，全无实用。待援军已至，早龟缩城内。且城门尽闭，内外声息不通，援军非但不能获得丝毫助力，即补给糗粮亦困难异常。有鉴于此，满桂军之败固有可原，而袁崇焕军能获胜则尤坚韧可贵。

## 六　形势转折点——袁崇焕入狱

### 1. 再说皇太极反间计

自十一月二十日皇太极兵临燕京，至二十七日从左安门退却，八天内与明军凡三战，其中与袁崇焕军两度交锋，皆不能胜。加上天启六、七年

---

① 并载李邦华《李忠肃先生集》卷4。

努尔哈赤、皇太极父子接连兵败宁锦,关宁兵已令金军望而生畏,袁崇焕实为皇太极心头大患。

仔细分析形势即不难发现,与金军入关之初势如破竹相比,此时形势已开始朝着有利于明军的方向变化。皇太极顿兵坚城之下,既无能力攻城,野战亦不能取胜。据《清太宗实录》,皇太极从左安门"还营",至十二月初一日辛亥,"大兵西趋良乡",数日间未见军事行动。十数万金军蒙古兵不会暴露于野,当是重新退入南海子。南海子"在京城南二十里。周围凡一万八千六百六十丈,乃养育禽兽、种植蔬果之所。中有海子,大小凡三,其水四时不竭,一望弥漫"①。正是隐蔽休整之处。《国榷》十一月二十七日戊申:"袁崇焕遣向导任守忠以五百人持炮潜攻建房于南海子,建人稍遁。"估计袁军也不熟悉南海子地形,以此试探,金军"稍遁",即避入海子深处。此时明各路援军集于京郊,稍假时日,不难重振旗鼓,掘壕堑,立严寨,且有袁崇焕及关宁兵作中坚,对皇太极大军形成合围之势,使其成瓮中之鳖。尽管畿南地区暂时空虚,金军可左冲右突,但能横行几时?崇祯若能明察敌我消长之势,寄予袁崇焕以全权,严令责成诸军听命,完全可能就歼金军于内地,至少亦必重创之而作鸟兽散。果尔,明清之际的历史则将是另一种进程。

但崇祯却自毁长城!十二月初一日,即皇太极从南海子南窜之日,崇祯借口商议军饷传令袁崇焕入城,于平台召对时将崇焕逮捕入狱。事发突然,群臣震恐而莫知所由。后人则归结于皇太极的反间计。

皇太极施展反间计,《清实录》卷5备载其事:十一月二十七日戊申,即左安门金军败退之当日,随军汉人谋士"高鸿中、鲍承先遵上所授密计,坐近二太监,故作耳语云:'今日撤兵,乃上计也。顷见上单骑向敌,敌有二人来见上,语良久乃去。意袁巡抚有密约,此事可立就矣。'时杨太监者佯卧窃听,悉记其言"。二十九日庚戌,"纵杨太监归。后闻杨太监将高鸿中、鲍承先之言详奏明主,明主遂执袁崇焕入城磔之"。一似崇祯为皇太极反间计所中,而金军则因此免于被歼,重新找到了生路。《老档》二十七日不载,仅二十九日与《清实录》同。《老档》在先,《清实录》

---

① 顾祖禹:《读史方舆纪要》卷11《北直二·顺天府·宛平县》。

后修，或加以润饰，将一日事分作两日，以见其详且实。① 晚出清修诸书，如《明史·袁崇焕传》《清史列传》《八旗通志》各传，以及魏源《圣武记》、《清史稿》诸纪传，皆未显示另有史源，实则俱遵从《清实录》，不足为征。一言以蔽之，由《老档》脱胎而出的《清实录》反间计，为后世唯一之史源。

此计颇类说部稗史，与《清实录》所载天聪五年金军围困大凌河垂成之际、皇太极却与祖大寿结盟而释之如出一辙，皆《三国演义》之新版，一仿"蒋干盗书"，一仿"七擒孟获"，皆收奇效：祖大寿虽于困窘中顺水推舟，借机脱身，日后归顺大清，则再无反复；北京城下的反间计，皇太极于穷极之余，利用宦官，切准崇祯心病，竟能立竿见影，借崇祯之手剪除大患。

关于反间计，明朝方面则全无记载，是以其真伪细节无可确考。然而《崇祯长编》有一条不甚相关的史料，如若不假，倒是一有力的反证。十二月十四日甲子，皇太极大军北返至南海子：

> 提督大坝马房太监杨春、王成德为大清兵所获，口称："我是万岁爷养马的官儿，城中并无兵将，亦无粮饷。"云云。次日，大清兵将春等带至德胜门鲍姓等人看守，闻大清兵与满桂总兵战，得了马二百匹，生擒士将一员。次日，各给书二封，一令春向德胜门投递，一令王成德向安定门投递。内言："南朝万历时节，屡次着王喇嘛讲和，总置不理。前年袁崇焕杀了我们些人，我们恼恨得紧。又闻毛文龙掣（撤）了台土兵，我们所以提兵到此。今要讲和，要以黄河为界。"②

《满文老档》《清实录》俱不载此事，明朝史料又不见反间计，故未敢断定此杨春、王成德即《清实录》中传递反间计之二太监。金军于北返之际，令杨、王二人向明朝投递书信，旨在议和而漫天要价，却不曾提及反间

---

① 《清太宗实录》多次修改，明载各《序》，参考《满文老档》，并见《康熙起居注》。然不闻乾隆朝以前有修订《老档》事。反间计若出杜撰，始作俑者当为《老档》。
② 《崇祯长编》卷29，崇祯二年十二月十四日甲子。

计。书中所言兴兵之由，实因恼怒袁崇焕杀了金国之人，则与反间计完全相反。十天前发生的袁崇焕系狱、关宁兵东溃，皇太极是否得知，史料无征。但至少说明皇太极并不知晓袁崇焕何以获罪。果真此前有反间计且已得逞，皇太极心头大患已除，此书岂不等于为崇焕开脱？实情必不自相矛盾如是之甚也。我怀疑此事即反间计所本之原始情节。

而根据金军随后的动向来看，可以肯定皇太极没有预计到能令崇祯入其毂中。道理很明显，若果施行反间计，金军就不会在崇祯逮系袁崇焕两日内，以至于等不及祖大寿率军东奔，即南窜良乡、固安，且迟至半月之后的十二月十六日夜方北返京城之南永定门；而显然应在京城之下驻扎不去，以坚崇祯之疑，至少也应在南海子静观其变。一旦关宁兵东奔即紧蹑其后，将其歼灭，并乘机逸出关外，岂不省却日后许多劳苦？可惜《清实录》虽挂出反间计的剧目，却没顾上给皇太极设计上演与反间计相应的剧情。

然而崇祯的动作确实出乎意料，似与《清实录》所谓皇太极反间计相吻合。《国榷》卷90，十二月初一日辛亥，先述崇祯命太监加强戒备："司礼太监沈良佐、内宫太监吕直提督九门及皇城门，司礼太监李凤翔总督忠勇营，提督京营。"继述逮崇焕事："召袁崇焕、祖大寿、满桂、黑云龙于平台。崇焕方遣副总兵张弘谟等蹑敌，闻召议饷，入见。上问以杀毛文龙，今逗留何也？并不能对。命下锦衣狱。赐桂等馔，随遣太监车天祥慰谕辽东将士。命满桂总理援兵，节制诸将。马世龙、祖大寿分理辽兵。"①次日，宣布崇焕罪状，谕各营："袁崇焕自任灭胡，今胡骑直犯都城，震惊宗社。夫关宁兵将，乃朕竭天下财力培养训成。远来入援，崇焕不能布置方略，退懦自保，致胡骑充斥，百姓残伤。言之不胜悼恨。今令总兵满桂总理关宁兵马，与祖大寿、黑云龙督率将士，同心杀敌。各路援兵，俱属提调。仍同马世龙、张弘谟等设奇邀堵，一切机宜，听便宜行事。"事情如此突然，且密布太监以控制局势，与皇太极反间计恰成前因后果，后人很容易联想为皇太极的反间计发生作用。故前辈明清史专家孟森，当今权威著作，国内如蔡美彪《中国通史》，国外如《剑桥中国明代史》均承

---

① 《崇祯长编》卷29略同。

认反间计。①

王戎笙主持、李洵、薛虹主编的《清代全史》第一册，则对反间计持疑。我赞成这种立场，而不完全同意其理由："这段记载，最初见于《旧满洲档》和《满文老档》，但都显然是后来追记的，因为袁崇焕被杀是在金兵退走后的第二年四月，而清人的档案记载则追写被杀事在天聪三年的十二月。"按史书体例，追述以及数事并书都是允许的，故仅以此似不足推翻反间计实有其事。事实上，作者只须点明，清代官修《老档》《实录》很有可能鉴于明崇祯突然逮系袁崇焕，原因莫明，遂杜撰反间计一说，以体现皇太极之料事如神，如此即可。

《清代全史》随后论及袁崇焕被杀的理由："根据当时的情况，袁崇焕因金兵入关，得罪下狱或被杀，基本上已是肯定了的。按照明朝的制度，'失守封疆'是不赦的重罪，更何况袁崇焕是集众怨、被攻击的人，再加上大将满桂在皇帝面前揭发他的非法议和活动"云云。除以崇焕处死在四月小误之外，将崇焕被逮与处死混为一谈，不免失之简单笼统。② 若依此说，则崇祯在十一月二十三日初次召见崇焕时就应将其下狱，而不必等到皇太极施用反间计之后。实则明代历史上失误封疆，如嘉靖、万历朝，或归罪本兵，而于大帅则少有获死罪者，杨镐、王化贞迟至崇祯朝方处死，熊廷弼之死别有原因，此不赘。况且金军入关在蓟，崇焕受命督师，虽"总督蓟辽登莱天津军务"，驻关门，而其时另有蓟辽总督，蓟镇非崇焕防区；其后总督暂缺，却未明确由崇焕兼领。故或罪或否，非无辩解之余地。至于袁崇焕与金国所谓"议和"，则自万历以来有成例，③ 且既报知朝

---

① 孟森：《明清史讲义》第二编第六章第四节《专辨正袁崇焕之诬枉》，引《东华录》天聪三年十一月戊申、庚戌，文字与《清太宗实录》同，云皇太极反间计："乃袭小说中之蒋干中计，此时尚得其用。而明帝之不知士大夫心迹，竟堕此等下劣诡道！"中华书局，1981，第316～319页。蔡美彪等《中国通史》第九册："皇太极向明朝施反间计……十二月，崇祯帝逮捕袁崇焕。"人民出版社，2004，第61页。《剑桥中国明代史》第七册中译本："满族人害怕袁崇焕的军事才能，希望引起崇祯皇帝对他的怀疑。"中国社会科学出版社，1992，第666页。其他著作不一一列举。
② 并见王戎笙等《清代全史》第一册，辽宁人民出版社，1995，第293页。
③ 《明神宗实录》卷462，万历三十七年九月己丑，兵部尚书李化龙覆王象乾疏："军中谍使，事得便宜，不必自生疑阻。"上曰："朝廷既以边事责成督抚官，一切战款机宜，自当听其酌量，不从中制。"

廷，复为朝廷认可；① 所谓"擅杀"毛文龙，事后亦得到崇祯首肯。② 若无其他原因，皆可不必构成罪名。袁崇焕被逮在十二月初一日，处死却迟至次年八月，九个月中牵扯到复杂的朝廷党争，最终是取决于崇祯个人意志，还是政治的主要导向，仍是一个值得探讨的问题。退而言之，即使如一些著作认定崇祯逮捕袁崇焕是中计，也并不等于说处死袁崇焕也是中计，而应另有更深层的原因。

试看崇祯因金军兵临北京追究群臣，于逮崇焕之前，以侦探不明、城工未竣下兵部尚书王洽、工部尚书张凤翔于狱；战事尚未结束，又以失机逮总督刘策、总兵张士显；其后大学士钱龙锡下狱几死，前后大员逮系论死者数十员。如此杀戮过甚，人们似有理由推测，纵使没有皇太极的反间计，袁崇焕也难逃一死。

但凡事不可一概而论。崇祯最初歆动于袁崇焕"五年复辽"，因而寄予厚望。迨皇太极从蓟镇破关，崇祯虽不无怨怼，然而心中有数，责任不在崇焕，故有明旨："卿治兵关外，日夕拮据，而已分兵戍蓟，早见周防。关内疏虞，责有分任。"对于崇焕率兵入京宿卫，崇祯也慰谕有加："既统兵前来，其一意调度，务收全胜，不必引咎。"③ 次日，"赐袁崇焕、祖大

---

① 《明熹宗实录》卷76，天启六年九月二十九日戊戌，袁崇焕疏报欲遣使金国吊丧，"乘是以觇虚实。臣敕内原许便宜行事"云云。得旨："奴信虽虚，防御宜周。其余阃外机宜，悉听便宜行事。"《国榷》卷87，天启六年十二月十四日壬子，辽东巡抚袁崇焕遣西番喇嘛僧吊建房于沈阳，以建房方金纳、温台什至，献貂参银鞍事闻。有旨："骄则速遣之，驯则徐问之。无厌之求，慎无轻许。有备之迹，须使明知。严婉互用，操纵并施。勿挑其怒，勿堕其狡。"《明熹宗实录》卷79，十二月十三日辛亥，旨有"能使奉使得人，夷情坐得，朕甚嘉焉。夷使同来，正烦筹策"之语。分明对崇焕遣使金予以肯定。同月十七日乙卯，辽东督师王之臣参劾袁崇焕遣使吊丧议和，"酿无穷之衅"。得旨："伐谋不遽绝，可以缓敌而用间。拿定不轻信之正着，则不遽绝之权者亦未为误也。"至于其后崇焕与皇太极书移往还，更无从得罪。《明史·袁崇焕传》："崇焕初议和，中朝不知，及奏报，优旨许之。"继有"后以为非计，频旨戒谕"一语，而无从印证。

② 谈迁：《国榷》卷90，崇祯二年六月十九日壬申，谕兵部："朕以东事付督师袁崇焕，固圉恢疆，控驭犄角，一切阃外军机，便宜从事。岛帅毛文龙，动以牵制为名，全无事实。剿降献捷，欺诳朝廷，器甲刍粮，蠹耗军国。屡奉移镇明旨，肆慢罔闻；奉进招降伪书，词旨骄悖。而且刚愎自用，节制不受。近乃部署夷汉多兵，泛舟登州，声言索饷，雄行跋扈，显著逆形。崇焕目击危机，躬亲正法。据奏责十二罪，死当厥辜。大将重辟先闻，自是行军纪律。此则决策弭变，机事猝图，原无中制。具疏待罪，已奉明谕，仍着安心任事。"谕中所言毛文龙罪状，皆有实据。且不知其暗通金国。

③ 《崇祯长编》卷28，崇祯二年十一月十七日戊戌。

寿大将"①。皆其理性之体现。以现有史料，我们对崇焕突然下狱只能作如下推测：崇祯积怨于胸的是崇焕未能遵旨在蓟门堵截金军，令北京直接处于金军兵锋威胁之下。而随后金军、崇焕军同时至京，又有崇焕"勾虏"逼京、要挟和议之风传，难免启崇祯之疑，即谈迁所谓"都人竞谓崇焕召敌，上不能无心动"②。而当时真正影响崇祯决策的，除一二大臣之外，就只有太监。③ 崇焕广渠门、左安门两战获胜，然城门紧闭，内外隔绝，④ 崇祯未必能及时明白真相。十一月二十三日召见崇焕、满桂，崇祯感受如何，《国榷》云崇祯对崇焕"慰谕久之"，但又两次拒绝崇焕要求如满桂军例允许关宁兵入城休息，⑤ 足见疑心未去。数日后金军仍徜徉于京城周围，迟迟不退。崇祯年未及冠，易于冲动，急切之下惑于流言，勾起旧账，莽撞行事，是完全可能的。

就上引《国榷》十二月初一、初二两日所记，崇祯面质崇焕者，"以杀毛文龙，今逗留何也"；次日宣谕各营者，"袁崇焕自任灭胡，今胡骑直犯都城，震惊宗社"，"崇焕不能布置方略，退懦自保，致胡骑充斥，百姓残伤"。最初公布的崇焕罪状，仅此而已，与日后罗织者不同，应可信为崇祯逮捕袁崇焕之真实动机。但其中并无反间计所谓与金国有"密约"。若崇焕果有此密谋，哪怕是谣传，崇祯有何拿不出手，当面严质？尤其是初一日逮系之时，唯有数人在场，崇祯完全没有担心泄密的理由；而且必定将祖大寿同时逮系，与崇焕对鞫，而绝不会让其返回军中。直至初六日给通州孙承宗的敕谕，亦未提及反间计所谓"密约"。

---

① 谈迁：《国榷》卷90，十一月十八日己亥。《崇祯实录》同。
② 谈迁：《国榷》卷90，崇祯二年十一月十六日丁酉。此种谣言贯穿崇祯一朝，乃至弘光朝吏部尚书徐石麒仍在疏中云："崇焕阳主战而阴实主款也，杀东江毛文龙以示信。伺先帝初勿之许，遂哄□阑入胁款，戒以弗得过蓟门一步。崇焕先顿甲以待。是夕□至，牛酒相慰劳。夜未央，□忽渝盟，拔骑突薄城下，崇焕师反殿□后，先帝于是逮崇焕诛之。"句中"□"当作"奴"。见黄宗羲《弘光实录钞》卷3，（崇祯十七年）冬十月乙卯朔。
③ 余大成：《剖肝录》，"时有中官在围城之中，思旦夕解围，咎焕不即战。而中官勋戚有庄店丘墓在城外者，痛其蹂躏，咸谓焕玩兵养敌，流言日布，加以叛逆。"载袁崇焕《袁督师集·附录》。
④ 《崇祯长编》卷29，崇祯二年十二月二十三日癸酉，钱龙锡疏言有："崇焕初在城外，阁中传奉圣谕、往来书札，多从城头上下。"
⑤ 谈迁：《国榷》卷90，十一月二十三日甲辰：召见时，崇焕"力请率兵入城，不许"。（《崇祯实录》同）二十五日丙午："袁崇焕求外城休士如满桂例，并请辅臣出援，不许。"

若以谈迁无所闻，故纪事简略，而大学士钱龙锡为逮系崇焕在场者之一，半月之后为自己辩诬，止云："此番由崇焕轻信束不的，致纠连深入。皇上焦心忧思，夙夜靡有宁息。臣等岂真木石犬马，不悟崇焕之有罪，而尚敢护庇之？止缘外有强敌，内无劲兵，且藉关宁兵马，事平之后，论崇焕之罪耳。此四日在阁中所佥议者，臣资在第三，何能专主？"然所谓崇焕之罪："自闻警之初，举朝言是束不的者十八而九。""当崇焕请入罗城，请给席布。以至敕拿之日，皇上费几许踌躇，玉色为焦，臣等亦相顾迟回。""身任督师，不能立功则罪之。"① 可以断言，崇祯逮系崇焕时，所以愤怒者在崇焕轻信苏布地，导致金军深入京畿盘桓不去。

与此相联系的，即金军不退，是因崇焕欲借此以成款局，明金订立城下之盟的谣传。此与反间计最为接近，但这种荒唐事几无可信度。诚如程本直《漩声》所言："崇焕之愚，不至此也。城下之盟，列国事也。否则，亦宋真宗事也。今中国何如国？而皇上何如主也？无论要以求盟必不得，即要之而盟得也，款成也，敌退也，崇焕将安归也？果若是也，崇焕知为敌谋，而不知为己谋也，愚不至此也。"质言之，崇焕若邀敌进犯以挟盟，非但达不到目的，而且必然万恶不赦。既欲如此，又何必在北京城下与金军连番苦斗？即使崇祯在焦虑之中迷失理性，惑于流言而疑心骤起；即使逮系袁崇焕时阁臣成基命再三请求崇祯慎重其事，就是针对崇祯这种怀疑，但也没有证据说明崇祯产生猜疑是因皇太极的反间计而起。至少，在逮系袁崇焕时，崇祯并没有出具反间计所云勾结金国入犯的密谋。否则，随即就应有一系列相应的追查，两位传话的太监也应下狱鞫问，非论功即论死，而不可能全无反应。

攻讦崇焕最力以至不择手段捕捉风闻之高捷，于崇焕逮系后数日发难，其疏言中亦只能云："夫崇焕口任边事，而心不尔也。其遣弟通好，远在数年之前；其斩将剪忌（谓杀毛文龙），近在数月之内。唯别一机关，故另一作用。今日之事，岂无故而致此哉？皇上第博采道路之公论，细审前后之情形，而崇焕罪案自定，臣更不必饶舌。"② 此言之阴险，即在引诱

---

① 分见《崇祯长编》卷29，崇祯二年十二月十七日丁卯、二十三日癸酉，大学士钱龙锡疏言。
② 《崇祯长编》卷29，崇祯二年十二月初五日乙卯。

崇祯以坚定上述怀疑。若果闻知有反间计之密谋，高捷必视为证据，尚须闪烁其词，泛论牵引于数月数年前之事，而请崇祯"博采""细审"乎？13天之后，吏部尚书王永光等疏言："皇上逮问兵部尚书王洽、工部尚书张凤翔、督师袁崇焕于狱，雷霆叠震，百僚悚惕，此皇上之大机权也。"反间计与王洽、张凤翔无涉，永光等必不以三人被逮同归于崇祯之"大机权"①。

若崇焕与金国稍有嫌疑，其冤家对头如余大成所言之温体仁、梁廷栋，必大做文章，而最为崇祯信任的周延儒及其他人日后也决不敢疏救崇焕。而最重要的是，当事人祖大寿疏奏具在，程本直《白冤疏》《漩声》，余大成《剖肝录》，于崇焕生前死后为其讼冤不遗余力，而皆不曾提及皇太极反间计。若果有些许蛛丝马迹，祖、程、余等人断无不予申辩之理。袁崇焕"密约"皇太极并配合金军至京，何等紧迫危险之事！若以崇祯听信从敌营释放的太监之词，独自反复煎熬于信疑之间，而不与任何大臣商量，有是理乎？梁任公《袁督师传》不取反间计之说，乃其卓识。崇祯内心的怀疑与皇太极的反间计，毕竟是两回事。

在用历史人物的思想或心理来判断史实时，必须审察其主观动机的来源及形成，并将其与客观事实严格区别开来。我们无法找到《老档》《清实录》作伪的铁证，而只能通过辨析来质疑反间计难以取信，这是治史者的缺憾，也是对待史料的基本态度。至于计六奇、张岱等人关于袁崇焕的记载，乃至快意恩仇，几无一处可信，可不置辩。若有人据以谈奇说怪，则不属于史学讨论的任务。

还应指出的是，崇祯的一时冲动，并不意味日后崇祯不可能冷静下来，付诸理性思维，甚至于幡然悔悟。事实上，崇祯逮系崇焕后不久即令其于狱中致书大寿，以挽救关宁兵于狂澜既倒，即已懂得崇焕的分量，则未必不存在以此为转圜的可能性。余大成《剖肝录》记载："上初甚疑焕，及闻所复地方皆辽兵之力，复欲用焕于辽。又有'守辽非蛮子不可'之语，颇闻外庭。"另，兵科给事中钱家修《白冤疏》载其疏救崇焕："奉旨批：览卿奏，具见忠爱。袁崇焕鞠问明白，即着前去边塞立功，另议擢用。"② 此疏为原抱奇而发，当在崇祯三年正月。若此两段史料无可怀疑，

---

① 《崇祯长编》卷29，崇祯二年十二月十七日丁卯。
② 并载袁崇焕《袁督师集·附录》。

则崇祯逮系崇焕时是否有必杀之心，就应引起人们慎重考虑。一个看似荒诞的偶然事件，不论是所谓皇太极反间计，还是朝野谣传、宫内左右谗言，若能引起巨大波澜，乃至于改变历史走向，一定是当时的政治社会条件和氛围存在着发酵机制，以及引导朝着这个方向发展的内在趋势。这才是历史研究者所当思考的，而不必停步于史料无征的细节，或作徒劳无益的揣测。限于篇幅体例，本文不作深究，仅稍述及崇焕与关宁兵之关系以及这一事件所带来的恶果。

**2. 关宁兵东溃与重整**

主帅被逮，几乎出于所有人预料，其直接后果就是招致宁远兵东溃。《国榷》卷90，以东溃在十二月初四日甲寅："辽兵素感袁崇焕，满桂与祖大寿又互相疑。大寿辄率兵归宁远，远近大骇。"《孙承宗行状》《明史·孙承宗传》并系于初四日。而据兵部职方郎中余大成《剖肝录》，当在初三日（见下）。据祖大寿疏，则在初三日夜："比因袁崇焕被拿，宣读圣谕（即上引初二日壬子谕各营），三军放声大哭。臣用好言慰止，且令奋勇图功，以赎督师之罪。此捧旨内臣及城上人所共闻共见者。奈讹言日炽，兵心已伤。初三日夜哨见海子外营火，发兵夜击，本欲拼命一战，期建奇功，以释内外之疑。不料兵忽东奔。"① 孙承宗初五日的奏疏，亦证明事发在初三日："本月初三日，通州城守者瞭见辽兵三五成群纷纷东下，臣即令人招抚，而鸟兽窜矣。又，初四日午时，侦探人自西回，始知祖大寿率全军东溃。臣闻之，急以手字慰谕大寿，又传一檄以抚三军，令游击石柱国飞骑追之，而仅及其尾，弓刀相向。柱国坦然不惊，极力（慰）谕。诸军校亦多垂涕，但曰：'主将既戮，又将以大炮尽殄我军，故不得已至此。'柱国又前追，而大寿已远矣。"关宁兵东溃，实激于统帅袁崇焕被逮，然而孙承宗却归咎于祖大寿："臣自得此军之溃，今因祖大寿危疑既甚，又以极贵不能复受同侪节制，故乘三军惊疑，以城上炮击洗军之说，诱全军尽溃，陷人以自护，非诸将卒尽有叛心。"②

两日之后，孙承宗再遣人追及关宁兵，从大寿的回应中，大约摸出一点头绪，故于初七日再疏转述祖大寿诉言："径往东走，拦阻不住。众兵

---

① 《崇祯长编》卷29，崇祯二年十二月甲戌。
② 《崇祯长编》卷29，崇祯二年十二月乙卯。

齐口说称：'应援京师，连战大捷，指望厚赏。谁想城上之人声声口口骂辽将辽兵都是奸细，故意丢砖打死辽兵三名，城内出来选锋砍死辽兵六名，彰义门将放拨的辽兵做奸细拿去杀了。阵亡者死而无棺，生者劳而无功，败者升官，胜者误罪，立功何用？'臣同副将何可纲、张弘谟等多方劝谕不从，臣等情愿回京待罪。众兵强挟，浑身是口，难以自文。"①《国榷》同日节录承宗此疏，并附以："上从之。大寿抵山海关，宣圣谕，吏卒乃安。因令堵截建虏归路。自是大寿称疾，不复视事矣。"至此实情大明。关宁兵一直被视为勾引金军之奸细，为此忍辱负重，劳苦功高却未及时赏赐，本已积怨甚深。宣谕各营逮捕袁崇焕，关宁兵完全不能接受，次日即哗变东奔宁锦。凡此，皆由崇祯所激。于是朝野震恐，谣言纷起。《孙承宗行状》："上逮崇焕下诏狱，大寿与中军何可纲等率所部万五千人东溃。人言大寿且与奴合关宁十万众反戈内向，祸在漏刻；又言大寿据关城，则自此以东数十城中断，将割以自王。而师之溃也，其势如崩山决河。"

关于朝廷应对，《国榷》十二月初四日："初，召逮崇焕时，大学士成基命睨大寿心悸状，因顿首请慎重者再，敌在城下，非他时比。"《明史》卷251《成基命传》综述其事："袁崇焕、祖大寿入卫，帝召见平台，执崇焕属吏，大寿在旁股栗。基命独叩头请慎重者再。帝曰：'慎重即因循，何益？'基命复叩头曰：'敌在城下，非他时比。'帝终不省。大寿至军，即拥众东溃。帝忧之甚。基命曰：'令崇焕作手札招之，当归命也。'时兵事孔棘，基命数建白，皆允行。"《国榷》系基命建白事于初六日丙辰，"又条上规画。上俱从之"。大约崇祯已感觉不妙，一时惶惶不知所出，唯基命之言是听，但不肯认错。《国榷》同日，传谕通州之孙承宗："朕以东事付袁崇焕，乃胡骑狂逞。崇焕身任督师，不先行侦防，致深入内地。虽兼程赴援，又钳制将士，坐视淫掠，功罪难掩。暂解任听勘。祖大寿、何可纲、张弘谟等，血战勇敢可嘉。前在平台面谕，已明令机有别乘，军有妙用。今乃轻信讹言，仓皇惊扰。亟宜憬省自效，或邀贼归路，或直捣巢穴，但奋勇图功，事平论叙。夫关宁兵将，乃朕竭天下财力培养训成，又卿旧日部曲。可速遣官宣布朕意，仍星驰抵关，便宜安辑。"《孙承宗行

---

① 《崇祯长编》卷29，崇祯二年十二月丁巳。

状》录此谕文字略同，之前有"遂命公移镇关门"，则承宗由通州赴关门在初六日。谕中不再是"言之不甚悼恨"，而是"功罪难掩，暂解事权听勘"一语，即崇祯得知关宁兵东溃，隐约发觉逮系崇焕铸成大错，亟须安抚关宁兵祖大寿等人之措辞。

成基命从中斡旋，奏请以袁崇焕手札招大寿事，钱谦益《孙承宗行状》及《有学集》卷34《成基命神道碑》俱不载。《孙承宗行状》详载承宗之处置，大体出自承宗奏疏。《孙承宗行状》继云："公惧大寿之果与奴合也，大书榜示军前：'东奴久薄近郊，急调祖大寿兵往遵化捣巢，遏虏归路，用以疑虏。'传檄谕大寿及诸将曰：'今日东兵（即指关宁兵）西还，必无一毫罪戾。'又密札谕大寿，教以急上疏自列，束兵杀贼以报浩荡之恩，以赎督师（崇焕）之罪，而仍许代为别白。大寿得帖子大哭，诸将亦哭，乃具如公指还报。"似安关宁兵于反侧，一出于承宗只手回天。而据崇焕军中职方郎中余大成《剖肝录》，实另有隐情，移录于下：

> 焕自蓟趋京，两日夜行三百里，所部马兵才九千人。广渠门一战，挫之，意俟步兵至，方合力逐北。而初一日之命下矣。
>
> 诸廷臣持焕者十之三，而心悯其冤者十之七，特以所坐甚大，且悼于（温）体仁与（梁）栋，未敢救。石衲（当为余大成号）时任职方，独发愤对众曰："奈何使功高劳苦之臣，蒙不白之冤乎！"栋曰："此上意也。"石衲曰："焕非惟无罪，实有大功。今日围城中，舍此谁堪御敌者？朝廷置兵部官何用？使功罪倒衡若此，公宜率合部争之。"栋曰："人皆言焕畜逆。"衲曰："兵由蓟入，焕自辽来，闻报入援，誓死力战，不知所逆何事？所畜何谋也？"……栋时声色俱厉，……不怿而退。
>
> 次日初二，衲又往见栋，曰："敌势甚炽，辽兵无主，不败即溃耳。莫若出崇焕，以系军心，责之驱逐出境自赎。既可以夺深入者之魄，又可以存辽左之兵。公为国大臣，当从国家起见，万无从嫌隙起见也。"栋曰："辽兵有祖大寿在，岂遂溃哉？"石衲曰："乌有巢倾鸟覆而雏能独存者乎？大寿武人，决不从廷尉望山头矣。"栋时以其语闻之朝房。辅臣周延儒问曰："公虑祖大寿反耶？"石衲曰："然。"儒曰："迟速？"石衲曰："不出三日。"儒曰："何也？"石衲曰："焕始

就狱,寿初意其必释。今日则庶几有申救而出之者。至三日,则知上意真不可回,而廷议果惟欲杀焕矣。寿与焕功罪惟均者也。焕执,而寿能已耶?不反何待?"儒点头曰:"奈何?"体仁曰:"不然!寿若与焕谋,即合敌耳;否则,必杀敌。反将安之?"

次日,栋见石衲于朝房,曰:"寿幸未反。"石衲曰:"言而不中,国家之福也。"是日,寿果率所部逃出关外。报入,栋惧甚,至石衲私寓,曰:"寿反矣!如之何?公能先事逆料,真神人也!"栋去。客曰:"大司马心折公矣。"石衲曰:"是欲贻构我耳。"

初四早,栋以寿反奏,且言:"臣司官余大成能先见,乞召问之。"蒙上召对,因奏曰:"寿非敢背反朝廷也,特因崇焕而惧罪耳。欲召寿还,非得崇焕手书不可。"上因让栋曰:"尔部运筹何事?动辄张皇。事有可行,宜急图无缓。"栋就出焕,石衲曰:"不可!旨意未明,狱中何地,而冒昧行之也?"延儒曰:"若何?"石衲曰:"须再请明旨方可。"乃复入奏。上遣大珰出谕曰:"事急矣,当行即行,尚待什么旨!"石衲曰:"此即明旨矣。公等见督师,善言之。"

时阁部九卿皆往狱所道意,焕曰:"寿所以听焕者,督师也。今罪人耳,岂尚能得之于寿哉?"众人开譬百端,终不可,且言:"未奉明诏,不敢以缧臣与国事。"石衲因大言谓崇焕曰:"公孤忠请组,只手擎辽生死,惟命捐之久矣。天下之人,莫不服公之义而谅公之心。臣子之义,生杀惟君。苟利于国,不惜发肤。且死于敌与死于法,孰得耶?明旨虽未及公,业已示意,公其图焉。"焕曰:"公言是也!"因手草蜡书,语极诚恳。至则寿去锦州一日矣。驰骑追及,及遥道来意。军有教放箭者,骑云:"奉督师命来,非追兵也。"寿命立马待之。骑出书,寿下马捧泣,一军尽哭,然殊未有还意。寿母在军中,时年八十余矣,问众何为,寿告以故。母曰:"所以致此,为失督师耳。今未死,何不立功为赎,后从主上乞督师命耶?"军中皆踊跃,即日回兵,收复永平、遵化一带地方。

袁崇焕被逮与关宁兵东溃之关系为余大成目睹亲历,与其他史料皆能印证;崇焕出手书安抚祖大寿,大成始终参与其事,最为真实,无可假造。大成所述诸臣,梁廷栋、周延儒、温体仁,皆崇祯特加青睐者,亦逮系崇焕在场之见证人。面对大成质问，无一提到反间计密约，故大成未就此申辩。唯廷栋含糊其辞云"蓄逆"，为大成所驳，自知无能成立。而尤可注意者：大成既有欲挽回关宁兵，则莫如出崇焕于狱之言；辽东东溃之次日初四，大成偕廷栋入奏崇祯，说明大寿"特因崇焕而惧罪"；崇祯急不可待，命如大成所言，且斥廷栋处事迟缓，则崇祯态度已有所松动。明朝国运系于辽东，辽东安危系于崇焕，即谓崇焕国之柱石，不为过也。崇祯并不糊涂，此理焉有不明？命崇焕作书祖大寿虽一时权宜，若朝廷诸大老善加引导，未必不能令崇祯转圜，令崇焕得以免死。不幸明朝病入膏肓，政治暗昧，崇焕一案未明，旋又叠加与大学士钱龙锡内外勾结一案，案情愈重，是非愈难明。落井下石者固不乏人，而朝廷诸"正人君子"，莫不亟欲为钱龙锡洗白而加罪于崇焕，崇焕终至惨死。

《剖肝录》作于崇祯八年之后，有些细节或欠准确。如周延儒时为礼部侍郎，入阁尚待半月后。温体仁虽蒙崇祯器重，然其时恩遇未渥，未必能压制众臣，其料辽兵不反，慑于崇祯雷霆之威耳。又如祖大寿"即日回兵"，亦与实情不符。崇焕"手草蜡书"固其亲见，而"驰骑追及"大寿，则必非目睹，与孙承宗疏言时间未合。孙承宗疏言："臣于本月十四日抵关，即命原任总兵朱梅面谕祖大寿等，宣布主恩，勉以报答。适兵部差人赍至袁崇焕手字，即令赍去。而祖大寿称兵马远回疲苦，暂令攒槽喂养，休息数日，方可调发，一面先将各步营兵丁随挑随发……臣谓大寿等情词恭顺，自可勉建后效，不惟身谢前愆，并可以为崇焕赎过之地。"① 兵部差人赍至崇焕手字至承宗所，在承宗至关门之日，似与大成所云不符。《孙承宗行状》"上忧东兵甚，令兵部从狱中出袁崇焕手书，慰止东镇将士"，当是从承宗奏疏。《孙承宗行状》又云天启二年广宁失守，大寿"顾盼未有所属。公抚而用之。再犯法，当斩，俾袁崇焕力请而后贳之。大寿以是严惮公，而感崇焕次骨。"故安抚关宁兵非崇焕、承宗不可。至于黄宗羲云关宁兵在京城下闻崇焕被逮而反，故兵部不得已出崇焕手书以止乱，以致成为崇焕致死之由，则去真相愈远。②

---

① 《崇祯长编》卷29，崇祯二年十二月十六日丙寅。
② 黄宗羲《黄梨洲文集·大学士机山钱公神道碑铭》："关兵之在城外者，闻其下狱，哄然称乱，矢集皇城，兵部从狱中出其手书止之。其得士心如此，顾使之诬死。"中华书局，2009。

承宗于崇祯二年十二月十四日至关门，祖大寿称"兵马远回疲苦"未肯谒见，显然不为承宗至关慰谕所动。绝非如钱谦益所云"督师之系也，部帅祖大寿鹗恐扬去，上手诏枢辅止之。公（申用懋）据案草檄，大寿感泣旋师"之易易也。① 据大寿疏，东奔至玉田时，已接承宗、刘策、方大任之书，"谕臣期复遵化，在诸将莫不慨然。而众军齐言：'京师城门口大战堵截，人所共见，反将督师拿问，有功者不蒙升赏，阵亡者暴露无棺，带伤者呻吟冰地，立功何用？即复遵化，皇上哪得知道我们的功劳？既说辽人是奸细，今且回去，让他们厮杀。'拥臣东行。此差官所目击者"。将领尚在犹豫，而大军士卒积怨难消，决意返回辽东，一发不可止。"及到山海关，阁部孙承宗差总兵官马世龙赍捧圣谕将到，传令扎营于教军场迎接，众兵眼望家乡，齐拥出关。"足见此时崇祯圣谕已无威信可言。稍后，"臣即止于关外欢喜岭，同所统官旗人等听宣读毕，皆痛哭流涕，举手加额。臣因众军感泣，谕之曰：'辽兵素受国恩，颇称忠勇。今又蒙朝廷特恩宽宥，若不建功，何以生为？'众军闻言，又复泣下，务立奇功，仰答圣恩于万一矣"②。似经大寿晓之以大义，动之以利害，军心即定。须知此疏乃上于承宗至关门十日之后，大寿已拿定主意听命朝廷之后的第一次表态，故于军将吏卒之真实情绪必多掩饰。

大寿虽感激崇焕，且慑于母亲义正词严，实则挽回宁锦大军人心殊为不易。次年正月初三，大寿方与承宗面晤。"自正月初三日，辽东总兵官祖大寿带领马步官兵三万有余入关。次日，犒赏众军，传谕：'本标俱为辽产，务加意守关。凡夺回车辆财物，尽给本人，且加赉十金，以酬死力。若山海失守，家亡妻子为掳矣。'众俱慷慨听命。"③ 知大寿所以说动全军者，非如前袁崇焕督师时报效朝廷，捍卫疆圉，而实为本土意识，人自为战，乃真所谓"以辽人守辽土"。宁锦军演变为祖氏私兵，此乃一大关键。日后驱逐金军，收复畿北四城，多仗祖大寿军。然设非崇焕以书感之在先，继而承宗抚御得法，欲其一月之间，复整营伍，反斾入关，岂可得哉！

---

① 钱谦益：《初学集》卷65《兵部尚书申公神道碑铭》。
② 《崇祯长编》卷29，崇祯二年十二月甲戌。
③ 《崇祯长编》卷30，崇祯三年正月十三日癸巳。

## 七　皇太极大军北返之再考察

### 1. 永定门之战与撤离北京

综合《满文老档》、《清太宗实录》卷5，十二月初一日辛亥，即袁崇焕被逮之日，皇太极率大军经南海子南行。途中曾责备殿后贝勒急于前趋打猎，可见行色匆匆，且相当警惕。当日，抵至距北京南70里之良乡之北。次日壬子，攻克良乡，"纵掠良乡县，俘获甚多"①。招降西南邻县房山。初四日，攻克以南50里之固安县，"尽歼其众"②。其后数日，原地休整。为补充军实，纵兵四出掠生。初五日乙卯，"以俘获牛马赏兵丁，每人马一、牛一，其余驴骡牛，俱令均分"。论功颁赏，选美女。初九日，"驻良乡城秣马"。十一日辛酉，遣贝勒阿巴泰、萨哈廉前往房山县祭金太祖、世宗陵。待士马饱腾，遂于十六日丙寅，即孙承宗抵达山海关之后二日，皇太极大军发良乡，③趋燕京。在良乡滞留凡半月。

十六日晚，进抵北京西南35里卢沟桥，击溃明沈副将守军6000人。沈副将当即申甫，新募6000人皆市井乌合，不堪一击。《明史》卷277《金声传》："申甫者，僧也，好谈兵，方私制战车火器。帝纳声言，即日召见，奏对称旨，超擢副总兵，敕募新军，便宜从事。改声御史，参其军。甫仓猝募数千人，皆市井游手，所需军装戎器又不时给。而是时大清兵在郊圻久，势当速战。急出营柳林，总理满桂节制诸军，甫不肯为下。桂卒掠民间，甫军捕之，桂辄索去。声以两军不和闻，帝即命声调护。亡何，桂殁，甫连败于柳林、大井，乃结车营卢沟桥。大清兵绕出其后，御车者惶惧不能转，歼戮殆尽，甫亦阵亡。"④ 申甫兵败身死，不应晚于满桂兵败永定门，当从《清实录》系于十六日。

金军继而推进至北京南20里，击败明守军一营。侦察捉生，得知永定

---

① 谈迁：《国榷》卷90，崇祯二年十二月二十三日癸酉："巡抚山西耿如杞、总兵官张鸿功援兵溃于良乡。援兵皆沿边劲卒，窜走，剽掠秦晋间。"似为倒述。
② 《崇祯长编》卷29，系金军克固安于十二月十二日壬戌，误。
③ 谈迁：《国榷》卷90，崇祯二年十二月十三日癸亥："建虏夜传矢固安，趣诸部合战。明日出良乡，弃妇女亡算。"以金军北返时间在十四日，不合。
④ 金声荐申甫，《崇祯长编》卷28，系于十一月初八日己丑。黄宗羲：《黄梨洲文集·子刘子行状》："废督师，以总兵满桂为总理，统诸帅，召白衣申甫授以副将军。"推迟一月矣。

门南二里许有明满桂等四总兵马步兵4万人，结栅立营，"四面列枪炮十重"。当晚，金军抵达京城西南隅，决定明日进攻。《崇祯长编》卷29，误前一日，十四日甲子，"大清兵驻南海子"，则皇太极由原路返回，且与京城之南20里相合。前文抓获杨、王两名太监令其赴京城投书，正是此日此地。

永定门之战，《国榷》卷90，系于十二月十七日丁卯："设文武经略，以梁廷栋、满桂为之，各赐尚方剑，营西直、安定二门。桂始屯宣武门瓮城内，谓敌劲援寡，未可战。中使趣之亟，桂不得已，挥涕而出。以五千人同孙祖寿等战安定门外，并败没。麻登云、黑云龙被执。申甫以七千人战柳林、大井、卢沟桥，亦败没。都人大惧。"永定门之战时间与《清实录》相合。① 以申甫败死于满桂之后，与《明史·金声传》同，并误。

满桂总理诸路援军，在逮系袁崇焕当日。关宁兵东溃，原因之一是祖大寿不肯服从满桂。前述申甫事，亦见满桂不孚人望。麻登云事迹不详，或临时擢用总兵。黑云龙当皇太极兵犯宁锦时曾镇守一片石。② 十一月初十日与满桂、王威同时以总兵勤王，二十三日崇祯召见入援诸将，黑云龙与焉；崇焕被逮，谕祖大寿、黑云龙并受满桂节制。孙祖寿天启末年为蓟镇西协总兵，移镇遵化，已见前文。《明史》卷271本传："（天启）七年，锦州告警，祖寿赴援，不敢战，被劾罢归。及是，都城被兵，散家财，招回部曲，从满桂赴阙，竟死。"则复任总兵一职当为时不久，且其部众皆新集溃散之卒。是知四总兵虽4万人，但将卒多非能战之士。满桂已知必败，然迫于严命，只能仓猝迎敌。明军显然希望集中兵力封堵金军北归之路。金军回师心切，亦无退路，必作殊死战。据《清实录》《老档》："黎明，十旗（当指八旗和蒙古二旗）行营兵大噪齐进，以击敌军。方我兵毁栅而入，敌营枪炮甚多，交发不绝。上见之，怜惜诸将士，心伤陨涕。"然金军"无一死者，岂非天佑乎！"殆明军炮火虽多，却无斗志，结果惨败。明金双方记载无异。

永定门一战，明军主力丧失殆尽，再无力阻止金军北还。这是崇祯逮系袁崇焕的又一恶果。而金军后来的行程却颇有意思。照说，金军欲赴通

---

① 《满文老档》并书于前一日，以见金军不惮劳苦，恐误。
② 谈迁：《国榷》卷88，天启七年五月己卯。

州，当从城南经左安、广渠、东便诸门抵朝阳门最为便利，此即袁崇焕军入京之来路。但皇太极却计不出此，而仍由上月德胜门战后经京城西墙外沿东折抵达左安门一路而逆行，先抵京城西北隅，然后至德胜门、安定门。随之派前锋向通州探路，亦循旧路。如此舍近求远，显然不能用德胜门、安定门致书议和来解释，只能说明皇太极在永定门获胜之后仍心存警惕，只拣熟路，或不愿经过与袁崇焕战斗过的左安门、广渠门，免沮士气。

皇太极虽在北京城外盘桓有日，此后军行则颇为迅速，沿途几无激战。二十五日乙亥，通州探路贝勒返回。二十六日丙子，皇太极抵达通州。二十七日丁丑，焚毁通州河船只千余艘，随即撤离。据《孙承宗行状》："公急遣世龙报命，发步骑兵一万五千，令督以入援。世龙兵抵通州，奴始拔坝上营归还，而京师解严。"《国榷》卷90，二十五日，"进世龙武经略，赐尚方剑"，则世龙率军自山海关返回当在皇太极抵通之前，然未能阻止金军东走。金军分兵两支：贝勒岳托等率精骑四千由东偏南，攻陷香河县，趋永平府；皇太极大军向东行进，一日之内抵达蓟州，击溃明守军。至于同日在蓟州歼灭明山海关援兵5000人，① 却于明朝史料无征。二十八日戊寅，得留守遵化参将英俄尔岱奏报：入关时归降的长城诸口"石门驿、马兰峪、三屯营、大安口、罗文峪、汉儿庄、郭家峪、洪山口、潘家口及臣等所抚滦阳营，十一城俱叛。（明）密云总督、蓟州道合兵，夜至遵化，四面夹攻"。虽平定五城，"其六城仍叛乱"。遂命杜度连夜赶赴遵化，重新夺得六城，杜度守遵化，喀喇沁蒙古台吉布尔噶都驻兵罗文峪，以防明军西来。皇太极则率大军从蓟州前往永平，与岳托合军。

根据《国榷》卷90，对金军行程可稍作补充。十二月二十七日丁丑："建虏陷香河，杀知县任光裕。攻三河，不克。"二十八日戊寅，（金军）攻宝坻，知县史应聘拒却之。② 二十九日己卯，"建虏陷玉田，知县杨初芳降"③。以上诸条，除攻陷香河之外，其余《老档》《清实录》俱不载。三

---

① 《清太宗实录》卷5，天聪三年十二月丁丑。并见《八旗通志》之《代善传》《阿巴泰传》《杜度传》；《清史列传》卷1《阿济格传》，中华书局，1987。
② 《崇祯实录》卷2同。
③ 《崇祯实录》卷2置于前一日戊寅。

河小县，难抵皇太极大军，而不克者，无暇多顾也。宝坻一县乃当岳托军，所以未克者，不欲停留也，而以次日攻陷玉田。皆可见金军急于东赴永平，无意中途久留。另据《崇祯长编》卷30，二十九日，金军抵达丰润城南，应是岳托军。① 明守沙河驿将王承胤奔东北永平府属迁安县。② 丰润邻永平属地，岳托即在此等待皇太极大军，合力以争永平。《清太宗实录》卷6，（崇祯三年、天聪四年）正月初一日辛巳，皇太极大军行至榛子镇、沙河驿，招降，城中人皆令剃发，丰润即降，遂与岳托军会合。"是日，大军抵滦河立营"，河在永平府西10里。初二日壬午，"大军发自滦河，辰刻至永平，十旗兵环城立营"③。丰润、永平之间160里，皇太极大军可谓马不停蹄。至此，金军一路顺利，未遇明军有效抵抗。

在进攻永平之前，皇太极遣济尔哈朗、阿巴泰率精骑击杀叛金归明的刘兴祚（即《老档》中之"刘爱塔"）。《清实录》详述此事于正月初二日壬午、初三日癸未，皇太极谓"擒刘兴祚，胜得永平"，说明是在永平城外营中亲自布置此事。④《国榷》卷91，崇祯三年四月初六日乙卯："兴祚（受孙承宗之命）同台头营将王维新、太平路将陆自强、建昌路将马光远、永平道中军程应琦袭建房于青山营，官军二千，除夕大破之。兴祚先登，谙夷习，故急莫能辨，斩杀五百九十三级，畜产称是。还太平，各归镇。庚午元旦，兴祚至两灰口，俄值建房数千骑，马不及甲，步斗，杀伤过当，突中流矢死。弟兴贤被执。"这段史料颇有可疑之处。青山口在永平"府北，桃林口东第四关口也。桃林口在府北六十里，其南十里曰桃林营，营东二十里有燕河营"。即是说，青山口在燕河营以西、建昌营以东，很难设想金军会驻扎于此。何况此时皇太极大军正向永平集结，亦不可能分兵插入明重镇之中。斩杀金军六百，可算大捷，而他书未载，不知《国榷》何所据。燕河、台头、建昌皆蓟镇东协要镇，太平寨为中协四路中最

---

① 参《八旗通志》卷136《岳托传》。
② 《崇祯长编》卷30，崇祯三年正月初一日辛巳。
③ 谈迁：《国榷》卷91，同日，建房东趋永平，夜抵宋庄，距城五里。《崇祯实录》卷3系前一日辛巳，恐误。陈仁锡《无梦园集·海集一·纪永平虏入》同，云："庚午改元一日，奴果从城北渡河。我兵以红夷炮乘半渡击之……（奴兵）遂驻宋家庄，距（永平）城仅五里。"
④ 详见《八旗通志》卷132《阿巴泰传》，然系此事于正月癸丑。是月无癸丑，当为癸未之误。并见《八旗通志·济尔哈朗传》。

东者。① 台头营将王维新当作王维城。此时祖大寿大军尚未进关，故只能设想是孙承宗企图联络蓟镇东协与中协，以巩固山海关西北防线，并从北面威胁金军。兴祚立功心切，奋勇而往。但从不久之后皇太极进略山海关时，王维城、马光远皆降金来看，兴祚此行未能成功，故孤军返回山海关，途中遭到金军袭击身亡。但这又与"斩杀金军六百"难以相符。《孙承宗行状》别有一说，以兴祚使命在进入永平协助防御："岁逼除，奴警益急，乃遣参将黄惟正等率骑兵四营守抚宁，而降将刘兴祚合诸将兵护永平。兴祚乃领降虏亲兵二百，辽骑六百，拜公于马前，愿为公死。兴祚死，永平遂失守。"较《国榷》为可信，且与《清实录》初二日壬午明军俘虏所言兴祚"来永平"相合。要之，兴祚死于永平失陷之前。

初四日甲申，金军攻克永平。永平为蓟辽饷司所在，虽号称一镇，然徒有虚名，并无重兵。② 此时明廷还在筹划于蓟东丰润、三屯一带堵截金军，完全是痴人说梦，情报不灵、行动迟缓，可见一斑。③

现在回顾一下金军进程：十二月初自左安门一战南撤至良乡、固安一带，自是为了避免与袁崇焕关宁兵决战，同时歇息士马、补充粮饷；半月后由良乡挥师北上。永定门一战消灭明军主力之后，数日间从北京城南经

---

① 分见顾祖禹《读史方舆纪要》卷11《北直二·顺天府》、卷17《北直八·永平府》。

② 永平失陷，虽由金军猛攻，城中亦有内应。详见谈迁《国榷》、《崇祯实录》、《崇祯长编》同日并《无梦园集》，《崇祯长编》尤详。永平原设一镇，蓟辽总督所辖辽东一镇而外，关内四镇向称"密蓟永昌"，分见《明神宗实录》卷446，万历三十五年五月丁酉。卷530，万历四十三年三月壬申。卷544，万历四十四年四月庚戌，张承胤以总兵镇守蓟、永、山海，则一总兵兼辖三处，永平虽称一镇，或未专置总兵。卷469，万历四十六年闰四月初一日己未，明廷得知努尔哈赤举兵反明，攻克抚顺，阵斩明辽东总兵张承胤，急令群臣会议。御史熊化奏请督臣出关，抚臣、总镇进驻辽阳；至于填补山海关防守，最为便捷者自当为永镇，乃建议以顺天巡抚与保定总兵移驻，未见永平总兵。降至天启二年初，孙承宗以"永平为陵京重镇，为山海后劲，不可再设巡抚，却不可不设总兵，与山海、蓟镇为犄脚之势，为皇上护此雄关。"于是方有新设总镇之名。然据《明熹宗实录》卷22，天启二年五月癸丑，给事中周朝瑞陈保山海要着，言："永平当喜、松、马、太之冲，旧设有道将，专为防北。近新添总镇，犹以中协四路为名，恐据守信地，东援之意稍分。"故建议总镇驻山海关。《明熹宗实录》卷30，天启三年正月戊申，兵部尚书董汉儒覆顺天巡抚岳和声条陈永镇事宜，云关内800里防区营伍甚为空虚，亦全未提及总兵。颇疑永镇水陆各营军务长期由巡抚代摄。而后仍止有关内一道，而"兵马刑名钱粮皆其职掌"。见《明熹宗实录》卷71，天启六年五月癸亥，顺天巡抚刘诏疏言。

③ 谈迁：《国榷》卷91，崇祯三年正月初四日甲申，谕兵部："传文经略梁廷栋遣侦骑远探，如敌尚留昌平等处，即合剿；如绝迹，即督各将截于蓟东，约枢辅孙承宗、督祖大寿于三屯营、丰润间联络犄角，四面蹴之，毋令间道绕掣我后。"并见《崇祯长编》同日。

西至北，再从东而南至通州，主要是出于谨慎。而从通州东向，经蓟州而至永平，则明显加快行进，一路狂奔。凡此似皆表明，皇太极不欲在京畿久留，亟欲回师。自十月初出兵，至此已历3月，于理亦应返回故巢。但由此产生一个疑问：皇太极既至蓟州，本可由原路自遵化出关，却舍此而不为，偏要东略永平，意欲何为？

欲解答这个疑问，必须联系皇太极此次兴兵的目的。皇太极之所以亲率大军出征，本在劫掠察哈尔，并无远图。入关攻明无疑带有风险，原本不在其算计之内。破关之初，所向无敌，遂令其野心骤增，不仅欲据有城邑，且欲深入明朝畿辅。却在京城之下遭遇袁崇焕关宁兵阻击，进退两难，不得不暂时南窜。不料关宁兵东溃，形势为之一变。金军北返，于京城之下击溃满桂，可以挽回颜面。通州而后，横扫沿途州县，不难号称凯旋。但金军、蒙古兵的收获呢？一场远征，不会是为战而战，总应满载而归，方能满足十数万大军出征的欲望。良乡、固安的掳掠，经长途奔波，当已耗尽。而回到遵化，发现当初建立的基地已失，且反复蹂躏，殆已残破。欲大有掳获，最安全、最有价值的地区，就是蓟州与山海关之间明朝饷司所在的永平府。① 此其一。

即便在永平府大掠而归，亦未必能使皇太极树立起足够的威望。联系到破关之初攻城略地毫无阻滞，故及时传谕国内，大加宣扬，而后两月进退，几经劳苦，所克之城、所得之地何在？苟明乎此，即知皇太极在逸出关外之前势必要有一番作为。根据后来的进程可以推断，皇太极甚至怀有更大的企图，即从明朝内线打通山海关。皇太极何所恃而敢作此番冒险，甚至不惜遭遇宁锦劲敌？从某些迹象分析，皇太极之所以行此侥幸，很可能是闻知宁锦兵东溃，使其萌生招降祖大寿的希望。此其二。殊不知正月初四日金军攻陷永平，祖大寿宁锦军正在山海关门誓师。老对手之间的新一轮较量即将展开。

**2. 东进山海关受阻及《老档》《清实录》之失载**

为更好地了解永平失守之后一段历史的实情，有必要介绍一下地理形势。永平府东至山海关180里。若以山海关为一只东飞燕子之首，则西北自石门、台头、燕河诸营，皆紧沿长城隘口；西南自抚宁、昌黎、乐亭诸

---

① 并见《明神宗实录》卷570，万历四十六年五月戊戌；卷574，万历四十六年九月癸巳。

县，皆临近海滨：恰如燕子两翼向西展开，永平在其腹中。明军若能谨守两翼，则对永平、迁安、滦州诸城成合围之势；反之，金军若控制两翼，则可对山海关成钳形攻势。孙承宗、祖大寿要防止皇太极打通山海关，将其困在永平，必须两翼皆驻守重兵。

《孙承宗行状》综述其势："（山海）关门西南三县城曰抚宁、昌黎、乐亭，西北三边城曰石门、台头、燕河，六城东护关门，西绕永平。……公下檄切责各城，捕斩奸细，禁止蜚语。六城皆壹意完守。后先间诸叛人于奴，构而杀之。又遣将戍开平，复建昌而守之，而进取之势定矣。"此一段甚得要领，想应据承宗《奏议》而来。《国榷》卷91，崇祯三年正月庚戌三十日追述祖大寿方略："是月，祖大寿遣参将张存仁率骑兵、都司刘雄率步兵，守乐亭、昌黎；协将王维城守台头营；副总兵何可纲守石门；马明英守燕河。各上首功。盖山海关西南抚宁、昌黎、乐亭三县城，西北则石门、台头、燕河三边城，俱滦、永要径也。六城固，可以合剿。宁前道兵备副使孙元化安辑关外八城，斩获首虏八百有奇，关辽无虞。"则祖大寿入关之后，得知金军已克永平，必将犯山海关，故张开两翼严阵以待。

天聪四年（明崇祯三年）正月事，《老档》记载甚为简略，皇太极踪迹更隐约莫辨。第21册卷首："天聪四年正月，汗赴山海关。留台吉济尔哈朗、台吉萨哈廉办理永平府事务，并将所办事宜载于两黄旗档子之内。"以下皆济尔哈朗、萨哈廉所行之事：初六至初八日，从永平府四出招降；初九日，明台头营副将王维城降；十二日，接受明建昌营参将马光远投降；十三日，迁安县知县朱云台来降；① 二十八日，滦州（金国）大臣招降乐亭不果；等等，盖将皇太极大军之成果与济尔哈朗在永平的活动夹杂其中。皇太极再次现身《老档》已是月底三十日在遵化。故这段时间皇太极的行止，清朝方面的记载只能依据《清实录》。

而问题是，《清实录》卷6在许多地方亦闪烁其词。正月初六日丙戌：皇太极"移营于永平东门外山岗"，"留贝勒济尔哈朗、萨哈廉统兵一万守城。上率大军向山海关进发"。初七日丁亥以下，不书明皇太极行幄所在。十二日壬辰，皇太极自抚宁至昌黎。于是，疑问之一，皇太极从何而至抚

---

① 谈迁：《国榷》卷91，初八日戊子记滦州失陷。《清太宗实录》卷6，以迁安县降并书于初九日己丑。滦州州同降书于十三日癸巳。

宁呢？或者说，初七日至十二日皇太极身在何处？十五日乙未，皇太极"自昌黎县至永平北河岸"，则十二日至十四日皇太极在昌黎。但二十日庚子，皇太极"自永平至三屯营"。那么，疑问之二，十五日之后几天又发了什么情况？

《清实录》卷6唯载金军进攻昌黎不克事较详：初九日己丑，先命蒙古诸部攻城，"若攻克其城，城中财物任尔等取之"，然未能克。报至皇太极，"上曰：闻昌黎城中兵甚少，何难攻克？"以金军千人增援。皇太极在何处，未书明。金军"昼夜进攻，不克"。十二日壬辰，皇太极由抚宁至昌黎，且运来云梯。次日，大军出动，势在必得。谕云："倘蒙天佑，进拔其城，违命士卒（指抵抗者）尽歼之。"于是"命右翼四旗攻其南，左翼四旗攻其东，敖汉、奈曼、巴林、扎鲁特攻其北。布云梯列城下，军士树梯将登。城上滚木雷石，火炮鸟枪齐发，火燎梯折，难以进攻。复移挨牌近城下，欲凿其城，而乏锹镢。大贝勒代善遣人驰奏。上曰：'既不能克，可退兵。'因焚其近城庐舍而还"。则金军围攻昌黎时间为初九日至十三日，凡五日。

但明朝方面记载略有不同："大清兵七千有奇，自初八日至昌黎县城东关侯庙前，分三营困之。内有永平生员陈钧敏、王钰，率数十骑执黄旗至城下招降，知县左应选怒骂，击却之。次日寅时，北东面排梯七十余架，环绕攻城，应选率乡兵力战，始退。初十日，排梯三十余架攻城东。十一日，排梯四十余架攻城西面。两日间，外攻益急，应选及士民战守益坚。十二日，大清复于县西南添设七营，约兵三万有奇。十三日，排梯百架，用火炮火箭四面并攻，自卯至未不止。城中苦战得不破。其日戌时，遣降民李应芳说降，应选诱入杀之。十四日，复排梯一十七处攻城北面，传呼索李应芳。应选率乡兵乘城死拒，发炮外击，大清兵始离县四十里西南，往柳河诸处安营。"① 昌黎小县，外无援兵，全赖知县左应选、守备石国柱率军民固守，连日屡挫强敌于城下，可谓壮哉！② 据此，昌黎抵抗金军进攻则自初八日至十四日，前后七天。金军十四日撤离昌黎，与《清实

---

① 《崇祯长编》卷30，崇祯三年正月十五日乙未。
② 谈迁：《国榷》卷91，崇祯三年正月二十三日癸卯："建虏攻昌黎三日，知县左应选、守备长安石国柱拒却之，多杀伤，遂引去。昌黎小邑，独抗贼，人壮之，遂超擢应选兵备佥事。"

录》十五日乙未"上自昌黎县至永平北河岸"更为吻合。

既然初六日皇太极率大军从永平往山海关进发，抚宁在永平以东80里，一日可至，总不至于在抚宁停留五日之久，然后十二日返回昌黎吧。那么，十二日之前皇太极在何处？这才是《清实录》使人疑惑的地方。

现存皇太极发布的《揭榜文》："（金军）席卷长驱，以至都下。今日抽兵回来，打开山海，通我后路，迁都内地，作长久之计。"① 署尾日期为"天聪四年正月"，揆其文意，正初四日皇太极攻陷永平之后，于初六日率大军将赴山海关，担心永平汉人误以为金军撤走，特为安定人心而颁。欲从内地打通山海关，即皇太极大军从北京撤离后一路东向突奔永平府的主要目的。明朝方面记载可与印证。

《崇祯长编》卷30，崇祯三年正月十三日癸巳：

> （大清兵）初八日由永平至抚宁，连攻二日。可法等伪于城上招之，云入城尽当归附。大清知其有备，于初九日移营向山海。初十日至凤凰店，离山海关三十里，列营三处。副将官惟贤率参游都守陈维翰、王成、李居正、郝尚仁等兵二千五百余名，设奇正二营以待。十三日，大清令六甲骑诱战数四，午时，从山湾突出，步前马后拥向城。惟贤等炮矢齐发，自午至戌，合战十余阵，大清以昏黑收兵。是晚，仍回抚宁县中。四将用炮攻击，大清撤兵西行。

据此，皇太极大军初八日抵抚宁，连日不克，遂以军缀之，而于初九日率大军奔向山海关。山海关在抚宁县以东100里，一日行进70里，于初十日抵达距山海关30里之凤凰店，与明军守将官惟贤相遭遇，都是合理的。且与清修《明史》记载相合。② 然两军对峙，何至于三日后方交战？即是说，

---

① 引自孟森《清太祖告天七大恨之真本研究》，载氏著《明清史论著集刊》上册，中华书局，1984。
② 《明史》卷250《孙承宗传》："（正月）四日拔永平，八日拔迁安，遂下滦州。分兵攻抚宁，（祖）可法等坚守不下。大清兵遂向山海关，离三十里而营。副将官惟贤等力战。乃还攻抚宁及昌黎，俱不下。"卷271《官惟贤传》："正月九日，大清兵自抚宁向山海关。翼日，至凤凰店，离关三十里，列三营。惟贤与参将陈维翰等设两营以待。合战，互有杀伤。已，大清兵返抚宁。"然两传皆无皇太极从山海关返回抚宁的时间记载。

十一、十二两日皇太极大军动向不好解释。

另据《孙承宗行状》：

> 奴攻抚宁不克，东破深河驿，屯范家店，前军至红花店，去关门十里。我严兵以待，以游骑诱之使东，欲以城上大炮及沿壕所伏射生降虏夹击之。奴觇知，不敢逼。相持六昼夜，徐引而去。还攻抚宁，分兵攻昌黎，皆不克。

亦以金军攻抚宁不克，遂东走山海关，并和明守军交战，皆与《崇祯长编》相合。然所至红花店距关门仅10里，即《孙承宗行状》所云承宗于天启时所设紧护关门五部中之后部，较之《崇祯长编》凤凰店距关门30里更为逼近，而以明金两军相持六昼夜，①较《崇祯长编》又多两天。皇太极大军似无于山海关前盘桓数日之理。

《满文老档》正月初九日，台头营副将王维城请降金军。十二日，建昌营参将马光远并中军白彦、孙绍业（明记载为孙承业）降金，皆于当日得到金国敕书，马光远且随金军而行。王维城即前引《崇祯长编》祖大寿命其守其地之协将。台头营原为蓟镇东协驻地，在抚宁县西北30里、燕河营以东30里，亦密迩山海关内之要镇，皆在抚宁县境东北一隅之地，则凤凰店、红花店皆其辖地。②建昌营在抚宁西邻迁安县北70里之冷口关内30里，③在台头营以西。据《清实录》，王维城、马光远等皆永平贝勒济尔哈朗等招降，然若非慑于皇太极大军逼向山海关，以为关门难保，恐不会不战而降。

据此推断，初九日皇太极大军逼近关门，并未急于进攻，而先以兵躏之。同时威逼山海关西北一翼防线，招降明东协重镇台头营和建昌营，已大有收获。迨消除明军掣肘，进军山海关障碍扫清，方于十三日在山海关前的凤凰店或红花店，与明守将官惟贤、陈维翰等发生战斗，如此似可与上引

---

① 查继佐：《罪惟录·传》卷9《孙承宗》："东师（金军）攻抚宁不克，相持红花店六昼夜。"似据《孙承宗行状》，非第一手资料。浙江古籍出版社，1986。
② 顾祖禹：《读史方舆纪要》卷17《北直八·永平府·抚宁县》"台头营"条下："又，平山营，在县东北四十里；又七星寨，在山海关西十里。俱筑城置兵于此。"
③ 并见顾祖禹《读史方舆纪要》卷17《北直八·永平府·抚宁县·迁安县》。

《崇祯长编》相合。要之，皇太极大军临逼山海关虽有数日，但明金两军真正交战则唯有一次。依《崇祯长编》，战斗相当激烈，但持续时间只有一天。皇太极一旦发觉强攻不能打通关门，即迅速撤至抚宁、昌黎。初九日蒙古兵、金军分别攻昌黎、抚宁不克，至皇太极大军从山海关撤回，已是第二次冲击。两县攻防之所以持续多日，原因在此。但皇太极来去的时间还需要修正。

《国榷》卷91，正月初八日戊子："建房攻抚宁，四日不克。抚宁去山海关三十里，先以参将黄维正力守之。转攻昌黎。"抚宁守将为黄维正，即前引《孙承宗行状》所遣参将率骑兵四营助守抚宁者："四营之趋抚宁者，先奴二日入守，奴急攻不能拔也。"《崇祯长编》以防守抚宁者为祖可法，《明史·孙承宗传》同，未知孰是。《国榷》以金军于十二日由抚宁南行至昌黎，与《清实录》时间相合。然何以会有"抚宁去山海关三十里"之误？这不但是地理上的错误，而且很可能是谈迁将山海关前凤凰店之战的传闻掺杂进来，误以为是抚宁之战，故4日返回，当是从山海关一带返至抚宁。然而据上引《老档》和明朝方面记载，皇太极由抚宁抵达昌黎的时间不可能早于十三日，《清实录》系于十二日，或误。而从昌黎北撤永平的时间，已如上述，当在十四日，亦非十三日。如此大致解释了《清实录》留下的第一个疑问。

下面回答《清实录》留下的第二个疑问：皇太极十五日尚在永平北河岸，何以二十日撤向西北遵化县东边的三屯营呢？根据明朝方面记载，皇太极在永平遭到祖大寿的主动出击。

台头、建昌两营守将降金，使祖大寿的西北线防御出现缺口。为此，祖大寿组织了一次反击，赢得所谓"双望之捷"。双望在永平府东35里，① 地居永平与抚宁之间。《崇祯长编》详载其事：

> 辽镇祖大寿选兵三千，于十一日戌时令参将郑一鳞、曹恭诚，游击祖泽润、韩大勋、赵国志等率之往抚宁。随檄驻防建宁参将刘应选等从北而南为右翼，又檄驻防乐亭参将张存仁从南而北为左翼。次

---

① 见顾祖禹《读史方舆纪要》卷17《北直八·永平府·卢龙县》"安山堡"条："府东三十里曰新罗寨，又东五里为双望堡。"

日，令副总兵张弘谟、参将祖大乐、游击罗景荣等各领马兵二千骑续进策应。又次日，令副总兵金国奇，参将黄龙、汪子静统领各营步兵留守关门，大寿亲统副总兵何可纲、坐营都司吴襄、游击祖泽洪等继诸兵后，为中权，以午时抵抚宁。（于山谷中设伏，令人率兵二百）前抵双望挑战，引入伏中。各兵四起奋击。自午至酉，交十数阵，转战三十余里，渐近永城。城上枪炮震发，各门突出精骑接战。左翼参将张存仁等三将亦至。大清兵奋勇截杀，势不可挡。诸将知猝未能破城，收兵回抚宁。枢辅孙承宗驿书以闻。①

据此，明军在双望一带邀击金军，且得到抚宁守军支援，将金军逼退至永平城中。大寿亲赴作战，企图一战收复永平，因金军全力抵抗而未果。但以此条时间当为正月十三日癸巳，或因三月十三日亦癸巳，故《崇祯长编》误入三月。祖大寿此役之后，即北上远缀皇太极大军，并在建昌一带阻击，见下。大寿重回永平已是四月，即明朝两路大军准备合围收复四城之时，② 三月十三日似无在永平与金军作战之可能。③《崇祯长编》卷32，正月十九日己亥："抚宁防将祖可法等四员探知大清兵自永平复往抚宁，四将以马兵迎战，步兵设伏，自双望交兵，引入伏中。大清以铁骑突击，转战至永平十八里铺而还。枢辅孙承宗驿书以闻。"即同指双望之役一事，然又系于十九日，有数日之差。《国榷》卷91，崇祯三年正月二十日庚子："建虏屯永平城外十里，我伏兵双望，参将孟道等诱至孛罗岭，伏发，大

---

① 《崇祯长编》卷32，崇祯三年三月十三日癸巳。
② 《国榷》卷91，崇祯三年四月十三日壬戌："祖大寿逼建虏于永平，设三覆以待，诱败之，杀其渠帅四人，遂薄城下。"此前大寿仍在建昌，见《国榷》同卷，三月初八日戊子："建虏扰建昌，都督朱梅遣刘邦成，都督祖大寿遣刘应选，力拒之。"《明史》卷270《马世龙传》："三年三月，进左都督。时遵化、永平、迁安、滦州四城失守已三月，承宗、大寿隔关门，与世龙驻军声息断绝。"亦见大寿军在山海关一线。而《崇祯长编》卷32，三月初八日，兵科左给事中刘懋条陈，以马世龙、祖大寿分在蓟州、开平，似误。在开平者当为丘禾嘉，并见《崇祯长编》卷31 "崇祯三年二月初四日甲寅"条、《明史》卷261《丘禾嘉传》、《孙承宗行状》。开平即开中卫，为石城废县，在滦州南80里，东去永平百余里之遥。禾嘉驻此，为明军西线甚明。而大寿在东线作战，不至于越永平而西。
③ 据《清太宗实录》卷6 "天聪四年三月初十日庚寅"及《崇祯长编》卷32，"崇祯三年三月十一日辛卯"条，在永平与金军作战之明军为张弘谟部，而非祖大寿。《清实录》十三日癸巳，未见有战事记载。

败之，斩百四十九级，兵气少振。"较后一段《崇祯长编》晚一天。

《孙承宗行状》："奴千余骑，恣掠屯堡，夜宿抚宁东三十里之双望，骄不为备。公使大寿夜袭之，分兵为三伏，我伪入奴伏中，奴方发，我兵伏双望两嵎者亦发，追奔二十里，斩首一百四十九级，卤获无算。奴势大挫，遂不得南闯昌、乐，东闯抚宁。自永平陷，东道梗塞，乃遣死士径虏营沿海以报捷，中朝始知关门无恙也。"战斗规模及地点与《国榷》相合，意义则更为显著。《罪惟录·孙承宗传》："大捷双（望）堡，关门六城皆复。"六城即抚宁、昌黎、乐亭及石门、台头、燕河三营。故有赖双望一战，台头营得以完璧归赵，王维城重返明军阵营之中。大寿下一步即与金军争夺建昌营。《孙承宗行状》以双望之战在克复建昌之后则误。《国榷》卷91，明载祖大寿收复建昌在二月初七日丁巳、初八日戊午。若依《孙承宗行状》，则双望之战当在二月之后，而非正月事。但证之以《老档》正月三十日"汗致诸贝勒书"，皇太极二十一日已在遵化，则双望之战必不迟至二月。钱氏殆将此战与五月第二次双望之战混为一谈。①

按《清实录》，正月十五日乙未，"上自昌黎县至永平北河岸驻营"，二十日庚子，"上自永平至三屯营"，则双望之战时间，大致在十五至二十日之间。若考虑永平至三屯营里程，② 皇太极交战之后当整军进入三屯营，双望之战当不晚于十八日。至此，金军已是第五次败于关宁兵手下，显而易见，形势对于皇太极并不乐观。《老档》《清实录》之所以要隐去皇太极的行迹，目的即在于掩盖其自永平向东突击山海关以及之后所遭受的一系列挫折。

皇太极在永平之东双望遭到祖军伏击之先，曾遣人赴祖大寿营中议和。《孙承宗行状》："大寿故与奴有连，降虏银定，故给事大寿左右。大寿遣之奴营，留半岁，奉奴书来议款。款未就，银定仍留大寿所。奴破永平，遣三叛人持黄旗，大书'讲和'字，诣大寿营。大寿以请，公报曰：'听大将军处分。'而又密下教曰：'毁其旗及书，焚之军前。其人惟所置之。'大寿惧，乃立斩其使。公曰：'大寿真为我用矣！'"《国榷》卷91，

---

① 详见《崇祯长编》卷34，崇祯三年五月十七日丙申。
② 顾祖禹：《读史方舆纪要》卷17《北直八·永平府》。迁安县，在永平府西北40里；三屯营在迁安县西北120里。几乎是直线。加上双望至永平35里，共195里。

崇祯三年正月十八日戊戌："建房东向，遣二骑持帜致书祖大寿求和，孙承宗斩之，建房遂西。承宗令游击刘天禄设覆以待。"① 斩杀议和之降人，不会迫使金军退兵。《国榷》没有意识到随即便发生双望之战，故于十八日、二十日分述之。

皇太极亟欲打通山海关，显然是试图从袁崇焕被逮、辽兵东溃中找到某种希望，但他低估了祖大寿与宁锦将士抗击金军的决心，因而遇到意想不到的阻力。若非如此，一旦皇太极从内线打通山海关，明朝畿辅屏障尽失，其后果岂堪设想！皇太极从山海关一线撤退，又在双望对阵时企图以议和引诱祖大寿，此计不成，战又失利，遂迅速向西退至遵化东面60里之三屯营。但皇太极仍未放弃招降祖大寿，当月底，得奏报在永平以东30里一村庄抓捕祖大寿子侄亲戚七人，令善待之，不剃发。出关前，遣孙辈一人携银返回大寿处。② 但金军败局已定，无关宏旨。

**3. 击败西线明军、仓皇出关**

皇太极不能停留于永平而急切西行还有一个原因，即迎击自西尾随而来的明军，以确保遵化、三屯一带出关通道。皇太极抵达三屯营之前，形势已甚紧急。

《崇祯长编》卷31，崇祯三年正月十八日戊戌："总理马世龙会集诸将，以敌方专力于东，祖帅与之相持未下，我当轻兵袭遵，以成夹击之势，由蓟而遵，由遵而三屯，与祖帅约期会战，使之首尾不顾，庶奇功可建，三城有克服之机。副将官惟贤，参游陈维翰、张奇化、李居正、王世选、王成、李益阳、张士杰等，皆挺身愿行。世龙于是选诸镇精锐，委惟贤等统之而发，是日，至遵化西波罗湾地。城中大清兵及插部合营迎敌，前锋奋勇鏖战，大清收兵入遵城。后队乘势齐至城下，城上矢石如雨，不能前进。大清复整兵而出，彼此各以火炮火箭相击，互有损伤。副将官惟贤、游击张奇化为流矢所殪。至戌时始俱收兵。各镇兵皆驻石门（营）、台头（营）间。"③ 官惟贤、陈维翰即前在山海关阻击皇太极大军者。《明

---

① 皇太极求和使者来自永平，见《崇祯长编》卷30同日。承宗设覆以待，《崇祯实录》卷30系于十一日辛卯。
② 并见《满文老档》正月二十九日、二月初九日、三月二十八日。
③ 并见《明史》卷271《官惟贤传》。官惟贤、张奇化所损为300余人，而传闻损兵万计，见《崇祯长编》卷31，二月初六日丙辰马世龙疏。

史》卷261《刘之纶传》："正月，师次蓟。当是时，大清兵蒙古诸部号十余万，驻永平。诸勤王军数万在蓟。之纶乃与总兵马世龙、吴自勉约，由蓟趋永平，牵之无动，而自率兵八路进攻遵化。"官、陈等人率军从山海关开来并不是一次单独的行动，当为总理马世龙安排的欲与西路刘之纶相配合夹击遵化，结果因调遣失灵，各自成为孤军而失败。① 官惟贤阵亡，明军即从遵化东撤至东协石门、台头两营之间。若《崇祯长编》时间记载无误，则其时皇太极尚未从永平抵达三屯营，击溃官惟贤军的当是留守遵化的杜度一军。②

而对皇太极威胁最大的是随之而来的明兵部侍郎刘之纶一军。之纶亦为喜谈兵者。《明史》卷261《刘之纶传》："（崇祯二年）冬，京师戒严。（翰林院庶吉士金）声上书得召见，荐之纶及（申）甫。帝立召之纶、甫，之纶言兵，了了口辩，帝大悦，授兵部右侍郎，副尚书闵梦得协理京营戎政。于是之纶寖寖以新进骤跻卿贰矣。"刘之纶兵败身死记载甚多：其军为临时召募，数量或言7500人，或言4万人，粮草供给不上；总理马世龙与兵部尚书梁廷栋意见分歧，之纶进止方向莫明，且受到朝廷言官弹劾，等等，不赘。③ 唯可注意者，之纶率兵于正月初九日抵达蓟门。④《崇祯长编》卷30，正月十四日甲午，"大清兵攻石门，守将李芳扬迎御之牛口门，炮箭并发，鏖战良久，大清兵乃还。其时白草顶乡民王家栋等数千人，凭高大呼，以助兵势。副协理刘之纶借蓟州饷司银百金赉之，塘报以闻。帝命相机进取，出奇奏功"。是时皇太极正胶着于永平、昌黎一带。而别遣一军攻蓟州，可能是已经意识到必须保证遵化与永平之间通道畅通。据上

---

① 此战似非大战，亦不见于《满文老档》《清太宗实录》。《清史列传》卷78《王世选传》："天聪四年正月，大军克明遵化，留守。世选随明总兵官惟贤来袭，至城南波罗湾。我军出战，惟贤陷阵死，世选败还。及我军攻明副总兵金日观于马兰城，总理马世龙遣世选来援，纵入城，围之。二月，世选降。"并参《明史》卷271《官惟贤传》。

② 此战于清朝方面记载无征。而《清太宗实录》卷5，天聪三年十二月二十七日丁丑，皇太极大军东赴永平时道经蓟州，击溃明山海关援军5000人，何人率领不明，并见《八旗通志》代善、杜度二传。两次战斗时间、地点均不合。清方记载或误。

③ 详见《崇祯长编》卷30，崇祯三年正月二十日庚子，刘之纶以直隶巡按董羽宸参其逗留骚扰各款奉旨回奏疏。

④ 谈迁：《国榷》卷91，《崇祯实录》卷3同。《崇祯长编》卷30，前一日戊子，之纶报："（前锋）现营（蓟州）城外待发。臣所驻三河，去蓟州不六十里。望早给粮料，以决进取。……尚未有升斗之应。"

引《明史·刘之纶传》，总理马世龙、总兵吴自勉当时皆在蓟州，此后方赴永平牵制皇太极西进。而之纶率兵从蓟州而向东北进逼遵化，直抄金军出关之地。

皇太极显然是对防守遵化、三屯一带的杜度、英俄尔岱、范文程所部不放心，故于二十日亟亟率大军从永平赶赴三屯营。《明史·刘之纶传》："既由石门至白草顶，距遵化八里娘娘山而营。世龙、自勉不赴约。二十二日，大清兵自永平趋三屯营，骁骑三万，望见山上军，纵击之。之纶发炮，炮炸，军营自乱。左右请结阵徐退以为后图，之纶叱曰：'毋多言！吾受国恩，吾死耳！'严鼓再战，流矢四集，遂死。一军皆哭，拔营野战，皆死之。"《刘之纶传》既以之纶从蓟州石门驿赴遵化，则娘娘山当在遵化以西八里，他书亦皆以此役在遵化，《刘之纶传》误以此役发生在三屯营。然系之纶死于二十二日壬寅，则与《崇祯长编》《国榷》相合，《明通鉴》亦同。《老档》正月三十日详载皇太极自遵化致书，云此战在二十一日。《清实录》照抄《老档》，系于二十一日辛丑，而记载甚详。果尔，则二十日皇太极至三屯营，闻知明军西来，即西驰60里至遵化一带预设埋伏，次日歼灭刘之纶军。至于刘之纶身死，是否如《老档》《清实录》所载在同日，未敢遽断。总之皇太极深感形势紧促，不欲腹背受敌，为保障日后安全出关，非全力击溃明军不可。之纶之所以轻易失败，除所率之军素乏训练、不具备战斗力之外，从战略调配上来看，更有数端：一是与山海关方面援军缺乏配合；二是与马世龙、吴自勉分兵而行，未能集中西线全部兵力以争遵化，而马、吴二人显然未能牵制皇太极，协助之纶攻克遵化；三是不能从三屯营杨肇基处得到支援，终成孤军，陷入皇太极大军合围。

此战之后，皇太极滞留于遵化半月有余。然从《老档》和《清实录》记载来看，这一带并不安全，西自马兰营，东至喜峰口，其间三屯营、洪山口、潘家口、汉儿庄，叛乱时起时伏，骚扰或抗击金军。而金军全力攻马兰，竟然不克。《崇祯长编》卷30，崇祯三年正月二十三日癸卯："大清兵围马兰，守将金日观飞书求救，总理马世龙、监军吴阿衡遣参将王世选、游击刘登宇、都司薛大相等率汉彝健丁赴之。先是，副协理标将吴应龙、丁启明私发兵，营于毛山，欲规取罗文城以邀功，为大清兵截击败衄。大清兵乘胜而前，遂据府君、玉皇二山，以逼马兰城，发炮箭环攻甚力。日观督令中军都守欧阳襄、王应虎、刘国华……分堞而守，敌至即发炮击之。……而炮之所及，间有损伤。比世选等兵大至，内外夹击，大清兵乃还。"① 更令皇太极为难的是，其时中协三屯营亦为明军所据。

《清太宗实录》卷6，正月二十日庚子，皇太极到达三屯营，"闻明杨姓总兵领兵二千，于十八日夜进三屯营复叛"，皇太极只能扎营于城西山上。遣人招降，不从，"因焚其城外庐舍而还"。当夜，金军平定汉儿庄，设军驻防。此杨姓总兵即杨肇基。《明史》卷270《杨肇基传》："崇祯元年移蓟镇西协。二年冬，大清兵克三屯营。肇基乘间收复，困守数月，卒全孤城。"故《清实录》未言其败逃。杨肇基孤军坚守三屯营，一旦获得明军支援和及时补充，即能予金军以严重威胁。②

不仅如此，祖大寿关宁兵则从东面逼近。《国榷》卷91，崇祯三年二月初七日丁巳："官军复建昌。诛叛人白衍庆等。"初八日戊午："祖大寿入建昌，敌大至，绕城而战，连旬斩一百八十余级。"祖大寿亲率关宁精锐，舍南面之永平而赴建昌，意在追蹑皇太极决战甚明。建昌一失，明军即将逼近三屯，与坚守于此的杨肇基相配合，势必威胁皇太极出关。故金军必全力反扑。《国榷》十七日丁卯："建虏又大至建昌，官军击斩八十一级。"皇太极已于前一日出口，足见争夺建昌何其关键。

在此形势下，皇太极自然不欲久留三屯营以西的遵化。《国榷》卷91，二月初十日庚申，"官军复遵化"，乃系传闻。《老档》同日，皇太极自遵化东行，未与明军发生战斗。自上月刘之纶兵败之后，尚未闻明大军进驻遵化。③ 此前，皇太极还另遣一军向南突击玉田，造成回师攻明的假象，明军果为其迷惑："马世龙侦知大清兵南指，与监军御史吴阿衡，延绥总兵吴自勉，山海总兵宋伟，保定总兵曹鸣雷、巡抚方大任、兵备道贾克忠等会议，遣游击曹文诏率参游王承胤、张叔嘉等及各营骁将前往玉田枯树、洪桥等处，沿途设伏……初八日辰刻，大清兵五千余骑从东北至。伏

---

① 并参《崇祯长编》卷31，崇祯三年二月初三日癸丑；《明史》卷271《金日观传》。
② 《崇祯长编》卷31，崇祯三年二月初三日癸丑，马世龙疏言："至三屯，则越在敌后，聚兵五千，地无可因之粮，人无裹战之饷。镇臣杨肇基奉旨赴镇，在通米未发之先。今则大敌在前，运车不至，臣发在三屯帮守之兵，皆枵腹不能前进。"明军积极与肇基联络，并参《崇祯长编》卷31，崇祯三年二月二十九日己卯、三十日庚辰。
③ 谈迁：《国榷》卷91，崇祯三年二月十五日乙丑，兵科给事中陶崇道言："（兵部尚书）梁廷栋在通州奏，遵化、三屯营易复，良乡、固安房难破，自谓料敌神算。今难者易，易者难矣。"

兵突出，文诏率……合战数十阵，从辰至酉，自洪桥至云南仓前，以日暮收兵。次日，大清敛兵东还。"① 平心而论，以当时明军的实力，很难在遵化、三屯一带围歼皇太极大军，然而明军的态势确实令皇太极狼狈、惶惶不安。

《老档》二月十日，皇太极大军行至三屯营，与杨肇基守军发生激战："大清兵数万骑薄三屯，以其半据四面山上，以其半攻城。援守总兵杨肇基遣守备杨继成、史自立、于国宁等率死士二千营于滑山，千总鲍魁、把总汪应登等率炮手数百名伏景忠山，又于城外四角炮城发新兵千名，各携火器，分伏以备堵击。围既合，肇基手执令旗，麾城内外并力苦战，仅得不破。次日，大清复遣遵城兵三哨攻滑山兵，继成等死守不退，大清兵乃还。"② 金军之所以猛攻，显然是为掩护皇太极东走抵至滦河驻跸。次日，往太平寨招降，不从。皇太极无可奈何，曰："若不攻昌黎，则似此小城，自来归顺。彼闻昌黎坚守，而我攻不克，是以不降也。"太平寨为蓟镇中协最东一路，在迁安县西北。其东60里即东协重镇建昌营，此时已为祖大寿所据。皇太极出关在即，须集中力量反扑建昌祖大寿一军，不欲在太平寨另起兵端甚明。十六日，皇太极从遵化县与迁安县接壤处之董家口出关。此董家口在太平寨以西60里，而非蓟镇东协台头营所属之要镇董家口。③ 明乎此，即知皇太极是从明军夹缝中出关的。

另据《老档》二月初五日："永平台吉致（遵化皇太极）书云：我两处所有军马，其头等者，膘肥体壮，羸弱者，再饲养十日，无论何往，可以乘骑。甲兵所需粮草，皆已获得。"则至迟在二月初皇太极已考虑出关，之所以十六日方出关，即等待永平地区饲养军马肥壮与搜集充足粮草一并

---

① 《崇祯长编》卷31，崇祯三年二月初八日戊午。
② 《崇祯长编》卷31，崇祯三年二月初十日庚申。
③ 据顾祖禹《读史方舆纪要》卷17《北直八·永平府》，董家口有二：一为抚宁县条下之董家口，在县东北70里，以东第十二关口即一片石，再东南五关即山海关。应属蓟镇东协台头营。又，迁安县条下青山口关，引《郡志》："大青山关在太平寨西六十里，迤西有横山，其北即遵化县接境之董家口也。"则此董家口在迁安县西北，与遵化县东北境交接，当属蓟镇中协三屯营。另据迁安县滦河条，其支流"恒河，在县西北六十里，源出塞外，流经三城城北，又东南流，合于滦河。县西北九十里又有长河，合口外诸川，亦南入于滦河"。与《满文老档》《清太宗实录》所记皇太极驻跸滦河正相合。故取后者。钱谦益：《初学集》卷47《孙承宗行状》："而董口、大安，留为归路，以堕贼必死之心。"董口与大安口并称，即此董家口也。

送至军中。① 尽管《老档》《清实录》描述皇太极撤至边境如何从容，但从明军和皇太极双方的动向来看，绝非实情。

金军所占永平等四城，皇太极令济尔哈朗等贝勒率八旗兵及诸蒙古兵继续驻守。虽明军完全收复失地尚待五月，然而金军陷入合围在所难免，只是时间早晚之事。皇太极以此归罪于接任者阿敏，同时也借此掩盖自己的战略失误。

皇太极出关之际，明朝尚难以从西线迅速集结大军，② 东线祖大寿各军与建昌、永平府一带金军陷入胶着。倘若官惟贤、刘之纶诸军调配得宜，又如关宁兵之能战，予金军以足够的压力，并与祖大寿积极配合，形成包围夹击之势，皇太极焉能轻易出关？由此可见，关宁兵实为大明江山之中流砥柱。若非崇祯胡来，逮系袁崇焕致使关宁兵东溃，皇太极更无可能再次蹂躏畿辅，东犯永平。人主一时失措，即酿成大祸，可不慎哉！谁云误国者尽在大臣！

## 结语　皇太极如何看待入关得失？

评价历史事件得失是一个非常复杂的问题，不仅在于事件本身的客观估测，还涉及对后来历史进程的影响，以及人们的主观意识，在此无法详论。无论如何，对事件进行深入透彻的清理，总是评价其得失的基础。

我们在此感兴趣的是，作为己巳之役发动者的皇太极本人究竟如何看待此次得失？撤离之前，皇太极曾召集明朝几个降将询问明朝何以不肯议和，谓："是天赐我机也，岂可弃之！但驻兵屯守，民不得耕耨，无以为生，朕心恻焉。且彼山海关、蓟州防守甚坚，徒劳我师，攻之何益？惟当深入内地，取其无备城邑可也。"③ 意谓此次入关如此骚扰，明朝当惊恐万状，亟亟求和才是。然后直白道出，明朝不肯议和，正为金国兴兵提供口实。故其"深入内地，取其无备城邑"，正是大肆劫掠的注脚。

---

① 《国榷》卷91，崇祯三年三月二十三日癸卯，"喝竿（皇太极）自永平渐治归计"，显误。
② 《崇祯长编》卷31，崇祯三年二月初三日癸丑，总理总兵官马世龙疏奏："臣所领骑兵五千、步兵一万六千有余，而分防马兰、石门，遣守三屯、玉田、丰润，已去大半，今留蓟不及一万，此今日兵势也。……永平敌骑半归遵城，三屯孤危，马兰逼处，非加兵援守，必至决裂。"
③ 《清太宗实录》卷6，天聪四年二月初四甲寅。《满文老档》系于初五。

按说，永平等四城是此次入关的硕果，皇太极撤离时命八旗大军与蒙古兵驻守，后来又派阿敏入关统率四城金军，似不肯轻易放弃。皇太极回沈阳后，仍向永平颁布敕书云："金国二贝勒示谕众降民：我兵永驻此处，意在养民，以成大业。"① 可谓信誓旦旦。然而五月，明军合围之前，高鸿中、宁完我急切恳请发兵支援，皇太极却推脱说，俟八旗"牧马肥壮，耕种既毕，军器缮完，朕即率之前往"②。分明是置之不理，③ 其结果自不待龟筮。皇太极何以如此？保留一处通道和前沿基地，岂非更有利于后来大军入关？解释只能是皇太极根本未作此想。打通山海关一战失利，金军困守永平四城几成瓮中之鳖，对此皇太极岂不了然在胸？

　　当年九月，皇太极集诸贝勒及八旗满蒙汉大臣传谕，曰："尔等将士之意，得毋谓干戈未息，厉兵秣马，无有已时，以从征劳瘁为虑？"④ 明显暴露出金军将士的厌战情绪，可作为此次入关成败得失的参考。次年初，责备朝鲜进贡礼薄："王之恭敬所以渐衰者，得无谓明强我弱乎？""以为明强我弱，将俟我兵入明之后，侵我疆圉乎？"⑤ 亦能反映皇太极看待此役之心态。倘若备受鼓舞，充满信心，大约不至于出征大凌河之际向诸大臣说，"今日天心所向，岂能预知"⑥。

　　最能说明问题的，莫过于皇太极下一次远征察哈尔。《清实录》卷11，天聪六年四月初一日戊辰，皇太极"率大军往征察哈尔"。《老档》同。十六日癸未，谕会兵蒙古诸部贝勒："朕以察哈尔汗不道，整旅徂征，先期谕尔等率所部兵来会。"后来得知林丹汗逃遁无踪，五月十一日戊申，召

---

① 《满文老档》，天聪四年三月二十六日。
② 《清太宗实录》卷7，天聪四年五月二十三日壬辰。《满文老档》在五月十三日。
③ 钱谦益《孙承宗行状》云，是时"公大发教令治舟师，合东江师十万，捣金、盖、辽、沈；又纵间，谓之曰'师期丁矣'。故以榜示者，欲使彼疑为声也。四酋（皇太极）遂逸去，修悬楼，掘井运米，以待我"。似皇太极为明军声势所慑不敢增援，故明军得以收复四城。此段记载在时间上多有错位，且不能从明清双方史料获得支持。又，《清太宗实录》卷6，天聪四年四月癸亥、丙寅，皇太极曾派精兵百人往明境大凌河一带捉生；己卯，命扬古利率兵二千往掠锦州、义州一路。皆山海关外数百里之遥，于河北四城金军毫无声援之意。《孙承宗行状》云，承宗"度奴濒去，必一犯辽以示强，使三将出备之，果与奴遇，复大捷"。亦甚夸大其辞。
④ 《清太宗实录》卷7，天聪四年九月戊戌。
⑤ 《清太宗实录》卷8，天聪五年正月壬寅。
⑥ 《清太宗实录》卷9，天聪五年七月戊戌。

集大贝勒代善等众贝勒满蒙汉官员咨询用兵所向："我等原征察哈尔至此，察哈尔不能御而遁，追之无益。今我兵马疲惫，其暂旋师以俟再举乎？抑先取蒙古部民，复入明境乎？二者孰便，尔诸臣可定议以奏。"于是复定议征明。简直是己巳之役前半段的翻版。

但故事的后半部却截然不同。二十三日庚申，分兵两翼，左翼以阿济格为帅，往略大同、宣府边外一带察哈尔部民，右翼济尔哈朗等，往掠归化城黄河一带部民，皇太极仍在右翼。阿济格后来批评此举："揆之出师初意，似不相符矣。"① 值得注意的是，《清太宗实录》卷12，六月初五日辛未，宁完我、范文程、马国柱奉命筹度之后复奏，摘录如下：

> 但观我军情形，无大无小，皆志在取明，有必欲深入之意。如欲深入，皇上当预定方略，神速进兵。若稍迟滞，恐其预为设备，防守各城。彼近边庄村，地瘠民穷，我军深入，则徒疲马力，毫无裨益，是与蒙古无异，而名与利两失矣。果欲深入，当直抵燕京，讯其和否，早为决断，毁山海关水门而归，以壮军威，以示无敌于天下。至我军从入之路，唯雁门关为便，既无阻挠，又沿路居民富庶，可资士马饱腾。如皇上有深入之意，又恐无隙可乘，臣等于不可之中求其可者，有两计焉：一为明显之计，一为乘衅之计。所谓明显者，当谕沿路城郭人民，……特来与尔主议和，假尔马骡，令我新附人民乘之以归，俟和议既成，仍照数偿还。若我欲和而尔主不从，异日兴师，蒙天眷佑，以版图归我，凡我军经过地方，当酌免赋税数年。……所谓乘衅之计者，作书与近边各官，令彼转达议和之意，限以日期。彼朝臣势必纷挠，边臣莫敢担当，必致诡计耽延。我军乘隙而入，惟我所欲为矣。皇上进，则利在深入；不入，则利在速归。若半途而返，无益也。奏入，上嘉纳之。②

后来的结果为治史者习知，皇太极并无深入之意，而采纳了"乘衅"之计。六月初八日甲戌，"大军自归化城起行，趋明边"。十三日己卯，"遣

---

① 《清太宗实录》卷14，天聪七年六月戊寅。
② 并见《满文老档》同日。

人分往得胜堡、张家口,各賫书二函。谕大同、阳和、宣府各官等处议和。"十七日癸未,大军趋宣府。二十二日戊子,往略宣府,明"将士惊惧",献出犒赏林丹汗"所余财物"。二十四日庚寅,"大军至宣府边外张家口喀喇把尔噶孙地方,列三十余营,联络四十里"。二十七日癸巳,"明巡抚、总兵赍牛羊食物来献。我军大市于明张家口"。二十八日甲午,"明宣府巡抚沈某、总兵董某,身任和议,与我国共定盟约。誓告天地:'二国共图和好,(不得)先败盟。'明人以黄金五十、白金五百、蟒缎五百、布匹千来献"。此即与明宣府巡抚沈棨达成所谓"和议"。七月初一日丁酉,皇太极率大军还师。赍书谕明张家口守臣,书曰:"我专意和好,敬天保终,尔等亦不相负,则两国皆善矣!议和时,尔等原谓'辽东地方,并议在内'。但辽东人从来志大言谬,难与议和。须尔处遣人往议为善。我亦俟尔处人来议。若尔等来议之人日久不至。我即乘暇来此,与尔等议之。"完全是自欺欺人。

而明廷则对沈棨擅用"便宜"与金军议和严加追论。《崇祯长编》卷61,崇祯五年七月己酉,兵部尚书熊明遇以本月初六日同辅臣暨兵科掌印官召对平台,"圣谕宣抚沈棨擅和一事,其誓书中数语深为辱国,不胜焦劳之意。因陈:此番东兵实有精骑五六万,即红衣大炮亦装载十余具随行,声势甚重。插部号称四十万,且远引避之。自五月二十六日薄宣府边,由西行,至六月初四薄大同边,又往归化城烧绝板升,至六月中旬复还大同。相持数日。至十九日又薄宣府。二十一日东行。二十四日大营聚山北,以数千骑薄张家口,索币。二十六七日,宣府通官与宰生威往还讲解,至二十八日讲成,二十九日遂徙幕而去。夫以五六万伉悍之众,插所畏避,乃临边一月,秋毫无犯,此非赖皇上齐天之景福,岂能及此?沈棨不过仰仗声灵,因宣辽旧赏规模,为退兵之计。其实此举原不成盟,中军、都司等官与之颉颃讲誓,以捐俸犒劳为词,不关朝廷裁处,于天威固无损也"①。明边臣以些许财物金银打发皇太极数万大军已被认为"辱国",实情不过如此,皇太极有何值得炫耀!

两年后,皇太极在致朝鲜国王李倧书中自我解嘲:"壬申年(天聪六年),我往征察哈尔,收服其国,直抵黄河班师。路经宣府、大同边境,

---

① 并参《崇祯长编》卷61,七月庚戌、辛亥;卷62,八月丁卯。

又与明国诸臣言修好事。据云奉伊主命，同予议和。因宰牛马，盟于天地，相与互市，予遂还兵。予方信为实然，复遣使致书宁远，岂知竟无一言相报。及致书宣大，亦败前盟。此非我误中明国之计而与之盟，实冀望太平之心切耳。假使志在贪得，不乐太平，则以我乘胜之兵，长驱直入，不知彼作何状矣？"① 当初皇太极岂信沈棨与之"议和"乃奉崇祯之命？果真有深入之心，何不如己巳年提出以黄河为界？沈棨岂敢允诺？实则彼此相愚而已。而所谓"误中明国之计而与之盟"云者，掩其无能深入，草草收兵之实耳。

《清太宗实录》卷14，天聪七年六月戊寅，皇太极"以征讨明国及朝鲜、察哈尔三者用兵何先，命诸贝勒大臣各抒所见陈奏"。贝勒中主张再次深入明朝燕京者固大有人在，理由各异，然其言全无成算。而反对者亦不乏其人。阿济格曰："先我兵围大凌河四阅月，尽获其良将精兵，在皇上与诸贝勒大臣固有得人之庆，但部下士卒及新附蒙古等一无所获，皆以为徒劳。今又欲攻明，得其城则甚善，万一不得，则士卒多以往事为苦。尔时纵欲前进，亦不可得矣。"多铎曰："我国之兵，非怯于斗者，但使所得各饱其欲，则虽死不恤。稍不如意，遂无斗志。若止攻山海关外之城，有如射覆，岂可必得！夫攻山海关以外之城，与攻燕京、通州之城，名虽不同，劳苦则一。"而诸大臣主张深入攻明，主要是代表八旗将士对于人口财物的欲望。问题是皇太极何所见。天聪八年七月至八月，皇太极率大军四路分掠山西大同、朔州一带，为明山西总督张宗衡、大同总兵曹文诏所拒。金军除攻克一些城堡、掳掠村庄之外，几乎毫无所得，即屡致"议和"亦不见答复。较之两年前更为难堪。② 不知上年大言深入燕京者豪气何在？崇德以后，时移势异，明朝内外交困，更加虚弱。清军三次入关掳掠，风险已大为减少，而皇太极皆未同行，其如何看待己巳亲率大军入关得失，已不待赘言。

《圣武记·开国龙兴记三》卷末引清乾隆四十三年上谕："山海关京东天险，明代重兵守此以防我朝。而大军每从喜峰、居庸间道内袭，如入无人之境。然终有山海关控扼其间，则内外声势不接，即入其他口，而彼得

---

① 《清太宗实录》卷18，天聪八年三月甲辰。
② 详见《清太宗实录》卷19。

挠我后路。故贝勒阿敏弃滦、永、遵、迁四城而归，太宗虽怒遣之，而自此遂不亲统大军入口。所克山东、直隶郡邑，辄不守而去，皆由山海关阻隔之故。"从整体上否定皇太极入关的战略，但又将不能成功的原因归结于山海关天险这一自然地理因素。虽较康熙所云皇太极可取燕京而不取稍显客观，但随后以吴三桂请清军入山海关，仍循其祖之论调，即大清王朝得天下"在德"。

招降纳叛，乃贼之渊薮，何德之有！金之于明，先为属臣；继而自立，无可厚非。但八旗制之存在，全赖对外掳掠，侵明之疆土，夺明之财货，攻城略地，杀人如麻，此八旗制本质所决定，即皇太极自道的"满洲、蒙古，向以取资他国之物为生"，否则即难以自存。故扬古利说："我国暇，则一年两征；不暇，亦一年一征。"① 金国君臣所奉行者，甚至谈不上霍布斯的"自然法则"，何须以"天与人归""吊民伐罪""取乱侮亡"，从道德上证明清朝得天下的历史合法性。

依我看，乾隆上谕只反映出一个事实：即明朝虽然衰朽，仍然是一个大国；仅凭借皇太极开辟的入关劫掠的方式，虽确实可以斫伤明朝的国力，但根本不可能取得对明朝的最后胜利，一时在边境攻占的几个城池，也无法固守。这一点，甚至在皇太极从北京撤离时即已心中有数，所以才会在永平府发布的《揭榜文》中，将乃父反明誓言"七大恨"多有改窜，尽量为女真涂饰历来效忠明朝的色彩。② 如果不是明朝统治者执意以恢复全辽为大政主旨，以及继起的大顺政权犯下一系列错误，是否会有后来的

---

① 分见《清太宗实录》卷15，天聪七年九月癸卯；卷14，天聪七年六月戊寅。
② 《揭榜文》开篇云："我祖宗以来，与大明看边，忠顺有年。"其后如"我祖宗与南朝看边进贡，忠顺已久"；"先汗忠于大明，心若金石"；"北关与建州，同是属夷"；"我国素顺，并不曾稍倪不轨"云云。"七大恨"原文，备载广禄、李学智译注《清太祖朝老满文原档》第一册《荒字档》，戊午年四月十三日，台湾"中央研究院"历史语言研究所专刊之五十八，1970。为努尔哈赤举兵反明之告天誓文，故强调明朝对女真之欺压，而不可能如《揭榜文》屡述女真为明属藩。且努尔哈赤以"七大恨"通告明朝，激起明朝君臣愤慨不已，其文字必更为"褻慢"。孟森所引王在晋《三朝辽事实录》，出于《明神宗实录》卷258，万历四十六年四月二十五日甲寅，两者文字俱有省略，然条目与《清太祖武皇帝实录》"七大恨"相符，可作旁证。孟氏锐于发覆，既未见《老档》，又因清修《实录》历代多有改窜，且以《揭榜文》所云女真先世为明属藩更接近历史事实，遂误以为其所书"七大恨"最接近原文，而他书反不足信。此念一差，毫厘千里。以致金西春秋之文不能虚心以求，其辩辞繁而无当。俱见前注引《清太祖告天七大恨之真本研究》一文。

大清王朝，还在未卜之天。而乾隆所欲掩盖的真相，则是皇太极贸然深入北京，几乎陷入灭顶之灾。

倘若明朝是最后的胜利者，这段历史的记载必将是另一番面貌。当然，历史不能改写，而其吊诡之处在于：明朝统治者若能理性分析己巳之役的成败，并了解皇太极对此役的真实理解，很可能会调整自己的基本方针；而皇太极若察觉此役对明朝统治者的冲击，也将会作出更加有利的解释和宣扬。许多时候，历史是在各个角色的互相误会中走着自己的道路，当事者往往无法完全预料。这种历史的"误会"，值得后来者深思和借鉴。

本文虽拉杂敷衍，然囿于识见，许多关节仍感疏略，敬待贤明纠偏补正。历史研究的目的，当然是希望从史实中获得某种认识，或者说通过归纳和概括以显示史实本身所蕴含的意义，而非将历史过程作不必要的放大。然而，要想对历史进行准确的概括和简化，必须首先将事实细节尽量充分地挖掘展示出来，才能对所作的概括是否具备坚实的基础和合理的逻辑达成共识，否则，很可能是一种对历史的误读和曲解。对于明清史的研究者而言，这是尤其应当警惕的。

（作者单位：中央民族大学）

科举研究

# "不劳兵之法"
## ——科举制度与清王朝的确立和巩固论析

章 广

**摘　要**：满洲入关后率先恢复了科举制度，为清王朝的确立和巩固发挥了重要作用。科举制度使满洲统治者渐得民心，构建和扩大了新政权的社会根基。清代科举制度是理学化最彻底的时期，成为清王朝借助程朱理学实行思想统制的重要工具，统一和钳制士民思想。而作为清代科举的重要部分，八旗科举不但促进了满汉之间的交流，冲破了满洲统治者设置的民族藩篱，而且使八旗子弟与汉族士人形成共同的思想文化观念，促进了满汉之间的相互认同。

**关键词**：清王朝　科举制度　思想统制　满汉关系

崇祯十七年（1644）四月，清军大举入关，迅速占领北京，逐渐建立起对中国的统治。清王朝顺应历史潮流，率先恢复科举制度的正常运行。科举制度是中国古代的重要制度，对中国政治、社会、文化等方面产生了广泛而深远的影响。对于科举制度的恢复在确立和巩固清王朝统治方面的重要作用，学界基本有较为一致的认识，但对此的研究基本是在相关论述中附带述及，不够具体和深入，因此有进一步研究的必要。本文即结合当时的政治与社会环境，对此作专门的探讨。

## 一　科举制度与清王朝社会根基的构建

在长期专制官僚政治主导下，科举制度成为"学以干禄"的主要方式，它带来的各种政治、经济利益，是个人乃至家族发展的有利条件。因此，历代统治者无不利用科举制度诱导士民归附统治，构建确立和巩固统治的社会根基。"清代以异族入主中国，特别需要利用圣人之言的经典，利用统制思想与仕途的科举制，利用热衷科举与利禄的知识分子，而达到其统治的目的。"① 满洲是正统观念下的"夷族"，清王朝是夷族建立的政权，加之入关之初，实行圈地、投充等经济掠夺政策，以及强制剃发易服等民族压迫政策，激起汉族士民的激烈反抗。为缓和社会矛盾，争取士民归附，迅速确立和巩固统治，在大臣建议和自身认识之下，满洲统治者审时度势，不失时机地恢复科举制度的正常运行。

　　入关之初，清军仅占领北京、山西、陕西、河南等少数地区，各地的反抗斗争风起云涌，戎马倥偬。面对激烈的斗争形势，一些原明降将、满洲大员更加感受到开科取士对于争取民心归附和稳定局势的重要性。招抚云贵右侍郎丁之龙最早在顺治二年（1645）六月的《条陈滇黔事宜》中就建议开科取士，视其为与豁免钱粮、暂免剃头等同等重要的事宜。② 明朝降将、时任浙江总督的张存仁在顺治二年七月上疏说："近有借口剃发，反顺为逆者，若使反形既露，必处处劳大兵剿捕。窃思不劳兵之法，莫如速遣提学开科取士，则读书者有出仕之望，而从逆之念自息。"③ 开科取士可以消弭读书人的抵抗意识，归顺统治，因此清廷立即下旨："开科以取士，薄敛以劝农，诚安民急务，归顺各省准照恩诏事例，一体遵行。"④ 读书做官是专制官僚政治体制下科举士人的普遍愿望，自然名正言顺地成为清廷招抚他们的光鲜诱饵。范文程在入关后就"首请开科取士以收人才"，江南平定后他上疏说："治天下在得民心。士为秀民，士心得则民心得矣，宜广其途搜以之。请于丙戌会试后，八月再行乡试，丁亥二月再行会试。"⑤ 士人是普通民众的风向标，其对清王朝的态度很大程度上会左右普通民众的认识，是新政权笼络的首选对象。因此，范文程提请清廷增加笼络士人的途径，在正科结束后，加科举行考试，并且建议"其未归地方生员、举人投诚者，亦许一体应试"，通过功名利禄的诱惑，将最大范围内的明朝士人吸引到清政府的控制范围内，收拢民心，扩大新王朝统治的社会根基。兵败被俘的洪承畴在入关后亦提出"收拾人心之法"："以为中国

---

① 王亚南：《中国官僚政治研究》，中国社会科学出版社，1981，第109页。
② 《清世祖实录》卷18，顺治二年六月己酉。
③ 《清世祖实录》卷19，顺治二年七月丙辰。
④ 《清世祖实录》卷19，顺治二年七月丙辰。
⑤ 王钟翰点校：《清史列传》卷5《范文程传》，王钟翰点校本，中华书局，1987，第259页。

之所以俯首归诚,贪图富贵也,社稷虽亡,而若辈作八股义者,苟得富贵,旧君固所不恤。于是前朝科第之人悉令为官。"① 洪承畴是科第出身,十分清楚当时士人的求官心理,故向清廷建议授予科第之人以官职,将其纳入新政权之中,以此"收拾人心",以利禄换取他们归附统治。

满洲统治者在皇太极时期就认可和接受了科举制度,其本身就认识到实行科举制度对于确立和巩固政权的重要性,在诸大臣的不断建言下,更加积极迅速地恢复科举制度的正常运行。顺治帝在十月的即位诏就将科举事宜列入其中,规定:"一、会试定于辰、戌、丑、未年,各直省乡试定于子、午、卯、酉年。凡举人不系行止黜革者仍准会试,各处府州县儒学食廪生员仍准给廪,增、附生员仍准在学肄业,俱照例优免。一、武举会试定于辰、戌、丑、未年,各直省武乡试定于子、午、卯、酉年,俱照旧例。一、京卫武学官生遇子、午、卯、酉乡试年仍准开科,一体会试。"② 满洲统治者承认士民在明朝取得的各种功名,一切科举事宜照旧例举行,以减少新政权的敌对势力,争取他们的归附。基于此,清廷在十一月即廷试各地拔取的贡生,考试没有黜落,全部授予官职,上卷以知州用,上次卷以推官、知县用,中卷以通判用,中次卷以州判、县丞、教职用。③ 通过考试,迅速将明朝士人变成了辅佐清王朝统治的政府官员。顺治二年四月攻占陕西,以礼部主事杨璇提调陕西学政,恩诏规定:"一、该省地方前朝文武进士、举人仍听该部核用……一、该省生员乡试、举人会试俱照直隶及各省事例一体遵行,各学廪、增、附生员仍旧肄业,俱照例优免。其有被闯贼威逼曾受伪职者,尽行赦宥,生员归学,举人准赴京会试……一、该省各府、州、县、卫学廪生,准照恩例,每学贡二名……一、该省各学贫生,听地方官核实申文,该提学官于所在学田内动支钱粮,酌量赈给。"④ 士人在农民军中任职被统治者认定是难以宽恕的重罪,但清廷尽行赦免,允许生员入学,举人参加会试。五月占领南京后,清廷颁恩诏赦免河南、江北、江南等地区,规定各地科举事宜照登极恩诏例行。顺治二年秋,清廷按照既定政策开始在占领地区举行科举考试,次年二月举行首科

---

① 陈怡山:《海滨外史》,《中国野史集成》第49册,第102页。
② 《清世祖实录》卷9,顺治元年十月甲子。
③ 《清世祖实录》卷11,顺治元年十一月辛卯。
④ 《清世祖实录》卷15,顺治二年四月丁卯。

会试。礼部奏言："龙飞首科，正士类弹冠之日。今年二月会试天下举人，其中式名额及内帘房官均宜增广其数，以收人才而襄盛治。"① 后议定该科取中 400 人，特命大学士范文程、刚林、冯铨、宁完我为总裁官。范文程、宁完我、冯铨是投归满洲后获得高官厚禄的汉人，安排他们为会试总裁官自然不乏以此为样本招抚应试举子的意味。三月十五日举行殿试，策问中渲染满洲统治的合理性，问举子"如何为政而后能使满汉官民同心合志欤"②。是科取中傅以渐等 373 人为进士（30 人未殿试），朝考后选取 40 人为庶吉士。首科殿试完成后，刚林、范文程等疏请"于本年八月再行科举，来年二月再会试，以收人才。其未归地方生员、举人来投诚者，亦许一体应试"③，得到顺治的许可。顺治四年七月占领广东，顺治颁恩诏规定各项科举事宜照平定中原恩诏举行。顺治八年三月，根据吏部的奏请，允许八旗参加科举考试。顺治九年一月，根据范文程等的奏请，会试主考官的选取恢复明万历以前的旧例，"不拘大学士，学士，吏礼二部尚书、侍郎，由翰林出身官员，皆得简用"④。同时，经礼部奏准，按照明朝南北中卷之例，分卷取中，南卷应取 233 名，北卷应取 153 名，中卷应取 14 名。

经过顺治时期的努力，科举制度得以迅速恢复正常运行，广大士民继续在科举指挥棒的指挥下学习与考试，接受新政权的甄拔与任用。开科取士的效用十分明显，首科顺天乡试就有 3000 人参加考试（平常 4500 人左右），多尔衮因此感叹"可谓多人"⑤。连不少立志抗清的明朝士子也纷纷参加考试，其中最著名的就是复社领袖侯方域。时人作诗嘲讽曰："圣朝特旨试贤良，一队夷齐下首阳。家里安排新雀帽，腹中打点旧文章。当年深自惭周粟，今日幡思吃国粮。非是一朝忽改节，西山薇蕨已精光。"⑥ 士人守节的防线轻而易举地被科举攻破。由于科举取士权控制在朝廷手中，尤其殿试系皇帝临轩策士，进士皆为天子门生，这就使传统士人的命运系于科举一途，与皇权结成极为密切的互相依存关系，从而成为清朝实行统

---

① 《清世祖实录》卷 23，顺治三年正月甲戌。
② 《清世祖实录》卷 25，顺治三年三月壬戌。
③ 《清世祖实录》卷 25，顺治三年四月乙酉。
④ 《清世祖实录》卷 62，顺治九年正月壬寅。
⑤ 故宫博物院辑《多尔衮摄政日记》，《文献丛书》第十五种，第 25 页。
⑥ 褚人获编《坚瓠五集》卷 3《一队夷齐》，《笔记小说大观》第 15 册，第 162 页。

治的帮手与附庸。① 满洲统治者利用这一点，灵活运用科举制度来达到笼络士民、构建政权确立和巩固的社会根基的目的。除上述的政策之外，顺治时期通过科举名额的设置与分配这一重要措施来收拢和安抚民心。顺治时期科举的一个显著特点就是保持明末以来的高取中额数，"以招徕被他们新征服的汉人为其所用"②。明末内有农民起义，外有满洲入侵，国内动荡不堪，人心惶惶，为收拢人心、巩固统治，万历、崇祯时期数次增加科举取中人数，使科举中额总体维持比较高的数额。清王朝建立后，出于同样目的，顺势维持了明末以来的较高取中名额，吸引士人投身到科举考试之中。明末与清初乡试取中人数如表1所示：

表1 崇祯十五年与顺治二年各省乡试额数比较③

单位：名

| 直省 | 南直（江南） | 北直（顺天） | 江西 | 浙江 | 福建 | 湖广 | 河南 | 山东 |
|---|---|---|---|---|---|---|---|---|
| 崇祯额数 | 163 | 160 | 110 | 107 | 105 | 105 | 93 | 88 |
| 顺治额数 | 163 | 168 | 113 | 107 | 105 | 106 | 94 | 90 |
| 直省 | 广东 | 四川 | 陕西 | 山西 | 广西 | 云南 | 贵州 | |
| 崇祯额数 | 86 | 83 | 78 | 78 | 60 | 49 | 40 | |
| 顺治额数 | 86 | 84 | 79 | 79 | 60 | 54 | 40 | |

从表1可知，顺治时期的乡试取中额数基本与崇祯时期一致，部分省份还有所增加。顺治时期的乡试在整个清代取中额数最多，进士取中名额也是清代最多的，平均每科383名，远多于清朝每科239名的平均数，其中顺治十二年乙未科（1655）取中449名（其中满榜50名，汉榜399名），是清朝进士额数最多的一科。作为一项特殊的政治手段，高取中名额对于吸引和吸纳士人进入清王朝以扩大其统治的社会根基，是十分有效的举措。但这种手段并非无限期施行，在清王朝消灭永历政权，基本控制

---

① 张杰：《清代科举制度与传统政治文化》，《河南大学学报》（社会科学版）2004年第3期。
② 何炳棣：《明清社会史论》，徐泓译注，联经出版事业公司，2013，第138页。
③ 崇祯十五年额数参见汪维真《明代乡试解额制度研究》，社会科学文献出版社，2009，第191页；顺治二年额数参见英汇等纂《钦定科场条例》卷19《各省乡试定额》，《续修四库全书》第830册，第62页。

全国之后，便立即大幅度削减取中名额。顺治十七年题准，除云南外，乡试中式照旧额减半取中。① 进士取中名额也大幅减少，顺治十八年尚取中383人，之后整个康熙时代进士取中名额都很少，平均每科仅194人，是清朝历代平均值最低的一代。② 顺治和康熙前期，官僚储备并不充裕，如顺治十六年二月给礼部的上谕："云贵新经内附，地方绥辑需人，见在候选各员不足用，应预为甄取，以备任使。着于今秋再行会试，尔部即通行传谕遵行。"③ 云贵平定后，官员不足敷用而加科考取，即使到康熙中期，云南、贵州、广西、四川的官阙也没有足够的官员补任。但是，清廷仍在消灭永历政权后遽然大幅削减取中名额，说明一旦达到目的，它就不需要再依恃这项政策来笼络士民了。

清廷还通过取中名额的调整来安抚一些地区的敌对情绪。第一科会试取中403人（30人未殿试），但江南仅取中2人（江南第一科乡试取中145人），最后仅1人参加殿试。然而第二科殿试取中298人，江南录取138人（其中江苏110人、安徽28人），几乎占全部名额的一半之多。④ 一甲三名进士均是江南人，状元吕宫是常州府武进县人，榜眼程芳朝是安庆府桐城县人，探花蒋超是镇江府金坛县人。江南是反清斗争最激烈的地区，遭到清军的残酷屠戮，在血雨腥风之后，一些汉族士人继续采取不合作态度，拒不承认清朝政权。但是诚如张存仁所言，"不劳兵之法"的科举是比军事镇压、血腥屠戮更有效的"软刀子"，使士民自觉、不自觉地走入科场，接受清政府的甄选与管理。江南是科举大省，在会试之中仅取中2名是史无前例的，这可以从反面观照血腥平定后的江南士民对清王朝科举的抵制。但在第二科考试时，从取中人数可以看出参加会试的江南士人是较为可观的，清廷则有意安抚江南民心，取中包括一甲三名在内的138名江南进士，同一地区在同一科中取中人数之多在历史上是极其少见的。

当然，在利用科举安抚民心时，顺治帝也不忘利用科举威慑民心，一

---

① 英汇等纂《钦定科场条例》卷19《各省乡试定额》，《续修四库全书》第830册，第62页。
② 李润强：《清代进士群体与学术文化》，中国社会科学出版社，2007，第54~55页。
③ 《清世祖实录》卷123，顺治十六年二月庚午。
④ 参见江庆柏编著《清朝进士题名录》，中华书局，2007，第21~36页。

拉一打巩固统治。顺治十四年丁酉乡试科案，涉及顺天、江南、河南、陕西等地，牵连之广，惩处之重，历代所少见，而以江南案为剧。江南乡试榜发后，"士子忿其不公，哭文庙，殴帘官，物议沸腾"①，被工科给事中阴应节参奏。顺治帝下旨将主考官方犹、钱开宗革职，行贿举人方章钺等提拿至京审讯。经刑部近一年的审讯，在次年十一月拟定方犹处斩，钱开宗处绞，涉案举人斥革等刑罚。但顺治帝对此量刑极为不满，下旨斥责道："方犹、钱开宗差出典试，经朕面谕，务令简拔真才，严防弊窦，辄敢违朕面谕，大为可恶。如此背旨之人，若不重加惩治，何以儆戒将来！"②遂重新定刑，主考官方犹、钱开宗"俱着即正法，妻子家产籍没入官"，18名同考官叶楚槐、周霖、张晋、刘延桂等"俱着即处绞，妻子家产籍没入官"；行贿举子方章钺、张明荐、吴兆骞等"俱着责四十板，家产籍没入官，父母、兄弟、妻子并流徙宁古塔"，在逃的程度渊"责令总督郎廷佐、亢得时等速行严缉获解，如不缉获，即伊等受贿作弊是实"③。涉案人员遭到严惩，但此案疑点重重，整个案件谁受贿、受贿多少都没有搞清楚，自始至终恐怕只是顺治帝认为他们"背旨"的怒气在作祟。"是役也，师生牵连就逮，或就立械，或于数千里外银铛提锁，家业化为灰尘，妻子流离，更波及二三大臣，皆居间者，血肉狼藉，长流万里。"④该案的残酷性对清初尤其是江南地区产生了深远影响，有学者将该案与洪武时期的"南北榜案"相较认为，朱元璋乱断"南北榜"是为了笼络北方士民，顺治帝怒斩南闱考官则是要震慑江南文人，通过展示森严的大清皇威来稳固江南半壁河山。⑤这个推断是有道理的，顺治帝在明知没有充足证据的情况下，不惜以"背旨"为由处死所有考官，大发皇权淫威震慑江南，以达到巩固满洲政权的目的。

康熙帝即位后，一些有影响力的汉族士人仍采取不合作态度。为招抚这些士人，清廷举行了各种制科考试，其中以康熙十八年（1679）博学鸿儒科最为重要。该科以诸臣举荐的143人在体仁阁考试，试《璇玑玉衡

---

① 《清世祖实录》卷123，顺治十四年十一月癸亥。
② 《清世祖实录》卷121，顺治十五年十一月辛酉。
③ 《清世祖实录》卷121，顺治十五年十一月辛酉。
④ 娄东无名氏：《研堂见闻杂记》，《中国野史集成》第37册，第696页。
⑤ 李国荣：《清朝十大科场案》，人民出版社，2007，第50页。

赋》一篇、《省耕诗》一首，命大学士李霨、冯溥，掌院学士叶方霭为阅卷官。最后钦定一等彭孙遹等20人，二等李来泰等30人，引见之后俱授予官职，入明史馆纂修《明史》。这次考试笼络汉族士人的意图是十分明显的，一些考试不合式甚至犯讳的仍然予以取中。如施闰章的《省耕诗》的结句用了"清夷"二字，虽然"清夷"二字是"清平"之意，但其字面意思直戳满洲忌讳，而最后仍取为二等；严绳孙以眼疾为由仅作《省耕诗》一首，希望被黜落，但康熙帝认为"史局不可无此人"，也取为二等。称病未出的傅山、杜越，年老的王方穀、邱钟仁等，都赐予内阁中书职衔。梁启超认为康熙帝荐举山林隐逸和诏举博学鸿儒都是怀柔政策，但都失败了，"被收买的都是二三等人物，稍微好点的也不过是新进后辈。那些负重望的大师，一位也网罗不着，倒惹起许多恶感"①。虽然如他所说黄宗羲、顾炎武、王夫之、万斯同这类的大师没有网罗到，但仍有许多著名学者和社会名流位列其中，如在清初学坛有重要影响的经学家朱彝尊、毛奇龄，史学家严绳孙、吴任臣等。而且像朱彝尊、潘耒、严绳孙"皆以布衣入选，海内荣之"②，社会对他们入仕清朝已经觉得是荣幸之事，无形中反映出普通民众已经转变了对清王朝的认识，是"士心得则民心得"的具体表现。博学鸿儒科将一批有影响力的汉族士人吸收到清王朝之中，虽然有些是被胁迫的，但也正好给一些观望中的士人以考试入仕的机会。这些人被"嘲之曰：'一队夷齐下首阳，几年观望好凄凉。早知薇蕨终难饱，悔杀无端谏武王。'"③ 因此，"博学鸿儒"名为揽才，实为揽心，既笼络了人心，消弭汉族士大夫的反满思想，又在一定程度上起了分化瓦解汉族士大夫反满阵营的作用，其深远的历史意义远远大于当时的现实作用。④故从总体上而言，"此次制科达到了选拔人才和缓解矛盾的双重效果"⑤。

民心是政权确立和巩固的社会根基。隋唐以来，中国社会深受科举制度的广泛影响，是名副其实的"科举社会"。因此，"不管怎样改朝换代，

---

① 梁启超：《中国近三百年学术史》，岳麓书社，2010，第15页。
② 赵尔巽等：《清史稿》卷109《选举四》，中华书局，1977，第3177页。
③ 王应奎：《柳南续笔》卷2《诸生就试》，中华书局，1983，第165页。
④ 高弘扬：《名为揽才，实为揽心——"博学鸿儒"的历史功效》，《紫禁城》2014年第S1期。
⑤ 刘海峰、李兵：《中国科举史》，东方出版中心，2004，第390页。

新掌权的统治者便会及时宣布举行科举考试"①。清王朝建立后,面对激烈的斗争形势,迅速恢复科举制度的正常运行,通过科举政策的灵活应用,有效地将明朝士民吸收到新政权之中,笼络民心,构建了新政权确立和巩固的社会根基。

## 二 科举制度与清王朝的思想统制

运用儒家思想对士民进行思想统制是历代统治者屡试不爽的政策,科举制度形成后,与儒家思想的天然结合使它成为思想统制的基本工具。自科举制度形成起,儒家思想就是其考试的核心内容,元代之后更将理学完全融入其中,呈现出明显的理学化特征。元仁宗时规定,科举考试四书题用朱熹集注,但可以"复以己意结之",没有限定死答题的范围。明太祖时考试用宋儒注疏以及古注疏,但至永乐年间废古注疏不用,颁行《四书大全》《五经大全》《性理大全》,将其作为科举考试的命题范围与标准答案。明代还应用八股文考试,成化年间基本定型,形式僵化,完全代为古人言,毫无生气。清王朝建立后,作为"异族"建立的政权,运用理学化的科举进行思想统制显得更为重要。

清初科举制度的恢复与崇儒重道的思想文化政策是同步施行的,满洲统治者时时强调程朱理学思想在科举考试中的正统地位,将士民思想控制在符合巩固统治需要的范围之内。顺治九年时题准:"说书以宋儒传注为宗,行文以典实纯正为尚。今后督学,将四书、五经、《性理大全》、《蒙引存疑》、《资治通鉴纲目》、《大学衍义》、《历代名臣奏议》、《文章正宗》等书,责成提调、教官,课令生儒诵习讲解,务俾淹贯三场,通晓古今,适于世用。"② 顺治十年四月谕礼部:"国家崇儒重道,各地方设立学官,令士子读书,各治一经,选为生员,岁试、科试入学肄业,朝廷复其身,有司接以礼,培养教化,贡明经,举孝廉,成进士,何其重也。"③ 各级学校是程朱理学的传播中心,程朱理学是科举教育的根本,也是科举考试的命题范围与标准答案,"四书主朱子集注,《易》主程传、朱子本义,《书》

---

① 王戎笙:《科举考试与明清政治》,《清史论丛》(2002年号),中国广播电视出版社,第169页。
② 素尔讷等:《钦定学政全书校注》卷6,霍有明等校注,武汉大学出版社,2009,第26页。
③ 《清世祖实录》卷74,顺治十年四月甲寅。

主蔡传，《诗》主朱子集传，《春秋》主胡安国传，《礼记》主陈澔集说。其后春秋不用胡传，以《左传》本事为文，参用公羊、谷梁"①。胡安国《春秋传》充满夷夏之防观念，不利于清王朝的统治，因此在清初之后摒而不用。对于考试超出理学范围的处罚是十分严厉的。顺治九年会试，会元程可则试卷"文理荒谬，首篇尤悖戾经注。士子不服，通国骇异"②，"磨勘以可则首艺，专主用人，不合朱注"③，经礼部议准将其黜革，主考官胡统虞等也被议处治罪。

康熙初年，满洲统治者一度停止使用八股文考试。在康熙二年（1663）八月的上谕中称："八股文章，实于政事无涉，自今之后，将浮饰八股文章永行停止，惟于国计民生之策论中出题考试。"④ 经议准，乡会试由三场改为两场，改用策、论、表、判，"头场策五篇，二场用四书本经题作论各一篇、表一篇、判五道"，以次年甲辰科（1664）会试为始。⑤ 策问是一种重要的考核方法，"盖士非泛览经史百家，博古通今，深明治体者，不能对策……觇人器识，验人学术，试士之法莫良如此"⑥。然而，策问如果作为一种考试文体，则很难有较为客观的评判标准，而八股文作为一种行之近300年的较为标准化的考试文体，就像一种智力体操，定出严格的条条框框，看考生在规定的程式内如何各显神通、出奇制胜，写出意义不俗、语言优美的文字来，考官也一眼就能看出轻重优劣，用很短时间评完大量的试卷。⑦ 更重要的是，八股文是框定在程朱理学范围之内的，符合清王朝利用理学钳制士人思想的需要。因此，此举遭到许多官员和士子的反对，礼部侍郎黄机在康熙四年奏言："制科向系三场，先用经书，使阐发圣贤之微旨，以观其心术。次用策论，使通达古今之事变，以察其才猷。今止用策论，减去一场，似太简易。且不用经书为文，人将置圣贤之学于不讲，请复三场旧制。"⑧ 他直言八股取士的合理因素，切合满洲统

---

① 赵尔巽等：《清史稿》卷108《选举志三》，中华书局，1977，第3148页。
② 《清世祖实录》卷63，顺治九年三月己卯。
③ 李调元：《淡墨录》，辽宁教育出版社，2001，第12页。
④ 梁章钜：《制义丛话》，上海书店出版社，2001，第13页。
⑤ 《清圣祖实录》卷9，康熙二年八月癸卯。
⑥ 陶福履：《常谈》，民国二十五年《丛书集成初编》本，第23~24页。
⑦ 刘海峰：《科举学导论》，华中师范大学出版社，2005，第220页。
⑧ 赵尔巽等：《清史稿》卷108《选举三》，中华书局，1977，第3149页。

治者借助儒家思想钳制士人思想的政策要求。康熙帝十分赞同他的观点，因此在亲政的次年便下令恢复旧制，仍用八股文考试。

恢复八股文之后，康熙帝进一步将理学思想贯彻到科举之中。相对顺治帝而言，康熙帝更推崇朱熹，推崇程朱理学。他在《御制朱子全书序》中说："非先王之法不可用，非先生之道不可为……朕读其书，察其理，非此不能知天人相与之奥，非此不能治万邦于衽席，非此不能仁心仁政施于天下，非此不能内外一家。"① 基于朱熹在儒学上的贡献，康熙下旨将他配享孔庙由东庑先贤之列升于大成殿十哲之次。② 为彰显程朱理学在科举之中的地位，康熙帝还向各省学校颁行《训斥士子文》，使士子按照理学教条亦步亦趋地改造思想、整顿风气，士人思想愈益限制在统治者钦定范围之内，以确立满洲政权的统治范式。康熙帝推崇程朱理学政策受到士大夫欢迎和追捧，李光地甚至吹嘘康熙帝为500年来"将复启尧、舜之运，而道与治之统复合"的圣人天子。③ "由于儒家的观念体系本身的丰富性和复杂性，通过科举来确立和传达对儒家观念的标准解释显然是传达权力阶层的意志的最好和最有效的途径。这样，从某种程度上说科举制度有效地控制'真理'的产生，将某个个人对儒家的政治和道德的解释确定为标准答案，则更完整地体现了在集权专制时代权力和'真理'之间的暧昧关系。"④ 由此，崇儒重道政策使康熙帝俨然成为儒家"真理"的代理人和治道合一的"儒教教主"。而科举作为士民普遍认可和接受的取士制度，它的高度广泛性与统一性，使它"演化为一种惯例式的全民动员，已接近一种宗教行为，它将考试演化为程序、规则、禁忌以及庆典仪式，使其彰显为民众生活的中心，也淡化了一切与其无关的活动选择"⑤。在理学化的科举制度之下，皇帝既是"儒教教主"，又是"科举教教主"，二者合一，使"教主"可以更直接和深入地进行思想统制，统一和钳制士民的思想，塑造清王朝新的天下共主形象，灌输天子门生观念与忠君的伦理纲常，构建

---

① 康熙：《御制朱子全书序》，《景印文渊阁四库全书》第720册，第1~2页。
② 《清圣祖实录》卷249，康熙五十一年二月丁巳。
③ 李光地：《榕村全集》卷10《进读书笔录及论说序记杂文序》。
④ 干春松：《科举制的衰落和制度化儒家的解体》，《中国社会科学》2002年第2期。
⑤ 吴刚：《知识演化与社会控制——中国教育知识史的比较社会学分析》，教育科学出版社，2002，第283页。

士民对清王朝的认知和认同。

满洲入关打着"为尔等复君父仇"①的"义军"旗号，以冠冕堂皇的借口掩饰夺取明朝政权的本质目的，试图使清王朝政权具有延续明王朝统治的合理性。但是，军事征服与欺骗性的口号难以完全确立和巩固统治，于是，满洲统治者试图通过崇儒重道的思想文化政策引导和笼络士民认同清王朝。康熙时期推崇程朱理学政策的实践与效果甚至远胜于其他任何王朝，为了清王朝政权的确立和巩固发挥了巨大作用。"圣祖在位六十一年间，虽外讨内绥，兵威甚盛，然亦知汉族之不可以武治也。乃用儒术以束缚之计。其政策有六：一崇祀孔子，亲往释奠，并敕国子监讲求程朱性理之学，以风示汉民。一举博学鸿词科，以网罗明季遗民及奇才杰士。一开馆编《会典》《字典》《明史》《佩文韵府》《渊鉴类函》等书，俾士人奉为准则。一巡游江南，召试名士，借以观察民心。一开千叟宴，诏天下不论满汉官民，凡年过六十五者，皆得与宴赋诗，以示满汉一体。一采鄂尔泰奏议，取士复用八股，以牢笼志士，驱策英才（按：此处有误，鄂尔泰是雍正、乾隆时重臣，康熙主要用黄机等建议）。自是以后，汉族始安，帝业始固。说者谓满清之命脉，全在于康熙一朝能以儒术笼络天下之人心者，非虚语也。"②康熙的儒术政策确立了清王朝的政治命脉，是确立和巩固清王朝的基本策略。诏举博学鸿儒、召试江南名士、恢复八股文考试三项均是儒术化的科举策略，因此，如果说儒术确立了清王朝的命脉，则遍及全国和贯通儒家思想的科举制度如血液维系着命脉的运转。

### 三 八旗科举与满汉关系的发展

清代科举的一个重要组成部分是八旗科举，它为满汉关系的发展以及清王朝的巩固发挥了特殊作用。八旗科举考试始于天聪年间，皇太极在天聪七年（1633）即"欲考试金、汉、蒙古，为后日委用之资"③，计划通过考试选拔人才。之后在天聪八年四月、崇德三年（1638）八月、崇德六年七月举行了三次考试，共选取举人33名，"取士之额虽少，而名臣多出

---

① 钱仪吉：《碑传集》卷4《范文程传》，明文书局，1991，第267页。
② 小横香室主人：《清朝野史大观》卷3《笼络汉族之政策》，中央编译出版社，2009，第226页。
③ 《天聪朝臣工奏议》卷中《宁完我陈考试事宜奏》，文海出版社，1964，第260页。

其中"①，取得了积极的效果。因此，科举考试的实行过程，即满洲统治者不断认可和接受科举制度的过程。崇德六年六月，范文程与满洲内国史院承政希福、内国史院大学士刚林等奏请在满、汉、蒙古内考取生员、举人，皇太极"从容"应允，并要求他们按照《忠经》的标准"从公考校"②。

  入关之初，为保持八旗的武力，不允许其参加考试。至顺治八年三月，吏部奏请八旗子弟参加科举考试，才得到顺治帝的许可，但是在顺治及康熙前期时举时停，没有确立下来。八旗科举基本延续了入关之前的考试方式，满洲、蒙古根据自身掌握的语言情况分别进行考试，汉军则与汉人一例考试，后考虑到汉军的实际情况，对其考试方式有所变通，减少考试篇数。顺治九年殿试时，满洲、蒙古与汉人、汉军分别考试，分榜取中。但在顺治十四年，顺治帝下旨停止八旗考试，以制止八旗子弟"崇尚文学，怠于武事"，保持八旗的兵力和战斗力。③ 此后至康熙六年九月，经御史徐诰武奏请，"复命满洲、蒙古、汉军与汉人同场一例考试"④，恢复八旗科举，但改为与汉人同场一例考试。康熙十五年，因三藩之乱的影响，清廷再次下诏停止八旗科举。之后直到占领台湾，国内政治稳定，才在康熙二十六年恢复八旗科举。但满洲统治者仍然担心八旗子弟参加考试会导致骑射传统的荒废，故停止八旗科举的潜在因素依旧存在。康熙二十八年，兵科给事中能泰上疏建议考取满洲生员时宜考试骑射。他的建议立即得到康熙的赞同，随即做出规定"考试举人、进士亦令骑射。倘将不堪者取中，监箭官及中式人一并从重治罪"⑤。科举兼试骑射，较好地解决了八旗子弟参加考试而荒废骑射传统的难题，从而使八旗科举考试最终确立下来。八旗科举的确立，不仅极大地促进了八旗教育、社会、文化等的发展，也促进了满汉关系的改善和进步，有利于清王朝的巩固和发展。

  清初，满洲入关激起的民族矛盾尚未平息，统治者又筑起各种民族藩篱，如旗民不交产、不通婚、不同刑，无疑增添新的矛盾与隔阂。为此，如何缓和矛盾，增加民族间的交流互信，成为新政权在确立和巩固时期的

---

① 李调元：《淡墨录》，辽宁教育出版社，2001，第2页。
② 《清太宗实录》卷56，崇德六年六月辛亥。
③ 《清世祖实录》卷106，顺治十四年正月甲子。
④ 《清圣祖实录》卷24，康熙六年九月丁未。
⑤ 《清圣祖实录》卷140，康熙二十八年三月丁亥。

一个关键问题。作为满汉一致认可的科举制度,本身就是一个巨大的关系网络,通过科举考试,八旗士子与汉族士子相互交流切磋,打破统治者设置的满汉藩篱,促进了满汉关系的交融发展,缓解了清前期激烈的民族矛盾,巩固了清王朝统治。同科乡试、会试中式的均称为同年,这种关系虽非亲旧,但却如同"骨肉一般"①。早在皇太极时期,宁完我就奏请汉人生员与八旗子弟一同参加科举考试,"一则汗得知此等人才调之有无高下,二则此等人亦从此科目出身,庶同贵此途而不生冰炭也"②。科举考试结成的同年关系,对于增加满汉之间的交流互信和情谊具有独特作用,故宁完我积极建议皇太极举行科举考试,既可以选拔人才,又可以缓和满汉之间的斗争和矛盾。

师生是科举考试中的基本关系,对促进满汉交流发挥更重要的作用。清王朝建立后,许多八旗子弟为科举及第与学习汉文化,纷纷拜在著名汉族士人门下。清初著名诗人王士祯门下的八旗子弟甚多,如康熙三十年进士阿金、喀尔喀,康熙三十三年进士觉罗满保、海宝等。满保是第一位觉罗进士,康熙三十八年,他与阿金、喀尔喀、海宝均被点为乡试主考官,是"满臣典试直省主考之始"③,成为直省士子尊奉的"座师"。宗室文昭,因乡试引用庄子语句而被罚,遂"辞爵读书,从王士祯游。工诗,才名藉甚"④。康熙十五年进士、著名词人纳兰性德"乡试出自徐乾学门,与从研讨学术","语以读书之要及经史诸子百家源流,如行者之得路",使他获益匪浅。通过与徐乾学的师生关系,他与严绳孙、陈维崧、姜宸英、朱彝尊等名士交游唱和,切磋学术。纳兰性德从徐乾学十有四年,相互之间感情深厚,但他英年早逝,临终前嘱咐徐乾学整理刊刻其遗稿,徐乾学"闻其言而痛之,自始卒以及殡阼,临其丧哭之必恸"⑤。严绳孙与他相交也有10余年,惊于他的才华,故十分惋惜他的境遇与早逝,"使成子(性德原名成德——引者注)得中寿,且迟为天子贵近臣,而举其所得之岁月,肆力于六经、诸史、百家之言,久之浩瀚磅礴以发为诗歌、古文词,

---

① 冯梦龙:《醒世恒言》卷20《张廷秀逃生救父》,凤凰出版社,2007,第429页。
② 《天聪朝臣工奏议》卷中《宁完我陈考试事宜奏》,文海出版社,1964,第260~261页。
③ 福格:《听雨丛谈》卷9,中华书局,1984,第194页。
④ 赵尔巽等:《清史稿》卷484《文昭传》,中华书局,1977,第13362页。
⑤ 徐乾学:《通志堂集序》,《通志堂集》,康熙三十年刊本。

吾不知所诣极矣"①。纳兰性德是满洲才子,徐乾学、严绳孙是著名汉族学者,他们之间通过师生关系结成深厚情谊,而没有因民族差别和政治藩篱造成的界限与隔阂。

满汉士人的文化互动,对于促进满汉关系的交融发展的作用也是十分明显的。纳兰性德乐于参与士人的文化活动,与当时士大夫名流广泛交游,饮酒唱和,与他们结有深厚情谊。他去世后,徐乾学为其撰《墓志铭》《神道碑文》,状元韩菼撰《神道碑铭》,姜宸英撰《墓表》,探花董讷撰《诔词》;张玉书、杜臻、严绳孙、徐倬、翁叔元、吴兆宜6人撰《哀词》;严绳孙、秦松龄、徐乾学、韩菼、朱彝尊、翁叔元、曹禾、乔莱、胡士著、蔡升元、王鸿绪、徐倬、李国亮、蒋兴苢、高珩、姜宸英、顾贞观、梁佩兰18人撰《祭文》;徐元文、彭孙遹、严我斯、孙在丰、王又旦、徐秉义、董閛、徐釚、徐嘉炎、周清原、李澄中、徐树毂、徐炯、王九龄、陆肯堂、吴自肃、邹显吉、杨辉、吴雯、刘雷恒、宋大业等27人撰《挽诗》;蔡升元、沈朝初、高裔、华鲲、俞兆曾5人撰《挽词》,皆一时名流显宦。②在共同的文化旨趣背景下,超越民族界限与隔阂,使这些汉族士人无不惋惜纳兰性德的才华,深切哀悼他的早逝,显现出相互之间深厚的情谊。

文化是国家认同的重要媒介,中华文化是中华民族团结统一的精神纽带。满洲入关之后,不遗余力地推崇儒家思想文化。程朱理学是清王朝的官方统治思想,满洲统治者不仅将此施之于汉族士民,还积极要求八旗子弟努力学习讲求。"满族统治者是力图使他们与同在官场的汉官的政治文化水平趋近,改变汉族对满族的'夷'视,增进满族官员与汉族官绅士人在同一文化圈内的沟通,加强政治关系。因而,满族皇帝不仅身体力行,还不断令人将四书五经、史籍译为满文,颁发与满族王公大臣乃至一般贵族官员,作为学习教材。"③八旗文化在入关前是较为落后的,入关之后科举制度的全面展开正好顺应了八旗子弟学习中原先进文化的强烈愿望,以至于出现了一家子弟数人均热心读书应举的盛况。八旗科举学习和考试的

---

① 严绳孙:《成容若遗稿序》,《通志堂集》,康熙三十年刊本。
② 参见《通志堂集》卷19、20,康熙三十年刊本。
③ 杜家骥:《八旗与清朝政治论稿》,人民出版社,2003,第403~404页。

内容与汉人科举一致,均是儒家经典和宋代理学家的阐释,以及八股制艺、诗赋、策论等。通过各级学校和考试的培养与选拔,"所造就的,是汉文化水平较高的人才。选任为官的,也是具备儒家思想、汉文化的高级士人官员"①。儒家文化的传播与八旗文化的发展,使八旗子弟与汉族士人有共同的思想文化基础与价值观念,有利于促进满、蒙、汉不同族群的交融以及满、蒙、汉对基于儒家文化为底蕴的统一国家的认同。

"八旗为国家根本"②,是清王朝赖以维系统治的基础,而汉族是王朝内人数最多和深受儒家思想文化影响的主体民族。因此,八旗科举促进的满汉关系的交融发展,以及满、蒙、汉对基于儒家文化为底蕴的统一国家的认同,对于清王朝政权的确立和巩固无疑更具有特殊意义。

## 四 结语

科举制度是"帝制时代中国最为重要的一项政治及社会制度"③,是中央控制的、被广大士民普遍认可与接受的重要制度,影响深入社会各个方面。清代在皇太极时期就开始试行科举考试,初步获得了良好的政治效果。满洲入关后,迅速恢复科举制度的正常运行,在民族矛盾激烈的形势下为确立和巩固统治赢得了时机。科举制度身系个人和家族的切身利益,是士人仕进发展的最主要途径,具有广泛而深刻的社会基础。清初恢复科举制度,实际是利用了它的社会基础来构建新政权的社会根基,以功名利禄换取士民的认可和支持。清代科举制度又是理学化最彻底的时期,教育与考试均严格限定在程朱理学范围内,成为清王朝借助程朱理学实行思想统制的重要工具,统一和钳制士民思想。作为清王朝的统治阶层,八旗几经周折,最终得以参加科举考试。在科举制度之下,八旗子弟与汉族士民共同学习切磋,促进了不同民族之间的交流融合,冲破了满洲统治者设置的民族藩篱与隔阂。同时,科举制度使八旗子弟致力于儒家思想文化的学习,缩小他们与汉族士子的文化差距,增进相互之间的认同。科举制度"可以加强全国人民对政府的向心力。无论他们属于哪一个种族,亦不论

---

① 杜家骥:《八旗与清朝政治论稿》,人民出版社,2003,第403页。
② 中国第一历史档案馆编《乾隆朝上谕档》第一册,广西师范大学出版社,2008,第45页。
③ 李弘祺:《宋代官学教育与科举》,联经出版事业公司,1994,第14页。

他们居住何方，皆可经由考试而加强他们与政府之间的关系，使他们对国家更为忠诚"[1]。满洲依恃武力夺取了明朝政权，而通过科举制度将士民融入到新政权之中，从社会、思想文化、民族关系等方面促进了清王朝政权的确立和巩固，是"不劳兵"的有效之法。

（作者单位：福建师范大学）

---

[1] 廖平胜：《考试学原理》，华中师范大学出版社，2002，第155页。

# 明末清初的科举制与地方社会重整

## ——以明清鄞县科举望族为例

### 夏 柯

**摘 要**：明清鄞县科举望族的命运变迁，揭橥出科举制在朝代更迭之际起到的重新构建中央-地方关系和秩序、重新整合地方社会的作用。清政府正是抓住这一纽带，通过利用和改造明代的科举政治体系，加强了对地方社会的控制，巩固了统治。而地方社会的政治生态和社会关系网络也在这一过程中，完成了从裂变到弥合重构的过程。

**关键词**：明清 科举 地方社会 鄞县

科举制既是封建王朝选拔官员、整合和控制士绅阶层的重要工具，也是士人谋求个人、家族上升，编织社会关系的必然途径。可以说，科举制是构建封建政治生态和社会生态的重要基石和主轴之一。这一重要的角色和作用，在王朝更替之际，因面临政治秩序的瓦解和重构，个人、家族生命的撕裂和接续，种种社会关系的受损和修复，更体现出了独特的内涵与意蕴。

在明清易代之际，清政府为巩固统治，使用科举制和新的乡绅政策，笼络和控制士绅阶层，争取旧人，培植新贵，在维持稳定的同时，逐渐完成士人、官僚集团的新陈代谢。面对这一釜底抽薪之策，习惯于在科举制政治和社会生态下生存的汉人士绅面临重大的抉择。围绕着科举制，其个人、家族的心态、反应，以及由此带来的各种社会关系的变动和调整，呈现出科举社会中的种种世态。本文选取明清时代鄞县有代表性的几个士绅家族，通过考察其家族成员在科举问题上与政府和地方社会的关系，展示易代之际科举制与政治社会生态的丰富内涵和独特性。

## 一 明清易代前夕的鄞县科举望族

自南宋以来，随着政治中心的南移和当地经济文化的发展，鄞县人在科举方面即取得长足进展。这一传统延续到了明代。终明一朝，鄞县有249人获取进士头衔，远高于全国的平均比率。[①] 加上举人和贡生，总数超过千人。

伴随着科举的成功，是鄞县科举家族的兴起和发达。至明代中期，较著名的有"四大家"：江北屠氏、镜川杨氏、槎湖张氏、西湖陆氏。"吾鄞世族，在宋则楼丰史郑，在明则杨陆屠张。"[②] 这四大家与兴盛于南宋的楼、丰、史、郑氏不同，皆兴起于明代前中期，并后来居上，其科举活动贯穿整个明代。如江北屠氏，先后即有屠浦、屠侨、屠大山、屠隆等人得中进士。镜川杨氏，有杨守陈、杨守随、杨茂元、杨守址、杨守隅、杨茂仁、杨承闵、杨德政等人中进士。槎湖张氏，有张时孜、张邦奇、张懋贤、张时彻、张子瑶等人中进士。西湖陆氏，有陆瑜、陆偁、陆健、陆儋、陆钶、陆鈗、陆铨、陆泰、陆懋龙、陆世科等人中进士。四大家的举人、贡生亦不在少数，如镜川杨氏有6人，槎湖张氏有13人。这些科举家族与明政府关系密切，并在当地社会享有极高的声誉和地位。如谚所云："屠公甲第隔江涯，甬上人推四大家，恰比宋朝论士族，楼丰史郑亦同夸。"[③]

除了四大家外，如西城董氏、芍药沚钱氏、浮石周氏、城西范氏、江东包氏、城西袁氏、五乡磩傅氏、姜山陈氏、高桥章氏、南湖沈氏、柳汀谢氏等也是较有影响力的科举家族。尤其是部分兴起于明代中晚期的科举家族，发展迅速，在晚明时期的鄞县地方社会占有重要的地位，如浮石周氏、城西范氏、南湖沈氏等。

明代鄞县的科举家族间存在密切的联系，正如卜正民指出的："士绅家族在鄞县城乡中所享有的支控权倚赖于它们之间的内部交流和联系……它们不断地结成纽带，建立起适宜于相同地位的网络，并且排拒低层次的

---

[①] 钱茂伟、毛阳光：《宁波通史·元明卷》，宁波出版社，2009，第311页。
[②] 黄定闻：《屠氏先世闻见录》序。
[③] 李邺嗣：《鄮东竹枝词》。

士绅和非士绅。友谊、联姻、政见上的共鸣和文化事业上的追求为精英分子的相互联结提供了机会。以这类社会交流为渠道，建立起壁垒森严的圈子，维护他们所具有的领导地位。家族传承在这里至关重要，因为它提供了士绅精英社会与其他显赫家族的现成的纽带。"① 如江北屠氏与西城董氏、镜川杨氏、西湖陆氏有联姻，西湖陆氏与镜川杨氏、江东包氏、凤塍水氏有联姻，城西范氏与城西袁氏、南湖沈氏有联姻。周齐曾《囊云文集·补遗》记载了浮石周氏周应治一系的婚姻关系：周应治，周保之子，礼部尚书周应宾之弟，曾任湖广按察副使，娶砌街李氏。其子太常寺卿周元孚娶全氏。② 周元孚长子周嗣升娶南湖林氏、③ 砌街李氏。次子周嗣宪娶南湖沈氏，为沈一贯孙沈延赏女。三子周嗣杲娶柴巷徐氏，为太常寺卿徐应奎孙女。四子周嗣晟娶西城董氏、江东包氏。长女周嗣蕙嫁西湖陆氏。四女周嗣英嫁定远万氏。④ 可见其婚姻圈在鄞县科举家族中的广泛分布。

除了婚姻纽带外，师生、同年、结社关系也是连结和强化明代鄞县科举家族关系的重要方式和途径。如镜川杨氏与高桥章氏有师生之谊，章绘、章规皆出自杨范门下。"东海三司马"张时彻、屠大山、范钦过从甚密，常于萧园、月湖精舍、武陵庄等地举办文社，"一时名士多从其游"。周应治主持月社，网罗本地士绅近30人。其子周元孚秉其遗风，去职归里后，"载画舫，葺抚松阁，偕高中丞象先、谢太仆塞翁、沈太常越顶、陈侍御平若、沈太史显申、葛太史全果、陆中翰中条、董中翰两函、家侍御自昭逍遥十洲三岛"⑤。

明代鄞县的科举家族，其基石是科举。通过科举进入仕途，获得国家的权力资源，构建关系网络，并通过代际传承维持科举的成功，继续强化。若某一家族未能做到这点，其社会地位和影响就会相应削弱。如江北屠氏、镜川杨氏、槎湖张氏，在晚明的发展势头就要相对逊色于浮石周氏、城西范氏等新兴科举家族。尤其是槎湖张氏，至张子瑶1541年中进士

---

① 卜正民：《家族传承与文化霸权——1368年至1911年的宁波士绅》，《中国社会经济史研究》2003年第4期。
② 新街全氏，与镜川杨氏、西城董氏有联姻。
③ 为林祖述孙女。林祖述，字道卿，鄞县人。万历丙戌进士，御史，官至广西提学佥事。
④ 即万斯同之兄万斯年，生万言。
⑤ 周齐曾：《囊云文集·补遗》，《四明丛书》本。

后，不复有家族成员得中进士，其家族地位和声望就大不如昔，渐趋衰落。

总之，对于鄞县科举家族来说，通过科举可以密切依附于国家政权，获得政府的认可，得到各种政治、经济、文化资源和地方社会的尊重，同时又通过联姻等方式密切联系，互相依附，凝聚一体，并在此基础上多维度地渗透和影响地方社会。对于明政府而言，则通过科举培育、扶持一批与自己荣辱与共、休戚相关的科举家族，并通过他们加强了对地方社会的控制。国家-科举-家族-地方社会成为了明代权力结构和社会运作的重要方式之一。

## 二 明清易代之际的鄞县科举望族

明亡清兴的政权更易，使得鄞县科举家族丧失了原来依附的主轴和基石。国家-科举-家族-地方社会的固有模式在本源上遭到了破坏。"明朝的坍塌给亡明的士绅招致了重大危机。他们作为地方精英的合法性受到质疑。"① 面对这一巨变，鄞县的科举家族及其成员做出了不同的选择。

### 1. 反抗者与遗民

明末清初鄞县的抗清者主要集中在镜川杨氏、芍药沚钱氏、江北屠氏、西城董氏等兴起于明代中前期，与明政府渊源较为深厚的科举家族。如镜川杨氏有多人投入抗清斗争，杨文琦、杨文琮、杨文瓒、杨文球皆死国难，并称"杨氏四忠"。芍药沚钱氏亦有十数人投入，钱肃乐、钱肃范、钱肃遴、钱肃典皆以身殉国，史称"钱氏四忠"。江北屠献宸，西城董德钦、董志宁等也死于国难。另外还有砌街李氏、万竹高氏、桓溪全氏等参与反抗活动。

遗民分布的范围则更广。全祖望编《续甬上耆旧诗》收录了215位遗民诗人及其作品，涉及鄞县众多科举家族。除了江北屠氏、镜川杨氏、槎湖张氏、西湖陆氏、芍药沚钱氏、西城董氏等外，如浮石周氏家族的周容，明亡后一度剃发为僧，后又以游幕为生，"以笔墨自给，倏而依阿，倏而傲慢，常使酒骂座，又善哭，叫号之声惊动邻里，盖不得志而猖狂自

---

① 卜正民：《家族传承与文化霸权——1368年至1911年的宁波士绅》，《中国社会经济史研究》2003年第4期。

恣者"①。全祖望评论其文，"如《神宗皇帝御书记》、《白尚书古卤记》、《浮光杯记》、《巾子冈记》、《己亥乱后忆记》以及《发冢铭》十篇，几于每饭不忘故国，《黍离》《麦秀》之音，读之令人魂断。他如《谢氏宋刊〈汉书〉记》《石将军庙碑》《柳敬亭传》，触目皆桑田之感"②。又有周昌会，国难后，剪发为头陀，人称"颠和尚"。周元懋，削发入龙观灌顶山，终日沉醉，人称"醉和尚"。

**2. 避祸和潜在的不满者**

鼎革之际的战乱与动荡，也逼迫不少科举家族的成员避祸逃亡。如定远万氏，避地五乡、光溪、榆林，"转徙颠顿"，备尝苦辛。③数年始返鄞城故第。康熙元年（1662），因城中故第为清军圈占，万家遂移居西皋之丙舍，"瓦屋数椽，促膝相对"。每当单衣枵腹之际，兄弟叔侄仍聚谈经论文，"歌啸闻于比舍"④。因家境恶化，万氏叔侄不得不四处谋食。又如桓溪全氏，"一日弃诸生籍者二十四人。他山府君（全大和）议以东钱湖之童岙，万山荒僻，人迹罕至，欲避地焉。时北空府君（全吾骐）年十六，他山府君问曰：'汝能绝意人世乎？'北空曰：'谨受命'，即批野服，随二父入山，一门共修汐社，力耕之余，清吟而已"⑤。

**3. 降人与合作者**

鄞县科举家族的成员中也出现了一些投入新朝的人物。如柳汀谢氏成员谢三宾，天启五年（1625）进士，崇祯时官至太仆寺卿，清军南下，两次降清。城西范氏成员范光文在清顺治三年（1646）考取举人，顺治六年与堂弟范光遇同中进士。

明清易代之际，鄞县科举家族成员的反应和表现呈现两个特点。第一，因鄞县科举家族与明朝的密切关系，反清者、不合作者数量较多。"甬句东之人，远在天末，尚烦多士多方之训，成化最晚，其在世禄家子弟，尤为甚焉。"⑥习惯了国家-科举-家族-地方社会运作模式的地方精

---

① 冯贞群：《春酒堂外纪》，《四明丛书》本。
② 全祖望：《鲒埼亭集外编》卷6，《全祖望集汇校集注》，上海古籍出版社，2000。
③ 万言：《管村文钞内编》卷1，《四明丛书》本。
④ 万经：《万氏宗谱》卷8，乾隆壬辰重修本。
⑤ 全祖望：《鲒埼亭集外编》卷首，董秉纯《全氏世谱》。
⑥ 全祖望：《鲒埼亭集外编》卷首，董秉纯《全氏世谱》。

英们，在感情和实利上都很难接受原有秩序的迅速崩塌。原来所依附的权力核心的丧失使得他们产生了明显的失重感、剥离感和撕裂感，因而引起了他们的反抗。第二，鄞县科举家族成员的表现出现了分化，相互间的关系也产生了裂隙。在不同的科举家族间，既有如镜川杨氏、芍药沚钱氏等较多成员参加抗清的家族，也有如城西范氏家族，较早采取了与清政府合作的立场，靠拢新朝。范氏家族在清初的鄞县地方士绅望族中，处于较为孤立的地位，与此有关。① 在同一个家族内，也出现了分化的现象。如江北屠氏既有抗清者，也有屠惟灏于顺治十五年考中进士。西城董氏既有参加"翻城之役"的董德钦、董志宁，也有董允恀于康熙三年得中进士。浮石周氏周斯盛、周在鱼分别于顺治十八年、康熙三年得中进士。国家-科举-家族-地方社会的运作模式在其核心、源头发生更替的情况下，也引起了地方社会的分化和裂痕。

## 三 科举对地方社会的重新整合

为了减少统一的阻力，收到理想的统治效果，清政府入关伊始，就注意采取又打又拉的方法笼络、控制汉族士绅阶层。多尔衮认为"古来定天下者，必以网罗贤才为要图"②。在此指导思想下，清王朝通过接收、招抚、荐举等方式网罗了大批汉族官员和士绅，初步建立起了满汉联合统治的框架，树立起了新的中央权威和治统。对于那些不合作的汉族士绅，则要划清界限，予以打压。尤其是辅臣掌权时期，为了加强对这一阶层的控制，警示朝廷内外的离心势力，在汉官和士绅阶层面前树立绝对权威，清政府采取了一系列措施控抑汉族士绅阶层。如顺治十八年十二月训令："本朝出仕者方准称为乡绅，其明朝废绅系即民人，不许仍称乡绅。"③ 同时还借"通海""哭庙""奏销""明史"诸大案打击汉族士绅。

在这一过程中，清政府其实是在一定程度上恢复和重建国家-家族-地方社会的运作模式，而其中关键的一环即是科举制的重建。

为了笼络汉族士人，培养忠于清廷的新官吏和新的士绅阶层，清廷自

---

① 参看徐建成《论范氏家族藏书立家的文化谋略》，《中共宁波市委党校学报》2007年第1期。
② 《清世祖实录》卷5，顺治元年六月癸酉。
③ 韩世琦：《抚吴疏草》卷5，《题徐时勉等何时出仕疏》，清康熙五年刻本。

入关初即陆续举行科举考试。顺治二年十月首开乡试,大批汉族士人纷至沓来。顺治三年二月又举办首次会试,礼部奏言:"龙飞首科,正士类弹冠之日。今年二月,会试天下举人。其中式名额,及内帘房考官,均宜增广其数,以收人才而襄盛治。得上旨:开科之始,人文宜广。中式额数,准广至四百名。"①顺治三年四月,大学士刚林等疏请"于本年八月再行科举,来年二月再行会试,以收人才。其未归地方,生员举人来投诚者,亦许一体应试"②,多尔衮从之。次年再开会试,得进士300人。顺治六年第三次科举,取中进士395人。通过科举,清廷又吸纳了大批的汉族士人。这批汉人由于出仕于新朝,所以对清廷的忠诚度要高于前明官员。清廷对他们也颇为重视,着力培养。如顺治三年会试取中进士中,日后成为大学士的有4人,尚书8人,督抚3人,右都御史1人,侍郎15人,左、右副御史、大理卿、内院学士各1人,通政使2人。③

清政府统治的日益巩固和科举政策的推行也影响到了鄞县的科举家族。是继续为故国坚守,还是投入到新的却又熟悉无比的国家-科举-家族-地方社会运作模式中去,鄞县的科举家族及其成员面临抉择。在此问题上,各方出现了不同的反应。而随着时间的推移,科举制社会整合功能的发挥,国家-科举-家族-地方社会运作模式再度成为主流。在原有的鄞县科举家族中,主动或被动地纳入清政府科举制轨道中来的人开始增多。江北屠氏屠惟灏、屠粹忠父子相继考中进士,屠粹忠子屠孝义考中举人。西城董氏董允忭、董尔宏分别于康熙三年、康熙十五年得中进士。浮石周氏周斯盛、周在鱼分别于顺治十八年、康熙三年得中进士。砌街李氏李文缃顺治十八年中进士。西湖陆氏陆经正于康熙十二年中进士。定远万氏万经康熙四十二年中进士,其从兄万言从少习举业,15岁应郡邑试。康熙十四年,万言中乡试副榜,贡入太学,考选为正红旗教习。

终清一朝,鄞县共中进士162人,其中文进士150人,国家-科举-家族-地方社会运作模式依然在发挥其惯有的功能。需要指出的是,清政府在用科举整合和控制汉人士绅和地方社会的过程中,是在相当大的程度

---

① 《清世祖实录》卷23,顺治三年正月甲戌。
② 《清世祖实录》卷25,顺治三年四月乙酉。
③ 余金:《熙朝新语》卷1,清嘉庆二十三年刻本。

上继承了明代的遗产和成果。因为科举家族及其成员间存在千丝万缕的联系，早已形成一个有血有肉的肌体，尽管在易代之际出现了分化和裂痕，但却是有限的，这一共同体难以彻底地瓦解和分裂。如城西范氏家族，尽管在清初一度处于较为孤立的地位，但不影响其成员与西城董氏和南湖林氏的婚姻结合。而清政府正是抓住了这点，用最小的资源成本，来完成汉人士绅阶层与地方社会的重新整合和稳定。

## 四 鄞县地方科举家族的衰变

通过科举重建国家－科举－家族－地方社会运作模式有利于较快地稳定局势、收揽人心、整合地方。但清政府并不打算全盘复原明代鄞县科举望族的地位与声望，而部分汉人科举家族成员也有自己的坚守和抉择。所以，清代的地方科举家族和士绅与清政府间存在一个双向选择、沙汰的过程，而这一过程又因为时代、地域、环境、条件的特点及其变化，显出其不同于明代的内涵和意义来。

纵观清代鄞县科举家族的发展，不复明代的盛况，进士人数减少近一半，除了城西范氏家族较明代取得更大发展外，其他传统科举家族都难以恢复往日的荣光，而新兴的科举家族也一直难以成型，无法出现明代一门数进士的局面。究其原因，除了清代中期以来，商业经济发展带来的社会风气改变外，也须注意清政府的政治态度和科举家族形成发展的规律。

城西范氏家族自明代中后期兴起，高度重视本家族的文化建设和传承，在易代之际，通过迅速的政治表态，不但保全了家族的文化资本这一科举家族的基础，同时又得到了新朝的认同和赏识。清政府有意识地将范氏家族打造成甬上科举世家以及士绅阶层的代表和领袖。[①] 双方在这一点上取得了一定程度的默契。范氏家族在清代出现了范光文、范光遇、范廷元、范廷凤、范廷魁、范光阳、范从益、范从律、范永澄、范邦绥10位进士，远超明代（范钦、范钫、范汝梓），成为甬上第一望族。

而与之形成鲜明对比的是其他的传统科举家族的停滞或没落。镜川杨氏、槎湖张氏、芍药汕钱氏因为政治打击销声匿迹，其科举成就停步在了

---

① 参看徐建成《论范氏家族藏书立家的文化谋略》，《中共宁波市委党校学报》2007年第1期。

鼎革之际。西湖陆氏入清后，仅一人中进士，也趋于衰弱。江北屠氏，虽有屠惟灏、屠粹忠父子相继得中进士，但也无法恢复当年的声势和荣耀。其他如西城董氏、浮石周氏、砌街李氏、柳汀谢氏、江东包氏等也无法在科举上取得更大的成就。而清代新兴的醋务桥董氏、鄞山郭氏、和益姜氏、渚洲王氏、清洁镇荣氏，因兴起的时间较晚，也无法在科举成果的取得上形成长久的持续性。这跟科举家族形成发展需要政治、文化、经济方面长时间的积累有关，也跟清代中后期时局的变化和社会风气的转变有关。

总之，清代国家－科举－家族－地方社会运作模式相较于明代的科举社会来说，已经处于衰变的过程中。科举制和科举社会终结的丧钟已经隐然敲响。

(作者单位：宁波大红鹰学院)

# 以公益求公平：清代州县考棚述论

毛晓阳　邹燕青

**摘　要**：清代各地州县建造考棚，一方面是为了方便考生参加考试，另一方面则是为了严密考试纪律。由乡绅捐资建立州县考棚，是清代科举制度尤其是童试制度日益规范的标志之一。除了"考棚"这一最为常见的名称之外，"贡院""试院""试舍""校士馆"等名称也被不少地方使用。州县考棚三年中只有两次使用机会，平常的保养维修难度颇大，有些地方便捐设考棚维修基金，议定管理章程，严禁占住考棚。

**关键词**：清代　县试　考棚　公益行为　考试公平

科举是清代重要的"抡才大典"。清代科举制度虽然承袭明制，但在很多方面都超越了明代而更为严密与完善①。与此同时，朝野上下对科举考生的公益关怀也日益普遍，其中最为重要的表现之一是分布日渐广泛的宾兴公益基金组织的出现②。此外，清代各地还存在其他一些同样以向科举考生提供考试便利为目的、主要由地方社会捐资建立的考试辅助设施，包括考棚、试馆、学师行寓、廪局等，可以看作广义的科举宾兴公益设施。目前，有关清代乡会试贡院和试馆、学师行寓及廪局等的研究已经取

---

① 如防止童试冒籍的审音制度，甄选乡试考官的考差制度，扩大考生进身之途的恩科、制科、明通榜制度，照顾录取地域公平的会试分省取中制度，安抚落第举子的发领落卷制度，保证录取质量的复试与朝考制度等。参见李世愉《清代科举制度考辩》（中央广播电视大学出版社1999年版）和《清代科举制度考辩（续）》（北方联合出版传媒股份有限公司2012年版）的相关论述。

② 参见毛晓阳《清代科举宾兴史》（华中师范大学出版社2014年版）和《清代宾兴公益基金组织管理制度研究》（人民出版社2014年版）。

得了一定的成果①，本文将主要针对清代科举最低级别的童试中的县试阶段的科举考场进行探讨，敬祈方家不吝赐正。

## 一 清代州县建造考棚的原因

**1. 清代建造科举考场的制度背景**

清代科举考试场所，因考试级别不同而修建缘由往往有别。会试、乡试级别的考场一般称为"贡院"，其修建和修葺从清代建国伊始便一直得到国家财政的支持。《钦定科场条例》中便规定，每逢考试，顺天与各省贡院均须提前修理，其相关经费，"由顺天府尹、直省督抚咨户、工二部核销"，如需添建号舍房间，"其动用公项及估计兴修各事宜，由户、工二部定议"②。张伟仁编纂的《明清档案》中即保存了不少各省报销修建乡试贡院经费的奏折，如乾隆四十年（1775）二月，陕西巡抚毕沅奏请核销咸宁、长安两县上年支办的陕西甲午科乡试修理贡院所用料银，获准："所需工料银二千八百二十六两八钱六分，准其在于地丁银内动支银一千六百七十五两五钱三分三厘，尚不敷银一千一百五十一两三钱贰分七厘，准其在于三十九年耗羡银两照数动支。仍令该抚将用过工料银两照例切实确核，照具册结题销"③。

乡、会试贡院以下，由各省学政所主持的童试（包括同期进行的生员岁、科试）中的院试是否应该建造专门的考场，清代并无制度规定。不

---

① 其中贡院研究成果最多，最有代表性的如萧源锦《阆中的四川贡院》（《文史杂志》2007年第5期）、李兵《明清贡院供水趣谈》（《教育与考试》2008年第1期）、冯海清《河南贡院与中国科举制度的终结》（《兰台世界》2008年第18期）、关晓红《议修京师贡院与科举制的终结》（《近代史研究》2009年第4期）、刘海峰《贡院——千年科举的背影》（《社会科学战线》2009年第5期）、张森《明清顺天贡院的修建及经费探究》（《北京社会科学》2010年第4期）、杨兴茂《甘肃贡院与贡院长联》（《兰州学刊》1985年第2期）等单篇论文以及周道祥的《江南贡院》（中国物资出版社1999年版）与《江南贡院史话》（南京出版社2008年版）和肖振才的《江南贡院》（当代中国出版社2007年版）3部专著。王日根《中国会馆史》（东方出版中心2007年版）论及了专为科举考生而建的京都、省城会场和县城试馆。毛晓阳、金甦《清代科举辅助性助考设施刍议》（《福州大学学报》哲学社会科学版，2014年第6期）则首次探讨了清代廪局、学师行寓和考棚防雨公舍等科举辅助性助考设施。
② 光绪《钦定科场条例》卷28《关防·贡院》，《近代中国史料丛刊三辑》第473册，文海出版社，1989，第1953~1954页。
③ 张伟仁主编《明清档案》第223册，联经出版事业公司，1986，第B125311页。

过，据地方志的记载，清代各地在每年的经费预算中曾列有搭盖临时考场或制备桌凳的相关经费，只不过后来陆续被裁去了。如江西各州县便预算了"科举租赁椅桌"经费。如据光绪《抚州府志》卷24《食货志·田赋》，该府所辖5个县都预算有"科举并租赁椅桌银"，其中临川县为"一百一十八两八钱一分一厘八毫"，金溪县为"六十两五钱六分五毫"，崇仁县为"七十二两七钱六分八厘二毫二丝"，宜黄县为"七十两七钱二分六厘"，乐安县为"九十两六钱六分"，东乡县为"五十两一钱五分"①。此外，该府各县预算经费中还有"学道蓬厂银"一项，每县为4两。而这些经费都属于"旧载解给各衙门经费"，在该志根据同治二年编纂的《赋役全书》所刊载的光绪年间的各项预算经费中，它们都已不复存在。又如南安府上犹县，据光绪《上犹县志》卷5《田赋志》记载，该县原属解司支给的田赋征收款项中，有"科举租赁椅桌等项银"一项，合计为"四两四钱三分九厘四毫"，县志并注明其被"裁"②。南昌府丰城县同样如此，据道光《丰城县志》记载，该县"解布政司支用银数"共有1100多两，其中便包括"科举并椅桌银一百八十一两八钱二分六厘三毫"，县志注明这些银两已被"全裁"③。以上三种地方志都没有说明这些预算经费是何时被裁的。据查其他地方志，这些经费是在清初顺治、康熙年间就已经相继被裁。如据嘉庆《泾县志》卷5《田赋志》记载，清初该县每年的财政预算中开列有"学道考试搭蓬银五两"，其被裁的过程为"顺治十四年裁入银二两五钱。康熙十四年裁入银一两二钱五分。十五年全裁入"④。

既然预算经费均被裁掉，那么学政考试该如何解决考场及其相关考试设施问题呢？据地方志记载，乾隆九年经礼部议准，"嗣后府、直隶州考试童生，照州县录送名数，即在学使试院编号扃试。如府、直隶州治内向无试院，应选择就近紧密公所，照依试院之式编列坐号，严行考校"⑤。也就是说，按照明清科举惯例，各府、直隶州都建有提督学政行署，有些学

---

① 光绪《抚州府志》卷24《食货志·田赋》，台北成文出版社，1975，第392、408、424、437、448页。
② 光绪《上犹县志》卷5《田赋志》，台北成文出版社，1975，第371页。
③ 道光《丰城县志》卷4《官政志·民赋》，台北成文出版社，1975，第469页。
④ 嘉庆《泾县志》卷5《田赋志》，清嘉庆十一年刊本，第25页。
⑤ 光绪《续修崞县志》，凤凰出版社，2005，第570页。

政行署中也会建造考场,称为"试院",以便举行由学政主持的院试考试。而由知府、直隶州知州所主持的府试,也可借助于学政试院作为考场。而未在学政行署中附建试院的府或直隶州,则允许其因地制宜,借助府衙、州衙等办公场所,作为临时的考试场所。

学政院试、知府府试可以在学政试院或临时考场进行考试,而由知县(包括散州知州)主持的县试是否可以建立专门的考场,则清廷一直没有制定相应的制度。

**2. 清代州县建造县试考场的根本原因**

清代各地州县在未建造县试考棚之前,往往以县衙公署、城隍庙、文昌阁或寺庙等公共场所作为考场。而考试所需的基本器具如桌、凳等也都由考生自己携带,这使得考试过程至为艰苦,考试纪律也难以维持。因此,清代各地州县建造考棚的首要原因,便是减轻考生携带桌凳之苦,方便考生参加考试。

大多数州县在未建考棚前,都是以县衙作为临时考场,而由考生自带考试用具,包括笔、墨、桌、凳等。如湖南湘乡县在乾隆三十年建造考棚之前,每逢县试,都是以县衙公署为临时考场,"县试即在公署,童生多至二千余人,咸自携坐具,星罗棋布,衙舍隘不能容"①,2000多名考生在县衙考试,且需自己携带坐具,显然会拥挤不堪。江西铅山县在乾隆三十四年建造考棚之前也是在县署举行县试,由于是临时作为考试场所,因而"凡几席之制弗能备也";而所有的考试用具如考桌、考凳等,都需由考生自己"假赁携负",以至于考试前后"摩肩撑突,劳苦之状难堪"②。江苏溧阳县乾隆四十一年建立了考棚,此前县试考生多达2000多人,"县署不能容,或至暴露"③。湖北宜城县于道光末年建成考棚,此前则每届县试之期,"群假几席于市,相挈以入,环坐于县廨两廊吏舍","栉风檐雨之飘摇,胥役皂隶之杂阗,诚非所以息纷嚣而构精思,尚严肃而崇士体"④。广东花县在同治五年(1866)之前,县试均借各"官廨"为考场,考生参加考试时,需要从"旅次自运试桌、坐具",其顺序排列亦无一定

---

① 齐德正、王述恩、黄楷盛:同治《湘乡县志》,江苏古籍出版社,2002,第330页。
② 同治《铅山县志》,江苏古籍出版社,1996,第112页。
③ 光绪《溧阳县志》,台北成文出版社,1983,第186页。
④ 同治《宜城县志》,台北成文出版社,1975,第461页。

规则,"前后撑触无次"。考完之后,又都"合数人共负桌凳以出,困惫实甚"①。山西崞县同治三年建成考棚之前,县试均在县署举行。据时人张曾回忆其少年时参加童试的情景:"每届试期,堂皇内外,拥挤无立足所。兼以阶砌高下,广狭不一,不能编立坐号。开门时一涌而入,左手接卷,右手提考篮。或背负坐褥、绳络、布囊,肩上横短足几,往来冲磕,如入五都之市。哗然以嚣,与点名声相杂,最后各觅容膝地。强弱幼壮,众寡不敌,甚而争殴者有之。更遇疾风暴雨,或尘雾迷天,或淋漓布地,镇日辄不能下笔。"②

山西阳城县考棚建造于同治十年,此前每次县试时,都是借用明伦堂作为临时考场,"诸童县试者,率于临场自携几案,列坐于明伦堂"。由于场所狭窄,考生应考多有不便,"当点名给卷之时,蜂拥而前,喧嚣争道,或迟延而落后,或倾跌之难防"③,场面极为混乱,甚至危及人身安全。

山东阳谷县的县试考棚称为"考院",建造于光绪十三年(1887)。此前历年县试大多在山西会馆举行,"凡考试,多在山西会馆中。席薄为棚,不蔽风雨。士子自备桌凳,觅借不易,搬运尤难,往往失迷,还须赔补。稚发贫远直有惮其苦而不敢应试者"④。

从以上例子可以看出,各地修建县试考场之前,一般都是在县衙、明伦堂等政府办公场所或教育场地举行考试,甚至有在会馆等民间公共场所考试的。考试桌凳均需考生自带,增加了考生的负担。因此各地创建县试考棚的首要目的便是为了给考生创造便利的考试条件,一来可以免除考生们自携桌椅的苦累;二来可以不必临时摆放桌椅,避免临场争抢、拥挤;三来如遇雨雪天气可以使排座在天井或空地上的考生免受衣物、试卷淋湿之苦。

各地州县建立县试考棚的另一个目的,则是要严肃考场纪律,确保考试公平。如湖北公安县考棚建于道光六年(1826),此前均在县署举行县试。知县关西园认为这种考试条件必将无法"严关防,肃试典"⑤,因而率

---

① 民国《花县志》,上海书店出版社,2003,第51页。
② 光绪《续修崞县志》,凤凰出版社,2005,第570~571页。
③ 赖昌期、潭沄、卢廷菜:同治《阳城县志》,台北成文出版社,1976,第965~966页。
④ 董政华:民国《阳谷县志》,台北成文出版社,1968,第580页。
⑤ 同治《公安县志》,台北成文出版社,1970,第373页。

先捐廉，号召士绅共同捐资，建立考棚。四川邻水县未建考棚时，每逢县试均借县署作为考场。县试共分五场，考试桌凳均需自带，"肩有荷，手有挈，攒簇门侧，偶有击触，哗噪骇人"。每场结束时，考生又必须将桌凳随身带走，否则便会"为无行者攘去"。不仅考生不便，考试管理同样面临"关防亦难严密"①的窘境。山西荣河县在同治十年之前一直未能建立考棚，以致每次县试时，只能"权占县署，或大堂，或花厅，错综参互，万难编列坐号"，知县戴儒珍认为，在这种考试条件下，"不特关防不严，亦殊非国家优崇士子意"②。广西怀集县考棚建造于同治十一年，此前每次童试均借县署为考场，不仅条件艰苦，"溷浊几满"，更兼"胥吏杂厕，弊端丛生"，知县孙汝霖乃与士绅商议捐资建立考棚，不仅可以方便士子考试，"风号雨啸，檐霤无苦"，更可以使"舞弊无遁形"③。陕西蒲城县未建考棚前，每次县试均借东岳庙、城隍庙地，锁门考试。知县张荣升认为各童自备桌凳，拥挤难堪，必将"地散而人疏，窦多而弊不胜防"④，于考试关防诸多不利，乃与邑绅商议于光绪十七年建立考棚。诚如《咸丰兴义府志》所云，"试院制卑陋，号舍少，不足以容多士；墙垣卑，不足以严关防"，"试院拓，关防密，而后真才出"⑤，各地建立州县考棚的目的之一，乃在于严密考场制度。只有考试环境公平公正，才能确保选拔真才。

大多数地方的考棚在建成之后都是作为专门的县试考场，但也有个别例外。如安徽巢县长期未建考棚，每次县试时，"以县治大堂并各科，加以甬道，两旁搭盖席棚"，县衙里面几乎所有地方都用上了；考生则"自备桌凳以进"，偶尔遇到阴雨缠绵天气，则更是拥挤异常，"与考者殊多不便，权宜从事数百年矣"。同治五年才由本县官绅合力捐资建造考棚，"平日则为讲堂，县试则为锁院，一举两得"⑥。

## 二 清代州县筹建考棚的资金来源

清代统治者吸取明代灭亡的教训，致力于减轻农民的赋役负担。康熙

---

① 道光《邻水县志》，巴蜀书社，1992，第615页。
② 光绪《荣河县志》，台北成文出版社，1976，第652~654页。
③ 民国《怀集县志》，台北成文出版社，1975，第171~172页。
④ 光绪《蒲城县新志》，台北成文出版社，1969，第163页。
⑤ 咸丰《兴义府志》，巴蜀书社，2006，第251页。
⑥ 光绪《庐州府志》，台北成文出版社，1970，第298页。

五十一年（1712）下旨，要求各省"将见今钱粮册内有名丁数，勿增勿减，永为定额。其自后所生人丁，不必征收钱粮"①，也就是"盛世滋生人口永不加赋"的政策。雍正二年（1724）则"令各省丁银摊入地粮征收"②，全面实施"摊丁入亩"政策，乾隆三十七年甚至下令"永停编审"。这些改革措施在很大程度上减轻了百姓的负担，使各地州县必须按照财政经费预算征收赋税；对于地方公共事务诸如城墙、官署、学宫、坛庙的维修等，也不能向百姓临时加派，而必须倡劝地方乡绅捐款办理。作为一种地方公共设施的州县考棚，其建造也都离不开士绅的捐助。大致来看，州县建造县试考棚的资金来源主要有以下四种捐款方式。

**1. 由乡绅合力捐资建造**

乡绅共同捐资，是州县建造县试考棚的常见捐款方式。如安徽宿松县考棚始建于嘉庆十三年（1808），系知县吴耿光按照乡绅的意见组织捐款进行建造，其"营缮之费凡万余计，皆出里闾"，也就是来自众人的捐款，而建立考棚的地基也是由"前明兵备副使邑人张凤翼裔彦七、彦让裔，袁宣四，何正坤裔，廪膳生石轼暨侄建中、庠生懋中，并国子生吴回苍凡五家"③共同捐出的。广东电白县考棚建于嘉庆二十二年，系由知县蒋善功倡议建立，"绅耆云会，闻风鼓舞，浃旬之间，愿输万金"。不仅如此，考棚建造过程中，乡绅还负责各项具体事务，如原署黄州同知邓起峰、副贡崔腾云被推举为总催，职员杨栽生、生员邵佩扬、武生邓起嶂为掌收支、督修，举人包粹乾等为承簿，而职员杨栽生更是自愿担任总收支，"鸠工之始，支用不继，先为垫给，事多赖之"④。广西北流县考棚建于道光十一年，据邑人李敏阳所作《创建试院碑记》记载，建立考棚是由全县士绅共同商议的，并推举"凌瑞溪总其事"，其他"司理工务、考核出纳，则林君雯薮、梁君肖岩、阚君慎士、李君弼亭"，建造经费则来自"仍立簿籍，签捐阖邑"，共计"收捐项银二千九百六十四两六钱三分"⑤。湖北随州考棚建于道光六年，系由知州窦欲峻利用文庙旧址改建。时"邑绅何士哲、戴

---

① 《清圣祖实录》卷249，中华书局，1985，第469页。
② 光绪《海门厅图志》卷11《赋役志》，江苏古籍出版社，1991，第361页。
③ 民国《宿松县志（一）》，江苏古籍出版社，1998，第423页。
④ 道光《电白县志》，台北成文出版社，1967，第347页。
⑤ 光绪《北流县志》，台北成文出版社，1975，第1339～1340页。

炳辉倡捐，黄毅士暨绅众集资监修"①，建成号舍17间，编列坐号1600余座。湖北通山县考棚建于道光二十六年，系"知县张中孚谕绅士汪鼎、陈兆熊、徐联桂、唐又赞、陈丹桂等首领其任，而合县士民踊跃经营"②，建造三年终于成功，规制宏敞且坚固。湖南常宁县考棚初建于乾隆六十年，系知县莫镰召集全县士绅共同创建。据同治《常宁县志》卷2《学校志·考棚》记载，相关士绅包括李德用等共计44人。此后，嘉庆十二年，知县赵勷督县绅吴山高、雷显堂、王国曦、唐成珀、刘学远等增建；道光十四年，县绅董重修东西列号；同治四年，县绅整修上下厅堂，东西各棚；同治六年，县绅萧日荣、尹用中、彭金堦、王扬休、谭镇楚监修，李孝经、段复兴、吴鹏程、谭景诵等又增建西号一棚③。江苏宜兴、荆溪二县在雍正二年分治之前，一直同属宜兴一县。而两县此后的相关公共事务，亦多联合举办。光绪六年宜兴知县吴元汉、荆溪知县徐景福与两县士绅改建阳羡书院，即于原阴阳学旧址改建文场④，作为两县公用考棚，名为"宜荆试院"。光绪十八年，宜兴知县万立钧、荆溪知县薛星辉又与两县士绅商议重修，所有各项费用"皆由募集，不动正项，用银币至万三千一百余圆，钱千余缗"⑤。

**2. 个别乡绅或家族捐资**

有些地方的县试考棚则由某一个乡绅或家族独力捐资修建。如江西余干县考棚建于乾隆五十五年，系"邑人黄国定肇建"。据南城人吴照所作《捐建县考棚记》，是年余干县计划捐资修建饶州府文庙，并以其剩余资金建立考棚。但黄国定"乐输襄举，义安敢后"，自愿独力捐献建立考棚的全部经费，最终"口授指画，耗金数千"⑥，考棚才得以建成。又如四川大宁县考棚建造于光绪六年，是由孀妇胡赵氏独力捐资建成的。知县高维岳为之"验明请奖"，四川总督丁宝祯则颁给其"乐善好施"匾额，同时颁给监修首士魏辅祥以"好善急公"匾额⑦。

---

① 同治《随州志》，江苏古籍出版社，2001，第122页。
② 同治《通山县志》，江苏古籍出版社，2001，第128页。
③ 同治《常宁县志》，江苏古籍出版社，2002，第344~345页。
④ 光绪《宜兴荆溪县志》，台北成文出版社，1974，第426页。
⑤ 光宣《宜荆续志》，台北成文出版社，1970，第108页。
⑥ 同治《余干县志》，台北成文出版社，1975，第1121页。
⑦ 光绪《大宁县志》，巴蜀书社，1992，第119页。

江西安仁县考棚与县人毛凤腾家族的捐资密切相关。安仁县旧无考棚，自乾隆末年开始，地方官和当地绅士便商议，计划在县中龙门书院旁边建立考棚，但却"十余年不果"。嘉庆四年，该县移建文庙，例贡生毛凤腾身任劝捐首士，在众人的鼓励下，慨然应允独力捐资建造考棚。不仅如此，至道光七年，毛凤腾之子羽丰、翎丰又捐资重修考棚；道光二十二年、咸丰九年（1859）、同治十一年，其孙高翔、飞鸥等又三次重修考棚之屏墙、头门、砖墙、号舍等①，从而使毛氏家族与考棚这一公益活动结下了不朽之缘，成为安仁县科举史上的一段佳话。

**3. 地方官参与捐资建造考棚**

在建造考棚的过程中，各州县官员往往能起到积极的推动作用。首先，不少地方官以身作则，捐资为倡，号召绅士慷慨解囊。如前引安徽巢县考棚系儒学士绅公议，向知县呈请利用本县定林寺毁基建立。募捐过程中，知县蔡家馨不仅为其"申详各大宪"，即向各上级衙门申报立案，且"倡捐钱三百千文"。继任的代理知县陈炳也"倡捐钱二百五十四千文"。在他们的倡导下，城乡士绅"共捐钱四千八百串零"，得以筹集所需经费，共建成大堂五楹，东西文场四棚，龙门一道②。又如安徽寿州原无考棚，每届州试均借州署为考场。由于考生人数众多，不仅"偶遇雨雪，渗漏堪虞，而簿书丛杂之区，关防尤难周密"，而且因考试所用桌凳均由考生临时租赁，以致"贪利之辈，往往昂价居奇，寒士一试之资，颇形竭蹶"，为此，知州朱士达不仅"先经捐办桌凳一千九百六十张"，而且在"众绅士纷纷吁请，各愿捐助经费，速建考棚"时，更"倡捐养廉银八百两"③，最终全州绅富合计捐银近2万两。朱士达同时还创作了一篇题为《捐建寿州考棚小引》的文章，号召大家踊跃捐资。朱士达离任后，寿州人将其配享于考棚后堂，并在修纂地方志时将其列为"名宦"。再如广西怀集县考棚建造于同治十一年，时任知县孙汝霖因见本县童试时，"试无专所，至期则叠集县署廊庑，溷溷几满，胥吏杂厕，弊端丛生"，乃与士绅商议建立考棚。士绅们也都"欣造士之有基也，争醵金襄盛举。应试者亦乐输

---

① 同治《安仁县志》，江苏古籍出版社，1996，第867页。
② 光绪《庐州府志》，台北成文出版社，1970，第298页。
③ 光绪《寿州志》，江苏古籍出版社，1998，第125页。

焉，得二千余金"①，而知县孙汝霖亦"捐廉二百为之倡"，最终建成了一座"轩敞壮阔"的县试考棚。

显然，地方官在面对建造考棚这一问题时，一方面在思想上持积极支持的态度，或召集士绅广为劝捐，或亲自执笔撰写文告，为捐建考棚制造舆论氛围；另一方面在组织上大力帮助，或亲任监督组织动工，或指派士绅全面负责，为建造考棚提供了组织保障。有些官员还率先垂范，捐出自己的俸禄，以身作则，号召士绅积极捐款，从而为考棚的建造提供了资金支持。

**4. 摊捐**

由于个人觉悟有别，未必所有人会自觉自愿慷慨解囊，因而有些地方的官绅便商议按亩摊捐，筹集考棚建造经费。如直隶东明县考棚建于光绪二十三年，系由知县曹景郕"仿文庙花捐旧规，收制钱九千余贯创修"。所谓"花捐"，即随粮摊捐，据载，该县在光绪十年重修文庙，采取的是"随地粮征收花捐，每亩制钱六文，三年共收一万四千余贯"的方式。这说明东明县文庙、考棚的修建经费非来自士绅的完全自愿捐助，而是带有平均摊派的性质。当然，由于土地主要掌握在地主手中，按亩摊捐总体上还是由富户捐资，对普通百姓影响不大。该县考棚最终只使用了两次，"经两试而科岁考停。旋于宣统二年改并高等小学堂"②。

需要指出的是，由于经济、文化教育发展水平的不同，清代各地并非全都建立了县试考棚。不少州县依然延续使用县衙、儒学学宫、寺庙等作为临时考场的方法，而也有一些州县为了解决县试考场问题，往往因陋就简，采取相应的补救性设施，建立准县试考场。如四川成都府汉州向无考棚，为此知州蔡学海乃于道光十年捐资制造考桌、考凳各300张，存放于州署萧曹祠内，议定"书院收录、官课及岁、科试皆用之，他事、他人不得借用"③。山东武城县为解决县试考棚问题，道光二十一年知县厉秀芳捐置长考桌60张，长考凳60条，贮存于明伦堂西厢房，其作用是"以备阖邑童

---

① 民国《怀集县志》，台北成文出版社，1975，第171页。
② 民国《东明县新志》，台北成文出版社，1968，第172、181页。
③ 嘉庆《汉州志》，台北成文出版社，1976，第295页。按，据嘉庆《汉州志》卷12"学校志"，蔡学海捐置考桌、考凳是在"道光庚寅"，即道光十年；而据同治《续汉州志》卷4"职官志"载，蔡学海升补为汉州知州是在道光十二年，显然不可能于道光十年在汉州建造考棚。疑同治《续汉州志》所载有误。

生县试",交由本县礼房管理,并且"定有岁修章程在卷"①。安徽宁国县考棚原由知县林自立于道光二十六年倡集全县捐建于东门内,后因太平天国起义时期被兵乱所毁,同治四年知县蔡铎乃于考棚旧址建立县署,并在大堂两廊建成8间坐号,从而使得县衙大堂"兼为考棚"②。江苏金山县的办法是,在文昌祠中"预备桌凳,以便岁科文童应试"。据嘉庆《松江府志》卷31《学校志》记载,嘉庆十年金山知县郑人康捐俸倡建文昌祠,两年后,贡生黄霆捐给文昌祠田产16.6亩,同时"捐考桌凳九十副"③,以备本县童生县试考试之用。

有些地方则将考棚附设在书院之中。如江苏兴化县有文正书院,其考棚便附设其中,其中二门、师范堂、甬道左右号房、腮号房共若干间,每间各置桌凳若干副,每副可坐8名考生。这些书院中的桌凳"足敷县试之用,俟其应试人多,再议添建号舍"④。道光十四年兴化县改建文正书院时,也同时改建考棚。湖南龙山县未建考棚,嘉庆二十年知县朱沛霖借倡建书院的时机,在书院讲堂前左右两边修建考棚18间,并"即以书院头门作龙门"⑤。其他如江苏溧阳县考棚附设于平陵书院,江苏青浦县考棚附设于青溪书院,山东高密县考棚附设于通德书院,山东东阿县考棚附设于谷城书院,山东莒州考棚附设于城阳书院,山西广灵县考棚附设于延陵书院,陕西平利县以书院兼作考棚,浙江江山县考棚附设于文溪书院,均属同例。

## 三 清代州县考棚的修建时间与名称差异

中国古代科举考场里面,最早出现的是唐代礼部贡院,后来是宋代州、军的解试贡院,明代乡试贡院开始普遍建造,而府、直隶州的学道试院则随之产生,最晚出现的科举考场是州、县考棚。这是因为县试于三年之中只有两次考试,为县试而建造专门考场,使用频率过低,投入成本未免过高。

**1. 清代州县建造考棚的时间分布**

从文献检索情况来看,中国古代最早修建县试考棚的州县是湖南华容

---

① 民国《武城县志》,台北成文出版社,1976,第141页。
② 民国《宁国县志》,台北成文出版社,1975,第591页。
③ 嘉庆《松江府志》,台北成文出版社,1970,第695页。
④ 咸丰《兴化县志》,台北成文出版社,1970,第453页。
⑤ 同治《龙山县志》,台北成文出版社,1975,第168页。

县。据光绪《华容县志》卷5《学校志》载，该县考棚称为"试院"，最早创建于明代嘉靖年间，但不久即改为"教谕署"。入清以后150余年间，该县并无专门的考场，每遇县试都是借县署为临时考场。直至嘉庆五年，才通过"按亩捐费"的集资方式，重新建造了试院①。

表1主要根据《中国方志丛书》和《中国地方志集成》所收地方志的记载，汇总了清代各省州县考棚的修建时间，从中可以一窥清代州县考棚的兴起轨迹。需要指出的是，由于地方志的版本问题以及笔者查询的缺漏，有些地方的州县考棚很可能被遗漏在外，因而该表并不能完全反映清代各省州县考棚的全貌。

**表1 清代州县考棚修建时间例表**

| 时间 | 州县考棚 |
|---|---|
| 顺治（1644~1661） | 山东蓬莱县（清初）、江苏山阳县（顺治初） |
| 康熙（1662~1722） | 江苏娄县（三十八年） |
| 雍正（1723~1735） | 安徽盱眙县（四年） |
| 乾隆（1736~1795） | 浙江江山县（二年），湖南桂阳县（三年），湖南武冈州（十五年），江西贵溪县（十九年），湖南湘乡县（三十年），江西铅山县（三十一年），湖南麻阳县（三十二年），江西广丰县（三十四年），湖南酃县（三十六年），安徽英山县（三十七年），江西弋阳县、江西兴安县（三十九年），江苏溧阳县（四十一年），湖南会同县（四十八年），湖南龙阳县（五十一年），湖北咸丰县（五十二年），江西龙泉县（五十三年），安徽太湖县（五十四年），湖南益阳县、江西余干县（五十五年），江西金溪县、湖南城步县（五十六年），江西玉山县、江西萍乡县（五十七年），湖南常宁县（六十年） |
| 嘉庆（1796~1820） | 江西万载县（元年），江西彭泽县（三年），江西万年县、江西安仁县、江西安福县（四年），湖南长沙县、江西崇仁县（六年），江西都昌县（七年），湖南宁远县（八年），湖南衡山县、湖南桃源县、江西奉新县（九年），江苏金山县、江西泰和县（十年），湖北咸宁县（十一年），江西丰城县、山东临朐县（十二年），安徽宿松县、湖北蕲州、江西永丰县（十三年），江苏丹徒县（十四年），江西莲花厅（十五年），浙江江浦县（十六年），江西永新县（十七年），湖南永定县（十八年），江西德兴县、江西宜黄县、湖南龙山县（二十年），广东电白县、湖北沔阳州、江西湖口县、江西乐安县（二十二年），浙江宁海县（二十三年），江西瑞昌县、陕西三原县、江西万安县（二十四年） |

---

① 光绪《华容县志》，台北成文出版社，1975，第140页。

续表

| 时间 | 州县考棚 |
|---|---|
| 道光<br>(1821~1850) | 湖北罗田县（道光初），广西陆川县、陕西朝邑县（元年），安徽桐城县（二年），江西德安县（三年），广东仁化县（四年），安徽黟县、四川江津县、浙江兰溪县（五年），甘肃靖远县、河南伊阳县、湖北公安县、湖北随州、四川宣汉县（六年），安徽寿州、湖北武昌县（七年），广东乐昌县、四川长寿县、浙江平阳县、浙江天台县（八年），江苏青浦县、四川渠县（九年），河南荥阳县、湖北蒲圻县、山西襄陵县、四川汉州、安徽祁门县、安徽舒城县（十年），广西北流县、湖北应城县、四川洪雅县、四川邻水县（十一年），浙江诸暨县、江西安义县（十二年），浙江萧山县（十三年），江苏兴化县（十四年），安徽舒城县、湖北蕲水县（十五年），湖北云梦县（十六年），广东遂溪县（十七年），四川新都县、浙江青田县、浙江奉化县（十八年），贵州贵定县（十九年），安徽太和、广东信宜县、浙江黄岩县、浙江永康县（二十年），河南灵宝县、江西峡江县、山西曲沃县、四川彭山县（二十一年），河南滑县、四川彭水县（二十二年），湖北通城县、江西上犹县（二十三年），福建福安县、湖北宜城县、山东清平县（二十四年），湖北崇阳县（二十五年），湖北应山县、安徽宁国县、湖北通山县、山东东阿县、四川双流县、河南长葛县（二十六年），山西襄垣县（二十七年），湖北黄安、陕西宁羌州（二十八年），湖北当阳县（二十九年），河南卢氏县（三十年） |
| 咸丰<br>(1851~1861) | 山西广灵县、四川黔江县（元年），湖北枣阳县（二年），四川秀山县（五年），浙江松阳县、浙江镇海县（六年） |
| 同治<br>(1862~1874) | 安徽庐江县、安徽无为州（二年），山西崞县、四川珙县（三年），安徽巢县、广东花县（五年），山东平度州（六年），安徽蒙城县（七年），湖北汉川县、陕西平利县（八年），广东揭阳县、江苏如皋县（九年），山西荣河县、山西阳城县、陕西定远厅、浙江太平县、直隶长垣县（十年），广西怀集县、山东高密县、浙江余姚县（十一年），广东东莞县、广东增城县（十二年），广西贵县、贵州麻哈州、直隶枣强县、浙江仙居县、陕西白水县（十三年） |
| 光绪<br>(1875~1908) | 湖北黄梅县、山东博山县（元年），广东潮阳县、四川巫山县、陕西郃阳县（二年），贵州仁怀县、山东德平县（三年），四川大宁县（六年），江苏阜宁县（九年），河南扶沟县（十年），四川越嶲厅（十一年），广东赤溪县（十二年），山东莒州（十三年），山东阳谷县（十四年），广东香山县、广西柳城县（十五年），广东石城县、云南宜良县（十六年），广东和平县、陕西蒲城县（十七年），江苏宜兴县（十八年），广东四会县（十九年），广东儋县（二十一年），直隶宁津县（二十二年），直隶东明县（二十三年），山东莘县（二十四年），江苏常熟县（二十六年），直隶元城县（光绪间） |

表 1 中共列有州县考棚 197 座，从时间分布情况来看，在清代初年的顺、康、雍三个时期，全国只有 4 个州县修建了县试考棚。到了乾隆年间，则有 25 个州县建造了县试考棚，平均每 2.4 年新建一座州县考棚。嘉庆年间共新建了 36 座州县考棚，平均每年新增 1.44 座，有些年份甚至新增了 4 座考棚。道光年间全国新建了 71 座州县考棚，平均每年新增 2.37 座。道光时期 30 年间，每年都有新考棚出现。道光十年、二十六年均新建了 6

座考棚，是清代新建考棚的高潮期。咸丰时期全国仅新增6座州县考棚，约每2年新增1座，当是受太平天国运动的战乱影响。同治时期新增的州县考棚为27座，平均每年新增2座。光绪时期尽管共有34年，但实际施行科举制度的时间仅有30年，这一时期共新增州县考棚28座，平均每年新增0.93座。

此外，其他修建时间不详的考棚尚有若干座，均未列入表1中。如河南巩县有"考院"，载于民国《巩县志》卷6《民政志·建置》，然仅有"考院在旧城南大街路西，清末改为高等小学校"[①]寥寥数语，无法确知其创建年代。江西永宁县（前江西宁冈县，2000年并入井冈山市）考棚载于光绪《吉安府志》卷6《建置志》，但亦仅云"考棚在县治北。知府吕士淑记"[②]，而未说明其修建时间。民国《宁冈县志》县治图中绘有考棚，但缺乏文字记载。浙江丽水县有校士馆，载于民国《丽水县志》卷2《建置志》"公署""学校"门，但均未言及其始建时间[③]。查同治版县志未载校士馆，疑其建于光绪年间。云南禄劝县考棚载于民国《禄劝县志》卷4《官署志》"自治公所"条和卷六《学校志》"蚕桑学校"[④]条下。因检索未周而遗漏于表1之外的考棚应该还有一些。此外，因属附郭县而得以使用学政试院以行县试的各州县考棚也没有列入表1中。

这197座州县考棚的地域分布情况为江西（33）、湖北（22）、四川（17）、安徽（17）、浙江（17）、广东（16）、湖南（16）、江苏（11）、山东（11）、河南（8）、陕西（8）、山西（7）、广西（5）、贵州（3）、直隶（3）、福建（1）、甘肃（1）、云南（1）。从中可以看出，长江流域各省州县所建县试考棚的数量显然较黄河流域、珠江流域为多，这与清代各省科举成绩的排序大致呈正比例关系。

**2. 清代州县考棚的常见名称**

清代科举考试可分为童试、乡试、会试3个大级，并又可细分为县试、府试、院试、科试、乡试、会试、殿试7个小级。除了殿试是在保和殿举行因而没有建造专门的考场，乡试考场一般都是在各省省城，称为"贡

---

① 民国《巩县志》，台北成文出版社，1968，第372页。
② 光绪《吉安府志》，台北成文出版社，1975，第293页。
③ 民国《丽水县志》，台北成文出版社，1975，第119、148页。
④ 民国《禄劝县志》，台北成文出版社，1975，第243、315页。

院"（会试以顺天乡试贡院为考场）；童生参加的童试要经历县试、府试、院试三场，其中在各府城、直隶州城举行的府试、院试的考场均附设于学政行署中，通常都被称为"试院"；而在各州县举行县试的考场则一般等而下之，称为"考棚"。嘉庆年间，湖北沔阳州知州刘琴曾在其所撰写的考棚碑记中指出："自唐典试春官，于是乎有礼部贡院。我朝寿考作人，械朴薪槱，汇征连茹，乡会则有贡院，科岁则有试院，一州一邑亦有建立考棚者。搜材较士，典甚钜也。"① 刘海峰亦指出，"一般县府考试场所为考棚，学政举行院试的考场为试院"，"明清时期，京城和省会的科举考场称为贡院，而府、州、县学的科举考场一般称为试院和考棚"②。

当然，这是仅就其大略而言，具体到不同地方，或不同地方的文献记载，其名称亦各不相同。如在各府、直隶州举行府试、院试的场所一般称为"试院"，但也有一些地方称为"贡院""考棚"的，即商衍鎏《清代科举考试述录》所云学政院试"考场称贡院、试院、考棚不一律"③。如湖北荆门直隶州，据同治《荆门直隶州志》卷3《政典志》便设有"贡院"一目，不过在该志正文中则又出现了"荆人议建考棚"④ 的叙述，说明"考棚"也是该府试院的名称之一。县试考场通常称为"考棚"，但同样也有很多县将其称为"试院"，这在全国各省所在皆有，如安徽庐江县、盱眙县，甘肃靖远县，广东电白县、信宜县、石城县、乐昌县、仁化县、四会县，广西北流县、贵县，直隶东明县，河南滑县、灵宝县、伊阳县、荥阳县，湖北云梦县、应山县、通山县、咸宁县、蕲水县、黄安县，湖南华容县，江苏娄县、丹徒县、山阴县，江西奉新县、玉山县、铅山县、弋阳县、贵溪县、兴安县、泰和县、万年县、峡江县，山东德平县、蓬莱县，山西平阳县、崞县、阳城县，四川邻水县，浙江兰溪县、江浦县、平阳县、青田县、萧山县、永康县、余姚县、诸暨县等均是。有些县甚至将县级考棚称为"贡院"，如湖北罗田县，据光绪《罗田县志》卷4《政典志》中设有"贡院"一条。不过该志正文行文时则又有"知县窦毓俊倡议建造

---

① 光绪《沔阳州志》，江苏古籍出版社，2001，第173页。
② 刘海峰：《科举制的遗产与申遗问题》，《教育与考试》2016年第4期。
③ 商衍鎏：《清代科举考试述录》，三联书店，1958，第11页。
④ 同治《荆门直隶州志（二）》，江苏古籍出版社，2001，第44页。

考棚","劝捐考棚、膏火公议"①等文句,说明"考棚"同样是该县常用的名称。

另外,有些地方的县试考场还有其他名称。如湖北汉川县、沔阳州、房县,四川宣汉县,浙江黄岩县、建德县、平阳县、太平县、天台县、仙居县、丽水县均称为"校士馆";陕西蒲城县、三原县、平利县,山西曲沃县、荣河县,山东博山县,甘肃靖远县则称为"考院";四川越巂厅、安徽宿松县称为"试棚";四川彭山县称为"试廨";江西新昌县称为"试宇";江西萍乡县、广东揭阳县称为"试舍";江苏如皋县称为"考舍";湖南城步县称为"文场";广东花县称为"考棚"。有个别地方也将考棚称为"试馆",如浙江建德县考棚既被称为"校士馆",同时也被称为"试馆",这与各地在省城、会城或县城建立的为考生提供住宿场所的"试馆"有所不同。

## 四 清代州县考棚的修葺维护

**1. 乡绅捐资维修考棚**

考棚建立后,年深月久,难免风吹日晒日渐破旧,甚或偶遇自然灾害,完全被毁。为此,各地州县考棚往往每过一定的时间便需进行维修,甚至需要重建、迁建。而在此过程中,地方士绅的捐款依然是主要的经费来源,士绅也承担了考棚的主要管理职责。

湖南衡州府常宁县考棚初建于乾隆六十年,系由知县莫镳率领李德用等44名县绅共同创建。嘉庆十二年,知县赵勷再次商同县绅吴山高、雷显堂、王国曦、唐成珀、刘学远等人合力捐资扩建。道光十四年,本县绅董联合重修东西各号舍。同治四年、同治六年,县绅萧日荣、尹用中、彭金堦、王扬休、谭镇楚监修上下厅堂、东西各棚②。江西南康府都昌县考棚初建于嘉庆七年,时邑绅黄流瓒、刘重光、赵宸场、詹春英、吴言任、黄慎言等负责捐资改建学宫,即在旧学宫地基上鼎建考棚。道光二十九年,知县邱瑞谕饬合县绅士修葺考棚,规模较前宏整;咸丰年间,考棚毁于太

---

① 光绪《罗田县志》,江苏古籍出版社,2001,第300页。
② 同治《常宁县志》,江苏古籍出版社,2002,第344~345页。

平军战乱，咸丰九年，邑绅汤士斌、罗制锦、万国珍等捐资改建①。河南郑州直隶州荥阳县试院，道光十年由知县熊燮号召士绅捐资建造，道光三十年，知县杜德咸组织士绅捐资重修；同治末年，利用"宾兴余款"在东西文场南头各添加号舍两间②。

**2. 乡绅捐设考棚维修基金**

为了让考棚不因年久失修而归于破败，有些地方还想方设法筹集考棚维修基金，其存在形式或为田产，或为店房，或为存典银钱，各以其增值所得为维修考棚的资金。

江西余干县考棚、四川邻水县考棚、湖南保靖县考棚、贵州贵定县考棚、浙江浦江县考棚的维修基金是田产。江西余干县考棚系由邑人黄国定捐资创建于乾隆五十五年，当时尚未捐设考棚维修基金。到了咸丰元年，黄国定之孙又捐出"修理考棚田"28亩3分③，每年收取田租，作为考棚维修经费。四川邻水县于道光十一年捐建考棚后，复为之置买石子滩公产，乡绅杜添琼也捐出冷水垭当产，两项合计每年可收租谷52担，全部用于支付"岁科县试帮礼房棚费钱每次四十千文"及"武棚帮兵房稻谷每年八担"，同时还支付每年看守考棚人役的"工食钱十六千文"④。湖南保靖县在改土归流后设立了考棚，并设有三项考棚田亩，其中一项为道光十八年胡朱氏所捐助，"共计价值钱二千串零六串"，一项为道光二十年何彭氏所捐助，"共计价值钱一千串"，一项为胡永学捐助，"价钱五十六千文"⑤。贵州贵定县考棚建于道光十九年，系由县人王仁溥捐资建造，有照壁、辕门、头门、仪门、龙门，两廊考棚各七间。而县人宋樽文、陶曙升则各捐献田产作为考棚"岁修之费"。其中宋樽文所捐为"新添司田二分"，"共栽种二斗二升，价银三百两"；陶曙升所捐为"过化乡田一分，大小六丘，栽种一斗五升，价银一百五十两"⑥。浙江浦江县考棚始建于嘉庆十六年，历经4年建成房屋48间，耗资6400余缗，当时并购置田地28

---

① 同治《都昌县志》，江苏古籍出版社，1996，第38页。
② 卢以洽、张沂：民国《续荥阳县志》，台北成文出版社，1968，第291页。
③ 同治《余干县志》，台北成文出版社，1975，第399页。
④ 道光《邻水县志》，巴蜀书社，1992，第615页。
⑤ 同治《保靖县志》，江苏古籍出版社，2002，第94页。
⑥ 道光《贵阳府志》，巴蜀书社，2006，第621页。

亩为"岁修之费"。到道光三年知县方功钺主持增减，又续置"岁修田地五十三亩有零"；光绪初年，邑人朱承哲再次捐出"岁修田三十九亩五分零"。为确保考棚及岁修田不被损坏、侵占，浦江县还专门编纂了《考棚志》①。

湖北各县考棚建立后，所设维修基金亦多为田产。如湖北沔阳州考棚系本州乡绅平治、平澍兄弟于嘉庆末年独力捐资13500余贯建成。至道光元年，平氏兄弟担心考棚号舍历久损坏，又"捐送东庄两院田二百亩，以备修葺"②，此项田产每年可收租钱110贯，均缴存州署备用。汉川县校士馆建于同治八年，系由知县德廉倡导士绅捐资建造。其时"解囊拟兴斯举者，何君玉棻、汪氏公族为最先"，最终"费钱万缗有奇"，建成的校士馆可以容纳1600余人。考棚建成之后，为免其日后年久失修，全县士绅乃"捐钱置买租息，由经管人修理"，并规定如有剩余，则交由接办之人管理，不得有侵挪情弊。据同治《汉川县志》卷11《学校志》记载，该县考棚岁修产业为"坐落裘羊约汪家河土名大均山柴草芦洲九十五亩七分九厘"③。应山县试院系由知县董炳枏主持建造于道光二十六年。到咸丰七年，邑人胡义和"捐麻穰市田四石一斗，以资岁修"④。枣阳县考棚建于咸丰二年，其中地基来自诸生张玉瑞捐献自家园地并捐资购买临近民房。考棚建成后，贡生李方泮之妻宋氏又捐地120亩，"以备岁修"⑤。

湖南龙阳县考棚、山东蓬莱县试院的维修基金是存典生息银钱。龙阳县考棚初建于乾隆五十一年，嘉庆九年重修。道光六年，本县监生梁家骥在捐银300两修理郡城考棚之后，又捐银40两存典生息，"为岁、科两试灯火及揭盖油洗补修之费"⑥，其银交郡城值年首事管理。蓬莱县清初建有校士馆，后乾隆年间建成试院。至咸丰六年，知府汪承镛劝捐重修，剩余捐银500两，公议将其"发典生息，以备岁修"⑦。

---

① 光绪《浦江县志》，江苏古籍出版社，1993，第174页。
② 光绪《沔阳州志》，江苏古籍出版社，2001，第174页。
③ 同治《汉川县志》，江苏古籍出版社，2001，第266页。
④ 光绪《德安府志》，台北成文出版社，1970，第146页。
⑤ 民国《枣阳县志》，江苏古籍出版社，2001，第287页。
⑥ 黄教镕、黄文桐、陈保真、彭日晓：光绪《龙阳县志》，江苏古籍出版社，2002，第178页。
⑦ 光绪《蓬莱县续志》，凤凰出版社，2004，第341页。

四川巫山县、湖北当阳县的考棚维修基金是店房租金。巫山县考棚系由职员周仁和捐建于光绪二年,此后的历次维修工作也是由周氏家族负责。据光绪县志记载,每到考试期间,周仁和的后嗣周敦凤、周敦德、周敦惠等便会先期进行修理,同时将家族所有的城外铺屋一所捐出,"岁收租钱,永作补修之资"①。当阳县考棚建于道光二十九年,系知县董文煜募集资金创建的,除了各部门建筑结构外,考棚照墙左还建有店房一所,其所收店租即作为"考棚岁修资"②。

有些地方的考棚维修基金表现为多种产业形态。如湖北蒲圻县考棚建于道光十年,系邑人章应勋捐资建立。六年后,章应勋之子联盛、襄盛、咏盛又捐钱400串,"存典生息,作检盖资";同治元年,邑人吴恺又"捐考棚捡盖田三石五斗七升"③。即既有田地产业,又有存典生息的银钱。江西彭泽县考棚的维修基金则包括三种形态:一是空地租钱,分别为"考棚后北角,每年租钱6000文;考棚前北角并屏墙内外基地,租作晒场,每年租钱八千文";二是邑人候选州同艾绥所捐田地山场,每年"丰年不加,凶年不减"收租钱10800文,议定"岁岁所有,永备考棚修理之费";三是捐修省城贡院所剩捐款92000文,存典生息,亦作考棚"善后之资"④。

有些地方还议定专门章程规范考棚管理。如湖北汉川县校士馆建成之后,为禁绝弊端以垂久远,乃"公议严订章程",并制定《试馆禁约》,规定考棚不准任何官绅借作公馆,所有器具不准挪移以免损失,约定"派专人照守,禁止借作别用,致遭污毁"⑤。江苏如皋县考棚称为"考舍",系知县周际霖率同绅士张如杰、严景云、朱柏、马锦繁等建造于同治九年,共编列坐号1426个,以及桌凳253副。此外,陈连瑞、孙宜文、韩元卿等乡绅各捐地产若干亩,合计每年可收地租钱约30000文,另公置住屋5间,每月收租钱2400文,均作为考舍岁修经费。不仅如此,如皋县士绅还共同议定了管理条规。因其颇具代表性,故抄录于下:

---

① 连山、李友梁:光绪《巫山县志》,巴蜀书社,1992,第372页。
② 同治《当阳县志》,台北成文出版社,1970,第150页。
③ 同治《蒲圻县志》,江苏古籍出版社,2001,第475页。
④ 同治《彭泽县志》,江苏古籍出版社,1996,第417页。
⑤ 同治《汉川县志》,江苏古籍出版社,2001,第267~268页。

一、考舍房屋只准考试应用，常时谕交绅董经管锁闭，不得借人居住作践。每逢县试，由县筹款修理，以免日久坍损。

一、考舍桌凳只准考试应用，常时交由绅董封储，不准借用。仍于县试之前动用所收田租钱文修补。有不敷，由县筹添，以免散失，而资经久。

一、考舍桌凳均已编号，足敷应用。每逢县试，士子均可鱼贯归号，不得先期看守，拥挤争竞。

一、考舍原为士子应试之所，凡届县试，所有门窗栅栏均宜爱惜，毋稍损坏。

一、考舍本系借用常平仓旧基，将来如谷数复额，东门均储仓，不敷堆积，亦可于此处分储，于春季出陈易新之际，仍可举办县试，并行不悖。

一、旧有监生陈连瑞等原捐县南春字号水捞圩沙田六十二亩，以为岁修桌凳之用。又孙宜文现捐县东东岳庙漕田五亩，一并拨入考舍充费，统交绅董经理收租，以备考时修理之资。①

有些地方虽然未能议定专门的考棚管理章程，但也采取了相关措施。如江西泰和县考棚由县中士绅公建于嘉庆十年，为防其被人侵占、损坏，以岁贡生梁志宁为首的县中士绅特意撰写呈文，逐级递报江西巡抚衙门。在巡抚的批示下，吉安知府武鸿下令以府衙名义建立"考棚告示碑"，碑文内容为：

为吁恩申禁，以广作育事。嘉庆十二年四月初六日，奉巡抚部院金批，据该县岁贡生梁志宁等呈请，公建考棚，毋许假作公馆，恳请申禁缘由。奉批，仰吉安府查明示谕饬遵，等因。奉此，查建设考棚，原属士子考试之处，理应严肃，未便借为客舍。除饬县遵照外，合行出示严禁，为此示仰阖属官民人等知悉，嗣后一切闲杂人等，毋许在于该处住宿。如遇公差临境，务须另备公馆，不得以考棚作为客

---

① 同治《如皋县志》，台北成文出版社，1970，第31~32页。

舍。各宜凛遵毋违。特示。①

泰和县考棚告示碑虽然与如皋县考棚管理条规的载体形式有所不同，但其精神却基本无异，即考棚只为县试专用，其他官绅人等均不得以任何理由暂住其中，最终目的都是为了保证考棚的长久不败。

## 五 结语

科举是隋唐以来士人追求平等进入仕途的至公之道。清代各地士绅捐资建造州县考棚、捐产设立考棚维修基金，目的都是为了给本地士子提供一个便利的考试环境，从而维护考试纪律，促进考试公平。这种来自基层社会的公益行为，显然是社会大众对科举制度的公平追求的具体体现。它不仅为我们重新评价科举制度提供了一个参考的侧面，也对当代社会追求公平考试环境具有极佳的借鉴意义。

科举停废后，各地州县考棚多被改造为新式学堂的校舍，为清末教育的近代化做出了最后的贡献。时至今日，尽管还有极少数地方依然保留有清代考棚的历史遗迹，但在现实的考试实践中，这种纯粹为了考试而建造的专门考场却已经不复存在。在当前的教育考试背景下，这种占据大片土地、耗费巨额修建经费的专门考场也许注定不可能再次出现，但清代士绅为追求考试公平而不惜人力工料、不吝捐输巨款的公益精神，则值得今人由衷敬佩，应该在新的时代环境中通过其他形式将其发扬光大。

（作者单位：闽江学院　江西新余第七中学）

---

① 同治《泰和县志》，江苏古籍出版社，1996，第70～71页。

# 清代河南乡试的供应状况及其特点

程 伟

**摘 要**：物资供应是乡试活动顺利开展和有效运作的重要保障。乡试供应状况不仅影响乡试经费的使用效率，甚至对人才考选质量也会产生一定的影响。乡试供应主要包括饮食和用具两个方面。本研究通过对清代河南乡试闱中不同等级人员的饮食，以及所用木器、铺垫、陈设器具和银锡铜瓷等用具的供应状况进行考察和分析，发现清代河南乡试供应具有规范化、等级性和奢华化的特点。

**关键词**：清代 河南 乡试供应

乡试作为明清社会一项规模庞大且持久的考选活动，为保障其顺利开展和有效运作，除需要大量的经费支持外，还需要相当数量的物资供应。因乡试供应状况不仅影响乡试经费的使用效率，还直接关系到乡试活动的顺利进行和有效开展，甚至对人才考选质量也会产生一定的影响，故清代对包括乡试在内的科举供应有着相当严格而规范的制度规定。本文以目前存世的《豫省文闱供给章程》为主要史料依据，从饮食与用具两个方面，分别对清代河南乡试闱中人员的供应状况及其特点作一初步探讨，旨在引起学术界对这方面的关注，以期将该领域的研究引向深入。

## 一 闱中人员饮食的供应状况

闱中人员的饮食和用具供给就大的方面可分两类，一类是考务人员的供应，一类是考生的供应。其中以考务人员的供应开销最大，其饮食不但数量巨大且种类繁多，在考务人员中又以考官与执事官的供给开销最大。按照清代定制，闱中官员供给分为三等：主考、监临、知贡举、都统等官为头等供应；房考、监试、提调、内外收掌、参领章京、总理供给等官为二等供应；受卷、弥封、誊录、对读四所官以及笔帖式，并在场佐杂等官为三等供应。每等供应都有明确的清单，供给官每日照单支给。不但如此，书吏的口粮也是要求各按等次支给，并要求内外监试、御史随时检查①。这一规定是针对乡会两试而言的，乡试中自然要遵行。为具体展现河南乡试饮食供应状况，兹依据上述分类就闱中主要人员的饮食供应情况做一简要介绍。

将河南乡试一等供应的监临院每二日饮食供应、两主考每日的常例饮食供应及每五日额加饮食供应辑录如下（见表1和表2）：

表1 清代河南乡试监临院每二日饮食供应清单

| 名称 | 数量 | 名称 | 数量 | 名称 | 数量 | 名称 | 数量 |
| --- | --- | --- | --- | --- | --- | --- | --- |
| 鱼翅 | 一斤半 | 杏仁 | 半斤 | 肘花 | 一斤 | 大米 | 一百斤 |
| 海参 | 半斤 | 薏米 | 半斤 | 鸭蛋 | 十个 | 郑州米 | 三斤 |
| 鱼肚 | 四片 | 海蜇 | 半斤 | 鸡蛋 | 二十个 | 香稻米 | 一斤 |
| 口蘑 | 四两 | 金针 | 一斤 | 松花蛋 | 十个 | 江米 | 二斤 |
| 海虾 | 四两 | 粉皮 | 一斤 | 料酒 | 四斤 | 上白麦 | 五十斤 |
| 香菌 | 四两 | 粉条 | 一斤 | 大盐 | 五斤 | 猪肉 | 三十斤 |
| 笋尖 | 四两 | 粉面 | 一斤 | 酱油 | 五斤 | 板鸭 | 一只 |
| 木耳 | 四两 | 海带 | 一斤 | 香料 | 三斤 | 鸭子 | 二只 |
| 白糖 | 一斤 | 芝麻酱 | 半斤 | 香片茶 | 半斤 | 填鸭 | 一只 |
| 红糖 | 一斤 | 小磨麻油 | 半斤 | 大叶茶 | 半斤 | 老鸭 | 五只 |
| 冰糖 | 半斤 | 火腿 | 一只 | 折表纸 | 一刀 | 小鸡 | 五只 |
| 莲子 | 半斤 | 香肠 | 十节 | 牛烛 | 十五斤 | 虾鱼 | 随到随送 |
| 桂圆肉 | 二两 | 蹄筋 | 四两 | 香油 | 十五斤 | 青菜 | 全 |
| 桃仁 | 半斤 | 糟鱼 | 半斤 | 绍酒 | 一坛 | | |

资料来源：（清）河南贡院供给所辑《豫省文闱供给章程》第三册《监临院供给款目》，清光绪年间刻本（1875～1908），上海图书馆藏。

---

① 本文为教育部人文社会科学重点研究基地重大项目"中国科举通史"（13JJD880010）的阶段性成果。清礼部纂（光绪）《钦定科场条例》卷43《乡会试供具·供给》，详见沈云龙主编《近代中国史料丛刊三编》（第48辑）第8册，文海出版社，1989，第3019～3020页。

表2  清代河南乡试两主考饮食供应清单

| 项目 | 名称 | 数量 | 名称 | 数量 | 名称 | 数量 |
|---|---|---|---|---|---|---|
| 每日供应 | 猪肉 | 十六斤 | 鸭子 | 两只 | 牛烛 | 八斤 |
|  | 鸡子 | 八只 | 澄沙 | 一斤 | 青菜 | 色各全 |
|  | 鸡蛋 | 六十个 | 牛烛 | 四斤 | 鱼虾 | 酌进,不定数 |
| 每五日的额外供应 | 大米 | 三百斤 | 松花蛋 | 六十个 | 大盐 | 十斤 |
|  | 白面 | 一百斤 | 粉皮 | 十斤 | 香醋 | 十斤 |
|  | 鱼翅 | 六斤 | 粉条 | 六斤 | 料酒 | 十斤 |
|  | 海参 | 两斤 | 金针 | 二十两 | 酱菜 | 两斤 |
|  | 南酒 | 两坛 | 木耳 | 十两 | 香片茶 | 四斤 |
|  | 南腿 | 四肘 | 带丝 | 六两 | 安化茶 | 六斤 |
|  | 鱼肚 | 十片 | 冰糖 | 两斤 | 净丝烟 | 四斤 |
|  | 海蜇 | 两斤 | 白糖 | 六斤 | 杂拌烟 | 两斤 |
|  | 口蘑 | 二十两 | 红糖 | 六斤 | 折表纸 | 十刀 |
|  | 香菌 | 二十两 | 香油 | 三十斤 | 火香 | 四把 |
|  | 鸭蛋 | 六十个 | 酱油 | 十斤 |  |  |

资料来源：(清)河南贡院供给所辑《豫省文闱供给章程》第一册《两主考供给款目》，清光绪年间刻本（1875~1908），上海图书馆藏。

由表1、表2可知，清代河南乡试一等饮食供应的规格非常高。监临院每二日饮食供应竟达55种，两主考每日常例供应9种，另外每五日还加大供应一次，每次外加食物32种。这些饮食供应不仅有河南本省所产的猪牛鸡鸭等各种肉食，还有鱼翅、海参、海蜇等沿海地区特有的海味；不仅有油盐酱醋，还有烟酒糖茶。此外，每逢中秋节，监临院还供应月饼、佛手、苹果、石榴、香橼、水梨、葡萄等项，主考官除供应月饼、水果等项外，还设满汉席二桌，备南酒二坛。从如此丰富的饮食供应来看，清代对总理考务的监临和操司文柄的主考礼遇有加，反映出清代河南对乡试这一国家抡才大典的重视程度。

相对监临与主考的一等供应，作为享用二等供应的监试、房考、提调、内外收掌等官，其饮食的种类和数量从理论上讲应略有降低。这里将代表清代河南乡试二等供应的内监试饮食清单辑录如下（见表3）：

表3 清代河南乡试内监试饮食供应清单

| 项目 | 名称 | 数量 | 名称 | 数量 | 名称 | 数量 |
|---|---|---|---|---|---|---|
| 每日供应 | 猪肉 | 八斤 | 鸡蛋 | 三十个 | 鱼虾 | 随到随送 |
|  | 鸭子 | 一只 | 豆沙 | 半斤 | 青菜 | 全 |
|  | 鸡子 | 四只 | 牛烛 | 四斤 |  |  |
| 每五日的额外供应 | 大米 | 一百五十斤 | 松花蛋 | 三十个 | 香片茶 | 三斤 |
|  | 白面 | 五十斤 | 带丝 | 三两 | 杂拌烟 | 一斤 |
|  | 鱼翅 | 三斤 | 冰糖 | 一斤 | 净丝烟 | 二斤 |
|  | 海参 | 一斤 | 白糖 | 三斤 | 折表纸 | 五刀 |
|  | 南腿 | 二条 | 香油 | 十五斤 | 火香 | 二把 |
|  | 鱼肚 | 十两 | 酱油 | 五斤 | 粉条 | 三斤 |
|  | 海蜇 | 一斤 | 香醋 | 五斤 | 粉皮 | 五斤 |
|  | 南酒 | 一坛 | 料酒 | 五斤 | 金针 | 十两 |
|  | 香菌 | 十两 | 大盐 | 五斤 | 木耳 | 五两 |
|  | 口蘑 | 十两 | 酱菜 | 一斤 |  |  |
|  | 鸭蛋 | 三十个 | 安化茶 | 三斤 |  |  |

资料来源：（清）河南贡院供给所辑《豫省文闱供给章程》第二册《内监试供给款目》，清光绪年间刻本（1875～1908），上海图书馆藏。

由表3可知，清代河南乡试内监试每日的常例饮食供应为8种，相对于一等供应的主考少了1种，每五日的外加饮食31种，比一等供应主考亦少了1种。此外，中秋节仅有月饼和水果供应，并无满汉席和南酒供给。至于提调、外监试、内外收掌等享受二等供应的各执事官，其饮食供给基本上与内监试一样，并没有多大差别。由此可见，清代河南乡试二等供应相对一等供应的差别虽然并不十分明显，不过也体现出一定的等级性。

为进一步分析清代河南乡试三等供给的情况，现将享用三等供给的受卷、弥封、誊录、对读外帘四所官每员的饮食供应情况列表如下（见表4）：

表4 清代河南乡试外帘四所官每员的饮食供应清单

| 项目 | 名称 | 数量 | 名称 | 数量 | 名称 | 数量 |
|---|---|---|---|---|---|---|
| 每日供应 | 猪肉 | 三斤 | 鸡蛋 | 十个 | 青菜 | 足用 |
|  | 鸭子 | 一只 | 牛烛 | 两斤 |  |  |

续表

| 项目 | 名称 | 数量 | 名称 | 数量 | 名称 | 数量 |
|---|---|---|---|---|---|---|
| 每五日的额外供应 | 大米 | 五十斤 | 香醋 | 三斤 | 净丝烟 | 一斤 |
| | 白面 | 五十斤 | 大盐 | 三斤 | 杂拌烟 | 一斤 |
| | 香油 | 八斤 | 安化茶 | 两斤 | 折表纸 | 两刀 |
| | 酱油 | 三斤 | 香片茶 | 一斤 | 火香 | 一把 |

资料来源：(清)河南贡院供给所辑《豫省文闱供给章程》第四册《提调外监试供给款目》，清光绪年间刻本（1875~1908），上海图书馆藏。

由表4可知，清代河南乡试外帘四所官每员每日供应的食物仅有5种，相对于二等供给的内监试减少3种，每五日的外加供应饮食仅为12种，比二等供应内监试也少了19种，并且数量上较之内监试减少一半还多。中秋节虽有月饼和水果供应，但数量上也减少了一半。外帘四所官在三等供给中算是规格最高的，至于总巡官、水道官、禀事官等闱中佐杂官的食物供应则相对外帘所官略有减少，但是不太明显。由此可见，清代河南乡试三等饮食供应无论在种类还是数量上较一、二等供应差别很大。

以上是对清代主考和执事官的饮食供应情况的介绍，至于办事书吏的食物供应，清代并没有列入相应的供应等级，不过也要求各按等次支给。为分析办事书吏饮食供应之间的差别，以下将外帘四所中的受卷、弥封、誊录、对读四书吏饮食供应情况列表如下（见表5）：

表5　清代河南乡试外帘四所书吏每日饮食供应清单

| 书吏 | 名称 | 数量 | 名称 | 数量 | 名称 | 数量 |
|---|---|---|---|---|---|---|
| 受卷书吏 | 米 | 五斤 | 油酱 | 六两 | 茶叶 | 半斤 |
| | 面 | 十五斤 | 甜酱 | 六两 | 烟 | 半斤 |
| | 肉 | 二斤 | 盐 | 六两 | 折表纸 | 半刀 |
| | 油 | 二斤 | 蒸酒 | 一斤 | 青菜 | 酌给 |
| | 牛烛 | 一斤 | | | | |
| 弥封书吏 | 米 | 十斤 | 盐 | 一斤 | 折表纸 | 一刀 |
| | 面 | 三十斤 | 酱油 | 半斤 | 牛烛 | 两斤 |
| | 肉 | 四斤 | 甜酱 | 半斤 | 烟 | 一斤 |
| | 鸡子 | 两只 | 蒸酒 | 两斤 | 青菜 | 酌给 |
| | 油 | 四斤 | 茶叶 | 一斤 | | |

续表

| 书吏 | 名称 | 数量 | 名称 | 数量 | 名称 | 数量 |
|---|---|---|---|---|---|---|
| 誊录书吏 | 肉 | 十六斤 | 米 | 三石 | 青菜 | 酌给 |
| | 盐 | 十二斤 | 香油 | 十斤 | 馍（八月初四、初五日） | 六百斤 |
| | 面 | 一千二百斤 | 茶叶 | 八斤 | 大米（三场每场加给） | 四百斤 |
| 对读书吏 | 面 | 四百斤 | 香油 | 两斤 | 青菜 | 酌给 |
| | 米 | 一石 | 盐 | 八斤 | 馍（八月初四、初五日） | 三百斤 |
| | 肉 | 十五斤 | 茶叶 | 两斤半 | 大米（三场每场加给） | 二百斤 |

资料来源：（清）河南贡院供给所辑《豫省文闱供给章程》第四册《提调外监试供给款目》，清光绪年间刻本（1875~1908），上海图书馆藏。

首先，总体上来看，外帘四所书吏较之外帘四所官，每日的饮食供应不但种类消减了不少，还取消牛烛、鸭子、鸡蛋等荤食的供应。由此可见，乡试执事书吏较之执事官员的供给等级差别较为明显。

其次，从这四所书吏之间的饮食供应来看，也有相当的差别。就种类而言，最多者为弥封书吏供应饮食14种，其次为受卷书吏为13种，最少者为誊录书吏和对读书吏各供应9种。从饮食供给的内容来看，受卷书吏较之弥封书吏每日不但取消2只鸡子，而且每项食物分量基本上减半，虽然目前无法确定受卷书吏与弥封书吏人数的比例关系，但食物种类供应的差异和规格的不同，从中反映出弥封书吏工作的重要性。

再次，从誊录与对读二书吏的饮食供应来看，较之受卷与弥封书吏明显降低了一个档次，不但种类分别减少了4~5种，而且取消了牛烛和鸡子等荤食的供给，蒸酒的取消可能与誊录与对读书吏的工作性质有关，不过整体上反映出供给等次的差异。

最后，就誊录与对读书吏之间的供应来看，从饮食种类上几乎看不出什么差别，但从供给分量上来看，誊录书吏是对读书吏的2~3倍，这主要源于誊录书吏和对读书吏人数的差别。据史料记录，光绪二十年甲午科河南乡试有誊录生1100名，对读生仅有140名[1]，可见二者的人数差距较

---

[1] （清）佚名：（光绪）《甲午科河南乡试仪节》，清光绪二十年刻本，第2页。

大，前者是后者的近8倍，由此来看，誊录书吏的饮食供应量比对读书吏相对还要少一些。

除外帘四所书吏外，闱中还有各类跟役、差役、皂役、厨房工、人夫等，他们的饮食也是严格按照规定的等次进行供给的。跟役饮食种类一般为4~5种，通常早晚二桌为跟役饭，外加几份点心，每日供应数量不等的饭米、黄酒和蒸酒等。至于各种差役、皂役、人夫等通常每日供应桌次不等的"八八饭""六六饭""四四饭"[①]。

相对于闱中考务人员，按照清代定例，供给所也有相应的饮食供应考生。通常每场供有米粥，每人供应"士子馍"四个，每个馍重四两，考试的第二场每名士子给梨两个，第三场因在中秋节期间，每名士子给月饼两个，每个重四两[②]。因食物分量很少且非常简单，据商衍鎏回忆记载，士子仍需自备饮煮[③]。由此可见，清代河南乡试士子的饮食供应与考务人员差距很大，不过因士子人数多至数千上万之众，闱中饮食供应多有不便也是可以理解的。

## 二 闱中人员用具的供应状况

按照定制，闱中人员的用具如同饮食供应一样，也是严格按照等级进行配给的。为具体分析河南乡试闱中人员用具的供应状况，这里按照用具的类别，大致分为木器、铺垫、陈设器具、银锡铜瓷器等项，分别对不同等级人员的供应做一简要论述。

### （一）木器的供应状况

木器是闱中主考与执事官员生活和办公的主要用具，包括床席、桌椅、凳子、茶几、盆架、书架等项。这里将享用一等供应的主考，二等供应的内监试，三等供应的外帘四所官所用木器供应清单辑录如下（见表6）：

---

① （清）河南贡院供给所辑《豫省文闱供给章程》第五册《贡院内各委员供给款目》，清光绪年间刻本（1875~1908），上海图书馆藏。
② （清）河南贡院供给所辑《豫省文闱供给章程》第八册《改归内办各项款目》，清光绪年间刻本（1875~1908），上海图书馆藏。
③ 商衍鎏：《清代科举考试述录及有关著作》，百花文艺出版社，2004，第73页。

表6 清代河南乡试主考与部分执事官每员每处木器供应清单

| 官员 | 名称 | 数量 | 名称 | 数量 | 名称 | 数量 |
|---|---|---|---|---|---|---|
| 主考官 | 棕屉床 | 一张 | 细方杌 | 四个 | 二细方桌 | 八张 |
| | 长脚踏 | 一个 | 细茶几 | 二个 | 二细半桌 | 二张 |
| | 细方桌 | 四张 | 条几 | 二张 | 梅公椅 | 十六把 |
| | 木炕 | 一张 | 公事桌 | 一张 | 板床 | 六张 |
| | 炕桌 | 一张 | 方脚踏 | 一个 | 用席 | 十二条 |
| | 炕几 | 一个 | 漆方桌面 | 一个 | 架床 | 十张 |
| | 炕脚踏 | 二个 | 脸盆架 | 二个 | 席箔 | 二十条 |
| | 细半桌 | 二张 | 书架 | 二个 | 箱架 | 四个 |
| | 斗料椅 | 十六把 | | | | |
| 内监试官 | 棕屉床 | 一张 | 脚踏 | 两个 | 书架 | 一个 |
| | 长脚踏 | 一个 | 细半桌 | 二张 | 箱架 | 四个 |
| | 公事桌 | 一张 | 细料椅 | 十把 | 盆架 | 两个 |
| | 细方桌 | 二张 | 细方杌 | 八个 | 方脚踏 | 一个 |
| | 木炕 | 一张 | 茶几 | 四个 | 方桌面 | 一个 |
| | 炕桌 | 一张 | 二细方桌 | 六张 | 板床 | 四张 |
| | 炕几 | 一个 | 梅公椅 | 十六把 | 架床 | 六张 |
| 外帘所官 | 条几 | 一张 | 席 | 两条 | 架床 | 四张 |
| | 细方桌 | 三张 | 书架 | 一个 | 粗方桌 | 四张 |
| | 斗料椅 | 八把 | 盆架 | 一个 | 独凳 | 四条 |
| | 大板床 | 一张 | 箱架 | 一个 | | |

资料来源：(清)河南贡院供给所辑《豫省文闱供给章程》第一册《两主考供给款目》、第二册《内监试供给款目》、第四册《提调外监试供给款目》，清光绪年间刻本 (1875~1908)，上海图书馆藏。

由表6可以看出，代表三个等级的主考、内监试、外帘四所官木器供应存在一定的差异。从供应种类上看，享用一等供应的主考每处有25种供应，二等供应的内监试处有21种供应，后者比前者减少4种；三等供给的外帘四所官每员木器供应仅有11种，比二等供应的内监试减少10种，比一等主考减少14种。从供应数量上看，一、二、三等间多数木器供应数量有不同程度的减少。就供应木器的品质而言，一等供应的木器品质高于二等供应。比如，供应内监试的是茶几、脚踏、方桌面，而供应主考的是细茶几、炕脚踏和漆方桌面。三等供应的外帘四所官相对享用一、二等供应的主考和内监试,其所供木器品质更低,比如,非常重要的用具——床,主考和内监试供应的都是棕屉床,而外帘所官则是大板床。由上可知,清代河南乡试考官与执事官的木器供应,一、二等之间虽有差距,但是并不太明显,而三等供应与一、二等之间有着较大的差距。

以上是对考官与执事官不同等级间木器供应情况的分析,至于办事书吏的木器供应虽没有纳入相应的等级,不过,各书吏之间也是按照相应等次进行配给的。比如在外帘四所书吏中,受卷书吏和弥封书吏各供应木器5种,分别为架床、席箔、方棹、粗椅、粗板凳,至于誊录与对读书吏因人数众多,并没有明确配给相应的木器。又如收掌书吏供给5种木器,分别为架床、席箔、方棹、梅公椅、竹帘,外收掌书吏较之内收掌则少了席箔一项①。由此可知,各办事书吏之间木器供应也存在一定的差别。此外,闱中还有各类跟役、差役、皂役、厨房工、人夫等,他们并没有严格按照规定的等次供给木器,一般是安排在差役房或匠役房中居住,共用相应的器具设置。

(二) 铺垫的供应状况

所谓铺垫主要是上述木器的配用品,有一定的实用价值,多数是装饰用的奢侈品,不过也有一些必需品,比如棉被、枕头等。这里仍将享用一等供应的主考、二等供应的内监试、三等供应的外帘四所官的铺垫供应清单辑录如下 (见表7):

表7　清代河南乡试主考与部分执事官每员每处铺垫供应清单

| 官员 | 名称 | 数量 | 名称 | 数量 | 名称 | 数量 |
| --- | --- | --- | --- | --- | --- | --- |
| 主考官 | 南阳绉帐 | 一床 | 红羽毛炕枕垫 | 一付 | 红羽毛机套 | 四个 |
|  | 湖绉棉被 | 二床 | 红羽毛桌围 | 六条 | 红呢公事桌套 | 一个 |
|  | 合枕 | 一付 | 红羽毛桌套 | 一个 | 红羽纱围 | 八个 |
|  | 床围 | 一条 | 红花洋布炕围 | 一条 | 红羽纱椅披垫 | 十六个 |

---

① (清) 河南贡院供给所辑《豫省文闱供给章程》第四册《提调外监试供给款目》,清光绪年间刻本 (1875~1908),上海图书馆藏。

清代河南乡试的供应状况及其特点

续表

| 官员 | 名称 | 数量 | 名称 | 数量 | 名称 | 数量 |
|---|---|---|---|---|---|---|
| 主考官 | 贡绸褥 | 二床 | 红羽毛炕脚套 | 二个 | 红线地毯 | 一条 |
|  | 线毯 | 一条 | 红呢方桌套 | 四个 | 红呢茶几套 | 二个 |
|  | 绸绉夹门帘 | 二挂 | 红羽毛椅披垫 | 十六付 | 红羽毛半桌套 | 二个 |
|  | 红羽毛脚踏套 | 一个 |  |  |  |  |
| 内监试官 | 红羽毛炕枕垫 | 一付 | 红羽毛椅披垫 | 十付 | 红羽纱长脚踏套 | 一个 |
|  | 红羽毛桌围 | 四个 | 红羽毛杌套 | 八个 | 红羽纱桌围 | 六个 |
|  | 红呢炕桌套 | 一个 | 红呢公事桌套 | 一个 | 红羽纱椅披垫 | 十六付 |
|  | 红羽纱炕脚踏套 | 两个 | 红呢茶几套 | 四个 | 红羽纱床围 | 一条 |
|  | 红呢方桌套 | 两个 | 香色绸夹门帘 | 两挂 | 红花洋布炕围 | 一条 |
|  | 红呢半桌套 | 两个 | 红线地毯 | 满堂 |  |  |
| 外帘所官 | 红羽纱方桌套 | 三个 | 红羽纱桌围 | 三个 | 红羽纱椅披垫 | 八付 |

资料来源：(清) 河南贡院供给所辑《豫省文闱供给章程》第一册《两主考供给款目》、第二册《内监试供给款目》、第四册《提调外监试供给款目》，清光绪年间刻本 (1875～1908)，上海图书馆藏。

由表 7 可以看出，三个等级之间人员铺垫供应存在相当大的差别。从种类上看，一等供应的主考每处有 22 种铺垫供应，二等供应的内监试处有 17 种供应，后者比前者约减少 22.73%，三等供给的外帘四所官每员铺垫仅有 3 种，比二等供应的内监试减少 14 种，约减少 82.35%。从供应数量上看，一、二、三等间多数铺垫依次供应有不同程度的减少。就铺垫的品质而言，享用一等供应的主考的铺垫品质如同木器供应，要优于享用二等供应的内监试。比如，供应内监试的炕桌套、半桌套均为红呢材料，而供应主考的则为红羽毛材料；供给主考的炕脚踏套、夹门帘，分别为红羽毛和绸绉材料，而供应给内监试的则是红羽纱和香色绸材料。享用三等供应的外帘所官所用的方桌套和桌围均为红羽纱材料，而内监试和主考则是红呢和红羽毛材料。由以上分析，亦能看出清代河南乡试一、二等铺垫供应的差距不太明显，三等供应与一、二等之间差距则比较大，至于办事书吏根本就没有铺垫供给。从上述作为奢侈品的铺垫供应情况，可以清楚地反映清代河南乡闱中人员供应的等级性。

(三) 陈设器具的供应状况

闱中官员公所内陈设的器具主要包括灯具、文具、钟表、帽架、字画、挂件、盆栽等项，这些器具除了灯具、文具、钟表和帽架为生活实用品外，大多数为装饰品，这些装饰品的供应状况最能反映清代对乡试这一抡才大典的重视程度。这里仍将代表一等供应的主考、二等供应的内监试、三等供应的外帘四所官公所内陈设器具的清单辑录如下（见表8）：

表8 清代河南乡试主考与部分执事官每员每处陈设器具供应清单

| 官员 | 名称 | 数量 | 名称 | 数量 | 名称 | 数量 |
|---|---|---|---|---|---|---|
| 主考官 | 玻璃灯 | 四盏 | 红彩绸 | 三挂 | 对子 | 二付 |
| | 镜屏 | 一座 | 带套宫灯 | 四对 | 横披 | 一张 |
| | 花瓶 | 一个 | 桂花 | 二盆 | 直条 | 二轴 |
| | 座钟 | 一架 | 金橘 | 二盆 | 小屏 | 四扇 |
| | 挂钟 | 一架 | 柚子 | 二盆 | 官衔纱灯 | 一对 |
| | 挂镜 | 一面 | 佛手 | 二盆 | 双席天棚 | 一座 |
| | 文具盘 | 一个 | 各样花草 | 一池 | 竹堂帘 | 一挂 |
| | 细帽架 | 三对 | 中堂 | 一轴 | 门帘 | 一挂 |
| | 粗帽架 | 二对 | 画屏 | 四扇 | 窗帘 | 十一挂 |
| 内监试官 | 玻璃灯 | 四盏 | 细帽架 | 六个 | 横披 | 一张 |
| | 镜屏 | 一座 | 宫灯 | 三对 | 竹堂帘 | 一挂 |
| | 花瓶 | 一个 | 彩绸 | 三挂 | 窗帘 | 十挂 |
| | 座钟 | 一架 | 中堂 | 一幅 | 门帘 | 一挂 |
| | 文具 | 一付 | 挂屏 | 八扇 | 杉木天棚 | 一架 |
| | 陈设盘 | 一个 | 对子 | 两付 | 官衔纱灯 | 一对 |
| | 粗帽架 | 六个 | 条山 | 一轴 | | |
| 外帘所官 | 香色门帘 | 两挂 | 对子 | 一付 | 中堂 | 一幅 |
| | 帽架 | 一对 | 竹门帘 | 两挂 | 窗帘 | 四挂 |

资料来源：(清)河南贡院供给所辑《豫省文闱供给章程》第一册《两主考供给款目》、第二册《内监试供给款目》、第四册《提调外监试供给款目》，清光绪年间刻本（1875~1908），上海图书馆藏。

由表8陈设器具清单可知，二等供应较一等供给在陈设器具的种类、数量上都有所减少。一等供应的两主考公所内陈设的器具每处有27种，二等供应的内监试处有20种，后者比前者减少约26%。详细考察发现，内监试室内陈设较之主考，主要少了桂花、金橘、柚子、佛手等各样花草盆栽。从供应数量上看，大部分器具二等较一等供应有不同程度的减少。就器具品质而言，二等供应较一等供应也略降低。比如，内监试室内陈设的是挂屏、彩绸、宫灯，而两主考室内则为画屏、红彩绸、带套宫灯。总体来看，二等器具陈设较一等仍有一定的差别，如同其他用具一样差距并不十分明显。至于三等供应的外帘四所官每员室内器具仅有6种，比二等供应减少70%。数量上也出现较大幅度的减少，如帽架二等供应的粗帽架和细帽架各6个，而三等供应仅有一对2个；又如窗帘三等供应仅为4挂，二等供应则有10挂。通过对上述陈设器具的分析，发现清代河南乡试主考和总理执事官生活场所的陈设非常考究，这从另一个侧面反映出清代河南对乡试这一抡才大典的重视。

（四）银锡铜瓷等器具的供应状况

闱中人员所用的银锡铜瓷等器具，主要为灯具、茶具、餐具和酒器等生活必需品。这些生活必需品的供给状况，在一定程度上反映清代河南乡试闱中人员的生活品质。这里依然将代表一等供应的主考、二等供应的内监试、三等供应的外帘四所官所供上述器具的清单辑录如下（见表9）：

表9　清代河南乡试主考与部分执事官每员每处银锡铜瓷等器具供应清单

| 官员 | 名称 | 数量 | 名称 | 数量 | 名称 | 数量 |
|---|---|---|---|---|---|---|
| 主考官 | 锡痰盒 | 一对 | 锡灯台 | 六盏 | 牙筷 | 一双 |
| | 广锡灯台 | 一盏 | 锡烛台 | 四个 | 银挑羹 | 一个 |
| | 广锡烛台 | 二个 | 锡酒壶 | 四把 | 银小碟 | 一个 |
| | 广锡万字高烛扦 | 二个 | 锡茶壶 | 十二把 | 红花茶碗 | 二十付 |
| | 广锡汤酒壶 | 二把 | 红花家伙 | 二桌 | 红花茶钟 | 二十个 |
| | 广锡茶壶 | 一把 | 红花送席 | 在外 | 红洋漆筷 | 一把 |
| | 大铜脸盆 | 一个 | 明角手照 | 一对 | | |
| 内监试官 | 牙筷 | 一双 | 广锡烛台 | 两个 | 广锡茶壶 | 一把 |
| | 银挑羹 | 一个 | 明角手照 | 一对 | 锡茶壶 | 十把 |
| | 银小碟 | 一个 | 锡烛台 | 四个 | 红漆筷 | 二把 |
| | 锡痰盒 | 一对 | 广锡高烛扦 | 一对 | 红花瓷器 | 二桌 |
| | 锡灯台 | 六盏 | 锡酒壶 | 四把 | 红花茶碗 | 二十付 |
| | 广锡灯台 | 一盏 | 广锡汤壶 | 两把 | 红花茶钟 | 二十个 |

续表

| 官员 | 名称 | 数量 | 名称 | 数量 | 名称 | 数量 |
|---|---|---|---|---|---|---|
| 外帘所官 | 灯台 | 四盏 | 酒壶 | 两把 | 红花挑羹杯碟 | 四付 |
| | 烛台 | 三个 | 红花大碗 | 四个 | 红花茶碗 | 两付 |
| | 印色盒 | 三个 | 红花中碗 | 四个 | 红花茶缸 | 四个 |
| | 糨面盒 | 一个 | 红花七寸盘 | 四个 | 红漆筷子 | 四双 |
| | 茶壶 | 三把 | 红花五寸碟 | 八个 | | |

资料来源：（清）河南贡院供给所辑《豫省文闱供给章程》第一册《两主考供给款目》、第二册《内监试供给款目》、第四册《提调外监试供给款目》，清光绪年间刻本（1875~1908），上海图书馆藏。

由表9可以看出，清代河南乡试一、二等供应的银锡铜瓷等器具种类分别为20种和18种，虽然两个等级之间仍有一定差距，但是彼此间在种类上的差距不大，数量和品质上基本相同，其差距也非常小。三等供应较二等供应虽然少了4种，但较之上述木器、铺垫和陈设器具差距也不是太大。不过在品质还是有一定的差异：二等供应以银锡器为主，在18种二等供应器具中有12种是银锡器，约占整个二等器具的66.67%；三等供应以瓷器为主，在14种三等供应器具中有8种为红花瓷器，约占整个三等器具的57.14%。由此可见，闱中官员的三等供应与二等供给相比还是有一定的差距，不过应该看到这种用具之间的差距较之上述三种用具并没有那么大，这是因为上述用具尤其是铺垫和陈设器具大多数属于奢侈品和装饰品，而银锡铜瓷等器具多数为生活必需品。清代对主考官和总理执事官大量奢侈与装饰用品的供应，同样反映出清代河南对乡试这一文教活动的重视。

此外，清代河南乡试办事书吏也有一定的锡铁瓷竹等器具供应。比如，外帘四所书吏中的受卷书吏和弥封书吏均有7种器具供应，分别为锡制的灯台、烛台、茶壶、酒壶和铁制的茶壶，以及瓷器茶碗和竹制筷子。至于弥封书吏和誊录书吏因人数众多，并没有明确配给上述器具[①]。由此可知，各办事书吏之间这些器具的供应也还是存在一定的差别。至于闱中各类跟役、差役、皂役、厨房工等并没有这方面的器具供给，他们主要使用食堂内的公共餐具、茶具、酒器等。

---

① （清）河南贡院供给所辑《豫省文闱供给章程》第四册《提调外监试供给款目》，清光绪年间刻本（1875~1908），上海图书馆藏。

## 三 清代河南乡试供应的特点

以上从饮食与用具两个方面，分别考察和分析了清代河南乡试闱中人员的供应状况，由此我们可以看到，清代河南乡试供应具有规范化、等级性和奢华化的特点，以下分别就这三个特点加以论述。

### （一）规范化

规范化是清代对乡会两试科场供应的基本要求，从《钦定科场条例》有关条款中可以看出，清代有一套相当严格且规范的制度规定。这套制度规定从管理的角度，对乡会两试供应办理机构与人员的指定与任用、供应品的检查与保管等方面作了总体要求，涉及各个直省乡试，应该是按照这种要求的具体操作。

从清代河南乡试供应来看，这种操作至少在制度层面上体现出规范化的特点。从目前存世的《豫省文闱供给章程》中有关供应款目来看，清代河南对乡试闱中人员的饮食与用具都列有非常详细的供应清单。这些人员不仅有负责考务的董理重员和操司文柄的两大主考，还涉及贡院内各类分理执事官、各办事书吏、小委员、匠役以及考生等。从上述各类人员饮食供应清单可知，有关供应食物的名称、分量以及供给频次在这些清单中都有着十分详细和明确的规定。如在两主考、内监试和外帘四所官的饮食供应清单中，明确指出每位人员的饮食进支和分配情况，并把每日的常例供应和每五日的额加供应分列，且详细标注供应的食物名称与数量。又如，在监临院食物供应清单中，还特别强调酱醋茶酒米等15项饮食，用完后可以再取；在誊录书吏和对读书吏的饮食清单中，强调八月初四、初五两日另加给馒头600斤，乡试三场因誊录书吏与对读书吏的工作量较大，规定每场加给大米400斤。在用具供应方面，如同饮食亦将用具的名称、数量以及所用的材料都明确标出。在供应管理方面，自乾隆三年（1738）戊午科乡试起，时任河南巡抚尹会一就明确规定场中设立供应支单，不许滥派和冒领[1]。从这些详细的供应清单和明确的供应规定中，我们可以清楚地看出清代河南乡试供应具有规范化的特点。

---

[1] 《清高宗实录》卷79，乾隆三年十月戊申，中华书局，1985，第251页。

## (二) 等级性

分级分等供应是清代科举供应的基本要求，如前所述，《钦定科场条例》中就明确规定将闱中官员的供给分为三等。这一分类标准是以闱中官员的级别为依据的，也就是说，闱官的级别越高，供应的等级也就越高，反之，闱官的级别越低，供应的级别也就越低。综上分析，这一要求在清代河南乡试供应中体现得非常明显。

总的来讲，清代河南乡试无论是饮食还是用具供应，享用一等供给的监临和主考要优于享用二等供给的提调、房考和内外监试等官，享用三等供应的外帘四所官及闱中佐杂等官要次于二等供应的提调、房考和内外监试等官。这还只是对清代河南乡试供应状况的一种笼统概括，如果深入分析，发现一、二、三等供应之间虽然都有差别，但不同等级间的差别也不尽相同。其中，一、二等供应有一定的差别，但并不明显。从饮食来看，二等供应每日常例和每五日的额加供应比一等供应仅各少1种，中秋节晚上比一等供应少了满汉席和南酒；就用具而言，生活必需用具如木器和银锡铜瓷等器具，二等供应和一等供应之间的差别并不大，只是奢饰品如铺垫，个别用具的材料一等供应要好于二等供应，装饰品如室内陈设器具，一等供应主要比二等供应多出桂花、金橘、花草等几样盆栽。由此可见，一等供应和二等供应在很多方面的差别只是象征性的，不过这种象征性的差别，体现了清代对总理考务的监临和操司文柄的主考的重视，从中也反映出清代河南对乡试这一国家抡才大典的重视。

但自三等及以下之供应，这种等级性表现得就非常明显。如上分析，享用三等供应的外帘四所官每员相对二等供应的内监试，无论是饮食还是用具供应都有相当大的差别。在饮食方面，不但饮食种类出现了大幅度的减少，数量上也减少一半还多。在用具方面，生活必需用具如木器和银锡铜瓷等器具，种类和数量上虽然减幅不大，但是品质还是有相当大的差别。比如银锡铜瓷等器具，二等供应约66.67%为银锡器，而三等供应约57.14%为瓷器；又如铺垫，三等的外帘四所官每员铺垫仅有3种，比二等的内监试减少14种，约减少82.35%；室内陈设器具，三等供应仅有6种，比二等供应减少70%，数量上也出现较大幅度的减少，在用具的品质上，三等供应较二等供应的差别则更加明显。

至于闱中书吏等执事员役的供应相对以上三类官员差别则更大。以外帘四所书吏为例,平均供应食物种类比三等供应外帘四所官减少三分之一强,食物分量上减少在30%~50%,品质上还取消牛烛、鸭子、鸡蛋等荤食的供应;用具方面如木器种类约减少64.29%,锡铜瓷等器具也减少一半,其中,誊录书吏与对读书吏并没有明确配给相应的木器和锡铜瓷等器具,至于铺垫和室内陈设器具办事书吏根本就不得享用。

关于闱中各类跟役、差役、皂役、匠夫等虽有相应的等级,除跟役一般供应为4~5种饮食外,至于各种差役、皂役、人夫等,通常每日不过供应桌次和级别不等的"八八饭""六六饭""四四饭"。相对考务人员,应试士子虽有相应的饮食供应,通常每场只供应一点米粥,每人散发四个馒头而已。用具方面,各类跟役、差役、皂役、厨房工等一般是安排居住在差役房或匠役房中,共用相应的器具,使用食堂内的公共餐具和茶具等。综合以上分析,足见清代河南乡试供应的等级色彩非常明显。

(三)奢华化

如前所述,从清代河南乡试一、二等官,尤其是监临和主考的饮食与用具供应清单中,可以清楚地看到,其饮食的种类之多,用具的品类之盛,用"奢华"二字形容亦不为过。《豫省文闱供给章程》以制度条款的方式明确列出这些供应款目,由此来看,甚至可以说是以制度化的形式对这种奢华化的供应给予了认可。

从饮食供应来看,清代河南乡试监临院每二日的饮食供应竟达55种,三次拟题、中秋节、乡试揭晓日,每次供应满汉席一桌、南酒一坛、鱼翅中席一桌、本酒一坛。中秋节还有供应有各式月饼,合计95斤,苹果、石榴、香橼、水梨、葡萄等水果每项皆满盘[1]。两主考处每日常例供应食物9种,每五日外加食物32种,三次出题和中秋节,每次供应满汉席二桌、南酒二坛,跟役翅席二桌、本酒二坛。中秋节外加各式月饼70斤,石榴、葡萄等水果每项皆满盘[2]。从饮食的类别上看,如前所述,这些饮食供应不

---

[1] (清)河南贡院供给所辑《豫省文闱供给章程》第三册《监临院供给款目》,清光绪年间刻本(1875~1908),上海图书馆藏。
[2] (清)河南贡院供给所辑《豫省文闱供给章程》第一册《两主考供给款目》,清光绪年间刻本(1875~1908),上海图书馆藏。

仅有豫省所产的猪牛鸡鸭等各种肉食，还有鱼翅、海参、海蜇等沿海地区特有的海味；不仅有油盐酱醋，还有烟酒糖茶，不能说一应俱全，也可谓是种类异常丰富。

就用具供应而言，首先，清代河南乡试为两主考和内监试，分别提供25种与21种办公和生活用具，主要包括各式床席、桌椅、凳子、茶几、盆架、书架等。其中仅桌子一项，主考就配有方桌、炕桌、细半桌、公事桌、二细方桌、二细半桌、漆方桌面7种，并且这些木器绝大多数配有铺垫，这些铺垫多数是用品质上等的红羽毛或红呢材料制成。其次，还为两主考官和内监试官提供各种灯具、茶具、餐具和酒器等生活用具，分别达20种和18种之多，这些器具款式多样，多为银锡铜等贵重金属制成，其余是档次较为高端的红花瓷器。最后，两类官员公所内还供有各类陈设器具，数量分别有27种和20种。这些器具主要包括灯具、文具、钟表、帽架、字画、挂件、盆栽等项，除了灯具、文具、钟表和帽架为生活实用品外，大多数为装饰品。这些装饰品在居住前后仅一个月时间的公所内陈设，最能反映清代河南乡试供应奢华化的特点，同时也充分反映出清代河南对乡试这一抡才大典的重视程度。

（作者单位：天津大学）

# 乾隆至光绪年间的新进士培养方式探讨

邹长清

**摘　要**：在雍正帝的改革进士培养制度的基础上，乾隆帝、嘉庆帝加以完善，确定了清代中后期的新进士培养方式，即除庶吉士外，将新进士分为分部学习、知县即用分发各省等类型进行培养、任用。嘉庆十年乙丑科成为进士以知县即用的分水岭。此前虽有分发各省以知县即用，但没有成为定制。此后，进士以知县即用者不再候部选，而是均分发各省。这成为清中后期之定制。乾嘉年间确定了新进士培养方式之后，道光至光绪年间是推行阶段。清末施行新政，兴办学堂，同时改变新进士的培养方式，令新进士分别到进士馆和各省课吏馆学习。有清一代，不断探索新进士培养方式。通过对新进士的培养和锻炼，在一定程度上提高了进士出身官员的从政能力。

**关键词**：乾嘉　道光　光绪　新进士培养

清初沿袭了明代的进士观政制度，且不断进行变革。至乾隆嘉庆时，逐步确定了对新进士的培养锻炼方式，特别是对新进士如何观政、在何处观政、观政的时间等问题，进行了有益的探索。

## 一　新进士培养方式确定阶段——乾隆嘉庆年间

在雍正年间培养新进士方式的基础上，乾嘉年间确定了新进士培养方式。雍正后期确定进士分部学习的期限是三年，乾隆初年，对分部学习三年的期限作了确认：

> 乾隆元年议准：学习进士三年期满，该堂官分别引见，其以主事用者照甲第名次，归于月份选用，未经补授之先，仍令在部办事。如

有熟练部务者，遇本部主事员缺，亦准该堂官保奏引见补授。以知县用者，归进士原班选用。如才具平常，奏明咨部以国子监助教、监丞、司经局正字三项遇缺挨次具题补授，有情愿改教者，准其呈明改补。①

乾隆四年（1739）八月十九日，刑部带领以主事用之学习期满进士朱嘉善、虞钦元引见，奉旨："朱嘉善、虞钦元着以主事用"②。朱嘉善、虞钦元两人均是乾隆元年丙辰科进士，乾隆四年八月在刑部学习期满。这说明乾隆元年丙辰科进士是执行分部学习三年之政策。乾隆十年五月二十三日，礼部带领本部壬戌科学习进士陈大复等引见，奉谕旨："着留部"③。陈大复是乾隆七年壬戌科进士，于乾隆十年五月在礼部学习期满。这说明乾隆七年壬戌科进士是执行分部学习三年之政策。总之，通过《钦定大清会典则例》之规定及一些案例，可以断定，乾隆年间执行进士分部学习三年之政策。

嘉庆年间，仍执行进士分部学习三年之定制。嘉庆十一年（1806）奏准："新进士奉旨以部属用者，签分各部学习，未届三年期满，及奉旨以内阁中书用者，行走不及一年，未经出考咨部，如有情愿注销者，准其于本科尚未截取之前，豫行具呈吏部，准其归于知县原班铨选。其业经期满奏留保留之员，毋论本科曾否截取，概不准其注销。"④ 从这一史料可知，嘉庆年间仍执行进士分部学习三年之制。除非奉特旨除授内阁中书，可以不满三年离开所分派的六部衙门；或者学习未满三年，允许注销分部学习资格，改归进士原班候补知县。除此之外，其余分部学习进士的学习期限是三年。可以说，雍正后期确定的新进士分部学习三年成为清代定制。

---

① 乾隆《钦定大清会典则例》卷10《吏部·文选清吏司·除授》，《文渊阁四库全书》第620册。
② 中国第一历史档案馆编《乾隆帝起居注》，乾隆四年八月十九日癸巳，广西师范大学出版社，2002。
③ 《乾隆帝起居注》，乾隆十年五月二十三日甲午。
④ 嘉庆《钦定大清会典事例》卷56《吏部·除授·内阁中书等官改补》，《中国近代史料丛刊三编》第65辑，文海出版社，1991。

## 乾隆至光绪年间的新进士培养方式探讨

### 表1 乾隆年间新进士去向表

| 科年 | 进士人数 | 一甲+庶吉士 | 部属[1] | 分部学习 | 中书 | 知县即用 | 知县分发各省 | 教职 | 其他 | 归班[2] | 资料出处[3] |
|---|---|---|---|---|---|---|---|---|---|---|---|
| 乾隆元年 | 344 | 3+64 | | 52 | | 21 | | 6 | | 198 | A：卷18；B：1/216~217 |
| 乾隆二年 | 324 | 3+59 | 2 | | | 36 | | 3 | 1[4] | 220 | A：卷44；B：2/246~247 |
| 乾隆四年 | 328 | 3+63 | 8 | | | 9 | | 4 | | 241 | A：卷92；C：1/403 |
| 乾隆七年 | 323 | 3+54 | 7 | | | 19 | 16 | 13 | | 211 | A：卷166 |
| 乾隆十年 | 313 | 3+51 | | 47 | | | 38 | 24 | | 150 | A：卷242；C：2/47 |
| 乾隆十三年 | 264 | 3+51 | | 21 | | 16 | 27 | | | 146 | A：卷315；B：7/138~139 |
| 乾隆十六年 | 243 | 3+42 | | 21 | | 14 | 32 | 20 | | 111 | A：卷390；B：10/150~151 |
| 乾隆十七年 | 231 | 3+38 | | 11 | | 9 | 14 | 11 | | 145 | A：卷424；B：11/270~271 |
| 乾隆十九年 | 241 | 3+35 | | 13 | | 9 | 31 | 9 | 2[5] | 139 | A：卷463；B：13/250~252 |
| 乾隆二十二年 | 242 | 3+34 | | 15 | | 4 | 17 | 7 | | 162 | A：卷539；B：16/236 |
| 乾隆二十五年 | 164 | 3+34 | | 19 | | | 25 | 7 | | 76 | A：卷614；B：19/259~260 |
| 乾隆二十六年 | 217 | 3+35 | | 8 | | 8 | | 3 | | 160 | A：卷637；B：20/155 |
| 乾隆二十八年 | 188 | 3+29 | | 17 | | 4 | | | | 135 | A：卷686；B：22/170 |
| 乾隆三十一年 | 213 | 3+31 | | 21 | | 5 | | 1 | | 132 | A：卷760；B：25/232~233 |
| 乾隆三十四年 | 151 | 3+26 | | 48 | 8[6] | 1 | | | | 65 | A：卷835；B：28/237 |
| 乾隆三十六年 | 161 | 3+32 | | 49 | | | | 1 | | 76 | A：卷884；C：6/649 |
| 乾隆三十七年 | 162 | 3+33 | | 28 | 8[7] | 7 | | | | 83 | A：卷909；C：7/67~68 |

续表

| 科年 | 进士人数 | 一甲+庶吉士 | 部属 | 分部学习 | 中书 | 知县即用 | 知县分发各省 | 教职 | 其他 | 归班 | 资料出处 |
|---|---|---|---|---|---|---|---|---|---|---|---|
| 乾隆四十年 | 158 | 3+41 | 8 |  | 2 |  |  |  |  | 104 | A：卷982；C：7/874 |
| 乾隆四十三年 | 157 | 3+32 | 22 |  | 5 |  |  |  |  | 95 | A：卷1056；C：9/85 |
| 乾隆四十五年 | 155 | 3+26 | 18 |  | 6 |  |  |  |  | 102 | A：卷1107；B：30/110 |
| 乾隆四十六年 | 169 | 3+32 | 23 |  | 7 |  |  |  |  | 104 | A：卷1130；B：31/189 |
| 乾隆四十九年 | 112 | 3+21 | 32 |  | 7 |  |  |  | 3[8] | 46 | A：卷1206；C：12/143 |
| 乾隆五十二年 | 137 | 3+29 | 45 |  | 7 |  |  |  |  | 54 | A：卷1280；C：13/800 |
| 乾隆五十四年 | 98 | 3+21 | 19 |  | 23 |  |  |  |  | 32 | A：卷1328；C：14/859 |
| 乾隆五十五年 | 97 | 3+24 | 17 | 6 | 3 | 14 |  |  |  | 20 | A：卷1354；C：15/643 |
| 乾隆五十八年 | 81 | 3+20 | 2 | 3 |  | 19 |  |  |  | 31 | A：卷1428；B：40/126~127 |
| 乾隆六十年 | 111 | 3+15 | 18 | 12 | 5 |  |  |  | 3[9] | 55 | A：卷1477；B：42/150 |

备注：

[1] "部属"，指直接以主事用之进士，不包括分部学习进士。

[2] "归班"，指归班铨选，《清高宗实录》没有记载各科归班的具体人数，这里暂且将确知各科去向之外的进士，放入进士归班栏，这可能与实际情况有些出入，但不会相差很大。

[3] "资料出处"栏：A 指《清高宗实录》；B 指《乾隆帝起居注》；C 指《乾隆朝上谕档》。《清高宗实录》对乾隆朝各科进士的去向记载得比较清楚，因此各科进士的去向以《清高宗实录》记载为主。《乾隆帝起居注》《乾隆朝上谕档》也记载了部分科年的进士去向。为了简洁表格，笔者主要列出《乾隆帝起居注》所记的进士去向，作为参照对象。只有当《乾隆帝起居注》缺进士去向资料时，才用《乾隆朝上谕档》所载。

[4] 乾隆二年"其他"栏中1人，是指国子监助教1人。

[5] 乾隆十九年"其他"栏中2人，是指1人留助教之任，1人以笔帖式用。

[6] 乾隆三十四年五月十七日戊戌，谕令以内阁中书用的40人中，结合《清朝进士题名录》（江庆柏编著，中华书局，2007）统计，乾隆三十四年己丑科有8名进士用为内阁中书。

[7] 乾隆三十七年五月十九日癸丑，谕令以内阁中书用的30人中，结合《清朝进士题名录》统计，乾隆三十七年壬辰科有8名进士用为内阁中书。

[8] 乾隆四十九年"其他"栏中3人，是指用为学正、学录者。

[9] 乾隆六十年"其他"栏中3人，是指用为学正、学录者。

据表1可知，乾隆元年丙辰科分部学习的有52人，而乾隆二年丁巳恩科、乾隆四年己未科分别仅2人、8人以部属用①。从字面上理解，"新进士以部属用"与"新进士分部学习"是两个不同的概念，但参照上文所提嘉庆十一年奏准："新进士奉旨以部属用者，签分各部学习，未届三年期满"，可以大致判断，从新进士分部学习以来，"新进士以部属用"与"新进士分部学习"涵义相同，即使以部属用，也得分部学习办事。乾隆元年丙辰科之后的三科，新进士以部属用，或说分部学习人员，每科多者8人，少者2人，人数不多。因此，在钦定乾隆十年乙丑科新进士去向之前，监察御史毛旭旦上奏："请增添新进士分部学习之数，以重部务，以励人才。"②

乾隆十年乙丑科新进士分派六部学习的达47人，就可能与监察御史毛旭旦奏请相关。乾隆十年乙丑科之后的二十二科新进士中，分派进士到六部衙门学习人数最多的是乾隆三十四年己丑科、乾隆三十六年辛卯恩科、乾隆五十二年丁未科三科，分别有48名、49名、45名进士分派到六部衙门学习；分派进士到六部衙门学习人数最少的是乾隆二十六年辛巳恩科、乾隆四十年乙未科、乾隆五十八年癸丑科三科，分别仅有8名、8名、2名进士分派到六部衙门学习；其他科年基本是每科分派20名左右的进士到六部衙门学习。可见，新进士分派到六部衙门学习的人数不多。

据表2可知，嘉庆年间每科也分派部分进士到六部衙门学习。到六部衙门学习人数最多的是嘉庆四年己未科，此科分部学习80人；到六部学习人数最少的是嘉庆十四年己巳恩科，此科分部学习仅4人。嘉庆年间大多数的科分派六部学习人数在一二十人左右。

虽然乾嘉年间分派六部衙门学习的进士不多，但这一制度一直贯彻执行。可以说，从雍正以来，就确定了将部分进士分部学习的制度。

在乾隆年间，除部分进士分部学习外，几乎每科均有少部分进士以知县即用，此外有些科的进士分发各省以知县即用。乾隆初年三科只有少部分进士以知县即用，没有分发各省以知县即用者。鉴于以知县即用者守候三四载不得补缺，乾隆四年，御史张重光奏请将知县即用者分发各省委

---

① 《清高宗实录》卷44，乾隆二年六月乙丑，中华书局，1985；《清高宗实录》卷92，乾隆四年五月己未。
② 《监察御史毛旭旦奏请增添新进士分部学习之数事》，中国第一历史档案馆藏乾隆朝军机处录副奏折，乾隆十年四月十八日，档号：03-0079-014。

用。这一建议遭否决。① 但从乾隆七年壬戌科开始，连续八科有部分进士分发各省以知县用。从乾隆二十六年辛巳恩科开始，连续十三科没有进士分发各省以知县用；乾隆五十五年庚戌恩科、乾隆五十八年癸丑科又有部分进士分发各省以知县用，此后又停止进士分发各省以知县用。可见，乾隆年间，进士分发各省以知县用处在时举时停阶段。乾隆年间有时将部分进士以知县即用与分发各省以知县用并举，在乾隆之后就不存在这种情况。

嘉庆初年的四科有部分进士以知县即用。嘉庆十年诏令新进士分发各省以知县即用。嘉庆十年五月十四日，内阁奉上谕：

> 向来新进士以知县即用者，原欲令其早日服官，用资造就。近年因录用人员较多，铨选不无壅滞，需次仍复稽迟。是以此次新进士引见后特降旨交吏部签掣分发各省以知县即用。因思辛酉（六年）、壬戌（七年）两科进士内即用知县现在未经铨选者尚多。中式在前而得缺转后，未免偏枯，着吏部查明一体签掣分发各省，其有现在未经到部投供者并着该部代为掣定省分，行知各该员原籍，由本省督抚给咨径赴该省补用，以示朕体恤寒畯俾得及时自效。②

之所以在嘉庆十年诏令新进士分发各省以知县即用，可能与官员的奏请相关。陶澍记载："彭君两峰复得县令。盖本年榜中之以知县即用者名次自两峰始。故事即用皆部选。自乙丑多至八十余人，部选无期。当事建议分发，因并及壬戌一科，遂为例。引见后由部签分各直省，而两峰独得云南。云南去京师万里，仕宦所不乐。两峰，长沙人……"③

陶澍记载嘉庆十年乙丑科进士分发各省以知县即用，是因"当事建议分发"。陶澍是嘉庆七年进士，他记载此事属当时人记当时事。两峰，是彭永思之别号④。彭永思，嘉庆十四年己巳恩科进士，以知县即用分发

---

① 《乾隆朝上谕档》第 1 册，档案出版社，1991。
② 《嘉庆道光两朝上谕档》第 10 册，嘉庆十年五月十四日，广西师范大学出版社，2000。
③ 陶澍：《陶文毅公全集》卷 39《文集·送同年彭两峰之官滇中序》，《续修四库全书》第 1503 册。
④ 杨廷福、杨同甫主编《清人室名别称字号索引》（增补本）下册，上海古籍出版社，2001，第 676 页。

云南①。

嘉庆十年乙丑科成为进士以知县即用的分水岭。此前虽有分发各省以知县即用，但没有成为定制，而以知县即用为主。进士以知县即用归"部选"，即指进士候部选之缺；而进士分发各省以知县即用，则由督抚题请委署、补授。从此，进士以知县即用者不再候部选，而是均分发各省。这成为清中后期之定制。

乾嘉以来，以知县即用者分发各省，一般在藩臬衙门分派学习办事之后，才委署知县之任。嘉庆十四年七月十日，谕内阁：

> 前因山东即墨县武生李泰清来京呈控，伊侄李毓昌在山阳县查赈，身死不明一案。当将全案人犯提京审讯。今案情已鞫讯明确，除另行按律办理外，李毓昌于上年中式进士后，朕于引见时以知县分发江苏即用，经该省上司委赴山阳县查勘水灾，不肯捏报户口，侵冒赈银，居心实为清正。乃山阳令王伸汉因李毓昌不肯扶同捏饰侵赈，胆敢起意与长随包祥串谋，同李毓昌家人李祥、顾祥、马连升等，将李毓昌始则用信末毒伤，继复勒毙悬挂，似此惨遭奇冤，实从来所未有，允宜渥沛恩施，以示褒慰。②

李毓昌是嘉庆十三年戊辰科进士，以知县即用到江苏，在藩臬衙门学习办事期间，被"委赴山阳县查勘水灾"。这表明在委署任用之前，以知县即用者须在藩臬等衙门学习办事。

雍正之后，进士以知县即用分发各省，是否须学习三年，再委署、补授知县？

乾隆以来，没有规定进士以知县即用分发各省，须学习三年，可能由督抚、布按二司临时委派办理一些事情，然后视其办事的能力题请委署、补授。

乾隆二十一年四月十九日，河南巡抚图尔炳阿奏请：

---

① 嘉庆《长沙县志》卷18《选举·进士》，《中国方志丛书》华中地方第311号，成文出版社，1976。
② 《清仁宗实录》卷215第3册，嘉庆十四年七月戊辰，中华书局，1986。

> 要缺需员，恭恳圣恩俯准调补以裨地方事。窃照祥符县知县李源奉旨升授陕州直隶州知州，所遗员缺系附省首邑……查有试用知县杜宪，系山西太谷县人，乾隆十九年进士，奉旨发往河南差遣委用。乾隆十九年七月内到豫，该员年力富强，办事谨慎，历经委差无误，即以杜宪署理确山县知县，实属相宜，仍俟试看一年。如果称职，再请实授。①

杜宪，乾隆十九年甲戌科进士，分发河南以知县用，一年半之后，河南巡抚奏请委署。在委署前"历经委差"。

乾隆二十一年五月十一日，两广总督杨应琚、广东巡抚鹤年奏请：

> 酌请对调县令，以收实效，以重吏治事……查广州府属从化县一县民淳事简，易于治理，该县知县王文征，年三十六岁，江苏进士，乾隆十七年奉旨分发各省以知县用，签掣广东，于十八年五月委署，即于本年九月补授。该员才具明敏，办事认真，斯简邑未展所长，臣等与司道公同商酌，以地方之情形核该员之才，请以王文征调补兴宁县知县。②

乾隆十七年壬申科进士王文征，以知县即用分发到广东，第二年五月委署知县，九月就补授知县。这表明不用学习三年，只是在委署前，很可能在藩臬衙门办事学习过。

乾隆二十九年四月二十五日，陕甘总督杨应琚奏请：

> 要缺需员，恳恩调补事……查有靖远县知县姚棻，年三十五岁，系安徽桐城县进士，补授今职，于乾隆二十七年三月到任，该员才具优裕，办事明练，现经臣委令署理皋兰县印务，整饬有方，舆情爱戴，堪以调补皋兰县知县，但历俸未满三年，例应专折奏请……其所

---

① 《河南巡抚图尔炳阿奏请调补知县折》，《宫中档乾隆朝奏折》第14册，乾隆二十一年四月十九日，台北"故宫博物院"印行，1982。

② 《两广总督杨应琚为酌请对调以收实效折》，《宫中档乾隆朝奏折》第14册，乾隆二十一年五月十一日，第388页。

遗靖远县知县，系调补所遗之缺，例得以试用人员请署。①

乾隆二十六年辛巳科进士姚棻，以知县即用分发陕甘。"乾隆二十七年三月到任"，应指到陕甘学习办事不足一年，仅几个月就委署知县之事。

嘉庆十年乙丑科进士冯春晖，"授知县分发山东，甫谒各宪，即委审案件，判断明允，咸以为老吏，不是过也"。嘉庆十一年九月，"补济南府济阳县知县"②。冯春晖分发到山东仅学习办事一年多，就题请补授济阳县知县，实际可能是题请委署济阳县知县。

嘉庆十六年辛未科进士吕璜，"引见以知县即用，分发浙江。（嘉庆十六年）八月抵杭州……时雷太孺人就衰，余在浙时时心动……（嘉庆十七年）三月乞假归省，至家住两月余，请迎养之浙，太孺人弗许，命余亟之官。九月复到杭州。十月以勾当、平籴事，奉檄之温州……（嘉庆十八年）四月自温州旋杭。题授庆元县令。七月抵任"③。吕璜，分发到浙江，扣除请假花去的半年时间，实际在浙江学习办事一年多，就"题授庆元县令"。

通过以上案例，说明乾隆以来以知县即用分发各省者，不需学习三年，学习办事仅一年，甚至仅几个月就可委署知县之任。在一两年之内就委署，甚至补授知县，这对进士来说，应是很幸运之事。乾隆之后，由于人多官缺少，知县之缺往往要等数年，甚至10年以上。

## 二　新进士培养方式推行阶段——道光至光绪年间

乾嘉年间确定了新进士培养方式之后，道光至光绪年间是推行阶段。据表2可知，新进士除选拔庶吉士外，主要去向是分部学习和知县即用，而归班的人数越来越少。乾隆年间大半的进士归班候选，嘉庆年间每科还有六七十人归班候选，而道光以后归班候选人数进一步减少，甚至仅有三四人是归班候选者。

---

① 《陕甘总督杨应琚奏请调补知县折》，《宫中档乾隆朝奏折》第21册，乾隆二十九年四月二十五日，第304页。
② 王心照：《冯旭林先生年谱》（冯春晖年谱），《北京图书馆藏珍本年谱丛刊》第134册，北京图书馆出版社，1999，第16~17页。
③ 吕璜：《月沧自编年谱》（吕璜年谱），《北京图书馆藏珍本年谱丛刊》第135册，北京图书馆出版社，1999，第444页。

表 2　嘉庆至光绪年间新进士去向表

| 科年 | 进士人数 | 朝考人数 | 引见人数 | 一甲+庶吉士 | 分部[1] | 即用[2] | 知县分发 | 本班[3] | 其他[4] | 归班[5] | 资料出处[6] |
|---|---|---|---|---|---|---|---|---|---|---|---|
| 嘉庆元年 | 144 | 144 |  | 3+25 | 28 | 8 |  |  | 中学 26 10 | 44 | A：卷5；B：1/119 |
| 嘉庆四年 | 220 | 缺 |  | 3+70 | 80 | 15 |  |  |  | 52 | A：卷44 |
| 嘉庆六年 | 275 | 缺 |  | 3+76 | 21 | 30 |  |  | 中学 56 16 | 73 | A：卷83 |
| 嘉庆七年 | 248 | 缺 |  | 3+91 | 6 | 76 |  |  |  | 72 | A：卷98 |
| 嘉庆十年 | 243 | 244 |  | 3+81 | 12 |  | 86 | 2 |  | 60 | A：卷143；B：10/201 |
| 嘉庆十三年 | 261 | 缺 |  | 3+76 | 10 |  | 97 | 7 |  | 68 | A：卷195 |
| 嘉庆十四年 | 241 | 241 |  | 3+66 | 4 |  | 58 | 9 | 中学 26 16 | 59 | A：卷211；B：14/256 |
| 嘉庆十六年 | 237 | 缺 |  | 3+69 | 7 |  | 55 | 5 | 中学 27 10 | 61 | A：卷243 |
| 嘉庆十九年 | 226 | 226 |  | 3+67 | 20 |  | 53 | 7 | 中学 22 3 | 51 | A：卷290；B：19/364 |
| 嘉庆二十二年 | 255 | 255 | 255 | 3+71 | 47 |  | 52 | 1 | 中学 13 5 | 63 | A：卷330；B：22/132；C：22/139 |
| 嘉庆二十四年 | 224 | 224 | 224 | 3+63 | 24 |  | 53 | 3 | 中学 16 5 | 57 | A：卷357；B：24/176；C：24/186 |
| 嘉庆二十五年 | 246 | 246 | 246 | 3+76 | 46 |  | 51 | 1 | 中 7 | 62 | A：卷370；B：25/195；C：25/205 |
| 道光二年 | 222 | 222 | 222 | 3+38 | 16 |  | 152 | 1 |  | 12 | A：卷33；B：27/213；C：27/221 |
| 道光三年 | 246 | 245 | 245 | 3+45 | 52 |  | 83 | 1 |  | 61 | A：卷52；B：28/174；C：28/186 |
| 道光六年 | 265 | 265 | 265 | 3+47 | 32 |  | 125 |  |  | 58 | A：卷98；B：31/145；C：31/154 |

194

续表

| 科年 | 进士人数 | 朝考人数 | 引见人数 | 一甲+庶吉士 | 分部 | 即用 | 知县分发 | 本班 | 其他 | 归班 | 资料出处 |
|---|---|---|---|---|---|---|---|---|---|---|---|
| 道光九年 | 221 | 221 | 221 | 3+52 | 45 | | 95 | 2 | | 24 | A：卷156；B：34/175；C：34/191 |
| 道光十二年 | 206 | 205 | 205 | 3+54 | 57 | | 69 | 1 | | 21 | A：卷211；B：37/187；C：37/194 |
| 道光十三年 | 220 | 220 | 219 | 3+59 | 43 | | 102 | 2 | | 10 | A：卷238；B：38/278；C：38/294 |
| 道光十五年 | 272 | 272 | 272 | 3+54 | 52 | | 137 | 3 | | 23 | A：卷266；B：40/170；C：40/178 |
| 道光十六年 | 172 | 173 | 170 | 3+39 | 35 | | 77 | | | 16 | A：卷283；B：41/187；C：41/195 |
| 道光十八年 | 194 | 195 | 196 | 3+50 | 36 | | 78 | | 中7 | 22 | A：卷309；B：43/135；C：43/140 |
| 道光二十年 | 180 | 179 | 179 | 3+55 | 28 | | 80 | 1 | 中4 | 8 | A：卷334；B：45/209；C：45/227 |
| 道光二十一年 | 202 | 203 | 204 | 3+66 | 30 | | 86 | 5 | 中3 | 11 | A：卷352；B：46/149；C：46/154 |
| 道光二十四年 | 209 | 208 | 208 | 3+44 | 34 | | 96 | 2 | 笔1 | 28 | A：卷405；B：49/153；C：49/167 |
| 道光二十五年 | 217 | 216 | 217 | 3+51 | 44 | | 112 | | | 7 | A：卷417；B：50/209；C：50/222 |
| 道光二十七年 | 231 | 231 | 231 | 3+53 | 35 | | 122 | 1 | 中4 | 13 | A：卷442；B：52/130；C：52/161 |
| 道光三十年 | 212 | 211 | 211 | 3+55 | 46 | | 69 | | 中5 | 33 | A：卷9；B：55/206；C：55/226 |

续表

| 科年 | 进士人数 | 朝考人数 | 引见人数 | 一甲+庶吉士 | 分部 | 即用 | 知县分发 | 本班 | 其他 | 归班 | 资料出处 |
|---|---|---|---|---|---|---|---|---|---|---|---|
| 咸丰二年 | 239 | 241 | 240 | 3+82 | 72 |  | 65 | 1 | 中14 | 3 | A：卷61；B：2/178；C：2/196 |
| 咸丰三年 | 222 | 221 | 221 | 3+65 | 63 |  | 67 | 2 | 中8 | 13 | A：卷93；B：3/182；C：3/200 |
| 咸丰六年 | 216 | 215 | 216 | 3+60 | 78 |  | 61 | 1 | 中6 | 7 | A：卷197；B：6/114；C：6/132 |
| 咸丰九年 | 180 | 181 | 181 | 3+39 | 73 |  | 47 | 5 | 中3 | 11 | A：卷282；B：9/237；C：9/245 |
| 咸丰十年 | 189 | 187 | 187 | 3+37 | 62 |  | 63 | 12 | 中2 | 8 | A：卷318；B：10/290；C：10/304 |
| 同治元年 | 193 | 194 | 192 | 3+49 | 37 |  | 84 | 9 | 中3 | 7 | A：卷32；B：12/226；C：12/301~308 |
| 同治二年 | 200 | 200 | 200 | 3+56 | 36 |  | 79 | 11 | 中6 | 9 | A：卷66；B：13/193；C：13/209~215 |
| 同治四年 | 265 | 265 | 265 | 3+77 | 56 |  | 111 | 9 | 中5 | 4 | A：卷138；B：15/211；C：15/225~235 |
| 同治七年 | 270 | 缺 | 271 | 3+84 | 77 |  | 80 | 10 | 中8 | 9 | A：卷231；C：18/167~178 |
| 同治十年 | 323 | 323 | 323 | 3+90 | 76 |  | 131 | 6 | 中6 | 11 | A：卷310；B：21/129；C：21/143~156 |
| 同治十三年 | 337 | 337 | 337 | 3+90 | 74 |  | 123 | 6 | 中12 | 29 | A：卷366；B：24/124；C：24/140 |
| 光绪二年 | 324 | 321 | 321 | 3+89 | 76 |  | 113 | 5 | 中8 | 27 | A：卷31；B：2/147；C：2/165 |
| 光绪三年 | 329 | 329 | 325 | 3+78 | 101 |  | 102 | 8 | 中13 | 20 | A：卷51；B：3/128；C：3/144 |

续表

| 科年 | 进士人数 | 朝考人数 | 引见人数 | 一甲+庶吉士 | 分部 | 即用 | 知县分发 | 本班 | 其他 | 归班 | 资料出处 |
|---|---|---|---|---|---|---|---|---|---|---|---|
| 光绪六年 | 330 | 331 | 331 | 3+89 | 84 | | 116 | 10 | 中12 | 17 | A：卷113；B：6/119；C：6/135 |
| 光绪九年 | 308 | 306 | 306 | 3+78 | 86 | | 102 | 6 | 中12 | 19 | A：卷163；B：9/146；C：9/158 |
| 光绪十二年 | 319 | 318 | 318 | 3+87 | 89 | | 105 | 7 | 中9 | 18 | A：卷228；B：12/162；C：12/184 |
| 光绪十五年 | 296 | 299 | 297 | 3+86 | 80 | | 103 | 5 | 中9 | 11 | A：卷270；B：15/192；C：15/210 |
| 光绪十六年 | 326 | 323 | 322 | 3+86 | 87 | | 109 | 7 | 中15 | 15 | A：卷285；B：16/141；C：16/169 |
| 光绪十八年 | 317 | 320 | 318 | 3+95 | 87 | | 96 | 11 | 中17 | 9 | A：卷311；B：18/140；C：18/155 |
| 光绪二十年 | 314 | 311 | 311 | 3+76 | 64 | | 102 | 5 | 中53 | 8 | A：卷340；B：20/255~264；C：20/309 |
| 光绪二十一年 | 293 | 296 | 296 | 3+69 | 94 | | 99 | 4 | 中13 | 14 | A：卷367；B：21/145；C：21/169 |
| 光绪二十四年 | 346 | 345 | 342 | 3+82 | 90 | | 125 | 14 | 中16 | 12 | A：卷419；B：24/189；C：24/216 |
| 光绪二十九年 | 315 | 317 | 317 | 3+74 | 94 | | 124 | 15 | 中5 | 2 | A：卷517；B：29/140；C：29/157 |
| 光绪三十年 | 273 | 274 | 274 | 3+61 | 96 | | 88 | 14 | 中10 | 2 | A：卷532；B：30/101；C：30/116 |

备注：

［1］"分部"，指新进士各部学习。

［2］"即用"，指知县即用。

［3］"本班"，指新进士归入其中式进士前的候缺、候选班次授职。从嘉庆二十二年开始，至光

续表

绪二年，上谕档有新进士去向数据，但没说明归本班铨选之人数，我们结合实录，在表中列明归本班铨选人数；从光绪三年丁丑科开始，至光绪三十年，上谕档明确记载京外官员以本班用之人数。

[4]"其他"栏："中"指内阁中书；"学"指学正、学录；"笔"指笔帖式。

[5]"归班"，指归班铨选，即回籍候选。该科引见人数减去有明确去向的进士人数，就是我们算出的归班人数。在缺朝考人数、引见人数的情况下，以该科进士人数减去有明确去向的进士人数，就是我们统计出的归班人数；在只缺引见人数时，我们以该科朝考人数减去有明确去向的进士人数，就是我们统计出的归班人数。由于存在个别进士补朝考、补引见的情况，因而这样统计出来的归班人数与实际情况可能有些出入，但不会相差很大。

[6]"资料出处"栏：A指《清实录》，包括《清仁宗实录》到《清德宗实录》的各朝实录。为了简洁表格，笔者省略了各朝实录的具体名称。B和C均指上谕档，包括《嘉庆道光两朝上谕档》《咸丰同治两朝上谕档》《光绪宣统两朝上谕档》。为了简洁表格，笔者省略了各朝上谕档的具体名称。其中B表示朝考人数的出处，C表示新进士引见人数及新进士去向的出处。

道光以来，分部学习的期限仍是三年，而以知县即用分发各省者，也须领照之后，限期到达各省，到藩臬等衙门学习，或委派办事。

同治十三年（1874）甲戌科进士焦云龙，钦点即用知县，签掣陕西。"甲戌九月赴官……至西安，寓山东会馆。腊月奉委西乡县茶镇税局差，局坐山临汉江，接事即度新年……是岁（指光绪元年）差竣……返省。是岁丙子（光绪二年）寓省城。仲夏委米脂县事……五月赴北山米脂县任……是岁戊寅（光绪四年），由米脂县任补授三原县实缺。"① 焦云龙，分发到陕西，同治十三年九月到省，十二月奉委税差，承办税差一年，光绪二年五月委署米脂县。焦云龙从分发陕西到委署知县，用了近两年时间。

光绪元年（1875）三月，陕甘总督左宗棠奏请：

> 请补知县员缺专折具陈，仰祈圣鉴事。窃臣据甘肃布政使崇保、按察使杨重雅详称，甘肃伏羌县知县王思敬于同治十三年十二月十二日病故，应以病故本日作为开缺日期，业经截缺详报……今伏羌县一缺，该司等在于候补人员内逐加遴选。查有签掣甘肃进士即用知县保昌年四十六岁，系正红旗汉军崇继佐领下人，由附生中式咸丰戊午科

---

① 鲍喜安等述、焦振沧编《焦雨田先生年谱》（焦云龙年谱），《北京图书馆藏珍本年谱丛刊》第175册，北京图书馆出版社，1999，第552~563页。

顺天乡试举人，同治甲戌科会试中式一百七十五名贡士，殿试三甲，赐同进士出身。本年五月初七日由翰林院带领引见，奉上谕着照例发往。钦此。签掣甘肃，领照赴甘十三年十一月十五日到省。该司等查该员保昌，年力精壮、明白安详，以之请补伏羌县知县，实堪胜任，人地亦极相宜等情，会详请奏前来。臣查保昌朴实明白、年富力强，兹请补授伏羌县知县，洵堪胜任，合无仰恳天恩，准以进士即用知县保昌补授伏羌县知县，洵于地方有裨。①

同治十三年甲戌科进士保昌，以知县即用，签掣甘肃，领照赴甘，十三年十一月十五日到省，仅学习办事几个月，就题请补授伏羌县知县。

可见，道光以来，以知县即用者，不需学习三年，学习办事仅一年，甚至仅几个月就可委署知县之任。

为挽救危局，清末施行新政，兴办学堂。同时改变新进士的培养方式，令新进士分别到进士馆和各省课吏馆学习。光绪二十八年十一月戊午，谕内阁：

> 储才为当今急务，叠经明降谕旨，创办学堂，变通科举。现在学堂初设，成材尚需时日。科举改试策论，固异帖括空疏，惟以言取人，仅能得其大凡，莫由察其精诣。进士为入官之始，尤应加意陶成，用资器使，着自明年会试为始，凡一甲之授职修撰、编修，二三甲之改庶吉士，用部属、中书者，皆令入京师大学堂，分门肄业。其在堂肄业之一甲进士、庶吉士，必须领有卒业文凭，始咨送翰林院散馆，并将堂课分数，于引见排单内注明，以备酌量录用。其未留馆职之以主事分部，并知县铨选者，仍照向章办理。如有因事告假，及学未卒业者，留俟下届考试。分部司员及内阁中书，亦必须有卒业文凭，始准奏留归本衙门补用。如因事告假，及学未及格，必俟补足年限课程，始准作为学习期满。

> 其即用知县，签分到省，亦必入各省课吏馆学习，由该督抚按时考

---

① 《陕甘总督左宗棠奏请保昌补授伏羌县知县》，《光绪朝朱批奏折》第1册，光绪元年三月十七日，中华书局，1995。

核，择其优者，立予叙补。其平常者，仍留肄习，再行酌量补用。所有一切课程，着责成张百熙悉心核议具奏，随时认真经理，期收实效。①

这道谕旨诏令从光绪二十九年癸卯科开始，以部属、内阁中书用之新进士与一甲进士、庶吉士一同入京师大学堂学习，以知县即用者入各省课吏馆学习。

实际执行时，以部属、内阁中书用之新进士与一甲进士、庶吉士并不是入京师大学堂学习，而是到进士馆培养。刘锦藻记载：

> 光绪壬寅，谕新进士皆令入京师大学堂肄业。嗣于太仆寺街别立进士馆，不隶于大学堂。癸卯、甲辰两科进士入焉。迨丙午，大都派赴日本东京法政大学肄业，留者半，去者半，其留者则于丁未毕业后，派日本游历考察政治云。②

据谕旨和刘锦藻所记可知，光绪二十九年癸卯科、光绪三十年甲辰科两科以部属、内阁中书用的新进士到进士馆学习。光绪丙午（光绪三十二年），将甲辰科进士馆中的一半进士送往日本东京法政大学学习。

在进士馆学习期满，或到日本游学期满，进士要参加毕业考试，再加以任用。在此我们引用一份光绪三十三年的考试任用清单加以说明：

> 谨将进士馆游学毕业翰林院编修、检讨、庶吉士、部属、中书各学员履历缮具清单恭呈御览。计开：
> 
> 杨兆麟，年三十七岁，贵州人，翰林院编修；朱汝珍，年三十八岁，广东人，翰林院编修。以上二员考列最优等，拟请旨记名遇缺题奏……
> 
> 徐潞，年三十三岁，江苏人，二甲进士，改翰林院庶吉士；林志烜，年三十岁，福建人，二甲进士，改翰林院庶吉士……以上四员考列最优等，均拟请旨授职编修并记名遇缺题奏……

---

① 《清德宗实录》卷507，光绪二十八年十一月戊午，中华书局，1987。
② 刘锦藻：《皇朝续文献通考》卷107《学校十四》，《续修四库全书》第817册。

陈宗蕃，年三十岁，福建进士，法部主事；俞树棠，年三十七岁，浙江进士，法部主事。以上二员考列最优等，均拟请旨准其留部以原缺即补。

张智远，年三十六岁，四川进士，礼部主事；薛登道，年二十六岁，山西进士，度支部主事。以上二员考列优等，均拟请旨准其留部以原官尽先补用。

袁永廉，年二十八岁，贵州进士，度支部主事……以上八员考列中等，均拟请旨准其留部。

张孝慈，年二十七岁，陕西进士，内阁中书……以上三员考列优等，均拟请旨以原官本班尽先补用……①

从这份清单可知，一甲进士、庶吉士与以部属、中书用之进士，学习期满参加毕业考试，考试的等次高低决定其任用与否。关于这两科进士培养和任用的其他相关内容参见周君闲《晚清进士馆述略》一文②，在此不再多作考察。

遵照谕旨，以知县即用，分发各省的新进士，须送各省课吏馆学习。中国第一历史档案馆编《光绪朝朱批奏折》一书，收录了各省办课吏馆之情况。

在雍正帝的改革进士培养制度的基础上，乾隆帝、嘉庆帝加以完善，确定了清代中后期的新进士培养方式，即除庶吉士外，将新进士分为分部学习、知县即用分发各省等类型进行培养、任用。大部分进士或到六部学习，或以知县即用分发各省，只有少部分进士归班铨选。分发各省以知县即用者，不需学习三年，一般学习办事一年，甚至几个月就可题请委署知县之任。

有清一代，不断探索新进士培养方式。通过对新进士的培养和锻炼，在一定程度上提高了进士出身官员的从政能力。

（作者单位：广西师范大学）

---

① 《呈进士馆游学毕业翰林院编修、检讨、庶吉士、部属、中书各学员履历清单》，中国第一历史档案馆藏《光绪宣统两朝军机处录副奏折》，光绪三十三年，档号：03-5496-010。

② 周君闲：《晚清进士馆述略》，《文教资料》2007年第7期。

专题研究

# 明清之际河南地方秩序的瓦解与重建

## ——以1644~1645年河南局势的变化为中心

### 朱亦灵

**摘　要**：河南地区的官绅秩序在明末大乱中基本被摧毁，继之主导地方权力的是自保性与掠夺性兼具的各地土寨。在此背景下，鼎革之际各占据了河南一部分地区的清朝与南明弘光政权因自身原因在河南采取了不同的统治策略。清朝与南明双方在河南重塑秩序的成功与失败，多少左右着河南局势变化的趋向，并最终影响了明清之争的结局。

**关键词**：河南　土寨　南明　官绅秩序

自明崇祯六年（1633）十一月农民军进入河南，至清顺治二年（1645）清朝控制河南全省，河南地区遭受了巨大动荡，由官绅主导的本地秩序经历了从瓦解到重建的过程，这一过程深刻地反映了明清之际国家与地方社会的关系在天灾、兵燹与王朝更替之中发生的变迁，并在某种程度上左右了明清之争的结局。近年来对晚明河南地方史的研究已有了不少成果，但很少与明清之争结合讨论，而传统的明清战争史与南明史研究往往着力于描述明清双方在国家层面上的碰撞，对王朝之争在地方社会中的表现、影响的探讨尚不够细致①。因此，本文从河南地方社会与明清国家

---

① 顾诚所著《南明史》（光明日报出版社，2011）中第二章第六节"1644~1645年河南的局势"对明清鼎革之际的河南局势有所涉及，但着墨有限，也未从地方社会变迁的视角观察。南炳文《南明史》（故宫出版社，2012）在第一章第二节第一部分"晋冀鲁豫地区原明朝官绅的叛变活动"对山海关战役后的河南局势稍有提及。其他相关著作如谢国桢《南明史略》（吉林出版集团，2009）、孙文良等著《明清战争史略》（辽宁人民出版社，1986）、司徒琳《南明史：1644~1662》（上海书店出版社，2007）除了对弘光元年（1645）春的"睢州之变"一笔带过外，几乎没有对甲乙之际河南各方面状况的描述。

的互动形式入手，以本地秩序的瓦解与重建为线索，为鼎革之际的河南在公元1644年春至1645年夏的风云变幻勾勒出一幅图景，意在为晚明河南地方史研究提供新的拓展角度，也希望为明清战争史与南明史研究提供另一种解读思路。

## 一　明末河南官绅秩序的崩溃

明代河南的地方秩序长期主要由官绅主导，国家通过官吏和缙绅实现与地方社会的互动。一方面，在帝国体制下，明朝中央政府通过各级行政机构与配套军政措施对包括河南在内的各省实行严密而有效的管理，地方官员是主持地方事务、维持地方秩序的关键人物。另一方面，在河南乡间社会，缙绅的力量相当强大，占有大量土地，豢养家奴，在地方上形成势力①。明末河南甚至有"四大凶"之说，指称在乡间横行不法的四大乡宦（睢州褚太初、宁陵苗思顺、虞城范良彦和南阳曹某）。然而，逐渐强大的缙绅势力对国家权力而言既是共同维护秩序的合作对象，也是微妙的异己因素，二者的矛盾与冲突在明末已经清晰可见，并且愈演愈烈。随着连年天灾和农民战争席卷河南，由官绅主导的旧有秩序迅速瓦解，中央政府对河南的控制与乡间缙绅在地方上的主导权一同归于毁灭。

明末农民大起义在天启七年（1627）于陕西爆发，并迅速蔓延。崇祯六年十一月，农民军自山西渡过黄河，进入河南渑池县，河南地区在此后10余年内成为农民军最活跃的地区之一。崇祯七年至崇祯十二年，各支农民军在河南与官军持续进行运动战②，对当地造成了严重破坏③。崇祯十三

---

① 目前对河南缙绅豪族的研究集中于对归德府缙绅势力的探讨。详见李永菊《明代河南的军事权贵与士绅阶层——归德府世家大族研究》，博士学位论文，厦门大学，2008；李永菊：《从军事权贵到世家大族——以明代河南归德府为中心的考察》，《河南大学学报》（社会科学版）2013年第4期；刘森：《明末战乱中河南社会权力结构的演变》，《中州学刊》2014年第4期。
② 上述史实参考顾诚《明末农民战争史》，光明日报出版社，2012。
③ 民国《河南获嘉县志》如是云："庄烈帝崇祯九年至十三年五载，旱蝗兼兵、贼焚掠，厉疫横作，民死于兵、死于贼、死于饥寒并死于疫者，百不存一二。存者食草根树皮，至父子兄弟相残食体，骨遍郊野，庐舍丘墟。"（民国《河南获嘉县志》卷17，民国二十四年铅印本，台北成文出版社，第781~782页）类似表述在河南方志的"灾异""祥异"部分非常多见。

年，河南又遭受了规模和烈度空前的旱灾与蝗灾①，"骨肉相食，死者相继，十室九空"②。

李自成部农民军借此机会迅速壮大，在崇祯十五年先后攻克省会开封与明保定总督杨文岳据守的汝宁，在军事上占据了河南大部分地区。在农民军的打击下，明朝在河南的官军主力被消灭，地方各级政府被摧毁，"朝廷亦不复设官。间有设者，不敢至其地，遥寄至他所"③，中央政府与地方的政治、军事联系中断。到崇祯十七年春，当大顺军向北京推进的同时，大顺政权在河南州县全面设置了各级官吏④，其间在地方上没有受到有力抵抗。河南士人郑廉描述道："是月（指四月），流贼伪官入豫之河南诸州县……其公署中，唯三五胥吏寥寥然，时聚时散而已。伪官至，相顾愕眙，不知所出。"⑤ 大顺政权既瓦解了明朝在河南的行政统治，又沉重打击了缙绅势力。除了战争中的杀戮，农民军对缙绅大姓的打击还体现在对其财产田土的没收上。大顺政权在河南设置的官员甫一上任，便立即执行农民军一贯的"追赃助饷"政策，使得"凡有身家，莫不破碎。衣冠之族，骚然不得安生……既而闻各州县皆然"⑥。

崇祯十三年，大灾荒引起的另一个引人注目的现象是"土寇""土贼"⑦

---

① 据邢方明《晚明河南的灾荒救治：1573～1644》（硕士学位论文，东北师范大学，2006）统计，崇祯十三年，"河南布政司六十多个州、县发生旱灾，四十多个州、县发生蝗灾……本年度还发生了波及十县左右的疫病、霜冻、风灾等自然灾害"。
② 民国《新安县志》卷15，民国二十七年石印本，成文出版社，1975，第1124页。
③ 《明史》，中华书局，1974，第7519页。
④ 关于大顺政权在河南设置的各级官员名单，可参考顾诚《明末农民战争史》，光明日报出版社，2012，第342～363页。
⑤ 郑廉：《豫变纪略》，浙江古籍出版社，1984，第179页。
⑥ 郑廉：《豫变纪略》，浙江古籍出版社，1984，第179页。大顺军在河南实行"追赃助饷"政策还见于《平寇志》《再生纪略》等文献，可参考南炳文《南明史》，故宫出版社，2012，第66～67页。
⑦ 河南"土寇""土贼"的出现与崇祯十三年大灾之间的联系可以通过一些地方志的记载予以证明。如民国《商水县志》："十三年，大饥，群盗蜂起，一条龙、袁老山、小袁营、千金刘皆统众数十万，到处焚杀，百姓壮者皆从贼去，其余老弱相食，甚有父子、兄弟、夫妇自相啖者。"民国《商水县志》卷24，民国七年刻本，成文出版社，1975，第1244页。民国《郏县志》："崇祯十三年，大旱，蝗，人相食……盗起。"民国《郏县志》卷10，民国二十一年石印本，成文出版社，1975，第611页。《鄢陵县志》："十二年……秋冬，饥，斗麦八百钱，斗米一千二百钱，饿殍载道，土寇蜂起。"民国《鄢陵县志》卷29，民国二十五年铅印本，台北成文出版社，1976，第2047页。

在河南全境的大量涌现。"土贼"的主要据点是寨堡，以黄河南岸为多。根据李留文《明末中原地区寨堡述论》①的研究，寨堡按照建立者的不同，可分为由富有财力的缙绅建立的绅士寨堡和乡民或盗寇建立的土寨两类。崇祯十二年后，随着明王朝逐步失去对河南的控制，依托官府力量的绅士寨堡愈发势单力孤，陆续被"土寇"攻破，被土寨取代。各个土寨相互残杀、吞并，逐渐形成了几个最大的"营头"，"洛阳则际遇，汝宁则沈万登，南阳则刘洪起弟兄，各拥兵数万，而诸小寨悉归之。或附贼，或受朝命，阴阳观望"②。

清修《明史》将"土贼"定义为地方在战乱后的幸存者，他们"率结山寨自保，多者数千人，少者数"③。百顾诚《南明史》认为："这些人的来历一般是明末地方性的反叛武装，后来同当地乡绅勾结，蜕变成一种封建割据势力。"④ 李永菊《明代河南的军事权贵与士绅阶层——归德府世家大族研究》则提出："与外界'流寇'不同，本地盗贼被称为'土贼'或'土寇'。"⑤ 笔者则认为，对上述意见不妨综合看待。土寨与"土贼"是地方民众（特别是下层民众）⑥ 在国家机器失能、地方社会"失序"后，在天灾、兵燹中为争夺有限资源而形成的一种组织形式，这就决定了"土贼"同时具备两种性质：一方面，"土贼"是地方民众被迫组织武装自卫的产物。至少在其诞生之初，"土贼"并不总是扮演秩序破坏者的角色。刘洪起即"西平盐徒也。与弟洪超、洪道、洪勋、洪礼结乡井自保，号诸刘"⑦。另一方面，作为同时独立于明朝官府与农民军之外的武装力量，"土贼"势力为维持自身的正常运转，势必要在业已残破的地方争夺更多的有限资源，使之染上了"盗贼"的色彩。明末河南地方文献对"土贼"

---

① 李留文：《明末中原地区寨堡述论》，《中州学刊》2016年第4期。
② 《明史》，中华书局，1974，第7519页。
③ 《明史》，中华书局，1974，第7519页。
④ 顾诚：《南明史》，光明日报出版社，2011，第61页。
⑤ 李永菊：《明代河南的军事权贵与士绅阶层——归德府世家大族研究》，博士学位论文，厦门大学，2008。
⑥ 刘洪起、李际遇、沈万登等土寨首领都出身社会下层。刘洪起出身"西平盐徒"。根据李留文《明末中原地区寨堡述论》的考证，李际遇早年应童试不中，后混迹于矿徒之中。沈万登则原是"汝宁大侠"。
⑦ 李天根：《爝火录》，《台湾文献史料丛刊》第101册，大通书局，1987，第296页。

掠夺财物、杀戮百姓的记载相当常见，如道光《泌阳县志》载："甲申春……西北土寇李好伙贼陷城，县署民房悉为灰烬，自是人烟断绝，蓬蒿铺地。"① 乾隆《襄城县志》云："崇祯十六年，大饥，土贼数进城□，男女衣服殆尽，财物一空，冻死、饿死、杀死、拷打死者尸相枕，残毒甚于闯贼。"② 明末河南地方政府解体，缙绅势力被扫荡，而普遍地出现土贼盘踞地方乃至割据自雄的现象，表明明朝国家与河南地方社会的主要互动形式都已中断，由官绅主导的旧秩序走向崩溃。

崇祯十五年后，局势有了新的变化，各大土寨的首领纷纷接受明朝颁赐的官职，而与李自成农民军相敌对。刘洪起在一次对农民军的袭击后接受了西平副将的职位③。崇祯十六年四月，李际遇也被明廷招安，随后与李自成军发生冲突，被围，直到明陕西三边总督孙传庭率部出关，李自成回师迎战，才解除围困④。十月，被明凤阳总督马士英授予副总兵之衔的沈万登发动"汝宁之变"，斩农民军将领马尚志，擒获一干襄阳政权所设的汝宁地方官员⑤。原因很可能是他们和李自成农民军的矛盾激化。此时李自成连克开封、汝宁，消灭了河南官军的主力，随后建立襄阳政权，开始在河南安民设官。李自成的襄阳政权包括之后建立的大顺政权，是农民军势力愈大、兵力愈强后，决心结束流动状态，在占领区实现牢固统治的产物。农民军建立政权后，自觉地在地方上扮演起组织生产、维护秩序的角色⑥，代表的是在战火中诞生的崭新国家力量，意在重新建立国家与地方社会的联系与互动，与割据一方、掠夺成性的河南土寨势力发生冲突势在必然。《郏县志》记载了一起农民军对本县土贼的镇压事例："崇祯十五

---

① 道光《泌阳县志》卷1，清道光四年刊本，成文出版社，1976，第75页。
② 乾隆《襄城县志》卷9，清乾隆十一年刊本，成文出版社，1976，第577~578页。
③ "（刘洪起）尝乘夜遣人入贼营夺其马；贼营中谣曰：'高点灯，多添油，防备西平刘扁头'。河抚知其事，请授洪起为西平参司；檄讨贼，捕诛杨四盛之友侯鹭鹚等。"李天根：《爝火录》，《台湾文献史料丛刊》第101册，大通书局，1987，第296页。
④ "十六年二月，洪起在西平数与老回回战……而际遇亦杀伪官自效。崇祯帝下诏褒奖……当是时，自成围李际遇于玉寨甚急，会督师孙传庭之兵出潼关，围乃解。"徐鼒：《小腆纪年附考》上册，中华书局，1957，第225页。
⑤ 谈迁：《国榷》，中华书局，1958，第5992~5993页。
⑥ "起义军建立的农民革命政权是非常注意恢复社会生产，重视解决民生疾苦的……除了地主阶级的叛乱事件以外，没有看到贫苦农民由于饥寒所迫而起来反抗农民政权的记载。"顾诚：《明末农民战争史》，光明日报出版社，2012，第177页。

年，土贼蟊起，杀人如麻……明年二月，李自成至，杀土贼。"① 在此背景下，各大土寨首领转而借重官府力量以自保，为此他们才选择接受招安，这个推测应是合乎情理的。

崇祯十七年春，大顺政权建立后，在河南设置各级政府，派遣官吏，力图落实对河南的控制。可能因为立足未稳，时间有限，河南大顺军没有对各地土寨发动大规模清剿，各大"营头"自行其是如故。当时，"贼所设伪巡抚梁启隆居开封，他伪官散布郡邑间甚众，而开封东西诸土寨剽掠公行，相攻杀无已"②。还有一些地区仍为明朝官员与武将占领，如开封府推官陈潜夫在正月"奉周王渡河居杞县，檄召旁近长吏，设高皇帝位，歃血誓固守"③，公开与大顺政权为敌。四月底，当大顺军在山海关战役中被清军击败的消息传开，晋冀鲁豫地区的官绅势力与土寨立即爆发针对大顺政权的叛乱，河南、山东等地的大顺政权力量薄弱，很快被颠覆④。大顺军被驱逐到豫西后，河南其他地区又恢复了崇祯十五年前土寨林立的局面。"当是时，开封、汝宁间列寨百数，洪起最大；南阳列寨数十，萧应训最大；洛阳列寨亦数十，李际遇最大"⑤。

据此，《明末中原地区寨堡述论》以"土寇秩序"一词形容崇祯十七年夏至顺治二年（明弘光元年）夏的河南局势，认为："它不同于以朝廷为权力来源的州县系统……它是王朝权力消退后建立于武力基础上的战时秩序，强者为王的丛林法则畅行无阻。"这一观点不完全准确。因为在南明弘光朝廷建立后，明朝在表面上恢复了对河南五府⑥大部分地区的统治，跃马入关的清朝则发兵占领了河北三府，此后一年双方沿黄河一线对峙。当国家力量再度介入旧秩序土崩瓦解后的河南地方社会后，就要面临重塑

---

① 民国《郏县志》卷10，民国二十一年石印本，成文出版社，1975，第611页。
② 夏燮：《明通鉴》，中华书局，2009，第3024页。
③ 夏燮：《明通鉴》，中华书局，2009，第3024页。
④ 参考南炳文《南明史》，故宫出版社，2012，第66~69页。
⑤ 徐鼒：《小腆纪年附考》上册，中华书局，1957，第230页。
⑥ 特指河南省五个在黄河以南的府：河南、南阳、归德、开封、汝宁。另三个黄河以北的府是卫辉、怀庆、彰德，即"河北三府"。清朝派遣的河北道也管辖此地。清河南巡抚罗绣锦的揭帖有此用法："有见任国子监业臣薛所蕴等云：'大约河北三府俱乏人，军民流离，则河南五府城郭并毁，竟成丘墟'等说。"《河南巡抚罗绣锦启请推补官员》，《明清档案》第一册，联经出版事业公司，1986，档案号：A1-135。

秩序的种种问题。在这个背景下，明清双方与各地土寨的关系及相应采取的统治策略就是值得探讨的。

## 二 甲乙之际明清双方在河南的对峙与经营

复明运动、土寨叛乱与清军南下使大顺政权在河南的统治在很短的时间内分崩离析，势力收缩至靠近大本营西安的河南（治所在洛阳）、南阳二府的一部分。崇祯十七年七月底，明、清、顺三方在河南的对峙局面正式形成。本节即叙述这一时期明朝与清朝在河南的经营活动与统治状态。

### 1. 明朝对河南五府的收复与统治

崇祯十七年四月底以后，当听闻大顺军在山海关战役被清军击败的消息，一些仍活动在河南的明朝官员立即会合当地乡绅、土寨与降将，发起复明运动。五月间，明归德知府桑开第"忽闻贼败，遂由考城疾驱渡河，是夜，即分兵驰州县，执诸伪官，皆获之"①，随后派遣睢阳参将丁启光将被俘大顺军官员献俘南京，又率部攻克鹿邑、宁陵、考城、夏邑等豫东州县。开封推官陈潜夫通过河南参政袁枢联络各地故明将领反正，并笼络刘洪起②，率兵攻占杞县，驱逐大顺政权河南巡抚梁启隆，并"擒南阳、开封诸伪官传送南都"③，为明朝收复黄河沿岸土地数百里。另一位土寨首领萧应训也随后响应，"复南阳及泌阳、舞阳、桐柏诸县"④。七月，原兵部职方主事郭献珂召标将张成初起兵，在东明县击败大顺军，斩杀顺将宋朝臣⑤。

"是时江南草创，号令仅及江淮，中原无主，群盗如猬毛"⑥，弘光朝廷虽已在南京建立，却难以为河南复明势力提供及时而有效的支援，复明

---

① 郑廉：《豫变纪略》，浙江古籍出版社，1984，第181页。
② 甲申年春，"潜夫转侧杞、陈留间，朝夕不自保。闻西平寨副将刘洪起勇而好义，屡杀贼有功，躬往说之。五月五日方誓师，而都城失守。报至，乃恸哭，令其下缟素。洪起兵一万，号五万，潜夫兵三千，俘杞伪官，启隆闻风遁去"。夏燮：《明通鉴》，中华书局，2009，第3247页。
③ 徐鼒：《小腆纪年附考》上册，中华书局，1957，第236页。
④ 徐鼒：《小腆纪年附考》上册，中华书局，1957，第230页。
⑤ 谈迁：《国榷》，中华书局，1958，第6132页。
⑥ 郑廉：《豫变纪略》，浙江古籍出版社，1984，第182页。

势力内部也缺乏一个领导核心。对此,桑开第、陈潜夫等抵抗者利用他们在复明运动中积累起来的声望以及本就拥有的明朝官衔,不约而同地试图让自己承担重任,再向弘光朝廷寻求合法地位。桑开第与贡生侯方岳谋划,自刻巡抚关防,"遂以署抚行事,而委用州县官员焉"①。随后他向弘光朝廷上疏表示:"倘若迟之又久,倡义无人……恐难偏安于南都也……今河南无按臣,臣不敢不代按臣急言之。"②不过他的势力仅局限于归德一府,产生的影响有限,"远近所属或从或不从,开第亦不能问也"③。陈潜夫在"倡议"后不久,也自称河南巡按御史④,在七月中旬获得了弘光朝廷的正式承认⑤。当河南复明势力与自居正统的南京弘光朝廷取得联络,并获得后者承认后,河南五府大部分地区在形式上就回到了明朝手中。七月初,弘光朝廷"命礼部议遣河南宣诏官及辞朝起行时日。又命吏部察明河南守令悬缺,尽数遴补"⑥。八月,以越其杰为河南巡抚。十月,明廷又任命张缙彦为河南总督,以王之纲为河南总兵,至此基本重建了河南军政机构。

---

① 郑廉:《豫变纪略》,浙江古籍出版社,1984,第182页。
② 郑廉:《豫变纪略》,浙江古籍出版社,1984,第185页。
③ 郑廉:《豫变纪略》,浙江古籍出版社,1984,第182页。
④ "开封推官陈潜夫自称巡按御史。驻杞县,招谕两河诸寨,多所降伏,乃摄行巡按御史事。"郑廉:《豫变纪略》,浙江古籍出版社,1984,第184页。乾隆《杞县志》亦载:"夏五月,京城陷,开封府推官陈潜夫招谕两河从逆州县,驻杞,诸贼寨各知顺逆,率多欵附。陈潜夫摄行巡按事,与大康废弁订定国相犄角。"(乾隆《杞县志》卷2,清乾隆五十三年刊本,成文出版社,1976,第169页)足证陈潜夫在取得弘光朝廷的正式任命前,的确曾自称河南巡按御史,以加强自身的号召力。
⑤ "升开封推官陈潜夫为江西道御史,巡按河南。"李清:《南渡录》,浙江古籍出版社,1985,第64页。
⑥ 李天根:《爝火录》,《台湾文献史料丛刊》第101册,大通书局,1987,第312页。弘光王朝对河南派遣的州县一级官员的详细名单难以统计,原因有二:一是作为最终得胜者的清朝在征服河南后,"朝廷曾经明令各地修志时,只准把明崇祯以前和清顺治以后朝廷任命的官员载入地方志,大顺、大西政权以及南明几个朝廷和三藩叛乱时吴三桂等任命的地方官员都被排除在外"。(顾诚:《明末农民战争史》,光明日报出版社,2012,第336页)二是甲乙之际的河南局势变幻莫测,各政权任命的地方官员如走马灯般更易,弘光朝廷对河南的统治时间又相当短,客观上为地方志对其州县一级官员的记录造成了困难。民国《新蔡县志》即表示:"蔡自乙亥至甲申,或寇、或兵、或委官伪官去来无常,难以悉记,姑存大略如此。"民国《新蔡县志》卷10,民国二十二年重刊本,成文出版社,1976,第532页。

明朝对河南五府的收复并没有改变土寨林立的局面,更不意味着大乱之前的官绅秩序得到恢复。对弘光朝廷新任命的河南地方官员而言,最紧急的事务并不是清除各地土寨势力,扶植缙绅,重建国家权威及其与地方社会的联系,而是在饱经战火蹂躏的中原大地上维持最基本的稳定,并调动一切可利用的军事力量应对豫西大顺军和豫北清军的威胁。因此,几乎所有的河南高级官员都认为各地土寨是一支可资利用的重要力量,非但不能清剿,还应该曲意笼络,为己所用。陈潜夫是这一主张最坚定的拥护者与实践者,他始终特别注意笼络各地土寨,"时开封、汝宁间列寨数百,刘洪起长之;及洛阳李际遇、南阳萧应训,皆为潜夫所结"①。除前文提到的刘洪起外,陈潜夫对南阳土寨首领萧应训派来报捷的使者(即其子萧三杰)也极尽礼遇,成效明显,"潜夫按行诸寨,皆列旗帐,鼓吹迎送"②。陈潜夫在被任命为河南巡按御史后不久,亲自入朝,提出了一整套光复方案,其中对河南土寨武装力量的善用是关键一环。陈潜夫声称:"(河南)其间豪杰结寨自固,大者数万,小亦千人……汴、梁义勇,臣联络已定,旬日可集十余万众",并请求朝廷"稍给糇粮,容臣自将,臣当荷戈先驱,诸藩镇为后劲,则河南五郡可复"③。山东巡按御史凌駉在进驻河南归德府后,也提出了类似意见:"臣今与各寨将领约分地画守,仿古人合纵之策,一寨破,约各寨致讨。以长河为边垣,以各寨为州郡,以守为战、以农为兵。"④ 陈潜夫与河南总督张缙彦还刻意结交盘踞在睢州一带的河南援剿总兵许定国,以维持睢州以北、开封以南地区的稳定⑤。许定国虽领有明朝武职,却毫无为明廷尽忠之意。崇祯十六年后,他一直率部盘踞睢州,乘局势混乱之际招兵买马,胁迫乡民,成为当地一霸,"远近咸被其害,不得已而与之通,或受其节制焉则免"⑥。他甚至侵扰睢州以东的明朝府县,

---

① 倪在田:《续明纪事本末》,《台湾文献史料丛刊》第85册,大通书局,1987,第15页。
② 徐鼒:《小腆纪年附考》上册,中华书局,1957,第230~231页。
③ 徐鼒:《小腆纪年附考》上册,中华书局,1957,第230页。
④ 温睿临:《南疆逸史》,《台湾文献史料丛刊》第89册,大通书局,1987,第199页。
⑤ 乾隆《杞县志》载:"陈潜夫摄行巡按事,与大康废弁许定国相犄角,梁、朱之间赖以稍安。"乾隆《杞县志》卷2,清乾隆五十三年刊本,台北成文出版社,1976,第169页。《豫变纪略》载:"缙彦还睢州,依许定国,乃为大言。"郑廉:《豫变纪略》,浙江古籍出版社,1984,第186页。
⑥ 郑廉:《豫变纪略》,浙江古籍出版社,1984,第182~183页。

破宁陵，杀该城刘典史，归德府知府桑开第率兵相救，反被击败，此后再也无人可制①。他与各地土寨在本质上并无不同。

弘光朝廷部分接受了河南大员们的意见，将接受招安的河南土寨武装纳入到正规的军事系统之中。七月，明廷授予刘洪起、李际遇总兵衔②。十一月底，明廷听从陈潜夫的意见，命许定国"镇守开封、宛、洛，挂镇北将军印"③，对他的势力范围予以承认。弘光朝廷在甲乙之际对河南"土贼"的招抚事例还不止于此④。十二月，弘光朝廷规划"河防"，将黄河沿岸防务交付本地将领，"许定国自宁陵以西至兰阳，刘洪起自祥符至汜水，李际遇专防河南一府"⑤。可见，明廷已在国家战略层面上部署河南土寨势力。

问题是，弘光朝廷对河南地方武装的笼络和倚重从根本上乃是源于自身的虚弱。对它而言，在大顺军与清军激烈交战的时刻一举收复整个河南，西可直逼潼关，威胁大顺军的统治中心西安，北可经大名、真定进军，就有乘清军无力东顾之际收复京师的可能，从而在各条战线上握有主动。但除江北督师史可法争取到的高杰北征外，明廷终弘光一朝没有为收复失地发起过军事行动，也不曾有中央直属的部队进入河南，使陈潜夫、凌駉等人以中央军为后盾，驱使河南土寨武装北上进取的规划全部化为泡影。弘光朝廷因自身的腐败无能而陷于无休止的内部倾轧，只能在战略上采取全面守势，已属老生常谈，笔者在此更想强调的是此时文武关系的失衡使明朝陷入了更深刻的统治危机。崇祯末年，为应付连年战争的需要，明中期后形成的"崇文抑武"的局面被打破，文武关系转而趋向武将飞扬

---

① 许定国事迹详见李格《许定国事迹研究》，《清史论丛》第六辑，中华书局，1985。
② "加河南降盗李际遇、刘洪起总兵官，防御河南。"谈迁：《国榷》，中华书局，1958，第6129页。
③ 徐鼒：《小腆纪年附考》上册，中华书局，1957，第299页。"（十月）庚午，御史陈潜夫请许定国开河南，命该抚酌议。"弘光朝廷在一个月后予以批准。李清：《南渡录》，浙江古籍出版社，1985，第135页。
④ 如弘光元年二月，卫胤文奏："柳城土寨金高自筑城集勇壮，不受伪官，乞授副总兵衔。从之。"（谈迁：《国榷》，第6188页）曾被《泌阳县志》记载为"西北土寇"的李好，在次年清军南下时已摇身一变，成为南阳副将（见夏燮《明通鉴》，中华书局，2009，第3247页），可见他在弘光一朝也接受了招抚。
⑤ 顾炎武：《圣安本纪》，台湾银行经济研究室编，1964，第18页。

跋扈的另一极端①。弘光朝廷建立后，迫于形势分封"江北四镇"②，使明朝首度正式出现了以武将为主导的军政合一的藩镇③。美国学者司徒琳将这一现象形容为"南方军事化"④，这是明朝内部统治秩序发生根本性变化的重要信号，也是南明几个政权旋踵而亡的主要原因之一⑤。江北四镇是弘光朝廷依靠的主要军事力量，但他们在事实上已经割据一方，不服从任何有关北上进取的调动⑥。陈潜夫等人屡屡要求的藩镇部队迟迟不至，弘光朝廷为维持河南防务，便只能愈发倚重土寨势力（包括许定国等当地军阀），将至关重要的"河防"悉数交付，继续承认他们对地方的控制。因此可以认为，淮北一带因分封江北四镇产生的当地"军事化"最终带动了河南五府的"军事化"，河南五府在被明朝收复后旧秩序却未能恢复的根源正在于此。弘光朝廷虽然向河南派出了行政官员，却无法驾驭接受招安的土寨首领，也无力与他们争夺地方权力，复明运动的真正功臣桑开第、

---

① 关于明代文武关系的演变，本文参考陈宝良《明代的文武关系及其演变——基于制度、社会及思想史层面的考察》，《安徽史学》2014年第2期。

② 指当时驻于江北的总兵高杰、黄得功、刘泽清与刘良佐。通过朝廷分封，他们各自获得了爵位与汛地。

③ 时任内阁大学士的史可法提出了分封四镇的方案，后被弘光朝廷采纳："一切军民听统辖，州县有司听节制，营卫原存旧兵听归并整理，荒芜田土听开垦，山泽有利听开采；仍许于境内招商收税，以供军前买马制器之用……所收中原城池，即归统辖；寰宇恢复，爵为上公，与开国元勋同，世袭。"（徐鼒：《小腆纪年附考》上册，中华书局，1957，第167页）表明各镇是军政合一的单位。由于督师在事实上无法节制四镇，四镇一旦分封，就等于明中央政府失去对各镇辖区的直接控制。弘光朝廷的有识之士已经认识到这一点，如兵部尚书徐人龙称："兵未即，动辄剿内地，江南守土可胜乎？"（倪在田：《续明纪事本末》第一册，台湾银行经济研究室编，1962，第72页）河南巡按御史陈潜夫便直呼江北四镇为"藩镇"。

④ "南方军事化愈是彻底……这时士大夫的那种领导手法就更加无效了。"司徒琳：《南明史：1644～1662》，上海书店出版社，2007，第13页。

⑤ 顾诚《南明史》对此总结道："南明几个朝廷最大的特点和致命的弱点正在于依附武将。武将既视皇帝为傀儡，朝廷徒有虚名，文武交讧，将领纷争，内耗既烈，无暇他顾，根本谈不上恢复进取。"顾诚：《南明史》，光明日报出版社，2011，第41页。

⑥ 七月初三，明廷"命四镇各率兵由六合驰赴督辅调用；皆不奉诏"。（计六奇：《明季南略》，中华书局，2006，第120页）九月，"明命黄得功移驻庐州以防桐、皖，刘良佐进复黄、汝，高杰移驻徐州进复开、归"，只有高杰一人响应。十一月，朝廷借命王永吉总督防河之际，再次要求"黄得功、刘良佐移驻近地，以援邳、宿"，二镇仍无反应。次年正月，朝廷命高杰"进据虎牢"，并命"黄得功、刘良佐进屯颍、亳"，以为侧翼，黄、刘却又"受命不行"。上述三条史料分别来自徐鼒《小腆纪年附考》上册，中华书局，1957，第265、285页。

陈潜夫先后去职后更是如此。河南总督张缙彦、河南巡抚越其杰分别因贿赂与姻亲关系上位①，"止提空名，不能驭诸将"②，面对甲乙之际河南的复杂局势一筹莫展。

总之，弘光朝廷对收复后的河南五府的统治只停留在表面上。朝廷与各方复明势力在河南只创造出了一个暂时的安全秩序，而没能重塑更深层次的从中央贯彻到地方的统治秩序，国家与地方社会依旧是基本脱节的。弘光朝廷始终陷于严重的内部纷争与统治危机，从一开始就不打算恢复对河南的严密控制。弘光朝廷放弃了对河南赋税的征收③，而这恰恰是国家与地方社会互动，并实现对后者控制的核心途径之一，笔者也没有发现它对河南有一套系统的恢复生产、巩固局势的方案。这种浮于表面的统治并没有使河南因与中央政府取得联系而享受令行禁止的战略红利，相反将它拖入了南京政治斗争的漩涡，加剧了河南复明势力的内耗，恶化了整个战局。桑开第在归德擒获大顺政权官员十余人后，派睢阳参将丁启光护送俘虏至南京，但丁启光借助其兄原兵部尚书丁启睿的权势与关系冒领功劳④。随后，陈潜夫也上疏弹劾桑开第"擅充巡抚，妄委官员"⑤，逼得桑开第不得不渡河往山东避难，不知所终。八月被任命为河南巡抚的越其杰"老惫

---

① 越其杰是南明当朝首辅马士英的姐夫。"其杰妇，马士英姊也"。（谈迁：《国榷》，中华书局，1958，第6139页）马士英起先打算以党羽阮大铖为河南巡抚，遭到群臣强烈反对后，不得已改派姐夫越其杰。郑廉也指出，越其杰"为豫抚特借耳，非欲有所建树也"。（《豫变纪略》，浙江古籍出版社，1984，第194页）张缙彦是崇祯朝原兵部尚书，后投降大顺军，清军南下后逃至乡里，为了避免遭到弘光朝廷的清算，他贿赂首辅马士英，在十月初五日得到了总督北直、山西、河南、河北军务的职位。见徐鼒《小腆纪年附考》上册，中华书局，1957，第276页。
② 徐鼒：《小腆纪年附考》上册，中华书局，1957，第230页。
③ 崇祯十七年五月十五日颁布的弘光帝登极诏书宣布对一些省份的赋税予以减免："北直、山西、陕西免五年，山东、河南免三年，江北、湖广今年蠲十分之五，江西、四川蠲十分之三……"（谈迁：《国榷》，中华书局，1958，第6099页）对这一内容固然有不同的解读方式，但从财富充盈且对南京向心力较强的苏南、浙江、广东等地区并未减免任何赋税来看，还是不妨认为省份赋税减免的程度与弘光朝廷对该省的控制力度相关，而且还代表着决策者对局势的认识。晋冀鲁豫等省之所以被免除赋税，极可能因为它们已被视为失地，收税本就无法进行。
④ "（丁启光）中途乃为表，以献俘于金陵，而不言开第所以执伪官状。福王不知也……而以启光为都督同知，赏其功……开第益惘然。"郑廉：《豫变纪略》，浙江古籍出版社，1984，第184页。
⑤ 郑廉：《豫变纪略》，浙江古籍出版社，1984，第185页。

不知兵"，到任后贪墨粮饷①，又骄横自大，蔑视土寨武装，"故为尊严，厉声诘责，诋以贼"，"尽反陈潜夫所为"②，自然得不到他们的尊重和支持。越其杰在巡视过程中，"诸寨辄闭门不出"。他受到刺激，便向马士英诬告陈潜夫。陈潜夫恰在此时卷入南渡三大案之一的"童妃案"，马士英便借机将陈潜夫调回朝中，随后逮捕入狱③。这些例子都说明，河南复明势力的内部倾轧从一开始就存在，或文官与武将争功，或文官与文官相角，或朝廷官员与地方武装厮斗。弘光朝廷一方面为河南复明势力的内耗提供了更高层次的政治平台，另一方面又将河南现有的军政资源作为党同伐异的筹码。甲申年冬，明朝对河南五府的统治已经难以维持，在不久后的清军南下中更证明了它不仅浮于表面，而且极端脆弱。

**2. 清朝对河北三府的经营与统治**

在山海关战役中取胜的清朝在占领北京、平定畿辅地区后，很快认识到山东、河南的战略重要性："惟二东为南北咽喉，两河为中原堂奥，俱宜亟捕。"④ 六月，清摄政王多尔衮以王鳌永为招抚山东、河南右侍郎，全权负责收取鲁、豫事务⑤，并派遣觉罗巴哈那、石廷柱一军用武力攻取山东，在七月底占领了山东全境，随后将这支部队投入与大顺军作战最激烈的山西战场。同月，清廷以苏弘祖为分巡河北道，申朝纪为分守河北道，并在二十七日以内国史院学士罗绣锦为河南巡抚⑥，管理新占领的河北三府。清朝在接收河北三府的过程中没有遇到太大抵抗，"闯贼所署文武官员皆遁"⑦，清朝在河南的据点就此建立。八月初六，清廷继续任命原明朝兵部主事凌駉为兵科给事中招抚河南⑧，十四日又以祖可法为卫辉府总兵官，以金玉和为河南怀庆副将⑨。十九日，清廷在卫辉、怀庆等地各设守

---

① 弘光朝廷"出白金十五万，使越其杰往河南募兵、屯田；尽干没之"。见倪在田《续明纪事本末》，《台湾文献史料丛刊》第85册，大通书局，1987，第12页。
② 倪在田：《续明纪事本末》，《台湾文献史料丛刊》第85册，大通书局，1987，第15页。
③ 详见夏燮《明通鉴》，中华书局，2009，第3246页。
④ 谈迁：《国榷》，中华书局，1958，第6111~6112页。
⑤ 王鳌永虽名为招抚山东、河南的最高官员，但就目前所及的《清实录》与档案材料看，他的工作基本只局限于稳定山东地方，直到他本人于九月在"青州之变"中身死为止。
⑥ 《清世祖实录》，顺治元年七月壬子，中华书局，1985，第72页。
⑦ 郑廉：《豫变纪略》，浙江古籍出版社，1984，第187页。
⑧ 《清世祖实录》，顺治元年八月辛酉，中华书局，1985，第76页。
⑨ 《清世祖实录》，顺治元年八月已巳，中华书局，1985，第78页。

备部队①。八、九月间，清廷在河南设置的各级官吏先后到任②。十一月，在罗绣锦的建议下，清廷开始考虑使用河南驻军开垦河北三府荒地③。但河南尚处战时状态，大规模恢复社会经济的行动尚未展开。

清朝在河北三府的统治起初面临着许多困难。由于军事重心被放在与大顺军对阵的山西，清朝既无兵力进取整个河南，也缺乏财力来保证各项安民举措的全面实施，各方面只能采取守势，徐图进取。河南巡抚罗绣锦到任后向清廷反映："河北三府俱乏人，军民流离，则河南五府城郭并毁，竟成丘墟"，"河北三府诸官寥无一人"④，而且"今职属兵饷，丝粒全无，仍用请给饷费以佐军需"⑤，无力应对如此复杂困难的局面。负责招抚河南的兵科给事中凌駉也描述了一幅惨景："且彰怀之间，伪逆敲骨吸髓，搜刮殆尽，穷困已极，惨不忍言，此其难难，在于拊循。"他同样指出了兵饷不足的问题："今臣有枵兵二千，以二千罢馁之兵，何以压百余万睥睨之贼？"⑥

外部环境对清朝河南当局也不容乐观。第一，清朝对黄河南岸土寨的招抚没有收到明显成效。清廷给予罗绣锦敕谕四道、空札四十张，招抚李际遇等40人⑦。但李际遇两面下注，一面派亲信与清方联络，另一面又接受了南明弘光朝廷的官职，迟迟不肯投降清朝。十二月，失去耐心的罗绣锦向清廷奏报："河南土寇叛乱已久，狡猾性成。前招降李际遇，将近两

---

① "卫辉：总兵、副将各一员，参将、游击各二员，守备四员，千总十员，把总二十员，兵五千名。怀庆、胶州：副将各一员，参将各二员，游击各三员，守备各五员，千总各十员，把总各二十员，兵各五千名。"见于《清世祖实录》，顺治元年八月甲戌条，中华书局，1985，第81页。

② 罗绣锦在九月十八日称："臣接邸报，见臣所属府州县各官除已渐渐有序矣。"《河南巡抚罗绣锦启请除补有司档》，《明清档案》第一册，联经出版事业公司，1986，档案号：A1-151。

③ "河南巡抚罗绣锦疏言河北府县荒地九万四千五百余顷。因兵燹之余。无人佃种。乞令协镇官兵开垦。三年后量起租课。疏下部议。"《清世祖实录》，顺治元年十一月癸卯条，中华书局，1985，第108页。

④ 《河南巡抚罗绣锦启请推补官员》，《明清档案》第一册，联经出版事业公司，1986，档案号：A1-135。

⑤ 《河南巡抚罗绣锦揭报原任兵部尚书杨是阴非并请饬吏部选派三府官员》，《明清档案》第一册，联经出版事业公司，1986，档案号：A1-148。

⑥ 《兵部职方司凌駉奏疏》，《明清史料：甲编》（第一、二册合订本），台湾"中央研究院"历史语言研究所，1930，第82页。

⑦ 《河南巡抚罗绣锦揭报就抚颁敕》，《明清档案》第一册，联经出版事业公司，1986，档案号：A1-147。

月，未见来归。以此类推，降诚难信。"①

第二，豫东、豫南等地起初受清朝政治号召影响、已经"受抚"的明朝官员在听闻弘光朝廷在南京建立的消息后，立即倒向了南明王朝，而与清方虚与委蛇。如原崇祯朝兵部尚书张缙彦。他在河南乡里"受抚"后，对清朝的要求百般推诿，"自言有死罪，不敢入朝"②，实际上一直在当地为明朝效力，随后配合史可法发起的高杰北征。罗绣锦向清廷如是报告："有报张缙彦已受明直隶山西河南总督职者。"③ 这个消息是准确的。更有甚者是凌駉④。他接受了清廷兵科给事中的任命，负责招抚河南，表面上与摄政王多尔衮、招抚山东河南右侍郎王鳌永保持联系，其实"身在曹营心在汉"，真正效忠的对象乃是弘光朝廷。凌駉给弘光朝廷的上疏清楚地说明了他的意图："为今日计，或暂假臣便宜，权通北好，合兵讨贼，名为西伐，实作东防。"⑤ 他对打着"讨贼复仇"旗号的清朝非常警惕，但在自身力量不足的情况下只能屈身与之合作，借助清朝力量稳定河南地方，并不愿多造杀伤。凌駉在九月十二日给多尔衮所上的启本中即表示："若必以能杀为切，以治兵为武，不惟臣力不能，臣才亦不逮也。臣虽居言路，而实职在安民……愿勿与大兵，勿劳大众。"⑥ 他和张缙彦都不曾去北京朝见。这些举措逐渐引起了清廷的怀疑，罗绣锦在十一月上奏："故明兵部尚书张缙彦、主事凌駉，不即遵旨来京。拥兵河上，观望游移，人心惊惑"，请求清廷"即擒缙彦、駉，治以军法"⑦。双方原本的暧昧关系至

---

① 《清世祖实录》，顺治元年十二月丙辰，中华书局，1985，第113页。
② 《清世祖实录》，顺治元年九月癸巳，中华书局，1985，第86页。
③ 《清世祖实录》，顺治元年十二月丙辰，中华书局，1985，第113页。
④ 凌駉一度同时领取了清朝与南明弘光朝廷的官职。顾诚《南明史》认为，凌駉"忽清忽明、亦清亦明的异常表现并不是他本人想左右逢源，而是深受弘光君臣奉行的'联虏平寇'思想影响"。顾诚：《南明史》，光明日报出版社，2011，第70页。黄健《甲申、乙酉之际的抉择——以凌駉为中心的考察》（硕士学位论文，上海交通大学，2012）则认为，凌駉一度为清朝效力表现了在清朝入关后先声夺人的政治攻势下黄河以北原明朝官员的迷茫。无论如何，凌駉是心向弘光朝廷的，他拒绝前往清朝控制的北京，而在甲申年十二月初赴南京陛见，然后接任陈潜夫河南巡按御史一职，驻于归德府，在清军南下之际杀身成仁，已经表明了他的立场。
⑤ 徐鼒：《小腆纪年附考》上册，中华书局，1957，第340页。
⑥ 《钦命招抚河南兵科给事中凌駉启请宽假岁月勿与大兵以利招抚》，《明清档案》第一册，联经出版事业公司，1986，档案号：A1-142。
⑦ 《清世祖实录》，顺治元年十一月丁亥，中华书局，1985，第105页。

此已经无法维持了。

第三，大顺政权在豫西的势力依然存在，而清朝在河南的军事力量比较薄弱，无力应对大顺军的局部反攻。十月初，大顺军发动怀庆战役，击杀清怀庆总兵金玉和，随即包围怀庆府城沁阳。面对己方绝对的兵力劣势，清河南巡抚罗绣锦只能屡屡发书向清廷求救。十月初四日启本云："三面受敌，彼众我寡，不惟怀城有旦夕之危，而河北一带恐滋蔓延也。目前急着惟有请发大兵而已。"① 十月十五日又奏大顺军有"马贼一万有余，步贼二万有余，后未到者，还有五六万要克取怀卫等府"，仍要"伏乞亟敕兵部速催大兵星夜兼程前来，以济救援"②。多尔衮得报后立即命令预定攻打江南的定国大将军多铎率部调整方向进入河南，才扭转了战局。

但与南明不同，清朝对河南的统治从一开始就是深入的。清朝以"剿贼定乱，救民水火"③的姿态入主中原，将自身定义为明王朝政治遗产的继承者，以大一统国家的姿态对占领区地方实行统治，决不容许其他势力染指。对黄河两岸的土寨，清廷既注意广加招徕，当前者危害地方时，则运用河北三府的驻军予以铲除④。对当地与大顺军敌对的缙绅与原明朝官员，清朝则认为"宜亟加奖焉，旌其敌忾之忠……束发衣冠，一仍其旧，尽蠲重赋"⑤。可见，清朝在河南建立的秩序正是在明末大乱中遭到破坏的官绅秩序，特别是摄政王多尔衮于八月命令各府州县沿袭明代里甲制度，对户籍、赋役进行管理，这意味着在大乱之后国家权力重新贯彻到了地方。甲申、乙酉之际，罗绣锦等河南官员一方面在本地惨淡经营，另一方

---

① 《河南巡抚罗绣锦启报贼逼济源请速发兵剿荡》，《明清档案》第二册，联经出版事业公司，1986，档案号：A2－9。
② 《河南巡抚罗绣锦启本》，《明清史料：甲编》（第一、二册合订本），台湾"中央研究院"历史语言研究所，1930，第90页。
③ 《摄政王谕各地官军民备饷投诚》，《明清档案》第一册，联经出版事业公司，1986，档案号：A1－137。
④ 清廷给卫辉总兵祖可法的敕令中表明了对河南土寨势力的基本立场与应对措施："其河南北见有分驻城寨诸将，无论已受约束，未受约束，俱会同河南抚臣联络抚谕，益广招徕。如遇流寇窥疆，土贼窃发，即亲率将兵，奋勇剿灭，毋容推诿……今卫、怀一带，重镇相望，宿兵屯戍，总以弹压抚绥。"《皇帝敕命祖可法为河南卫辉总兵官》，《明清档案》第一册，联经出版事业公司，1986，档案号：A1－97。
⑤ 《皇帝敕命凌駧为兵科给事中》，《明清档案》第一册，联经出版事业公司，1986，档案号：A1－82。

面也在密切关注黄河以南的局势,"俟河北稍宁,河南响风,即速驰报,俟有谕旨,率师渡河,为底定中原之计"①。清朝对河北三府的统治虽然在起步之时困难重重,兵力也远远不及黄河南岸重镇相接的明朝与豫西大顺军,却具有无可比拟的统治深度,一旦战略局势发生有利于己的变化,就能随时握有主动权。

## 三 对峙局面的终结与官绅秩序的重建

甲申年十二月,河南局势发生了重大变化。怀庆战役后,多尔衮令原本计划攻打南京的多铎部改道直趋河南,进逼潼关,会同阿济格部夹攻大顺军占据的陕西。清军重兵集团在河南的出现立即对黄河南岸的势力构成巨大压力。十二月十四日,多铎部抵达孟津,派前锋渡过黄河,"流贼伪都司黄士欣、果毅将军张有声各遁去。沿河十五寨堡兵民,俱望风归附。睢州伪总兵许定国、玉寨首领李际遇等各拥众四五万,亦遣人来降"②。明朝在豫西、豫中设置的两大军镇就这样不战而降,"而南中犹不知也"③,江北督师史可法在一个月后才得到消息,上报弘光朝廷。明朝对土寨、军阀势力所采取的错误应对方式招致的后果至此得以显现,在河南五府统治的脆弱性也暴露无遗。

与此同时,明朝兴平伯高杰的北征军也从徐、宿一带踏入河南境内,于月底抵达归德府,准备进行下一步的军事行动。高杰北征是史可法半年以来在江北经营的成果④,也是他历来在战略上重视河南的军事实

---

① 《皇帝敕命祖可法为河南卫辉总兵官》,《明清档案》第一册,联经出版事业公司,1986,档案号:A1-97。
② 《清世祖实录》,顺治元年十二月戊辰,中华书局,1985,第115页。
③ 徐鼒:《小腆纪年附考》上册,中华书局,1957,第301页。
④ 高杰原本以凶暴残忍著称,后被史可法感化。李清记载:"(高杰)后感可法忠义,颇倾心皈依。"(李清:《南渡录》,浙江古籍出版社,1985,第189页);夏燮亦称:"高杰故跋扈,可法日以君臣大义晓示,亦感其忠,奉约束。"(夏燮:《明通鉴》,中华书局,2009,第3222页)。但北征从筹划之始就困难重重,江北四镇桀骜不驯,使史可法长期陷于奔走调停的困境之中。北征也没有得到弘光朝廷的有力支持,首辅马士英担忧史可法北伐成功之后将威胁自己的地位,于是"凡可法所奏请,辄多中格;期所请铠仗饷粮,皆不至"。(温睿临:《南疆逸史》,《台湾文献史料丛刊》第89册,大通书局,1987,第109页)

践①，意在以高杰一部进入河南，实现"有贼剿贼，无贼防房"②的弹性规划。从目前掌握的资料看，笔者尚不清楚史可法与高杰对进入河南后处理与当地土寨、军镇的关系有何设想，但能够确定的是，高杰北上不是一场孤军深入、直捣黄龙的远征，而明显有对沿途大小势力进行整合的考虑。高杰进军河南前先经徐州，当地有大盗程继孔，"斩木编筏，勾引北兵渡河"③。他眼见高杰军威雄壮，知不可当，只好投降。高杰"与歃血订盟，酒酣斩之以徇"④，干净利落地平定这股祸乱。随后，高杰派麾下大将河南总兵王之纲镇守归德，以为前锋，又"收抚土寨群盗"，"广布恩信，招徕远近"⑤。高杰部在进入中原腹心地区后，为应付清军南下的威胁，很可能会延续在淮北、豫西的政策，对当地武装进行一番清理与整合。基于高杰部的雄厚实力⑥，这一过程未必会遭遇很大阻碍。高杰一军是弘光朝廷的直属武装，受督师史可法的节制，整场北伐的路线也都由史可法规划。以高杰北征为契机，明朝的确有可能通过高杰部对河南地方武装的清理、整合，实现对河南五府的深层统治，恢复官绅秩序。但在次年，即弘光元年正月十二日，已经秘密投降清朝的镇北将军许定国在睢州将高杰谋

---

① 史可法的幕僚应廷吉对史的战略规划有所记载："阁部锐意河南。"九月，史可法在仪征视察完靖南侯黄得功的部队后，已经准备启动北征计划，"决意河南之行"，但被弘光朝廷以与清朝议和的北使团出发不久，不宜在江北采取军事行动为由耽搁下来，高杰部直到十月初十才誓师出征。十月中旬，史可法奏请任命了一批河南地方官员："以陆逊之为大梁屯田金事、胡蘄忠为睢州知州、泠时中为开封府通判、李长庚为开封府推官，经略中原。"上述史料分别见于应廷吉《青燐屑》，《明季稗史初编》，台湾商务印书馆，1971，第427、428页。
② 李清：《南渡录》，浙江古籍出版社，1985，第190页。关于高杰北征的目标，学界存在争议。顾诚《南明史》认为，高杰北征"进军的目的不是清廷，而是想在扑灭'流寇'中充当清军的盟友"。（顾诚：《南明史》，光明日报出版社，2011，第122页）施祖毓《高杰北征辨——兼与顾诚先生商榷》（《东南学术》2001年第6期）持相反意见："高杰率部北上是'针对清廷'的，是去同清兵打仗的，并非'充当清军的盟友。'"
③ 计六奇：《明季南略》，中华书局，2006，第140页。
④ 徐鼒：《小腆纪年附考》上册，中华书局，1957，第310页。
⑤ 郑廉：《豫变纪略》，浙江古籍出版社，1984，第186页。
⑥ "杰所将皆秦人，于四镇中最强。"（徐鼒：《小腆纪年附考》上册，中华书局，1957，第347页）高杰大军的实力对河南诸寨应该构成了压倒性优势，因为一度嚣张跋扈，在河南攻城略地的镇北将军许定国在得知高杰部前锋进入河南后，便有所收敛，"不敢过宁陵而东"。（郑廉：《豫变纪略》，浙江古籍出版社，1984，第186页）许定国后来秘密投降清朝，但仍不敢与高杰正面对抗，在向清朝求援兵无果后，便向高杰示弱，冒险发动"睢州之变"，将高杰刺杀。

杀,是为著名的"睢州之变"。关于"睢州之变"的前因与过程,李格《许定国事迹研究》已有详细考证。

"睢州之变"引起了严重的连锁反应。高杰遇害后,部将李本深等人赶到,先屠城泄愤,再发兵追击许定国,在桃源集击溃了他的主力。关键时刻,与高杰素有仇隙的靖南侯黄得功乘高杰遇害之机,围攻高营家眷所在的扬州。高镇部将"虑不能支,则大恐,乃解而东"。许定国摆脱围困,"遂渡河,持高杰首,诣豫王军前降"①。紧急赶到徐州安抚高兵的史可法听闻黄得功围攻扬州,又不得不立即赶回调停,丧失了稳定军心、挽救局势的最后机会。"许定国之变,徐、沛为畏途"②,河南巡抚越其杰、河南总兵王之纲等地方大员失去信心,纷纷东逃③。经此一事,不仅明朝的淮北防线在一片混乱中濒于解体,而且对河南几乎连名义上的统治都不存在了。

在明据河南陷入一片混乱之时,清朝着手对河南进行征服,以中原地区作为进入南直隶、彻底消灭南明弘光朝廷的跳板。二月十四日,豫亲王多铎率军抵达河南,"旋得平定江南之谕。即于三月初五日率师南征"④。"入虎牢,分道南阳、龙门为三路",南路先收南阳,于三月初六"取明郾城,又取明西平"⑤,刘洪起撤兵逃往湖北,后在与清军的游击作战中阵亡。初八日取上蔡,彻底打通了往皖西的通道。二十九日攻克颍州、太和,正式进入南直隶境内,"自大梁以南,如入无人之境"⑥。北路主力在降将许定国、李际遇引导下,于三月二十二日渡河攻克归德府,明河南总兵王之纲不战而逃。四月二十一日,清廷派出官员代理河南左右布政使、按察使⑦,搭建起了完整的地方三司机构,从而确立对河南全省的统治,

---

① 郑廉:《豫变纪略》,浙江古籍出版社,1984,第196页。
② 徐鼒:《小腆纪年附考》上册,中华书局,1957,第355页。
③ 二月,惊魂未定的越其杰甚至上疏乞休,被驳回。弘光朝廷"责其以道臣简用,官至部堂,一味推卸"。李清:《南渡录》,浙江古籍出版社,1985,第218页。
④ 《清世祖实录》,顺治二年三月丙申,中华书局,1985,第132页。
⑤ 徐鼒:《小腆纪年附考》上册,中华书局,1957,第331页。
⑥ 徐鼒:《小腆纪年附考》上册,中华书局,1957,第347页。
⑦ "癸酉,调井陉道副使邱茂华为河南按察使司副使兼布政使司参议,管左布政使事。升都察院理事官吴景道为河南布政使司参议,管右布政使事。昌平道金事孟良允为河南布政使司参议兼按察使司金事,管按察使事。户部郎中史延华为河南按察使司金事,分守河南道。"《清世祖实录》,顺治二年四月癸酉,中华书局,1985,第139页。

维持约一年的明、清、顺三方对峙于河南的局面宣告结束。清朝在底定中原后，于顺治年间全面落实了河南的里甲、保甲、乡约与社会救济制度，并实施包括组织军民开垦荒地、兴修水利、多次减免赋税在内的恢复社会经济的措施[①]。国家与社会的联系与互动得到恢复，且更加密切，官绅秩序也得到重建，只是以明末"河南四大凶"为代表的缙绅大族在历经战乱后已日益衰败。中原大地的历史在入清以后掀开了新的一页。

## 四 结语

在明清国家体制中，官绅秩序的存在意味着国家与地方社会的互动模式得到保障，也象征着中央政府对地方的有效控制。但在明末的河南，旧有的官绅秩序在连年战乱中基本被摧毁，中央与地方的主要联系形式遭到中断。明清鼎革之际，在河南各地土寨代替国家控制了大部分土地与民众已成既定事实的情况下，各占据河南一部分地区的南明弘光政权与清朝采取了不同的统治策略。清朝占领的河北三府起初虽面临着种种困难，却能通过笼络士绅、招徕或清剿土贼等方式努力重建官绅秩序，徐徐恢复当地社会经济，实现了对当地的深层次统治，从而有助于在局势朝己方有利方向转变之时握有战略主动。而弘光朝廷受制于自身的腐败无能与地方军事化，没能恢复河南的旧秩序以实现对当地的稳固统治，并借助国家与地方社会联系的恢复在最大程度上调动当地资源应对战争，反而纵容土寨、军镇势力的扩大，将维持沿河防御的希望全部寄托在他们身上。这导致李际遇、许定国所部几乎成了既不服朝廷调令，又不听河南大员节制的独立王国，在甲申年冬慑于南下清军的兵锋接踵而降，南明的"河防"应声而溃。史可法发起的高杰北征本来有机会通过对地方武装的清理与整合重塑秩序，应对危机，却因为"睢州之变"的爆发功亏一篑。"睢州之变"本身虽是偶然事件，却以极端的形式证明了许定国为代表的一类离心力量会给南明的军事防御带来何等的危害，这正是弘光朝廷未能恢复河南官绅秩序，而选择纵容许定国之流的恶果。

河南属中原地区，是四战之地，战略地位至关重要。乙酉年四月，河

---

① 参见张佐良《清初河南社会重建研究》，研究生院博士学位论文，中国社会科学院研究生院，2009。

南全境陷落以后，多铎部清军几乎没有遇到任何有效抵抗便横扫南直隶，于四月二十五日攻克扬州，五月十五日占领南京，五月二十二日擒获弘光帝，南明弘光王朝宣告灭亡。自高杰北征在河南夭折后，南明在很短的时间内就遭到雪崩式的失败。可见，甲乙之际河南局势发生的变化是明清之争结局的一个缩影，是一个能够预示未来的先兆。而清朝与南明双方在河南重塑秩序的成功与失败，多少左右着河南局势变化的趋向。司徒琳认为："在这一片面积仅次于大洲的土地上，有众多的道府州县，就明朝而言，问题是如何保持对它们的控制；就清朝而言，则是重建控制。大体说来，在这场竞赛中，明朝的失败比清朝的得胜来得更快。"[1] 这的确是真知灼见。

（作者单位：南开大学）

---

[1] 司徒琳：《南明史：1644～1662》，上海书店出版社，2007，第58页。

# 乾隆诗文中的康熙妃嫔

杨 珍

**摘 要：**康熙帝未亡人的事迹在相关史籍中少有记载。乾隆帝诗文间或述及他的祖母妃嫔，如寿祺皇贵太妃佟佳氏、温惠皇贵太妃瓜尔佳氏、定妃万琉哈氏等。本文将诗文与其他史料并观，以补充史籍记载之缺漏，发掘诗文背后的内容。

**关键词：**康熙　康熙未亡人　雍正即位　乾隆诗文

康熙帝玄烨共有 55 位后妃，人数之多居清帝之首。在位期间，他的 14 位后妃相继病故。康熙六十一年（1722），69 岁的康熙帝病逝，留下 41 位未亡人。这些未亡人的事迹在史籍中少有记载，也较少受到治史者的关注。乾隆帝弘历的诗文中，多次述及康熙帝的若干妃嫔。如果将这些诗文与其他史料并观，可以更多地了解康熙帝未亡人的情况，补充相关史籍记载之缺漏，发掘诗文背后的内容。

一

康熙帝留下的 41 位未亡人中，12 位在雍正朝受到尊封；雍正帝胤禛在位期间，又有 19 位相继离世。

乾隆帝即位时，康熙帝的未亡人尚有 22 位在世。这些身历三朝的康熙帝妻妾，在乾隆元年（1736）至三十三年之间先后故去。①

乾隆年间，先后两次对皇祖妃嫔予以集体尊封。

乾隆元年十一月，加封了圣祖仁皇帝的四位太妃。她们的封号是：寿

---

① 依据于善浦先生所赠《昌瑞山万年统志》上函第 11、12 页统计。参见《星源吉庆》，奉天爱新觉罗宗谱修纂处，1938，第 45~48 页。

祺皇贵太妃、温惠贵太妃、顺懿密太妃、纯裕勤太妃。乾隆帝御太和殿阅册宝，诣宁寿宫行礼。这是第一次。

同年十二月，尊封圣祖仁皇帝的四位嫔，曰襄嫔高氏、熙嫔陈氏、谨嫔色赫图氏、静嫔石氏。是日，陈设各彩仗于宁寿门外，礼部堂官、内阁学士送册至宫门前举行礼仪。这是第二次。

此外，康熙帝庶妃陈氏逝于雍正五年（1727），乾隆元年由贵人追封穆嫔。

## 二

乾隆帝诗文中提到的祖母妃嫔主要有三位，即寿祺皇贵太妃佟佳氏、温惠皇贵太妃瓜尔佳氏、定妃万琉哈氏。她们分别属于八旗后妃中三种类型，即勋戚之女、中下层旗员之女、内务府包衣之女。

**1. 寿祺皇贵太妃佟佳氏**

乾隆二年，寿祺皇贵太妃佟佳氏迎来70华诞。

五月，谕总理事务王大臣："朕自幼龄，仰蒙皇祖慈爱，抚育宫中，又命太妃皇贵妃（按：佟佳氏）、太妃贵妃（按：瓜尔佳氏）提携看视。两太妃仰体皇祖圣心，恩勤备极周至。朕心感念不忘，意欲为两太妃千秋之后，另建园寝……可传谕该部，于景陵稍后附近之处敬谨相度，择地营造，其规制稍加展拓，以昭朕敬礼之意。"①

七月，乾隆帝随侍皇太后钮祜禄氏至宁寿宫，预祝寿祺皇贵太妃七旬大寿。

八月，乾隆帝作《恭祝寿祺皇贵太妃七旬大庆》一诗："碧空爽度绛云飞，寿域宏开恰古稀。庆衍三朝推淑范，惠敷六列式清徽。露珠凝掌琼膏溢，月镜澄宵瑞霭霏。福祉繁增天共远，称觞岁岁启彤闱。"②

乾隆八年三月，乾隆帝至畅春园内瑞景轩探视病中的寿祺皇贵太妃。四月初一日，佟佳氏去世，享年76岁。谥悫惠皇贵妃。

是日，谕王大臣等："太妃将朕自幼抚养，前亦曾顾复皇考。今因薨

---

① 《清高宗实录》卷43，乾隆二年五月丁未。
② 《御制诗初集》卷1，《清高宗（乾隆）御制诗全集》第1册，中国人民大学出版社，1993年影印本，第423页。

逝，朕心不胜悲伤……朕躬意欲持服，以稍展哀敬之心。"庄亲王允禄等议称："太皇太妃薨逝，奉特旨辍朝十日，又命相度地方，另建园寝，皆有加于皇贵妃定制，已足以昭皇上追慕之诚，而妥太皇太妃之灵矣。祈免持服。"得旨："王大臣所奏已悉。朕欲尽心之处。仍当请旨于皇太后。"① 皇太后之意如何，未见下文。

不久，乾隆帝写下《寿祺皇贵太妃挽辞》："吁嘻尘世间，流光一何疾<sub>太妃享遐龄时寿七十有六,亦复返天一。</sub>陈觞奠酒浆，泪自痛肠出。言念培育恩，余哀曷有极。曩余侍圣祖，孙行特蒙宠。承命煦妪余，太妃恩实重。孝养已无方，懿范获承奉。朝来观素幔，潸焉涕如涌。如涌涕难收，纷焉增百忧。忆余髫龄时，惟知梨栗求。太妃喜余敏，余疾太妃愁。淑灵侍皇祖，物化天同游。"② 挽辞反映了乾隆帝对已逝长辈的怀念，将其幼时与佟佳氏相处的情景和祖孙两代人的心态写得十分真切。

是年，奉移悫惠皇贵妃金棺于景陵之东，称景陵皇贵妃园寝。25年后，温惠皇贵妃瓜尔佳氏也葬入该园寝。双妃园寝的建立在清代皇家陵寝中是一特例。

佟佳氏是汉军镶黄旗人，康熙帝二舅内大臣佟国维次女。生于康熙七年八月，比康熙帝小14岁。佟府姐妹中，姐姐先数年入选后宫，康熙十六年封为贵妃。大约在康熙二十年，14岁的妹妹佟佳氏也被选入宫中。康熙二十八年七月，时为皇贵妃的姐姐因流产死于启祥宫，去世前册封为皇后（康熙帝第三位皇后孝懿仁皇后）。此时，22岁的佟佳氏尚无封号，很可能随同姐姐一起住在启祥宫内。没有亲生子女的孝懿后曾抚育四阿哥胤禛（雍正帝）③。因为同住一宫，姐姐照料四阿哥的起居时，佟佳氏也会相随看视。所以，佟佳氏去世后，乾隆帝称逝者"前亦曾顾复皇考"。

康熙三十九年，33岁的佟佳氏封为贵妃。孝懿后早产而逝，临终前方封为皇后，这使康熙帝对她怀有疚意。因此，康熙帝对孝懿后胞妹佟佳氏封以高位，也是以此作为对亡后的一种补偿。

---

① 《清高宗实录》卷188，乾隆八年四月甲申。
② 《御制诗初集》卷13，《清高宗（乾隆）御制诗全集》第1册，第581页。
③ 供职清廷的法国籍传教士张诚在1690年10月9日（康熙二十九年九月初九日）日记中写道，（孝懿）皇后无子，皇上指定此子（按：四阿哥胤禛）为已故皇后，即国舅（按：孝懿后伯父佟图纲）侄女之子。参见《张诚日记》，商务印书馆，1973，第86页。

自康熙三十九年至康熙六十一年共 22 年间，因皇后之位、皇贵妃之位均无人，贵妃佟佳氏在康熙帝妻妾中位号最高。她一生未育。

### 2. 温惠皇贵太妃瓜尔佳氏

康熙帝所有妻妾内，温惠皇贵太妃瓜尔佳氏在乾隆诗文中出现次数最多。

乾隆七年，瓜尔佳氏 60 岁。乾隆帝作《祝温惠贵太妃六旬大庆》一诗："小阳春日丽兰闱，寿帨初悬瑞霭霏。南极星辉绵鹤算，西池庆衍映霞衣。芳流彤管徽音永，惠逮椒宫令望归。颙颙当年承厚泽，称觞几度念依依。"①

诗中"芳流彤管徽音永，惠逮椒宫令望归"等句，透露出诗作者心目中，贵太妃瓜尔佳氏的地位非同寻常。果然，翌年七月乾隆帝谕称："温惠贵太妃侍奉皇祖多年，淑慎素著。朕幼年蒙皇祖养育宫中，贵太妃时加抚视。今欲晋封皇贵太妃，以申敬礼之意。"② 不久，加封温惠贵太妃为温惠皇贵妃。

乾隆十七年，瓜尔佳氏 70 岁。十月，乾隆帝至畅春园内温惠皇贵太妃处行礼、侍宴。作《温惠皇贵太妃七十寿辰诗以祝庆》："祥肇宫闱启寿筵，称觞喜值小阳天。温如冬日德弥厚，惠似春风福自绵。遐算应开千帙永，贤声早着卅年前。瑶阶祝庆心余慕，皇祖恩深海纳川。"③

乾隆二十七年，瓜尔佳氏 80 岁。乾隆帝又作《温惠皇贵太妃八旬千秋》："椒涂连岁庆筵频，五世孙曾共燕申。八秩鸿禧初启节，三宫眉寿最高人。芳称早见盈彤史，淑气时方丽小春。每忆尧年承眷日，推恩推教出情真。"④

乾隆三十三年二月二十二日，乾隆帝至宁寿宫视温惠皇贵太妃疾。三月十四日，瓜尔佳氏病逝，享年 86 岁。谥惇怡皇贵妃。乾隆帝写下《温惠皇贵太妃挽辞》："成鼎轩皇卌六春，懿躬奉养藉诚申。太妃世上超群寿<sub>太妃今年寿八十有六</sub>，圣祖宫中无一人<sub>今后宁寿宫中更无皇祖时九御之位矣</sub>。为忆当年勤诲爱，

---

① 《御制诗初集》卷 11，《清高宗（乾隆）御制诗全集》第 1 册，第 552 页。按：瓜尔佳氏出生在农历十月，此月也称小阳春。
② 《清高宗实录》卷 196，乾隆八年七月丁亥。
③ 《御制诗二集》卷 37，《清高宗（乾隆）御制诗全集》第 3 册，第 86 页。
④ 《御制诗三集》卷 26，《清高宗（乾隆）御制诗全集》第 4 册，第 614 页。

那堪此日剧悲辛。佳城双峙景陵近<sub>予特依皇贵妃之制,命建寿祺温惠二太妃寝寄于景陵之侧以异妃衙门,</sub>志我追思恪念谆。"①

乾隆帝在前后20年间（乾隆七年至乾隆二十七年）为太妃瓜尔佳氏所作诗篇中，有若干含义相近、褒意鲜明之词，如"徽音""令望""贤声""芳称"等。这些词语在乾隆帝为太妃佟佳氏所作诗篇中不曾出现过。乾隆帝是一位笃重名分、等级观念极强之人，只有当他以为瓜尔佳氏的品德威望均在资历更深的佟佳氏之上，才会有此看似错位的表述。

瓜尔佳氏是满洲旗人，生于康熙二十二年（1683），比康熙帝年少30岁。父祜满，任三品协领。她以八旗满洲秀女的身份入选宫中，18岁封为和嫔。在既无优越的家庭背景，又未曾生儿育女的情况下，瓜尔佳氏超出康熙帝众多年长妻妾，得封位号，应属特例。19岁时，瓜尔佳氏生下康熙帝第十八女，女婴早殇。

康熙五十七年底，瓜尔佳氏晋封和妃。同时册封为妃的共有三人，除去瓜尔佳氏，还有科尔沁博尔济吉特氏和戴佳氏。博尔济吉特氏是孝庄皇太后的侄孙女，与康熙帝是表兄妹。戴佳氏的受封，则因其子皇七子允祐年已39岁，晋封和硕淳亲王近十载。比起博尔济吉特氏和戴佳氏，瓜尔佳氏的晋封又属一个特例。

乾隆帝暮年时回忆，康熙六十一年秋，他随同祖父参加木兰秋狝。入围场后，围中有一熊。"皇祖御火枪中之，熊伏不动，久之，皇祖谓其已毙命。御前侍卫引予去射之意，欲使予于初围得获熊之名也。其时予甫欲上马而熊突起奔前，皇祖御虎枪殪之。事毕，入武帐，皇祖顾温惠皇贵太妃指予曰：'伊命贵重'。乃以射熊事告之曰：'使伊至熊所而熊起马惊，成何事体？'"② 这是康熙帝生前最后一次巡视塞外，举行木兰秋狝。此次行程中，瓜尔佳氏一直陪伴康熙帝，并照料皇孙弘历。

相关史料表明，瓜尔佳氏是康熙帝一生最钟爱的妃子之一。

**3. 定妃万琉哈氏**

《恭祝皇祖定妃太妃九旬千秋诗》一诗，是乾隆十五年正月乾隆帝为

---

① 《御制诗三集》卷72，《清高宗（乾隆）御制诗全集》第5册，第430~431页。
② 《御制文二集》卷12，《清高宗（乾隆）御制诗全集》第10册，第664~665页；又见《御制诗五集》卷93，《清高宗（乾隆）御制诗全集》第9册，第813页。

皇祖未亡人、定太妃万琉哈氏所作："九帙欣看大寿跻，祥征彤管更堪题。兰宫祝嘏孙曾绕，桐邸承欢子妇齐<sup>太妃自雍正年间即迎养于履亲王府第，叔婶齐眉，承欢太妃膝下，而岁时令节皇太后及朕亦偶迎太妃入宫行庆，实宫庭盛事云。</sup>自是遐龄绵介祉，果然厚德致嘉禔。悬知百岁仍康健，更进霞觞此仱徯。"①是月初三日，乾隆帝奉皇太后赴定太妃宫祝90大寿。

乾隆二十二年四月，万琉哈氏病逝，享年97岁。乾隆帝在南巡归途中闻知，为丧仪等事降谕总管内务府衙门。②抵京次日，亲诣定太妃金棺前奠酒。

万琉哈氏是康熙妻妾内最为高寿之人，大约也是所有清朝后妃中寿命最长者之一。然而她在康熙帝生前并不得宠。

万琉哈氏生于康熙元年正月③，其父是内务府郎中拖尔弼。她的母家原隶属于内务府正白旗包衣第三参领第四满洲佐领，她本人则是从内务府三旗女子中选出的宫女之一。康熙二十四年十二月，25岁的万琉哈氏生下皇十二子允祹。直至康熙五十七年，年近花甲的万琉哈氏方有位号，封为定嫔。雍正元年，万琉哈氏的母家奉旨抬入正黄旗满洲第五参领第十七佐领。④

康熙帝在其晚年写下谕旨：他百年后，"有子之妃嫔，年老者各随其子，归养府邸，年少者暂留宫中"⑤。雍正帝对此予以遵行。雍正元年，万琉哈氏从居住了40多年的紫禁城皇宫，迁至位于东直门北小街东侧履郡王允祹府内⑥，时年63岁。翌年六月，尊封定妃。

## 三

据乾隆帝称，康熙六十一年三月，康熙帝在雍亲王胤禛的花园里第一次见到孙子弘历，十分喜爱，命养育宫中。⑦ 按：是年四月十五日，康熙

---

① 《御制诗二集》卷14，《清高宗（乾隆）御制诗全集》第2册，第343页。
② 《清高宗实录》卷36，乾隆二十二年四月庚午。
③ 《星源吉庆》第46页称万琉哈氏生于康熙十年（1671）正月。若以此计，乾隆二十二年（1757）去世时87岁。故"康熙十年正月"说法疑有误。
④ 关于康熙帝后妃母家抬旗情况，参见杨珍《清朝后妃母家的抬旗》，《清史论丛》2014年号。
⑤ 《雍正朝起居注册》第1册，中华书局，1993，第662页。
⑥ 参见冯其利《寻访京城清王府》，文化艺术出版社，2006，第138~139页。
⑦ 《御制诗五集》卷91，《清高宗（乾隆）御制诗全集》第9册，第777页。

帝从畅春园起行，巡视塞外，九月二十八日返抵畅春园。胤禛是此次随扈出巡塞外的皇子之一。弘历很有可能先是随父胤禛出塞，后被康熙帝接到身边，扈从行围。所以，乾隆帝所言自己幼时被皇祖养育宫中，由寿祺皇贵太妃佟佳氏和温惠皇贵太妃瓜尔佳氏提携看视等情，都应发生在是年三月至九月。

雍正帝即位后，关于他得位不正之说广为流传。乾隆帝反复强调自己幼年时被皇祖养育宫中，由两位太妃亲加照料，或许意在证实皇祖实已属意于皇考。乾隆帝的这一做法的确有效。嘉庆年间，礼亲王后代昭梿在著述中记有"圣祖识纯皇"一事。内云："纯皇少时，天资凝重，六龄即能诵《爱莲说》。圣祖初见于藩邸牡丹台，喜曰：'此子福过于余'。乃命育诸禁庭，朝夕训迪，过于诸皇孙。尝扈从之木兰，圣祖枪中熊仆，命纯皇往射，欲初围即获熊之名耳。纯皇甫上马，熊复立起，圣祖复发枪殪之。归谕诸妃嫔曰：'此子诚为有福，使伊至熊前而熊立起，更成何事体？'由是益加宠爱，而燕翼之贻谋因之而定也。"① 昭梿所述乃乾隆所言之翻版。可见，此说对后人产生了很大影响。

乾隆帝诗文提醒我们，作者对太妃抚养之恩的赞颂与宫廷政治之间实有关联。乾隆帝嫡祖母孝恭仁皇后乌雅氏去世较早，他对曾经照料自己的寿祺、温惠两太妃怀有感恩之心，也是人之常情。然而在治国层面，自顺治帝提出"以孝治天下"的方针，康熙、雍正两帝便大力遵行。较之父祖辈，乾隆帝对众多太妃长达数十年的孝养，对寿祺、温惠两太妃备加尊崇，均是践行孝道的具体表现。更重要的是，这样做对于加强统治集团内部的凝聚力、表率臣民、巩固皇权统治皆大有助焉。

除去定妃万琉哈氏等个别人，康熙帝的遗孀大都终老宫中。说到底，她们既是清朝统治阶级成员，也是封建王朝后妃制度的受害者和殉葬品。

（作者单位：中国社会科学院）

---

① 昭梿：《啸亭杂录》卷1，中华书局，1980，第13页。

# 雍正朝改土归流是为了完善法治*

方悦萌

**摘　要：** 对雍正朝改土归流的目标与性质，学术界历来存在争议。本文分析了鄂尔泰、雍正帝通过改土归流贯彻法治的思想以及完善法治目标的确定，认为雍正朝进行改土归流，主要是出于加强法治管理的需要，由此确定了改土归流的思想与方略，据此进行施治。雍正朝的改土归流并非彻底取消土司制度，而是对其进行必要的改造，以适应清廷强化对南方少数民族地区统治的需要。

**关键词：** 雍正朝　改土归流　法治

关于雍正朝改土归流的目标以及性质，学术界一直存在争议。在1949年以来的60余年间，学术界对这一问题的认识经历了不同的发展阶段。

1975年以前，受当时流行的中国存在五种社会发展形态观点的影响，多数研究者认为土司制度以封建领主制社会经济为存在的基础，雍正朝进行的改土归流，是由于明清时期土司地区的社会发展取得长足进步，地主经济逐渐占据主导地位，意识形态必须随同社会经济的发展相应改变，因此雍正朝的改土归流顺应了历史发展的趋势，即废除土司以流官代替之，以顺应地主经济在土司地区的长足发展。还有一些研究者认为清朝是典型的封建王朝，雍正朝的改土归流对南方少数民族大开杀戒，充分暴露了封建统治的反动本质，至于朝廷奉行"江外宜土不宜流"的原则，则反映出雍正朝的改土归流不彻底，暴露了清统治者具有的局限性。

---

\* 本文为国家社会科学基金项目"中国边疆治理传统战略研究"（14XZS002）阶段性研究成果。

进入 21 世纪以后，一些论著从边疆治理的视角对清代改土归流进行研究。方铁认为雍正朝施行改土归流，是为解决一些土司或未设土司地区的夷酋严重违法、危害社会、阻挠朝廷统治深入的问题。雍正朝注意调查研究，根据不同地区的情况采取对策。雍正朝的改土归流是对土司制度进行重大的改革，并非是彻底废除土司制度。① 徐新建提出，清帝国在西南地区施行的改土归流举措历来众说纷纭。有人强调镇压，有人看重统一。从清帝国治理的角度看，王朝统治者通过改土归流对苗疆"异族"实现再造，产生了政教大一统的积极后果。②

以上看法都有一定的道理。若从法治建设的角度来看，雍正朝进行的改土归流，主要是出于加强法治管理的需要，清朝相关的思想、方略、设计和具体施治，均围绕健全南方少数民族地区法治的目标展开，由此决定雍正朝改土归流具有的性质，并非是彻底取消土司制度，而是对土司制度进行必要的改造，以适应清廷强化对南方少数民族地区统治的需要。

## 一 鄂尔泰与雍正帝通过改土归流贯彻法治的思想

雍正朝的改土归流是一次重大社会改革。其涉及的情况复杂，波及的地区甚广，影响也十分深刻和深远。对这一次重大的社会改革，雍正帝以及主持改土归流的大臣鄂尔泰有过多次的对话与交流，从中可清楚地看出雍正帝与鄂尔泰通过改土归流贯彻法治的思想。这对进一步了解改土归流的经过、清朝在改流过程中关于法治的思考和部署，以及改流以后清朝在南方土司地区健全法治的各种举措，都具有重要的参考价值。

雍正帝即位以后，多次对南方土司地区存在的严重问题表示担忧，并指出存在这些问题的根源是缺少法治，决心在适当的时候进行彻底改革。鄂尔泰对此深表赞同，他说，云、贵之大患无如苗、蛮。欲安民必制夷，"欲制夷必改土归流"③。以后鄂尔泰的奏疏又说："若不将两地汉奸、恶目人等尽法惩治，并土府等移置内地，绝其根株，则虽改土归流，而余风未

---

① 方铁：《清雍正朝改土归流的原因、策略和效用》，载《河北学刊》2012 年第 3 期。
② 徐新建：《苗疆再造与改土归流——从张中奎的博士论文说起》，载《中南民族大学学报》2011 年第 3 期。
③ 《清史稿》卷 288《鄂尔泰传》，中华书局点校本，1977，第 10230 页。

殄，终贻后患。"①

要解决南方土司地区与未设土司地区存在的严重问题，唯有通过较彻底的改土归流，取消违法的土司或夷霸的专权地位，改变土司地区管控极度松弛、法治严重缺失的状况，建立起严密、有效的管理体制，并实行长期有效的法治化管理，才有可能实现。雍正帝和鄂尔泰对此有深切的认识，在奏疏和批注中多次谈到这一点。

雍正四年（1726）二月二十四日，鄂尔泰的奏疏指出：土司虽依例输粮，其实占踞私享者不止十余倍，而且毒派夷人，恣肆顽梗。雍正帝夹批："此论是极，当极。"②同年七月九日，鄂尔泰在奏疏中说：滇黔地区大患，莫甚于苗猓，苗猓之大患，实由于土司。而镇沅土知府刀瀚、霑益土知州安于蕃，势重地广，尤为云南土司中之难治者。③九月十九日，鄂尔泰的奏疏再次强调：苗猓逞凶皆由土司，土司肆虐并无官法，恃有土官土目之名，行其相杀相劫之计，致使汉民被其摧残，夷人亦饱受荼毒，"此边疆大害，必当剪除者也"④。奏疏中称他受恩深重，自职任封疆大吏，日夜筹思，结论是必须尽快进行改土归流，对此应抱有坚强的信心，"稍有瞻顾，必不敢行；稍有懈怠，必不能行，不敢与不能之心，必致负君父而累官民"。雍正帝深表赞同，在文后批注："即此二句，上天鉴之矣。"鄂尔泰又说：总之，"统计滇黔必以此为第一要务"⑤。

改土归流必须全面彻底，方能在南方土司地区实现长治久安，是鄂尔泰与雍正帝达成的共识。雍正四年三月二十日，鄂尔泰为陈述东川事宜上奏，雍正帝朱批："尔当悉心筹画，将来若可改土归流，于地方大有裨益。

---

① 《云贵总督鄂尔泰为钦遵圣谕奏事》（雍正五年三月十二日），《朱批谕旨》鄂尔泰折三，故宫文物馆编，1930，云南大学图书馆藏。
② 《云贵总督鄂尔泰为遵旨覆奏事》（雍正四年二月二十四日），《朱批谕旨》鄂尔泰折一，故宫文物馆编，1930，云南大学图书馆藏。
③ 《云贵总督鄂尔泰为擒制积恶土官奏事》（雍正四年七月初九日），《朱批谕旨》鄂尔泰折二，故宫文物馆编，1930，云南大学图书馆藏。
④ 《云贵总督鄂尔泰为剪除夷官清查田土以增租赋以靖地方奏事》（雍正四年九月十九日），《朱批谕旨》鄂尔泰折二，故宫文物馆编，1930。云南大学图书馆藏。
⑤ 《云贵总督鄂尔泰为剪除夷官清查田土以增租赋以靖地方奏事》（雍正四年九月十九日），《朱批谕旨》鄂尔泰折二，故宫文物馆编，1930，云南大学图书馆藏。

但一切机宜务出万全、慎密，勿少轻易致生事端。"① 雍正五年，鄂尔泰建议东川（今云南会泽）、乌蒙（今云南昭通）、镇雄三府应总设一镇，以资朝廷控制。雍正帝朱批：筹画甚是妥当。今滇黔数处改土归流，新定苗夷正资弹压。乌蒙、镇雄等处扩地甚广，应添兵处，不可惜此小费，"当谋一劳永逸，万不可将就从事"②。雍正六年正月八日，鄂尔泰奏称：云南边疆大局，东则东川、乌蒙、镇雄，西则镇沅、威远、恩乐、车里（今云南景洪）、茶山、勐养等处，皆系凶夷盘踞，素为民害，"诚欲规画全省边疆，必将此数处永远宁谧，斯为民长策"。"臣自受事以来，深察情形，必欲将此等地方悉归荡平，永远服帖，庶滇省大局始无遗憾。"③ 同年七月，雍正帝在鄂尔泰奏疏上批示：凡新定地方，"利"之一字万不可与较，"钱粮"二字亦万不可惜。"勿因小误大。切谕！切谕！"④ 雍正七年，鄂尔泰奏报清江顽苗就抚及被攻克的情形，再奉朱批："嘉悦览焉。但善后事宜须谋万全，不可少有疑贰。"顽苗经此一番惩创，必有数十年之安静。"若仍照旧安插可以相安，则更可免异日之烦劳。"由此可以看出，施行改土归流必须全面彻底，方能达到预期的目标，不仅鄂尔泰认识到这一点，雍正帝对此也深表赞同，这是以后清廷坚定、彻底地进行改土归流，雍正帝与鄂尔泰在认识方面达成的共识。

鉴于改土归流相关情形十分复杂，事关重大，鄂尔泰认为，必须事先周密策划，方能确保万无一失。雍正四年六月二十日，鄂尔泰的奏疏称：臣自上奏之后，随密差人至东川细访确勘，掌握了所有的情况。行动之前臣更当亲往细勘，酌议之后定夺。"事在初定，每易简略，始之不慎，终成弊端，不可不熟虑"。具体做法是"渐离其所有心腹，徐剪其党羽，俟

---

① 《云贵总督鄂尔泰为敬陈东川事宜仰祈圣裁奏事》（雍正四年三月二十日），《朱批谕旨》鄂尔泰折一，故宫文物馆编，1930，云南大学图书馆藏。
② 《云贵总督鄂尔泰为钦遵圣谕奏事》（雍正五年三月十二日），《朱批谕旨》鄂尔泰折三，故宫文物馆编，1930。云南大学图书馆藏。
③ 《云贵总督鄂尔泰为窝泥既靖敬陈管见仰祈睿鉴奏事》（雍正六年正月八日），《朱批谕旨》鄂尔泰折五，故宫文物馆编，1930，云南大学图书馆藏。
④ 《云贵总督鄂尔泰为委员招抚生苗情形奏事》（雍正六年七月），《朱批谕旨》鄂尔泰折七，故宫文物馆编，1930，云南大学图书馆藏。

机有可乘，设法招致，庶可一劳永逸"①。鄂尔泰的奏疏又说：云贵地区荒地甚多，议者谓宜开垦，不知利之所在，人争趋之。不禁其开垦而不来开垦者，原由是荒地多近苗界，意图开垦的百姓，忧惧违法土司指使苗众抢割。因此，"必依制苗为先务，而尤以练兵制苗为急务。诸事不妨迟，但心不可懈，不可迫为之"②。雍正帝赞同鄂尔泰的意见，并再次强调：改土归流必委用得人，方能保永安长治。③

长期以来，南方土司地区存在严重的问题，其中一个重要的原因是吏治腐败，行政效率极其低下，相关官府遇事推诿，只求大事化小、小事化了，而且明末以来便是如此，乃至形成积重难返的局面。雍正帝与鄂尔泰对此深恶痛绝，一致表示当竭力革除以求图新。雍正四年十一月十五日，鄂尔泰的奏疏称：土官属于豪强，苗众尽听其指使，无所不为。贵州土司势力单弱，苗患更大，"地方文武亦视为故常，隐忍了事"，臣为此深耻之。若不及此清理，约定规程，即使拿得几个土官、杀死几个苗首，也不过是急则治其标，而"本病未除，恐终难宁帖"④。雍正六年正月八日，鄂尔泰的奏疏说：自元迄明朝，每次朝廷兴师征讨，调兵动辄数万，令四五省供饷，所费不赀，但其后仅入勐养之界，明兵部尚书王骥曾率师到此。及至官军班师而归，又旋服旋叛，原因是未予妥办，"故遂遗累至今"⑤。鉴于前朝吏治腐败、终致社稷不保的深刻教训，雍正帝提出在改土归流中严格要求，对违法的官吏、官兵坚持从严治罪的原则。雍正五年二月三日，雍正帝颁诏："倘有贪功生事、骚扰地方者，立即题参，从重治罪。"⑥

在具体实践方面，鄂尔泰提出因地制宜、根据具体情况制定对策的建议，也得到雍正帝的赞同。鄂尔泰的《云贵事宜疏》说：夷情无制，各地

---

① 《云贵总督鄂尔泰为钦奉圣谕奏事》（雍正四年六月二十日），《朱批谕旨》鄂尔泰折一，故宫文物馆编，1930，云南大学图书馆藏。
② 《云贵总督鄂尔泰为恭谢圣恩敬陈愚悃奏事》（雍正四年十一月十五日），《朱批谕旨》鄂尔泰折二，故宫文物馆编，1930，云南大学图书馆藏。
③ 《云贵总督鄂尔泰为奏闻奏事》（雍正五年二月初十日），《朱批谕旨》鄂尔泰折三，故宫文物馆编，1930，云南大学图书馆藏。
④ 《云贵总督鄂尔泰为恭谢圣恩敬陈愚悃奏事》（雍正四年十一月十五日），《朱批谕旨》鄂尔泰折二，故宫文物馆编，1930，云南大学图书馆藏。
⑤ 《云贵总督鄂尔泰为窝泥既靖敬陈管见仰祈睿鉴奏事》（雍正六年正月八日），《朱批谕旨》鄂尔泰折五，故宫文物馆编，1930，云南大学图书馆藏。
⑥ 《清世宗实录》卷53，雍正五年二月庚申。

土司、夷霸违法的情况差别很大。云南的土司为多年豪强,残暴横肆,无所不为。而贵州土司势力单弱,不能管辖其众,因此苗患更大,即苗霸横行是贵州存在的主要问题。鄂尔泰强调贵州与云南相异,这里不少地区未设立土司或土司势力单薄,凶顽之徒半出寨目,"因地制宜,更须别有调度"①。因贵州苗霸之患甚于土司。苗疆四围3000余里,盘据梗隔,遂成化外,"如欲开江路通黔、粤,非勒兵深入遍加剿抚不可"。土司地区情况之复杂,还反映在某一省的土司肇事,往往与相连他省的土司有关。鄂尔泰说:东川虽已改流,尚为土目盘据,若将来相机改流,可设三府、一镇。"此事连四川者也。"② 对鄂尔泰在西南少数民族地区根据因地制宜原则改流的方略,魏源归纳为治滇边诸夷,原则是先革土司,后剿倮夷。治黔边诸夷,则以治理苗患为重点;首尾用兵计五六载,始于广顺州之长寨,而终于古州之地。治广西之夷,乃是"先改土司,次治土目"。至于解决湖广地区苗接黔地者,则属于乘威招谕,不烦用兵而下檄制服。③ 由此可见,为达到法治治理的目标,清朝统治者确定了区别类型、分类治理的原则,务求彻底解决南方少数民族地区存在的严重问题。这也是清雍正朝的改土归流与明朝进行的局部改流的显著区别。

  鄂尔泰进而提出对土司和夷霸区分违法情节之轻重,尽力区分良恶,以及改流中计擒为上、令自投献为上的策略思想。实施改土归流以前,鄂尔泰召见贵州官吏方显询问剿与抚宜孰施的问题。方显回答:"二者宜并施。第先抚后剿,既剿则仍归于抚耳。"其意见被鄂尔泰采纳。实行改土归流以后,反叛的苗众逃入林谷,方显令人绕林谷呼苗众出,抚谕之曰:"汝曹速归寨即良民,天子必不杀良民。"苗众由此感泣,相率归寨得安。④ 雍正四年,鄂尔泰上奏疏,指出经营滇、黔必以改流为第一要务,又说:"改归之法,计擒为上策,兵剿为下策;令自投献为上策,勒令投献为下策。"其言得到雍正帝的称赞。雍正帝还予朱批:"务有名问罪为要。"对

---

① 《云贵总督鄂尔泰为剪除夷官清查田土以增租赋以靖地方奏事》(雍正四年九月十九日),《朱批谕旨》鄂尔泰折二,故宫文物馆编,1930。云南大学图书馆藏。
② 《清史稿》卷288《鄂尔泰传》,中华书局点校本,1977,第10230页。
③ 魏源:《圣武记·雍正西南夷改流记(上)》,中华书局,1984,第288页。
④ 《清史稿》卷308《方显传》,中华书局点校本,1977,第10580页。

违法的土司或夷霸，① 鄂尔泰提出先怀以德、继畏以威的处置原则。雍正四年，鄂尔泰的《为敬陈东川事宜奏疏》说：乌蒙土府与东川接壤，其地土司骄悍凶顽，素称难治，东川土司被其杀戮，"凡黔滇蜀接壤之处，莫不受其荼毒。"尽管如此，鄂尔泰仍建议对之"先怀以德，继畏以威"，以后再相机改流，预计"不二三年间，或可一举大定"②。雍正八年十二月十七日，鄂尔泰的奏疏称：东川各寨有苗子、干倮罗两种，"旧属驯良，不应惊扰"。唯黑倮凶顽，故乘机起事，"然较之乌逆，亦应分首从"。至于室庐房舍，凡无须焚毁者，均应予保留。③

对实行改流地区的土司，鄂尔泰主张根据犯罪的程度区分处理，不得随意杀戮或处置，朝廷同意他的意见。雍正五年二月初十日，云贵总督鄂尔泰上奏，称自从官军进攻，东川、乌蒙两府土司智穷势迫，除逃入四川已无其他出路，"屡经密檄川员，兼致手札，详道情事，并嘱以在滇务应严逼，在川不妨宽收，总期成事"④。据此可知，清朝在形式上以重兵围剿东川、乌蒙的土司反叛势力，但实际上仍属虚张声势，目的是将这些反叛势力赶出云南，而四川的应对之策是"不妨宽收"，总期成事便好，并非如后世一些研究者所言，是清廷对改流地区的土司及其属民随意大开杀戒，由此造成严重的后果。

## 二　雍正朝完善法治的目标决定改土归流具有的性质

元朝在南部边疆地区实行土官制度，对屡次叛乱的土官进行惩治，也进行过局部、少量的改土归流。蒙元统治者治理南部边疆地区的教训，主要是失之过宽，即过分迁就各级土官，因此所进行的改土归流范围很小，影响也十分有限。明朝统治的时间甚长，实行土司制度的地域范围甚广，

---

① 《云贵总督鄂尔泰为剪除夷官清查田土以增租赋以靖地方奏事》（雍正四年九月十九日），《朱批谕旨》鄂尔泰折二，故宫文物馆编，1930，云南大学图书馆藏。
② 《云贵总督鄂尔泰为敬陈东川事宜仰祈圣裁奏事》（雍正四年三月二十日），《朱批谕旨》鄂尔泰折一，故宫文物馆编，1930，云南大学图书馆藏。
③ 《云贵总督鄂尔泰为钦奉上谕奏事》（雍正八年十二月十七日），《朱批谕旨》鄂尔泰折十五，故宫文物馆编，1930，云南大学图书馆藏。
④ 《云贵总督鄂尔泰为钦遵圣谕奏事》（雍正五年二月初十日），《雍正朝汉文朱批奏折汇编》第9辑。

曾先后进行过几次影响较大的改土归流。明代的改土归流大致基于以下原因：[①] 因土司不能驭下而被改流；土司发动叛乱，平定以后被改流；土司因纷争仇杀，而被朝廷改流；土司有罪被处治，随后被朝廷改流；土司因绝嗣无法继承职位，而被明朝改流；因某些具体的原因，朝廷接受土官的请求而进行改流。明初进行的改土归流断断续续，明代中后期改流的速度加快。至明末清初，南方设置了土司的数省，靠内地区之职位高、势力强的土司大致已去其半，州县以下的中小土司也被改流不少。总体上来看，明朝进行的改土归流多出自具体原因，朝廷对改流并无全局性、长远的规划，也未制订明确、持续执行的应对方略。进一步来说，明朝进行的改土归流是局部和暂时性的，改流的目标也未提到全面建立法治社会、务求长治久安的高度。因此，在改土归流的性质、采取的手段、动员的力量、波及的范围等方面，明、清两朝的改土归流存在明显的差别。

清雍正朝进行的改土归流，在目标、成效等方面与明朝明显不同。雍正朝的改土归流规模甚大，涉及的地域范围很广，而且事前确定明确的指导思想，制订详细的规划，同时具有目标明确、步骤具体的施行方略，在施行过程中还根据情况的变化，对施行的方略、策略原则随时进行调整，因此，改土归流在数年的时间便取得预期的成果。清朝的改土归流集中在雍正前期。雍正朝的改土归流结束以后，清朝十分重视其善后的处理，力求巩固改土归流的成果，基本上实现改土归流以后，改流地区逐步向正常统治过渡，同时为中后期清朝对南方少数民族地区施行有效、稳定的统治，奠定了较为坚实的基础。因此，清雍正朝的改土归流不是偶然决定的，而具有明确的预期目标与充分的前期准备。

从有关记载来看，经过康熙朝40余年的治理，雍正朝初期南方少数民族地区发生积极的变化，原先经受长期战争的摧残、社会满目疮痍的局面有所改变，南方少数民族地区出现相对稳定的形势，社会经济也逐步得到恢复，促使雍正帝下定实施大规模改流的决心。而改流时机的选择，却与主持改流人选的确定有关。可以说，发现和大胆启用大臣鄂尔泰，是雍正朝全面施行改土归流，并取得圆满成功的一个关键。

鄂尔泰由举人于康熙四十二年（1703）袭佐领，授三等侍卫，以后任

---

① 方铁主编《西南通史》，中州古籍出版社，2003，第661页。

内务府员外郎等职。雍正三年八月，鄂尔泰迁任广西巡抚。① 是年十月，鄂尔泰奉旨调往云南任巡抚，并管云贵总督事务。② 次年春，鄂尔泰上《请改土归流疏》，详述在南方少数民族地区进行"改土归流"的重要性与必要性，分析南方少数民族地区存在的严重问题及形成原因。并就施行改土归流的思想、方略和策略提出初步建议，指出"先治内，后攘外，实边防百世之利"。"疏入，上深然之。"雍正六年十月，雍正帝谕兵部："着鄂尔泰总督云、贵、广西三省，一应军民事务，俱照总督之例管辖。"③ 鄂尔泰任云南、贵州、广西三省总督以后，乃全面主持在南方少数民族地区进行的改土归流。

雍正帝对鄂尔泰极为看重。鄂尔泰上《奏请改土归流疏》之后，雍正帝"知鄂尔泰才必能办寇，即诏以东川、乌蒙、镇雄三土府改隶云南"④。雍正四年三月二十日，鄂尔泰上疏奏事，雍正帝朱批："周详之极，朕甚嘉悦。"⑤ 雍正六年正月八日，雍正帝在鄂尔泰的奏疏上又批："凡卿所办之事，朕实无一言可论矣。在廷诸臣皆与观之，人人心悦诚服，贺朕之福庆，国家得人，朕亦惟以手加额，感上苍、圣祖赐朕之贤良辅佐耳。"⑥ 朝臣也充分肯定鄂尔泰的功绩。雍正十年三月十二日，云南巡抚张允随的奏疏说："蒙皇上知人善任，特命鄂尔泰总制三省。六载以来，督臣鄂尔泰殚心筹画，矢志清除。仰仗天威，凛遵圣训，调度整饬，数百年未通声教之地尽入版图。"⑦

由于鄂尔泰在改土归流问题上的见解与雍正帝高度吻合，符合雍正帝从加强法治的高度看待改土归流，并企望通过改土归流，彻底解决南方少数民族地区存在的法治严重缺失的问题，最终实现改流地区长治久安的想法，才使大规模的改土归流成为现实，并顺利实现了改流的预期目标，

---

① 《清世宗实录》卷35，雍正三年八月庚寅。
② 《清世宗实录》卷37，雍正三年十月庚寅。
③ 《清世宗实录》卷74，雍正六年十月丁亥。
④ 魏源：《圣武记·雍正西南夷改流记上》，中华书局，1984，第285页。
⑤ 《云贵总督鄂尔泰为遵旨议覆奏事》（雍正四年三月二十日），《朱批谕旨》鄂尔泰折一，故宫文物馆编，1930，云南大学图书馆藏。
⑥ 《云贵总督鄂尔泰为窝泥既靖敬陈管见仰祈睿鉴奏事》（雍正六年正月八日），《朱批谕旨》鄂尔泰折五，故宫文物馆编，1930，云南大学图书馆藏。
⑦ 《云南巡抚张允随为密奏事》（雍正十年三月十二日），《雍正朝汉文朱批奏折》第22辑。

即：通过全面、彻底的改土归流，解决南方少数民族地区长期以来法治缺失的问题，在改流地区建立合理的政权结构与运行机制，通过法治的手段，对南方少数民族地区进行稳定的统治与有效的管控，这就是雍正朝进行改土归流的政治性质。而这一性质是由雍正朝完善法治的目标所决定的，同时与清朝治国高度重视法治的特点有关，或者说两者是相辅相成的关系。

（作者单位：云南民族大学）

# 从不理村寨与非世袭的土司看雍正朝以后土司制度出现的新变化

尤 佳

**摘 要**：雍正朝改土归流后，不理村寨的土司大量出现，土司的实际职责与其职衔出现了分离，为应对这种名实不符并逐渐增多的不合理现象，乾隆朝终于出台了土司职衔改授的相关政策。这些土司初皆管理村寨、掌理地方，后逐渐不负地方管理之责，这体现出雍正朝改土归流之后土司势力的不断削弱与中央对土司地区控制力的进一步增强。同时，雍正朝以后非世袭土司的数量也出现了较大规模的增长。对部分土司世袭权的剥夺明显地体现出清朝统治者对土司，尤其是武职土司的警惕与防范，力图通过多种措施来限制、削弱其势力。

**关键词**：雍正朝 土司制度 不理村寨 非世袭

清雍正朝的改土归流是对土司制度的一次大规模改革，经过这次改流后，土司制度发生了重大变化，而这些制度的变革、施行与坚持，极大地增强了清政府对土司地区的统治效力，加速了边疆地区与内地的一体化进程。如李世愉先生认为，雍正朝改流后土司制度的变化直接影响了土司制度发展的历程，并为最终废除土司制度打下了良好的基础。而不理村寨及不世袭土司的出现，便是土司制度变化的一个重要标志。[①] 对于李先生的上述论断，笔者甚为赞同，也深受启发，拟不揣浅陋，对清代，尤其是雍

---

* 本文为2016年国家社会科学基金项目"南方土司制度与北方盟旗制度比较研究"（16XZS036）的阶段性成果。
① 李世愉：《应正确解读雍正朝的改土归流》，《青海民族研究》2015年第2期。

正朝以后不理村寨与不世袭土司的问题略陈管见，试做补论，谬失之处，祈请方家教正。

## 一 不理村寨土司的出现

**1. 不理村寨土司的出现与土司职衔改授政策的颁行**

雍正朝改土归流以后，土司制度发生了重大变革，职衔制度便是其中的重要方面。改流后，土司地区出现了不少不理村寨的土司，他们空有职衔，而无实际管理职责，土司职衔管理制度中这种不合理现象最终导致了乾隆五十年（1785）土司职衔改授政策的出台。针对这类不理村寨的土司，中央规定：

> 各省土官，向无地方村寨管辖者，将原袭文职改授土官。如土通判，改授正六品土官；土推官，改授正七品土官；土县丞，改授正八品土官；土主簿，改授正九品土官；土巡检，改授从九品土官。遇袭替时，止准换给号纸，按照品级，填写几品土官，不必仍书通判、推官、县丞、主簿、巡检等字样。向有给予印信者，将印信咨送礼部销毁。其有管理地方之土官，仍循旧制，毋庸改授职衔。①

该政策表明，土司职衔改授与否的依据主要视其有无地方管理之责，若无，则将原职衔改授为某品土官，遇承袭时，只能颁给号纸，而不授予印信，这类土司亦被称为"虚衔土司"②。

乾隆五十年的土司职衔改授规定，尽管描述的对象是文职土司，但实际也涵盖武职土司，这在地方政府的执行层面有充分的体现。如《清高宗实录》载：

> 署云贵总督刘秉恬等奏称："云南土司，有似贵州省并无兼理地

---

① 光绪《大清会典事例》卷145《吏部·土官》。
② "虚衔土司"的称谓，最早由李世愉先生提出并使用。李先生认为，"虚衔土司"既不管理村寨，也无任何行政权力（因代表施政权力的凭证——信印已收回），实际上他们只是名义上的土司。详参李世愉《清代土司制度论考》，中国社会科学出版社，1998，第115~116页。

方村寨之责、应行更改者,均应题请画一。查滇省额设文武土司,一百五十六员,内有禄丰县南平关土巡检、罗次县炼象关土巡检、开化府土经历、邓川州青索鼻土巡检、丽江府土通判、鹤庆州土通判,又该州在城土驿丞、观音山土巡检,又观音山土驿丞、楚雄县土县丞、定远县土主簿、镇南州阿雄关土巡检,又该州镇南关土巡检、广通县回蹬关土巡检,又该县沙兵旧土巡检、姚州土州同、元江州在城土千总二员,又该州永丰等土把总,又永丰里土千总、儒林里土千总、永善县桧溪土千户,共二十二员。伊祖先得授土职世袭,并无管理地方,应将各土司按品改授,顶带荣身。内惟开化土经历、桧溪土千户二员,给有印信,应咨销,换给号纸,其二十员,俱换给几品土官号纸。又临安府纳更司土巡检境内土把总,当时擒获土贼,总兵给以便委者,无庸袭替。此外一百三十三员,均有管理地方之责,请仍其旧。"从之。①

刘秉恬在云南省执行"不理村寨土司应行改授"政策时,涉及的对象包括全省所有额设的文、武土司。在符合规定、应行改授的22名土司中,文、武土职俱有,其中武职土司7名,涉及的职衔有土千户、土千总、土把总等。剥夺土司职衔与收缴印信,深刻地反映了土司与地方行政管理职能的分离。改授后的土司虽还能世袭,但传延于后的已不是掌土治民的权力,而仅是荣誉性的身份,所谓"按品改授,顶带荣身"。某品土官的头衔体现了清朝统治者对这些土司往昔地位的承认,显示出中央对土司的优待与笼络,除此之外,已别无太大的实际意义②,相当程度上只是便于清政府向这些土司兑现该品级所享有的政治、经济、礼仪等方面的待遇。

---

① 《清高宗实录》卷1232,乾隆五十年六月庚辰。
② 如成臻铭先生认为,虽然乾隆朝在土司地区的基层政权和家族村社一级对没有土司区的土官设置了品秩,实现了国家权力对土司政府内部和基层政权、家族村社的下沉,但是放在清朝总体的行政网络中观察,这对于生存于这一层级的土司自身及其家庭仍没有多少实际的意义。详见成臻铭《土司制度与西南边疆治理研究》,社会科学文献出版社,2016,第558页。

## 2. 关于土司职衔改授情况的统计分析

表1 《清高宗实录》所见云南省不理村寨土司简况表

| 正五品 | | 正六品 | | 从六品 | | 正七品 | | 从七品 | | 正八品 | | 从八品 | | 正九品 | | 从九品 | 未入流 | 总数 |
|---|---|---|---|---|---|---|---|---|---|---|---|---|---|---|---|---|---|---|
| 武职 | 文职 | 武职 | 文职 | 武职 | 文职 | 武职 | 文职 | 武职 | 文职 | 武职 | 文职 | 武职 | 文职 | 武职 | 文职 | 文职 | 文职 | |
| 1 | 1 | 4 | 1 | | | 2 | 1 | | 2 | | 1 | | | | | 7 | 2 | 22（7） |

注：总数括号内的数值为武职土司的人数。

据表1所见，乾隆五十年，云南省22位不理村寨的土司大多数品级较低，正七品衔以上的土司仅有9位，秩级最高者为正五品的永善县桤溪土千户。武职土司涉及土指挥与土弁两个系列，尽管数量较少，总共只有7员，但品级相对较高，均在正七品以上。从七品以下的15位土司尽为文职土司，其中从九品者7位，加上未入流的土司2位，二者合计超过了从七品以下土司总数之半。

表2 《清史稿·职官志》所载不理村寨土司简况表

| 省份 | 正六品 | | 从六品 | 正七品 | 从七品 | | 正八品 | 从八品 | 正九品 | 从九品 | 未入流 | 总数 |
|---|---|---|---|---|---|---|---|---|---|---|---|---|
| | 文职 | 武职 | 文职 | 文职 | 文职 | 武职 | | | | | | |
| 广西 | 2 | 1 | | | | 1 | | 1 | 1 | | 2 | 8 |
| 云南 | 1 | | | | 1 | | 1 | 1 | | | | 3 |
| 贵州 | 1 | 2 | 1 | | 4 | | 3 | | 2 | 2 | | 15（6） |
| 湖北 | | 10 | | | 5 | | | | | | | 15 |
| 湖南 | | 13 | | | 52 | | | | | | | 65 |
| 总数 | 4 | 25 | 1 | 1 | 61 | 1 | 5 | 3 | 3 | 2 | | 106（86） |

注：总数括号内的数值为武职土司的人数。

据《清史稿·职官志四》载，在广西、云南、贵州、湖北、湖南五省，不理村寨的土司合计有106人（见表2）。其中，湖南省此类土司最多，竟有

65人，超过了诸省总数之半。① 这些"不管理土岗""不管理苗裔村寨"的土司文武兼有，其中文职类有20人，武职类多达86人。与上文我们对云南省不理村寨之土司的分析相似，南方五省中这类土司的品级普遍偏低。譬如，广西省的8位土司皆为文职，从七品以下的就有5位；贵州省的15位土司中，文职土司有9位，从七品以下的就占到了7席。"虚衔土司"品秩偏低的现象也不难理解，秩级较高的土司，若三、四品之属者，多为地位较高、在地方上握有实权的中、大土司，既然势力较强，且负有掌土、治民或统兵之责，自然也就难以径行改授为某品土官了。

与表1所反映的情况有所不同的是，表2所见湖广地区不负管理之责的土司尽为武职，且数量很大。湖南省的这类土司有65员，其中正六品者13人，正七品者52人；湖北省有15位不理村寨的土司，其中10人为正六品，5人为正七品。这是因为湖广土司多为自请改流，而授予土千总、土把总之衔，故不再负责管理地方。

**3. 土司地区管理模式的变化**

这些冠以某品土官的"虚衔土司"，相当一部分曾经管理村寨、掌理地方，后逐渐不负地方管理之责，他们的出现折射出土司地区管理模式的重大变化。以云南省丽江府为例，明末清初木氏世为丽江土府知府，掌印治民，在滇西北地区位隆势大，丽江府实际处于"土官主治"的管理模式下。

"随着清统治者对边疆少数民族地区控制的加强，对土司的各项管理措施也更加严格。其中就包括了设流官监控做法的不断完善。"② 清政府在丽江土府内亦施行"土流并治"之策，安插流官通判，掌府印。尽管丽江知府仍为木氏，但实权却已向流官转移，流官通判威权日重。康熙初年，陈鼎游历至丽江，他记载："丽江府，土府亦有同知掌府印，知府则木氏世袭，见同知甚恭，称'公祖'，自呼曰'治晚生'。"③ 据李世愉先生考证，"公祖"，在清代多为乡官对抚按道府之尊称，而"治晚生"则为绅士之谦称。④ 从木氏对流官的称呼可看出，流官与土司地位之升降，以及清

---

① 《清史稿》卷117《职官志四》，中华书局，1977，第3415~3419页。
② 李世愉：《清代土司制度论考》，第145页。
③ 陈鼎：《滇黔纪游·云南》。据李世愉先生考证，陈鼎谓丽江"同知"有误，丽江土府所设流官当为通判，非同知，语详李世愉《清代土司制度论考》，第146页。
④ 李世愉：《清代土司制度论考》，第146页。

政府对土司地区的控驭能力的不断增强。这一时期,虽曰"土流并治",但实际权力却主要掌握于流官之手,形成了"土统于流"的权力格局。

至雍正元年(1723),丽江土府改流,流官名正言顺地担任知府,该时期及之后,丽江府的治理模式,我们或可称为"流官独治"。原土知府木钟则降为通判,其政治、经济、司法等特权丧失殆尽。原木氏田庄清查出的近800顷土地悉数没为官田,庄内奴仆2000余人全部转登政府册籍,"木氏只留个土司名目而已,与改流前实为天壤之别"①。至乾隆五十年,已不负地方管理职责的丽江土通判最终被改授为正六品土官,朝廷彻底将通判职衔这个毫无实际意义的躯壳去除,土司地区官员的职衔制度与地方的行政管理向名实相副的方向回归。

从"土官主治"至"土流并治",再到"流官独治"的管理模式,是清政府在广大土司地区权力运行方式上的不断调整与改革。而不理村寨土司的出现与增多正是"流官独治"统治方式的具体表现,亦可说是"流官独治"的格局形成后所自然衍生而后又不断强化的结果。

总之,由于清政府对土司地区控制和管理力度的不断增强,尤其是雍正朝改土归流以后,西南地区不理村寨的土司大量出现,这种现象积累至乾隆朝后期,中央终于出台了土司职衔的改授规定。该政策的实施反过来又进一步加剧了土司职衔与地方管理权责的分离倾向,使边疆地区产生了更多的"虚衔土司",从而更加有力地推动了土司势力的不断削弱、政府对土司控制力的进一步增强,以及中央权力对土司地区基层社会的持续深入。

## 二 非世袭土司的出现

### 1. 非世袭土司的概况

土官与流官的根本区别,在于土司有自己管辖的领地,而且可以子孙世袭,这也是土司制度的核心内容与基本特征。② 土司"世领其职""世率其民",世袭权乃土司最重要的一项特权,但清代却出现了一些非世袭土司。《清史稿》卷514《土司传三》载吴三桂反叛时,曾授予蒙自土酋李世屏伪总兵札,后清军复滇,李世屏持札归附,虽被授予蒙自县土县丞职,但不准

---

① 李世愉:《清代土司制度论考》,第106页。
② 李世愉:《清代土司制度论考》,第111页。

世袭。① 可见，康熙初年便已出现无世袭权的土司，但这在当时毕竟还属个别现象，至雍正朝以后，此类土司的数量才有了较大规模的增加。

如《清史稿》卷514记载，雍正二年（1724），云南省有51位武职土司被剥夺了世袭权，改为拔补。② 这仅是云南省武职土司中非世袭的情况，其他省份的武职土司中亦存在相当数量的非世袭者。以四川省松潘厅为例，雍正改土归流后，于其地"添设土弁自守备以至外委九十余员"，"但不准子孙世袭"，若之后遇到大小土弁缺出时，"统归镇厅会同拣放，勤能者记功拔补"③。

可见，以上这些非世袭的武职土司实际已成为清政府的额设之官，遇有土弁缺出时，不再依土官例由其子嗣亲眷世袭，而改由政府简派任命，所谓"统归镇厅会同拣放，勤能者记功拔补"。考虑到该额缺为土弁缺，所统亦为当地土兵，因此，政府拔补简派之员亦当为土著。但就性质而言，这些非世袭的土弁已与流官系统的绿营军弁几无差别。正如李世愉先生所言，雍正朝改土归流后所保留的土司，其政治、经济、司法特权已大大削弱，在很多方面几与流官无异。④ 可能唯一与绿营军职有所不同的是，这些土弁的任期几乎是终身制的。但"世领其地、世掌其民"的土司，一旦丧失了其最基本的特征，也是一项最重要的特权——世袭权后，实际上也就难称"土司"了。

这种现象，我们或可称为土司管理制度的"流官化"。随着土司特权的不断丧失，中央对其管理更多地比照流官之例，这种土、流官员管理制度的一体化趋势，一方面是土司制度日渐衰微的体现，另一方面也是清政府对广大土司地区的统治日趋深入的写照。

同时，文职土司中也存在非世袭的情况。《清史稿》卷117《职官志四》记载，光宣之际，广西省被停袭的文武职土司详情曰："广西忠州、南丹、万承、茗盈、全茗、结安、镇远、江州、下石西、上下冻、下雷、那地各州，罗白一县，古零、定罗、安定、下旺诸巡司，永定长官司，永

---

① 《清史稿》卷514《土司传三·云南土司》，第14263页。
② 这批土司涉及土守备3人、土千总7人、土把总15人、土官26人，详见《清史稿》卷117《职官志四》，第3419页。
③ 同治《松潘志略·夷情记》。
④ 李世愉：《应正确解读雍正朝的改土归流》，《青海民族研究》2015年第2期。

顺副司，迁隆峒土官，停其袭职。"①

伴随雍正朝的改土归流在南方土司地区大规模的推进和中央权力对土司基层社会的进一步渗透，各地土司势力受到了严格的控制与明显的削弱，清统治者遂拥有了更强的实力与信心推行其意志，频频取消一些土司的世袭特权，而这一做法在乾隆朝依旧沿用不辍。如乾隆五十年，中央批准了署云贵总督刘秉恬的奏请，"临安府纳更司土巡检境内土把总，当时擒获土贼，总兵给以便委者，无庸袭替"②。

同时，我们还发现，清代停袭土司的职衔品级大多不高。就文献所载，非世袭的武职土司多为正五品土守备职衔以下，文职土司多为从五品土知州职衔以下，很少见到更高级别的土司。这可能与清朝统治者谨慎持重、少生事端的统治策略密切相关。剥脱世袭特权，是对土司既得利益的重大挑战与侵夺。政府推行停袭政策时所招致的诸多不满、阻力与风险，不难想见，级别越高的土司，施行政策的难度和隐患则更甚。所以，清廷的停袭之策多施用于级别较低、势力较小的土司。

### 2. 非世袭土司多为武职者探因

在上文所举列被剥夺了世袭权的土司中，武职土司所占比重较大。这种现象的产生应当有多种原因，但其中很重要的一点是，清朝统治者更为警惕和防范武职土司。

如顺治十六年（1659），土守备陶顺祖归附，清廷原拟令其守职如故，但"旋议土司不宜加武职，改土舍"③。又，康熙二十二年（1683），针对贵州水西土司安胜祖，贵州提督赵赖曾奏言："宜授以文职，若授武职，恐致妄为。"④ 此外，为限制与削弱武职土司，清朝统治者在接受明授武职土司的归附时，常常将其职衔转武为文。如顺治十六年，云南落恐甸长官司副长官司陈玉归附，因号纸无存，清政府授予其便委土舍衔。⑤ 同年，左能寨长官司长官吴应科归附，清政府"以其非《滇志》所载，下临安府

---

① 《清史稿》卷117《职官志四》，第3410~3411页。
② 《清高宗实录》卷1232，乾隆五十年六月庚辰。
③ 《清史稿》卷514《土司传三·云南土司》，第14262页。
④ 《清圣祖实录》108，康熙二十二年三月戊午。
⑤ 《清史稿》卷514《土司传三·云南土司》，第14261页。

查核，稽其谱系，盖应科为明蚌颇十一世孙，因改土舍"①。而对于已授武职的土司，清廷也利用各种时机与缘由，转降其为文职。如顺治十六年，长官司副长官李秉忠归附，仍获授副长官世职，后因乏嗣，清廷趁机改其为土舍。②

清政府剥夺土司的世袭权时更多地针对武职土司的做法，与上文所引"土司不宜加武职""若授武职，恐致妄为"等语所反映的统治思想相似，明显地体现出统治者对土司，尤其是武职土司的警惕与防范，力图通过各种措施限制、削弱其势力。雍正朝及其之后，土司停袭政策的大力推行进一步增强了清政府对土司的控驭力，并导致了土司势力的不断弱化。

实际上，清朝统治者的做法和思想也是渊源有自，明代对武职土司已有了类似的举措和考虑。如明政府曾将贵州镇远、龙安、新贵等处土司的职衔俱由武职改为文衔。播州土司之乱平定后，都御史郭子章建议明政府对该地土司的处置亦可仿照镇远、龙安、新贵之例，将土司职衔制度皆易武为文，其奏疏称：

> 查得镇远、龙安、新贵改流，其土官俱改文衔，既不失朝廷兴灭继绝之意，又不酿异日以强凌弱之祸。原任宣慰同知当改为府土同知，原任安抚当改为州土同知，原任正长官当改为土县丞，副长官当改为土主簿。一切俸薪仪节，在府以镇远、龙安为例，在县以新贵为例。若土官从逆者如杨正边之类，正当绝其爵土，而以旁枝入继者，又当改为土巡简（检）。庶几夷汉相安，边圉允乂矣。③

关于明廷将镇远之属武职土司更易为文职土司的目的或益处，郭子章将其归纳为"既不失朝廷兴灭继绝之意，又不酿异日以强凌弱之祸"。我们认为，郭氏所言其实只是个幌子，明政府真正的目是欲求得土司地区社会秩序的稳定、各民族的和谐相处、中央政府对边疆地区的牢固控制，所谓"夷汉相安，边圉允乂"。但与文职土司相比，边疆地区的武职土司更有可

---

① 《清史稿》卷514《土司传三·云南土司》，第14261页。
② 《清史稿》卷514《土司传三·云南土司》，第14261页。
③ 陈子龙：《明经世文编》卷419《播平善后事宜疏》。

能给统治者带来隐患。武职土司除了分管地方外，最关键的是还可统领指挥土兵，当他们服从约束，为统治者征调应役时，确可发挥拱卫中央、守御疆土的积极作用。但若他们妄自尊大、倒戈相向时，其动摇边疆统治秩序、引发内战，乃至分裂疆土等消极影响和灾难性后果，皆令统治者深为戒惧。要想避免上述情况的发生，就需要削弱和控制武职土司的权力，尤其是限制其统率土军的权力，所以，将武职土司改授为文衔便成为了具有可行性的举措之一。

### 3. 非世袭土司出现的原因分析

清代出现非世袭土司的原因应该是多样的，但总体来说，土司的停袭主要与以下一些因素密切相关。

首先，停袭土司与改土归流相仿佛，旨在进一步限制和削弱土司。在改土归流中，不少势力较大、严重危害地方社会秩序的土司被纷纷裁革，更以流官。而清政府对一些土司施以停袭之策，从长远来讲，也取得了与改土归流相似的效果。

这些非世袭土司的统治权只及其身，不得传延子孙，其身死后，辖域也将由流官管理。所以从这个角度来讲，土司的停袭或可视为一种特殊类型的改流。只不过与传统意义上的改流相比，它对原土司的裁撤经历了一个或长或短的"末任任期"，较改流更温和、渐进些，但从结果上来讲，两者的实施效果与土司的最终归宿基本无二。这或可解释为何在雍正朝大规模改土归流前后，非世袭土司也大量地出现。因为清廷并非要在所有土司地区尽行改流之策，而是根据不同地区的实际情况，灵活施用了相应之政。如在广西地区，"忠州、南丹、万承、茗盈、全茗、结安、镇远、江州、下石西、上下冻、下雷、那地各州，罗白一县，古零、定罗、安定、下旺诸巡司，永定长官司，永顺副司，迁隆峒土官，停其袭职。向武、都康、安平、凭祥、思州诸州，上林、忻城、罗阳诸县，东兰、凤山州同，上龙、白山、兴隆诸巡司，代以汉官"[①]。

其次，清政府权宜委任的一些品级较低、辖域地理位置不那么重要的土司，有可能会被剥夺世袭权。如临安府纳更司土巡检境内土把总，当初因擒获土贼有功，总兵奏请给予便委土把总衔，但至乾隆五十年，中央便

---

① 《清史稿》卷117《职官志四》，第 3410~3411 页。

令这些土司"无庸袭替"①。

在此，还需要说明的是，便委土司的任命虽事出权宜，通常没有号纸，仅凭借政府所颁札委、钤记等列为土司，掌土治民，但并非便委土司都易遭到"停袭"的对待。如顺治十六年，云南落恐甸长官司副长官陈玉归附，因号纸无存，给以便委土舍，但仍准世袭。② 甚至还有一些便委土司由于管域战略地位重要，还被转为了"经制土司"，其权力与地位都获得了保障。如云南孟连宣抚司本为便委宣抚司，康熙四十八年（1709），土酋刁派鼎贡象归附，被授予宣抚司世职，其死后，"子刁派春年幼，叔祖刁派烈抚孤。有刁派猷谋杀派烈，夺印争职，安插省城，另给宣抚司钤记便委"。但因孟连地处极边，界连外域，故在刁派新为宣抚司时，清政府改孟连便委宣抚司为经制宣抚司，颁予印信号纸。③

可见，"便委土司"的承袭权不似"经制土司"那般业已制度化，有获世袭权者，亦有不令承袭者。"便委土司"可否传袭于后，要听由中央政府的裁定，所以其承袭的稳定性普遍较"经制土司"为低。

最后，世袭权为土司最重要的一项特权，它的剥夺往往被清政府作为对土司的一种惩罚手段。如前文所述吴三桂所授伪总兵李世屏归附时，清廷虽予其土职，但禁其世袭。④ 若从当时的局势与历史背景细加梳理和分析，我们便不难洞察清朝统治者所行的深刻用意。清政府授予李世屏土职，是因为云南大乱初定，为维护地方社会稳定和尽可能地争取当地土司，尤其是附逆土司的归附，清廷不得不实行安抚维稳之策；但同时不准其世袭，以与其他一些效忠朝廷的土司相区别，则又体现出清政府明显的惩罚意味。实际上若以更广阔的视域来审视，剥夺世袭权，乃是清政府对世职拥有者惯用的一种惩罚方式。如《清世祖实录》载，顺治七年（1650），梅勒章京黑成功坐擅杀家人而遭革职，且勒令不准世袭。⑤

反之，对土司承袭权的允准，尤其是从速执行，亦往往被视为对该土司的优宠与恩典。如康熙五十七年（1718），四川松潘总兵官路振扬就杂

---

① 《清高宗实录》卷1232，乾隆五十年六月庚辰。
② 《清史稿》卷514《土司传三·云南土司》，第14261页。
③ 《清史稿》卷514《土司传三·云南土司》，第14266~14267页。
④ 《清史稿》卷514《土司传三·云南土司》，第14263页。
⑤ 《清世祖实录》卷47，顺治七年正月辛卯。

谷安抚司承袭之事奏言："（杂谷安抚土司）种部繁多，俗称勇悍，南境直抵打箭炉，与天全招讨司、明正土司接壤，今该土司良儿吉之子班弟儿吉尚未袭职。臣备兵之初，密令该土司遴选部属，防守各处隘口，颇称勤顺，请准其袭职，并加赏赉。"① 中央很快便从其所请。又，乾隆三十八年（1773），因工噶诺尔布之妻策旺拉木教管其子雍中旺尔结竭诚效用，且雍中旺尔结为番众所附，清廷遂批准了定边右副将军尚书公丰昇额、参赞大臣副都统舒常所奏——"尤当急令承袭土职，以坚其心，如此施恩，伊母子自必更加感激"②。不难看出，对承袭权的认定批准与快速执行成为了清廷对土司一种颇为有效的激励与酬赏手段，以使其感"皇帝格外鸿恩"而收"诚心恭顺""实心出力"之效。

## 结　语

不理村寨与非世袭土司的出现，是清代土司制度变化的重要标志。雍正朝改土归流后，不理村寨的土司大量出现，土司的实际职责与其职衔产生了分离，为应对这种名实不符并逐渐增多的不合理现象，乾隆朝终于出台了土司职衔改授政策。该制度的实施反过来又进一步加剧了土司职衔与地方管理权责的分离倾向，使边疆地区产生了更多的"虚衔土司"，从而更加有力地推动了土司势力的不断削弱、政府对土司控制力的进一步增强，加速了边疆地区与内地的一体化进程。

非世袭土司虽在康熙年间就已出现，但至雍正朝后，其数量才有了较大规模的增加，其原因是多方面的。剥夺土司的世袭权明显地体现出清统治者对土司，尤其是武职土司的警惕与防范，力图通过各种措施限制和削弱其势力。清代停袭土司的职衔品级大多不高，这应当与清朝统治者谨慎持重、少生事端的统治策略密切相关。但"世领其地、世掌其民"的土司，一旦丧失了其最基本的特征，也是一项最重要的特权——世袭权后，实际上也就难称"土司"了。

（作者单位：云南民族大学）

---

① 《清圣祖实录》卷277，康熙五十七年正月甲寅。
② 《清高宗实录》卷945，乾隆三十八年十月甲寅。

# "救日"与救国

## ——1901年辛丑日食的政治史及文化史意蕴

### 李 林

**摘 要**：传统中国政治哲学甚重天人感应，将日月交食等自然天象的变化，视为与现实人事相互关联的休咎征兆。由此衍生出一套复杂的交食应对礼仪，历代相沿不辍。光绪庚子，八国联军入京，钦天监衙署几近全部损毁，法、德两国劫走并瓜分北京观象台仪器。次年辛丑，日有食。清廷除了因循旧礼，救护日食；更要依照国际惯例，与列强谈判斡旋；而内政纷乱如麻，民变四起；又值柱国重臣李鸿章病逝，可谓祸不单行。清廷深深陷入"救日"与救国的双重危机之中。本文详考此次日食始末，涉及官方与民间、中国与西方的预测、应对、记录及诠释。并借以指出，传统中国看似荒诞的交食救护典礼背后，其实蕴含着沟通"天人之际"的严肃意涵和现实意义。交食救护的有序展开，有助于建立政权合法性、维护绝对君权和明君形象，甚至有助于在历法和礼仪层面，展现朝贡体制中"天朝"宗主国受命测天、代天宣命的权威和尊严。因此，即便晚清民间已晓悉交食成因，对官府救护日月极尽嘲讽揶揄，交食救护制度与礼仪仍能维系不辍。

**关键词**：八国联军 辛丑日食 北京观象台 "救日"

## 一 "救日"与救国的双重危机

传统中国政治哲学甚重天人感应，将自然天象的变化视为与现实人事相互关联的休咎征兆。《周易·系辞上》谓"法象莫大乎天地，变通莫大乎四时，县象著明莫大乎日月"，又谓"天地变化，圣人效之。天垂象，见吉凶，圣人象之"。因此制造仪器、推演历法，除了观测与记录天象，以定四时节令、吉凶忌宜，更在于对天象进行诠释和应对。天象灾变之最显著者，莫过于日食。所谓"日者，众阳之宗，人君之表，至尊之象。君德衰微，阴道盛强，侵蔽阳明，则日蚀应之"①。传统论述君权合法性，又多诉诸天命，即"唯天子受命于天，天下受命于天子"②。"天子"既然是"天"在人间的代理，就自然拥有对天象进行诠释的专属权力。同时，如果天显异象，天子就要有所应对，这既是权力，也是义务，否则就可被视作不符君道，从而面临合法性危机。

无论是对先民生产生活，还是宗教、政治而言，日食都是极为显著而重要的天变异象。因此，中国对日食观测和记录甚早，《尚书·胤征》记夏代仲康日食，就已载明不同身份、地位者应对日食的仪节。③ 此后随着国家形态的完备、天文观测技术的进步、历法编制水平的提升，日月交食的预报更加制度化和精确化。针对交食的救护和应对办法，也形成国家重要典制历代相沿。④ 满人入关，多沿前明旧制。顺治元年（1644）即定，凡遇日食，京朝文武百官俱赴礼部救护。康熙十四年（1675），定由钦天监先期推算时刻分秒，礼部会同验准后，根据日食规模及不同地域可见食分、时间，行文各省官司以及奉中国正朔的朝贡属国，作出具体救护安排，并详细规定救护仪节。⑤ 而后历朝相沿，每逢交食，官民人等鸣金击

---

① 班固：《汉书》卷81《孔光传》，中华书局，1964年点校本，第3359页。
② 董仲舒：《春秋繁露》卷11《为人者天》，上海古籍出版社，1989年影印本，第65页上。
③ 关于仲康日食的记载准确性及具体发生时间的论争，详参吴守贤《夏仲康日食年代确定的研究史略》，《自然科学史研究》2000年第2期。
④ 关于中国古代日食应对、救护礼仪与制度，详参黄启书《试探汉代灾变之礼——以日食为例》，台湾大学中国文学系主编《孔德成先生学术与薪传研讨会论文集》，台湾大学中文系，2009，第395~432页。陈侃理：《天行有常与休咎之变——中国古代关于日食灾异的学术、礼仪与政治》，台湾《"中央研究院"历史语言研究所集刊》第83本第3分，2012，第389~443页。中川绫子：《中国古代の日食：唐代までの日食に対する意識・対応の変化》，《お茶の水史学》第41号，1997，第67~110页。大形彻：《救日儀礼と十日神話》，《アジア文化交流研究》第4号，2009，第377~396页。
⑤ 其仪，凡遇日食，八旗满、蒙、汉军都统、副都统率属在所部警备，行救护礼。顺天府则饬役赴部洁净堂署，内外设香案，露台上炉椟具，后布百官拜席。銮仪卫官陈金鼓仪门两旁，乐部署史奉鼓俟台下，俱向日。钦天监官报日初亏，鸣赞赞"齐班"。百官素服，分五列，每班以礼部长官一人领之。赞"进"，赞"跪、叩、兴"。乐作，俱三跪九叩，兴。班首诣案前三上香，复位。赞"跪"，则皆跪。赞"伐鼓"，署史奉鼓进，跪左旁，班首击鼓三声，金鼓齐鸣，更番上香，祗跪候复圆。鼓止，百官易吉服，行礼如初。毕，俱退。是日礼部祠祭司官、钦天监博士各二人，赴观象台测验。向日设香案，初亏复圆，行礼如仪。见《清史稿》卷90《礼九·军礼·日食救护》，中华书局点校本，第2671页。

鼓，行礼救护如仪。

清季国势衰微，丧师割地，接踵而至。光绪庚子（1900）八国联军入京，两宫仓皇西遁，危机与屈辱几近无以复加。八国联军在京肆意掳掠，其"战利品"即包括北京观象台的天文仪器。次年（光绪二十七年）十月初一日癸巳（1901年11月11日），銮驾尚在郑州与中牟之间，日有食。虽然时局板荡，帝、后弃都，且天文仪器几乎被列强瓜分殆尽，钦天监衙署亦几近全部损毁，但大清王朝仍然因袭旧典，下令举国"救日"，其"救日"安排甚至包括已经脱离宗藩、不奉正朔的越南和朝鲜。国难当头，日有蚀变，且其时值柱国重臣李鸿章病逝，可谓祸不单行。此次日食的救护与诠释，也因此别具特色。官方奉行救日典礼，民间则颇多批判揶揄，力主革废此种陋习，甚至以之与开民智、促新政联系论述。总之，辛丑日食发生的时间、地域与情势，均大异于前。摇摇欲坠的大清王朝，同时陷入"救日"与救国的双重危机之中。

## 二　庚子国难与北京观象台的命运

光绪庚子（1900）6月21日，清廷同时向英、美、法、德、意、日、俄、西、比、荷、奥十一国宣战。7月14日八国联军占领天津，8月14日攻进北京，并对北京进行分区占领。进军途中，八国联军一路烧杀抢掠，连统帅瓦德西（Alfred Von Waldersee）也承认："所有中国此次所受毁损及抢劫之损失，其详数将永远不能查出，但为数必极重大无疑。"[①] 瓦德西在12月4日给德皇威廉二世的报告中，披露了法、德、美之间争夺北京观象台天文仪器的诸多细节。

占领北京后，法国使馆人员先让瓦德西的参谋长代为禀报，希望能将其中几种仪器运回法国。法国称这些仪器的一部分乃在法国制造，或者是由法王路易十四送给中国。因此法国师长Voyron将军又致信瓦德西，要求运走这些仪器。在瓦德西看来，这些康熙时代铸造的仪器，"在科学上固已无甚价值，而在美术上则具有极大价值。因承载此项仪器之壮伟龙架，其雕刻功夫极为完美"[②]。因此，瓦德西坚称如果要运取仪器，德国应该首

---

① 瓦德西：《瓦德西拳乱笔记》，王光祈译，刘鑫宁整理，中华书局，2009，第58页。
② 瓦德西：《瓦德西拳乱笔记》，王光祈译，刘鑫宁整理，第106页。

先享有此种权利，并提出三点意见：

> 第一，此种仪器确是中国国有之物。其次，此种仪器系存在德军所占市区之内，依照此间通行习惯，应作德军战时捕获品看待。最后，预料将来德军提出战事赔款数目之时，其势恐难全部得偿，因此该项仪器，至少可以当作赔款之一小部分代价看待。①

同时，瓦德西也建议适当与法国达成妥协，满足法国的部分愿望。因此决定双方共同瓜分这些仪器，并派其参谋长与法国军官 Marchand 中尉会商分赃细节。不过，由于双方都想挑拣其中价值较高者，一度为此争执不休。恰在此时，美国将军 Chaffee 知悉法德之间的勾当，来信抗议，态度强硬：

> 昔尝共事救助北京被困公使之某一国，今乃明认或默许部下军队，损害或取去天文台中之某项仪器或其他部分。余以参加八月十四日营救使馆四队司令之一的资格，兹特对此事件，向君敬谨抗议，并将此事，禀达鄙国政府。②

瓦德西收信后，并不示弱，立刻回信，态度亦极强硬，并将 Chaffee 原函送还。回函称："今日来函所述天文台仪器一事，无论其外形与内容，皆使余不胜惊异。余对于此类宣言，殊不敢接受，因此谨将原函送还阁下。"③而后 Chaffee 竟回函对此误会表示惋惜，并来访瓦德西。瓦德西对此事之了结甚为得意，称"余总算是胜利者"，并称赞 Chaffee 了结此事之行动，完全是一种"君子人也（Gentleman）"之态度。④

在争夺天文仪器的过程中，瓦德西尽展斡旋手段和"远见卓识"，他甚至想到可能要将这些仪器作为日后战争赔款的部分抵押，并与法国达成有条件妥协，与美国强硬交涉，从而为德国攫取利益。中国虽然才是仪器的真正主人，但坐看列强分赃，无可奈何。虽然法、德、美三国争夺期

---

① 瓦德西：《瓦德西拳乱笔记》，王光祈译，刘鑫宁整理，第107页。
② 瓦德西：《瓦德西拳乱笔记》，王光祈译，刘鑫宁整理，第108页。
③ 瓦德西：《瓦德西拳乱笔记》，王光祈译，刘鑫宁整理，第109页。
④ 瓦德西：《瓦德西拳乱笔记》，王光祈译，刘鑫宁整理，第110~111页。

间，留京议和的庆亲王奕劻曾派新任德国公使荫昌，向德国方面请求取消搬走仪器的决议。兵临城下，弱国外交，效果可想而知。最终，德国取走天体仪、纪限仪、玑衡抚辰仪、地平经仪和浑仪；法国分到地平经纬仪、象限仪、黄道经纬仪、赤道经纬仪和简仪，各自运回使馆。

1901年8月，德国将瓜分到的仪器运往波茨坦，陈列在德皇无忧宫（Sans Souci Palace），炫耀战绩。法国分到的部分，在中国的抗议下，于1902年由法国使臣吕班归还中国。奕劻等为此奏称："此项仪器制造精良，递传久远。所有浑天、象限、经纬等仪，虽不尽完备，犹可为考镜之资。既据该使臣敦崇睦谊，逐件交还，自应重新安置。拟由臣部咨行钦天监衙门，一俟观象台修理整齐，即行运送照旧安设，以复旧物而壮观瞻。"① 德国夺走的部分，则迟至1920年一战结束，才归还中国。②

## 三 辛丑日食的预报与应对准备

八国联军入京的抢掠破坏，给钦天监的常规工作带来致命打击。光绪二十七年七月，钦天监监正恩禄奏称："上年洋兵入城，衙署房屋，多被拆毁。观象台仪器、板片、书籍遗失无存。"③ 并陈称："观象台房屋均被拆毁，所有该值各官生，实难栖止，暂拟停缓入班。除由臣等仍饬该管科等官在公所设法观□，遇有天象日月交食照章办理外，合并附片陈明。"④

衙署损毁，器物失散，但钦天监常规工作仍然必须设法展开。该年日

---

① 奕劻：《奏为收回法国使臣交还观象台仪器由》（光绪三十年七月），台北"故宫博物院"藏，清代宫中档奏折及军机处档折件，文献编号：162631。
② 一战结束后，战败国德国依据《凡尔赛和约》，归还所掠天文仪器，时任中央观象台台长高鲁前往接收。1920年6月，这批仪器在波茨坦拆卸，装上日本"南开丸"号起运。但船经神户时，日本政府将仪器扣下，要挟中国承认其在山东主权，国人抗议申讨。1920年9月，仪器被重新装上日轮"樱山丸"号，运往天津。1921年4月7日，仪器运回北京，由荷兰公使欧登克代表德国将仪器交给北京观象台。1931年九一八事变后，部分仪器被运往南京紫金山天文台。其余留在北京，几经辗转修复后，1995年重新放回观象台，开放为露天博物馆。此时，上距观象台之初建，已历550余年。昔日测天授时、几为国家绝密的钦天机构，今日已成人人皆可前往观瞻的陈迹古董。综合参考张柏春《明清测天仪器之欧化》，辽宁教育出版社，2000，第183~185页；瓦德西：《瓦德西庚子回忆录》，秦俊峰译，福建教育出版社，2013，第87页。
③ 《清德宗实录》卷485，光绪二十七年七月丁亥，中华书局，1985年影印本。
④ 恩禄：《奏报观象台房屋均已拆毁本监暂在公所照常办事》（光绪二十七年七月十二日），台北"故宫博物院"藏，清代宫中档奏折及军机处档折件，文献编号：143842。

将有食，此事已经刊布于遍发全国的《时宪历》中。而且，日食预报之事，已于同年四月奏呈，奉旨："知道了，礼部知道，钦此。"① 依照定例，应在日食发生前半月，再将推演详情及救护计划以题本上呈，以候钦定救护安排，颁行全国。但此时因"圣驾西幸"，皇帝远在京外，所以，只能事先改题为奏，以免到时来不及奉上谕作安排。而且，此时管理钦天监事务的和硕亲王世铎已赴行在侍驾，不能联衔具奏。八月九日，由钦天监监正恩禄领衔，具奏各省日食时刻、方位及各省见带食分秒，并提出救护安排：

> 钦遵《御制数理精蕴》，推算得光绪二十七年辛丑十月初一日癸巳朔日，京师日食四分十四秒。初亏申初二刻二分三十五秒，食甚申正二刻十三分三十五秒，日入地平申正三刻十四分四十秒，带食三分五十四秒，复圆酉初三刻一分十六秒，在地平下。又推得盛京、浙江、福建、江苏、山东、安徽、江西、河南、湖北、广东、湖南、山西、广西、陕西、贵州、朝鲜、越南十七省俱见带食，惟四川、甘肃、云南三省系全见食，不见带食，均例应救护。②

恩禄此奏，不仅汇报了此次日食初亏、食甚、复圆的预测分秒数据，并预报各地见带食情况，以及提示相应救护安排。尤其引人注目的是，朝鲜、越南仍然与内地省份一样，被列入救护安排之中。在旧有朝贡体制内，此二国作为奉中国正朔的朝贡属国，每年中国颁布新历，均赐予该国贡使，或令专差赉送宣示。而每逢日月交食，中国官方救护安排亦包括朝鲜、越南。稍翻《李朝实录》及《大南实录》，也可见朝鲜、越南两国历代国王对交食之诠释、救护与应对，与中国几近一致。然而，法国已在中法战争之后取得对越南的宗主权，朝鲜也在甲午战争后"独立"，与中国旧有的宗藩关系事实上已经瓦解。当然，两国地位的骤变，似乎未能立刻影响相沿数百年的朝贡思维惯习，以致大清钦天监预测安排，一如既往。此前中

---

① 恩禄：《奏为日食救护由》（光绪二十七年八月九日），台北"故宫博物院"藏，清代宫中档奏折及军机处档折件，文献编号：144595。
② 恩禄：《奏为日食救护由》（光绪二十七年八月九日），台北"故宫博物院"藏，清代宫中档奏折及军机处档折件，文献编号：144595。

国维系其宗主地位,在经济和文化方面均颇有引导力和向心力。但此时传统价值与秩序体系备受挑战质疑,昔日天朝今已风雨飘摇。不过,列强攻占京师,中国竟然也还依据旧典、在公文层面安排因列强干预而脱离的前属国,可谓吊诡之至。

无论如何,上令下达,帝国内部各地必须因循旧例,作相应救护安排。如在上海,10月20日县令汪瑶庭牌示署前,"略谓本年九月十五日戊寅月食,十月初一日癸巳日食,仰书吏、差役人等,届时一体救护"①。对即将到来的月食与日食救护先作部署。并"知照学师邱广文、县丞刘二尹、主簿孙少尹、典史赵少尉,以便届时至县,循例救护"②。可见,即便国难当头,大清帝国上下对此次日食,仍然依照旧制,严阵以待。

中国官方预报安排之外,在华西人对此次日食也有预报,并记下中国方面的安排与应对,为考察此次特殊日食提供另一独特视角。其实,在1872年及1900年,法国天主教会已分别在上海建立徐家汇天文台及佘山天文台,观象授时。③ 11月1日,《北华捷报》(The North-China Herald)报道称:"庆亲王已行文各部尚书,示谕日食之际将由礼部如仪救护。该部未被公使馆接管,毗邻俄、美兵营。典礼喧嚣,或会惊吓外国兵士,宜有示警。"④ 11月6日,日食将近,该报又发布预测细节:

> 本月十一日礼拜一,将有日偏食。北部吕宋、交趾支那、柬埔寨、锡兰、埃及和西西里局部将现日环食;然中国仅为偏食,上海食分可达太阳直径五分之三。日食将于三时四十八分(当地时间)开始;因食甚恰在日落之际,是次天象约得前半可以观测。⑤

《北华捷报》预报日食,并不像钦天监那样,视野主要局限在中国境内。

---

① 《牌示救护》,《申报》1901年10月21日,第3版。
② 《救护日食》,《申报》1901年11月10日,第3版。
③ 参考陈美东《中国科学技术史·天文学卷》,科学出版社,2003,第762页。
④ "The Banner Troops", *The North-China Herald and Supreme Court & Consular Gazette*, 1901-11-13, p. 918.
⑤ "An Eclipse of the Sun", *The North-China Herald and Supreme Court & Consular Gazette*, 1901-11-6, p. 894.

西人除了预报日食时间及食分（Magnitude），也指明更广阔的食带区域。其目的自然不是为了中国作日食救护安排，而是为了观测与记录。不过，借由《北华捷报》的报道，可进一步得知：此次日食本为环食，但在中国所见仅为日偏食。① 此处亦提及中国救护之事，不过是担心救护典礼喧嚣，惊扰洋兵。

## 四　辛丑日食的救护、观测与记录

《清德宗实录》盛称光绪之敬惧与德行，谓：

> 古昔哲王，遇灾修省。德宗冰渊惕若，百姓为心。念每廑于微予，诏屡严于罪己。辛巳六月，彗星北见，引为天戒，祗惧乃心。廷臣陈宝琛、张之洞、周德润、洪良品先后陈言，虚怀采纳。戊戌元旦日食，懔春秋之义，避殿减膳，申吁昊苍。其戒惧之诚，有如此者。②

辛丑年国难当头，主不驭中，又逢日食。依照传统政治哲学及春秋之义，皇帝更应警省罪己。日食发生当天，光绪与慈禧尚在回銮途中。随行者述称："辰刻自郑州启銮，行三十里至圃田尖；更行四十里，申刻至中牟县驻跸。"③《实录》及《起居注》均未记载皇帝当日有关日食的应对举措。此日纪事与天文有关者，为颁光绪二十八年《时宪书》。又当日应享祭太庙，已先期谕令，派溥伟代行礼，后殿派善耆行礼，东庑派立瑞、西庑派英俊，各分献。④

由于文献难征，未知辛丑日食发生当日，"冰渊惕若"的光绪皇帝是否如仪应对。更无从得知形同傀儡、远离京城的他，面对象征"阴道盛强，侵蚀阳明"的日食，作何感想。而千里之外，在八国联军占领下的京

---

① 美国太空总署（NASA）5000 年日食测算数据库中，亦收录此次日食数据，并导出图示，除了提供更精确数据信息，更可明见此次日食类型及食带区域。详见 NASA Eclipse Web Site：http://eclipse.gsfc.nasa.gov/JSEX/JSEX – AS.html（2014 – 11 – 11）。
② 《清德宗实录》首卷序，第 6b ~ 7a 页。
③ 吴永口述、刘治襄记《庚子西狩丛谈》，广西师范大学出版社，2008，第 183 页。
④ 《清德宗实录》卷 488，光绪二十七年十月癸巳；中国第一历史档案馆编《光绪帝起居注》第 12 册，广西师范大学出版社，2007 年影印本，第 181 页下。

师，日食救护则依照礼制进行。《北华捷报》详载：

> 今日，毗邻俄、美公使馆军营之礼部以特殊仪式，确认日食。正午刚过，该部官等即行毕集。至四时半，当日偏食可见之时，众官跟随笼城后礼部留京两堂官徐郙、世续之后，集于礼部正厅之前。露天中庭置一祭坛，焚香献祭。众官在内侧，面向落日跪叩。宣唱救日之时，彼等纹丝不动约一刻钟。典仪期间敲锣打鼓，以惊走恶龙。①

又西人在京者述称，当日"晴空无云，日食清晰可见；日落之际，太阳圆盘约有三分之一被遮盖，其表面左下部暗黑"②。而在武昌，乃有民众尝试观测日食。《北华捷报》通信记者报道称：

> 天空无云，日食宜观。起初，见数人以烟色玻璃凝视太阳，当然有人误用玻璃烟色一侧贴脸，以致脸面灰黑，为友人笑。而后可以肉眼轻易观看太阳，在喧天锣声中，太阳带食沉入地平线下。③

大清帝国全境，各级官员则带领部属，在同一时间击鼓鸣炮、焚香献祭、望日叩拜，蔚为壮观。《申报》记上海"救日"情形云：

> 昨日申刻为日食之期，文武各衙门循例救护。上海县汪瑶庭大令在大堂上恭设香案，传集僧道诵经。随偕学师邱广文，率同县丞刘二尹、主簿孙少尹、典史赵少尉，于初亏、食甚、复圆时，三次行礼。④

日食救护的同时，又须派礼部祠祭司官及钦天监博士各二人，进行测验和

---

① "The Eclipse of the Sun", *The North-China Herald and Supreme Court & Consular Gazette*, 1901 – 11 – 27, p. 1019.
② "Reading for This Week", *The North-China Herald and Supreme Court & Consular Gazette*, 1901 – 11 – 13, p. 906.
③ "The Eclipse", *The North-China Herald and Supreme Court & Consular Gazette*, 1901 – 11 – 27, p. 1021.
④ 《循例护日》，《申报》1901 年 11 月 12 日，第 3 版。

记录。台北"故宫博物院"所藏清宫档案中，留存了钦天监关于此次日食原推、新推、实测及差误的数据记录，① 汇总列表如下（见表1）。

表1

|  | 日食分秒 | 初亏 | 食甚 | 日入地平 | 带食 | 复圆 |
|---|---|---|---|---|---|---|
| 原推 | 四分十四秒 | 申初二刻二分三十五秒 | 申正二刻十三分三十五秒 | 申正三刻十四分四十秒 | 三分五十四秒 | 酉初三刻一分十六秒（在地平下） |
| 新推 | 四分七秒 | 申初一刻六分五十秒 | 申正二刻二分三十七秒 | 申正三刻十四分四十五秒 | 三分十七秒 | 酉初二刻六分五十四秒（在地平下） |
| 实测 |  | 申初一刻十一分 | 申正二刻七分 |  |  | 日入地平有云，复圆在地平下，均未能考测 |
| 差误 |  | 较原推早六分三十五秒，较新推迟四分十秒 | 较原推早六分三十五秒，较新推迟四分二十三秒 |  |  |  |

由于此次日食初亏已在申初一刻十一分（15点11分），复圆在日落之后，因此钦天监未能观测和记录日食总分秒数及复原时间，因而不知此二项数据预测与实测的误差值。从表1来看，初亏时间较原推早六分三十五秒，较新推迟四分十秒；食甚较原推早六分三十五秒，较新推迟四分二十三秒。以今日标准来看，其中差误不算小数。但新推均较旧推更接近实测，而且凭当时的天文仪器和历法，在混乱之中能作如此制度化推演、预测及记录，诚属不易。

## 五　对辛丑日食的诠释与附臆

日食本被视作天变灾异之极大者，此次日食更非同寻常，预报、救护、观测、记录之后，事情并未了结。日食后五日，钦天监奏报观测记录，并附占卜结果云：

观象，玩占。冬蚀，甘氏曰：相死；乙巳占曰：多死丧；石氏

---

① 整理自《十月一日癸巳朔日食推数清单》，台北"故宫博物院"藏，清代宫中档奏折及军机处档折件，文献编号：145863。

日：六畜贵；陈卓曰：鱼盐贵，秦大凶；武密曰：冬旱。《管窥辑要》：羌反，必有暴霜；癸日，恒山以北。武密曰：日食巳日，火灾；癸巳日食，诸侯相伐；一曰：权不一。《唐书·天文志》：日食在氐，诸侯专权，其应在所宿国。《宋史·天文志》：日食在氐，卿相有谄谀；一曰：大臣夏。甘氏曰：戒在公卿大夫，且有相僇，误主使过邪者。《管窥辑要》：内政不平。日入地而食，大人当之。分野氐宿，分韩国，属兖州。闻因占验内有应避字样，是以具奏稍迟。①

借天象休咎而言人事得失，乃交食救护的理论依据及存续目的。因此，钦天监的奏报中，借助天象示警和前人占书，将当时中国和清廷的困局逐一道出。占卜结果所言此次日食的寓意，可谓大多"应验"。八国联军占据津京，烧杀掳掠，自然多死丧，有火灾；兵荒之年，华北更有拳民起事，自然六畜贵，鱼盐贵；至于冬旱、暴霜、大凶等灾，以中国之大，几乎无年无之。更为重要的是，占文映射现实政局。如以古语概念所谓"诸侯专权""诸侯相伐"，以指地方重臣坐大擅权；"权不一"除了指八国联军入京，似更映射皇帝大权旁落，形同傀儡，因为古来日食正是被看作"阴道盛强，侵蔽阳明"；"相死"一占，更是符合现实——就在日食前四日，柱国重臣李鸿章病逝，清廷虽远遁京外，亦连发上谕，抚恤追赠；至于卿相谄谀，内政不平，已非一日之病。

总而言之，光绪辛丑年对中国而言，可谓祸不单行的多事之秋。清廷除了因循旧礼，应对日食；更要依照国际法律、惯例，与八国联军谈判斡旋；而且内政纷乱如麻，不知何从下手。因此，依礼"救日"之外，依理"救国"更为迫切。

中国人将此次日食与现实人事关联，西人亦有记述。《北华捷报》另记："交食古来被附臆为预示灾异之事，许多人无疑会将此次日食与李鸿章之死相互关联。此处起初已有传言，谓刘坤一已奉召入京，继李氏为直隶总督云。"②

---

① 《钦天监监正恒安奏观候日食折》，中国第一历史档案馆、北京天文馆古观象台编《清代天文档案史料汇编》，大象出版社，1997，第276页。

② "The Duty of Eclipses", *The North-China Herald and Supreme Court & Consular Gazette*, 1901 - 11 - 27, p. 1021.

## 六　儿戏与大典——民智与官智的"反差"

辛丑日食，官方救护轰轰烈烈。其实民间对于日月交食的成因，早有清楚认识；对交食救护的荒谬无补，也早有指摘。① 晚清西学东渐，民智渐开，对此认识更多。报刊作为传播新知的新型媒介，积极参与天文知识的传播与讨论。如1881年《益闻录》刊文，作者谓观《历象考成》诸书，而窃叹"日月之食为不必救，亦不可救"。而后具体分析交食成因、周期及类型，最后指出："天象有定型，旋转有定度，其无与于殃祥也明矣。世人不察，以日月蚀为日月之灾，亦以日月蚀为人事之殃，真可谓无聊之论矣！"② 传教士所办刊物如《万国公报》等，更不时刊登论说，并配以图画，解说日月交食的原理和类型。辛丑日食当日，《北华捷报》通讯记者在武昌，亦亲睹民众试图以烟色玻璃片观看日食，并记述评论称：

> 中国人较其先人，乃至吾等先人，远具天文理念……当然，其天文学观念仍嫌朦胧。一名青年竟解释称，日食乃因太阳为地球所遮蔽！一友人提示吾等，彼曾严肃告知一中国士绅中国天文观念之谬，谓太阳并非绕地而转，而是地球每日环绕太阳转动，致有昼夜。吾等尝向一中国学士指明日食，彼即指历书预测［此次］日食失准，谓当发生于中历三十日，亦即十一月十日。③

可见，虽然对日月交食的具体原因及细节，普通民众或许不能准确表述，但至少已明白此乃天体运动的常例，而非神秘灾异、蛤蟆吞日、天狗吃月之类。对于上海县令的救日安排，《申报》也述评曰："十月初一日申刻，为日食之期。上海县汪瑶庭大令昨已饬差，预传僧道，届时到县诵经救

---

① 如明代谢肇淛谓："日月交蚀，既有躔度分数，可预测于十数年之前，逃之而不得，禳之而不能，而且无害于事，无损于岁也，指以为天之变，不亦矫诬乎？蚀而必复天体之常，管窥蠡测，莫知其故，而奔走驰骛，伐鼓陈兵，若仓卒疾病而亟救之者，不亦儿戏乎？"谢肇淛：《五杂俎》上册，中华书局，1959年标点本，第11页。
② 《救护日月食论》，《益闻录》1881年第92期，第61~62页。
③ "The Eclipse", *The North-China Herald and Supreme Court & Consular Gazette*, 1901-11-27, p. 1021.

护。官样文章，遵循弗替，亦足见中国积习之深矣。"① 次年《申报》再刊一文，认为救护日月的陋习亟宜革除，而且此乃关乎"国运之兴衰治乱，人情之否泰损益"。其文有云：

> 今制，每遇日月食之时，先期由钦天监行咨各省。届时大小文武各署，均招集缁衣黄冠者流，唪咒诵经，名曰救护。初食则行祈求之礼，复圆则行庆贺之礼。武营中更鸣钲伐鼓，弓矢斯张。观其情形，有若儿戏。而循行者以为旧制宜然，恬不为怪，不亦深可异哉！②

民间亦知日月救护为官样文章，疾吁废止。光绪三十四年（1908）十一月十五日京师月食，因不及一分，钦天监奏准依例免于救护。③ 这本来只是依例免救，但民间对此颇为赞誉，认为是破除迷信俗套之举。总之，民间对于交食救护，多嘲笑揶揄。时论列举几种"可笑之声"，即为："粗解英语者满口'也司也司'声，村老儿谈历史声，救日月蚀时金鼓声，小丑登场打诨声。"④

徐珂在《清稗类钞》中，更留下直隶总督为组织日食救护的一则特殊"照会"，记曰：

> 光绪庚子拳乱，天津为八国联军所据，尚未交还，值日食，直督在保定，欲举行救日礼，乃照会八国联军都统，其略曰：为照会事，照得赤驭经天，普照万物，乃天道之常。兹查有一巨物，其形如蛤，欲于某月某日大张其口，将日鲸吞。届时必天地幽闭，人物不生，实属异常惨变，本部堂不忍坐视，至时将躬率所部，鸣金放炮，以使此蛤形怪物，惊惧而逃，不至重为民害。诚恐贵部下军士人等，耳目未经习惯，难免疑虑惊皇，为此合行照会贵□□，请烦查照可也。须至照会者。⑤

---

① 《救护日食》，《申报》1902年10月27日，第3版。
② 《辟虚说》，《申报》1902年1月23日，第1版。
③ 《礼部为月食事片行军机处》（光绪三十四年十一月八日），台北"故宫博物院"藏，清代宫中档奏折及军机处档折件，文献编号：168685。
④ 太宽：《十声》，《申报》1912年6月2日，第9版。
⑤ 徐珂：《清稗类钞》第2册，中华书局，1984年标点本，第510页。

此则笔记流传甚广，今人熟知，引以嘲笑清朝官员愚昧可笑。笔者曾尝试查阅《清史稿》《清实录》《起居注》，以及两岸藏未刊清宫档案、已刊《庚子事变清宫档案汇编》《天津临时政府会议纪要》，不少当事人的日记、回忆录等，确未找到这篇"旷世奇文"。但此文应非徐珂自行凭空编造，或录自时论报刊，① 用刺官府积习。其实，清朝官员并非不知日食真相，救护不过照例行事而已。日食救护喧嚣吵闹，他们担心惊动近在咫尺的洋兵，故而事先告示，也在情理之中。前引《北华捷报》的日食预告，也提及因为礼部衙署毗邻俄美军营，恐惊洋兵，应该事先告示中国救日之事。晚清官员不会不知，他们用以预报、观测日食的历书和仪器，正是这群"红毛远夷"的先辈们协助推演、铸造的。

辛丑日食之前，清廷在流亡中痛定思痛，已发布上谕表明改革决心。因此，时论更以为，要变锢蔽之法，必先移锢蔽之风，并以救护日月为当革之陋习，曰：

> 似此官样之文章，施诸固闭之时则可，施诸开通之世则不可；行诸变法之前则可，行诸维新之后则不可。盖新政之颁行，由近而远，由小而大，其纲领总以开民智为主。则凡一举一动，要当新天下之耳目，而不当导天下以颛蒙。乃本年九月十六日戊寅系月食之期，十月初一日癸巳系日食之期，礼部仍照旧章，通行二十一行省，届期一律救护。于是各府州县先后出示晓谕，届时仰军民人等，一体救护毋违。噫嘻！愚民之术，莫此为甚……即使果待救护，要非具女娲补天之力、愚公移山之技，曾何补于高深……其愚人乎，抑自愚乎？其蒙人乎，抑自蒙乎？及其流弊所在，势必上作下孚，上行下效，谶纬阴阳之说、灾祥祸福之言，将流衍无穷，益增维新之阻力。则其事虽小，而其关系正大也。②

---

① 40 年后（1941）又逢日食，另一位文人为了观看日食，搜索玻璃碎片时，"不意竟在一破旧之新闻纸上，发见一篇'救日礼'之故事"。于是他将此文作为解闷材料抄录下来，重新发表在报纸上。查此人所见并抄录的"救日礼"故事，与徐珂所记掌故完全一致。不过徐珂命为"救护日月"，此人命作"蛤形怪物"。见十菊《蛤形怪物》，《诗报》1941 年 12 月 17 日，第 21 页。

② 《哉救护日月交食说》（录九月十五日苏报），《北京新闻汇报》1901 年 10 月，第 3711~3715 页。

因此，此文将新政的推行与革除救护日月交食的陋习作关联论述。如此立论，从细节入手，却从大处着眼，认为如此才能"洗谫陋之乾坤，媲文明于欧美"①。而其立论前提，则与既有正统论述正好相反。亦即，既有正统论及救日，乃在修省人事以回应天变，总之于国于民有利，乃仁君圣主之所当为。而此文立论，则旨在申斥类似辛丑月食、日食救护之安排，只会禁锢民智，延续陋习风俗，最终阻碍新政，误国误民。这样，就将废除行之已久的交食救护，与晚清"开民智"与"开官智"的宏大主题密切关联起来。有趣的是，在交食应对这一问题上，"民智"与"官智"之间，表面上却存在着出人意料的"反差"。不过，这也正应了改革家的提言——无论开"民智"，抑或开"绅智"，均须假手于官力，故开官智乃"万事之起点"②。

## 七　荒诞习俗背后的严肃意涵

表面看来，中国人一方面已清楚知晓交食成因，并能作准确预测，另一方面又延续救护之礼。而且民间对此认识清楚，嘲笑揶揄；官方救护日月，却乐此不疲。其中现象甚为矛盾。辛丑日食同月6日晚，月有食。《北华捷报》记述月食情形及救护喧嚣，对此亦不无疑惑：

> 众所周知，交食之发生已预告于官定历书，由北京遍发全国。因此，政界之中必有人晓悉交食之真正因由。所可怪者，彼等并不采取措施，结束此等荒诞习俗，以致其最高官守沦为有知民众之笑柄。该习俗将此辈官员置于普通智识欠缺之境地。③

交食的真正成因早经阐明，自无疑义。而且自明末耶稣会士东来，中国的历法推演和测天仪器已逐步欧化。盛清诸帝多用西人，晓悉科技。如

---

① 《哉救护日月交食说（录九月十五日苏报）》，《北京新闻汇报》1901年10月，第3711~3715页。
② 详见梁启超《论湖南应办之事》，载觉睡斋主人纂辑，唐才常、谭嗣同等撰《湘报类纂》，大通书局，1968年影印本，第1册，总第222~237页。
③ "To Ease the Moon", *The North-China Herald and Supreme Court & Consular Gazette*, 1901-11-6, p. 880.

康熙四十三年（1704）日食，钦天监奏报观测数据，康熙自己同时也用仪器观测。而且依据自己观测所见和新推历法，指出钦天监观测数据的可能失误。① 又乾隆五十八年（1793）马戛尔尼使华，贡献礼品，乾隆只是"视如常却心嘉笃，不贵异听物诩精"②。又谓"天朝物产丰盈，无所不有"③。今人多责乾隆了无见识、盲目自大。其实当时中国的测天仪器已欧化，马戛尔尼所呈礼品中关涉天文的仪器，未必尽比当时清宫所藏先进。使团参观承德避暑山庄时，马戛尔尼见其中所藏欧洲玩物、音乐、地球仪、太阳系统仪、时钟、音乐自动机等罔不具备，大为惊骇。并以为其所携礼物，与此宫中相较，"必如孺子之见猛夫，战栗而自匿其首也"。而随行官员更告知此间所藏，与圆明园中专藏欧洲物品之宫殿相较，犹差万万。④

然而，也正是精晓天文的康熙皇帝，应对交食也是依照旧礼，不打折扣。如康熙三十一年元旦日食，上谕称："日食为天象之变，且又见于岁首，朕竞惕靡宁，力图修省。惟大小诸臣，务精白乃心，各尽职业，以称朕钦承昭格至意。其元旦行礼筵宴，俱着停止。"⑤ 乾隆应对日食，不仅一本祖宗陈法，晚年敕译《满文大藏经》，更在日食两现的乾隆四十年，特别敕译《救护日食经》及《救护月食经》。乾隆五十一年、乾隆六十年的正旦日食，甚至影响到他的退位决定。⑥ 至于晚清，虽然中西交通，新知传播，风气渐开，交食救护却仍然作为国家典礼，反复重演。

其实，看似荒唐的交食救护仪式背后，隐含的是深刻的宇宙观念和政治哲学。借由交食救护，人间的"天子"掌握了对天象的专属解释权和应对权，进而建构其政权合法性和绝对权威性。并在此过程中，展现其敬天

---

① 《钦天监监正常额题观候日食本》，中国第一历史档案馆、北京天文馆古观象台编《清代天文档案史料汇编》，第135页。
② 《清高宗实录》卷1434，乾隆五十八年八月庚午。
③ 《清高宗实录》卷1435，乾隆五十八年八月己卯。
④ 马戛尔尼：《一七九三乾隆英使觐见记》，刘半农译，天津人民出版社，2006，第110页。
⑤ 《康熙三十年十一月二十四日上谕》，台北"故宫博物院"藏，清代宫中档奏折及军机处档折件，文献编号：141647。
⑥ 《救护日食经》满文作 ᠰᡠᠨ ᠪᡝ ᠵᡝᡨᡝᡵᡝ ᡩᡝ ᡥᡡᠯᠠᡵᠠᠨᠣᠮᡠᠨ，穆麟德式转写为：šun be jetere de hūlaranomun，直译"日食时候念的经典"；《救护月食经》满文作 ᠪᡳᠶᠠ ᠪᡝ ᠵᡝᡨᡝᡵᡝ ᡩᡝ ᡥᡡᠯᠠᡵᠠᠨᠣᠮᡠᠨ，转写为：biya be jetere de hūlaranomun，直译"月食时候念的经典"。经文的详细转写、源流、翻译、解析及关联讨论，参见林士铉《乾隆皇帝与〈满文大藏经·救护日食经〉》，台北《"故宫"学术季刊》第32卷第1期，2014，第127~158页。

恤民、虚怀纳谏的"明君"形象。满人以异族入主，为了建构其政权合法性，除了诉诸"天命"，还须求诸"政统"。欲诉诸天命，必须宣称"天命在我"，而后就应该顺天而动，应天之变。清代开国二主各号"天命""天聪"，均有此意。而欲求诸"政统"，就必须采用并推广以儒家学说为核心的整套政治哲学和礼仪，以体现其为尧、舜、禹、汤、文、武、周公这一系统内圣主明君的后继者。巧妙的是，既能解释天象、应天而动，又完全依照儒家政治哲学设计的交食救护典礼，正好将"诉诸天命"和"求诸政统"两个策略完美结合，颇有妙用，自然不能轻言革废。

更进一步言之，历法的颁授与交食救护的安排，也是前近代东亚朝贡体制内部秩序的重要一环，其中展现的是"天朝"宗主国受命测天、代天宣命的权威和尊严。因此，日食可以提早预推，皇帝更能以天文仪器观测日食，但日食救护则必须严格依照礼仪，循例进行。如此，方见天朝之体、明君之仁。康熙即谓："日食虽人可豫算，然自古帝王，皆因此而戒惧，盖所以敬天变、修人事也。若庸主则诿诸气数矣。去年水潦、地震，今又日食，意必阴盛所致，岂可谓无与于人事乎？"① 所以，看似荒诞的救护典礼背后，其实蕴含着贯通"天人之际"的严肃意涵和现实意义。辛丑日食，正逢国难，依照春秋之义，更该修省回护。而越南、朝鲜虽已脱离宗藩，钦天监救护安排仍将其与内地省份一体纳入，亦可见传统体制惯习影响之深。

## 八　天象、科技与政治

日月无光，天地变色，对古代先民而言确是值得惊惧的天象。② 而且中国传统的宇宙观念和政治哲学，又受天人感应论影响甚深。因此，作为自然天象的日月交食，与天文历法、儒家（融合阴阳家）哲学紧密结合，使得救护仪式与制度日益完善繁杂。而这些仪式的有序展开，有助于建立政权合法性论述、维护绝对君权和明君形象，甚至有助于在历法和礼仪层面上维护朝贡体制中的"天朝"地位。日月交食的诠释和应对，很多时候

---

① 《清圣祖实录》卷180，康熙三十六年二月壬午。
② 由于日月在古人宇宙世界及生产生活中的重要地位，因此若运行失常而显异象，古人均极为惊惧，力图对之作出诠释，并找出应对办法。人类早期文明所留下的多数神话，以及现存主要宗教经典，亦多将日食视作或喻为世界末日或终极灾劫。

又被用作朝局政争的工具。因此，交食救护历代相沿不辍，深刻影响传统中国及东亚的政治和文化。

若以"长程视野"观照中国的交食预报和应对仪节演变，可发现其中存在两种互相悖离的有趣现象。其一，天文科技和历法推演越发展，对交食发生原理及时间、类型等知识越精熟，但交食救护的开展却越常规化、制度化，典章对救护仪式的规定也越来越细密。其二，民间及臣属对交食救护越来越敷衍塞责，甚至公开嘲笑批判，皇帝及其代表如礼部、钦天监则要不断申饬救护之重要，并严惩不认真从事的官员（从中亦见官员救日，多因为制度所限，只能循例参与）。而且，在这种长期演变过程中，本来源于"敬天"而"应天"的交食救护，渐渐成为因能"测天"而"玩天"的礼仪游戏。①"天"从不可挑战的绝对主宰，变成可以预测应对、自由解释的人格象征，最后回归到毫无神秘性可言的自然现象。

光绪辛丑年的中国，除了天显异象，现实危机更是前所未有。八国联军入据禁城，不仅彻底颠覆天朝权威，其劫掠破坏也对中国传统测天器物以毁灭打击。笼城之后，列强赔款要求敲骨吸髓。国内民变四起，满目疮痍。更兼柱国重臣李鸿章病逝，祸不单行。总之，这一切都令清廷深深陷入"救日"与"救国"的双重危机之中。当然，天象与人事无涉，早经阐明。任凭清廷君臣在西人的惊异目光和民众的嘲讽揶揄中，如何素服斋戒、罪己修省、击鼓鸣炮、跪叩膜拜、诵经祈祷、奉献享祭，这些轰轰烈烈的"救日"典礼，丝毫无裨于"救国"。局势照样危若累卵，列强仍旧如狼似虎，朝廷还是风雨飘摇。辛丑日食后十年，满人失其政。民国肇建，交食救护这一融合天象、科技、政治、礼仪、神话、宗教，在中国上演了数千年的复杂仪式，才随着帝制的终结而告废止。不过，传统帝制以及诉诸天命的政权合法性论述方式被抛弃之后，如何有效建立政权及与之相应的合法性论述，又成了20世纪中国政治的一个绝大问题。

（作者单位：华东师范大学）

---

① 谢肇淛即有疑而问："使日食不预占，令人主卒然遇之，犹有戒惧之心，今则时刻秒分已预定之矣，不独人主玩之，即天下亦共玩之矣。予观官府之救护者，既蚀而后往，一拜而退，杯酌相命，俟其复也，复一拜而讫事。夫百官若此，何以责人主之畏天哉？"见谢肇淛《五杂俎》上册，第12页。

# 文献研究

# 论晚清乡土历史教科书的编写特色

吴四伍

**摘　要**：官民合作促成了晚清乡土教科书编写的高潮，成就了其因地制宜的鲜明特色。学部编书局号召全国各地编写乡土志，构造素材，进而编成教材，但成效有限；而国学保存会为代表等民间出版机构，注意省情，倡导新史学，成功撰写了一批优秀的乡土历史教科书。晚清乡土教科书在编写体例上虽严守学章、服务学生，却在编写内容上注重因地制宜、因省而异；尤其是其编写宗旨以史为鉴、爱乡爱国，对于乡土教育与国情教育意义重大，对于传播新思想、倡导新观念，贡献甚大。

**关键词**：乡土志　乡土教科书　刘师培　国学保存会

近年来，晚清教科书研究日渐受到人们重视。[①] 晚清乡土历史教科书的发展更是扮演了急先锋角色，在重视儿童学习心理、传播新史学观念、汲取地方素材等方面，贡献尤多。有关晚清乡土教材在构建国家话语，重新定位国家与地方的关系，以及乡土教材在个别省份发展的特定历史轨迹和特殊历史角色，学人已有所论述。[②] 本文侧重对晚清乡土教科书的体系构成、编写体例和编写宗旨等进行探讨，旨在全面理解晚清乡土教科书的编写特色和发展全貌，尤其是其对国情教育的独特贡献。

---

[①] 近年来论述晚清教科书的重要论著有王建军《中国近代教科书发展研究》；毕苑《中国近代教科书研究》，博士学位论文，北京师范大学，2004；吴小欧《晚清民初教科书的启蒙诉求》，博士学位论文，湖南师范大学，2009；王昌善《我国近代中小学教科书编审制度研究》，博士学位论文，湖南师范大学，2011。

[②] 程美宝：《由爱乡而爱国：清末广东乡土教材的国家话语》，《历史研究》2003年第4期；王兴亮：《清末江苏乡土志的编纂与乡土史地教育》，《历史教学》2003年第9期。

## 一　乡土志与乡土教科书

教科书是教育发展的命脉，小学教科书涉及学生启蒙教育，尤显重要。1905年科举制废除，新式学校教育发展迫在眉睫。教科书的编写与审定成为世人关注的焦点。1906年，严复撰文呼吁晚清政府加快审定小学教科书的步伐。在其看来，自1905年科举停废以来，"所谓各种教科书，尚未闻学务大臣与学部有颁发者"，且民间出版的教科书"真赝互陈，良莠并出，往往但求速成、勦割庞杂，或苟矜新异、逆节违理，或不知而作，雅郑不分，或陈腐因仍，无所启发"。各类教科书中，又以小学教科书最为紧迫，"夫童子性真未凿，而教以如是之书，使之先入，窃恐他日未必不为国之隐忧也"。且世界范围内，都非常重视小学教科书，"欧洲久讲教育之国，莫不于小学之教科书，尤兢兢焉"。① 无疑，编纂和审定乡土历史等教科书已成为当时学界的一件大事。

严复等对教科书审定如此殷切期盼，很大程度上缘于当时教科书编撰所遇的窘境。清政府迫于内外压力，废除科举，发展新式教育，其决心却与能力相差甚远。在乡土教科书编写方面，清政府采取两种策略，一是动员各州县主动编写乡土志，以此作为材料，编写新式乡土教科书；二是支持民间出版机构，编撰新式乡土教科书。前者数量较多，但是编写内容简单，仅为学堂继续编书的参考资料，或者个别州县使用；后者则基于市场竞争与生存压力，往往参考其他教科书，注重编写体例创新，重视发扬地方特色，表现出较高的编写水平，因而留下一大批珍贵的乡土教材文本。官民互动，尤其是民间主管编写，政府负责审定，形成晚清乡土教科书编写的独特局面。

从乡土教材的文本来看，大致可以分为两类，一是乡土志，二是乡土教科书。关于两者的关系，以往学者从编写群体和使用参考文献来看，两者并无多大关系，不过是新瓶与旧酒的关系。② 但实质上，两者在编写内容和秉承史学观念上，还是有着较大的不同。

动员各州县参与乡土教材的编辑，是学部为了解决乡土教科书编写的

---

① 严复：《论小学教科书亟宜审定》，《东方杂志》1906年第6期。
② 程美宝：《由爱乡而爱国：清末广东乡土教材的国家话语》，《历史研究》2003年第4期。

重要举措。1905年5月,编书局监督翰林院候补侍读学士黄绍箕上奏朝廷,要求各省按照所拟定的《乡土志例目》,"择士绅中博学能文者按目考查,依例采录"成书,送交编书局,经该局审定删改后,再统一体例,颁布实施。① 从黄绍箕所奏原意来看,希望各地完成乡土教科书的半成品,再由编书局在此基础上修改,编写新的教科书。正是基于这一考虑,他认为各地乡土志"地近则易详,事分则易举",各地州县官若能"征本地读书能文者二三人,按月考查,依例编撰,不过数月,即可成事",因此,限定各地须"限一年成书",由地方官邮寄回京,以便编书局使用。

该《乡土志例目》大致分为"历史""政绩""兵事""耆旧录""兵事录""人口""户口""氏族""实业"等共15条。每条内容搜集和撰写均有具体要求,"历史"目要求阐述该州县设置年代,以及设置前后所属朝代与府县,"户口"目要求提供本境内的户口、丁数,而"地理"目则要求阐明该州县在省境或府州的具体位置、四周所接壤州县,所属区县划分以及境内古迹等。

对于《乡土志例目》的理解,学者们视角不同,观点也各异,程美宝认为乡土志的体例与传统方志雷同,无论编者如何强调宗旨新颖,其形式并无多大突破,而王兴亮则认为其为全国编纂乡土史地教材的指导方案,由此全国各地兴起编纂乡土史地志书、教科书的高潮②。事实上,从编写的乡土文本来看,其内容与传统方志区别确实不大,但是从宗旨来看,却又是为编教科书而撰写的特别之作,因此,此次乡土志编写,更应该看作一个学部编写教科书的临时行为,是一次动员各省地方力量收集乡土资料的短暂行为,其修撰志书为次要目的,而为编教科书收集资料则是首要目的。

此次乡土志编纂,显然不同于传统方志,是为教科书编写准备而作,很多乡土志编者对此心明如镜。《新会乡土志》阐述尤为清晰:"本稿与

---

① 该文献最先为田雨发现,作为地方志编撰历史发展的重要文献,来源为《铜梁县乡土志》,见《清学部颁〈乡土志例目〉》,《社会科学战线》1985年第4期;次为程美宝注意,文献来源为《东方杂志》1905年第9期,第217~223页;据笔者考证,此文献应最早公开刊登于《申报》1905年5月15、16、17日连载。

② 程美宝:《由爱乡而爱国:清末广东乡土教材的国家话语》,《历史研究》2003年第4期;王兴亮:《清末江苏乡土志的编纂与乡土史地教育》,《历史教学》2003年第9期。

《新会县志》体裁不同,与创撰新会乡土课本及乡土课本之参考资料亦异。本稿之责任,在搜集乡土资料,备学部编书局编辑新会乡土课本及参考书之用,乃属调查之范围,非属撰著者之范围也。"① 从当时实况来看,在一年之内,编纂乡土志的困难远超过原先的设计。山东平阴县知事黄笃瓒对此颇有微词:"今世公卿大夫,身处堂奥之上,瞠目抵掌,朝建一谋曰某政当兴,夕发一议曰某法当变,传符之下,急如星火,纷逾牛毛,究其归宿,通都大邑,多不免隔阂难行,遑论荒僻哉!"② 1906年1月,由于各省对于乡土志的编写较慢,"咨行多月,迄未编送",学部催促各省督抚,要求编写乡土志,以备编撰学堂教科书之用。③ 1907年2月,学部再次催促各省赶快提交乡土志,可见各省办理速度之迟缓。④ 从现存的乡土志来看,《平阴县乡土志》《邵阳县乡土志》《上海乡土志》刊印于1907年,《新会乡土志》《范县乡土志》《靖州乡土志》等刊印于1908年,而《齐东县乡土志》等则刊印于1910年,很难找到1906年刊印,即一年之内完成的乡土志。

更值得注意的是,此次乡土志编写大多数州县都是为给学部准备编写教材的资料,但也有州县以此编写教材,比较典型的如《上海乡土志》,编写于1907年,全书共分160课,编目分地理、博物、名宦、乡贤等。该书体例与学部颁布体例并不一致,在编写方面考虑学生学习心理,强调"儿童心理,宜从近处入手,书中之语大致故事十之三,近事十之七,庶学生易于吸收"⑤。又如山西《阳城县乡土志》为杨念先所撰,该书考虑学生学习习惯,分别编写成散文体和骈文体两种,后者在该县广为流传。不过,其书内容依然按照学部所规定乡土志体例撰写。还有《华亭县乡土志》也在例言中解释,该书可以按照小学教科书教授,其中历史部分撰写14000余字,地理撰写8000余字,按照每课书100字足有,全书可供教授200余课时。

---

① 《新会乡土志》,台北"中华文化事业公司",1971,第5页。
② 《平阴县乡土志》,《中国方志丛书·华北地方》第47号,台北成文出版社,1968,第2页。
③ 《学部咨催乡土志》,《申报》1906年1月1日。
④ 《学部饬送各府州县志书》,《申报》1907年2月28日。
⑤ 《上海小志·上海乡土志·夷患备尝记》,上海古籍出版社,1989,第58~110页。

此外，学部也对部分的乡土教材进行审定，给予相应的意见。1906年12月，河南提学使请学部审定顾燮光所著《中州地理教科书》，给予版权。该书参考资料详尽，包括《河南通志》、新旧地理书籍，以及最近调查等。学部给予的意见是，该书虽然编写完善，但是学习程度略高于小学，可以作为小学教员参考用书，不宜当做课本。①

总体来说，晚清学部发起的乡土志编撰，最初目的是为了预备学部编书局编写教材，由各州县提供乡土志作为资料，作为编写教材的素材。这类乡土志在各省均有编撰，只是数量多少不一，进度也缓急不齐。其中，又有较少的乡土志，本身按照教科书体例撰写，考虑学生学习心理，成为这一次乡土志编纂活动的额外收获。这次乡土志编撰是晚清政府为编写乡土教材的努力，但是学部编书局最终也没有编写成统一的乡土教科书，使得这一活动效果大打折扣，不过这也为民间出版机构编写教科书留下巨大空间。

## 二 国学保存会与乡土历史教科书

官民合力，共赴时艰，是晚清教育发展的重要特征。编写教科书，或审定教科书，晚清乡土教科书的编撰很好地体现这一时代特征。在民间出版机构中，国学保存会无疑是晚清乡土教科书编写最有力的推动者。此外，上海震东学社编写的《初等小学乡土历史模范教科书》影响也很大。该书以模范为宗旨，每课立一乡土模范为表率，详细讲叙。②

国学保存会旨在保存国学，激发民众爱国信心。乡土教材在激发民众爱国热情、培育学生爱国信心方面，可谓意义重大。国学保存会对乡土教材的重视，缘于对儿童乡土教育的重视。刘师培阐述乡土志教育意义："使童而习之，则普通科学可以得所入门，而国粹保存，又以乡邦为发轫，其有裨于教育，岂浅鲜（显）哉？"③ 1906年，国学保存会在《国粹学报》发文，宣称将编辑全国各省乡土小学教科书。④ 此后，该会先后出版江宁、江苏、安徽、湖北、直隶、江西、广东等省市乡土历史小学教科书。

---

① 《部覆审定教科书》，《申报》1906年12月27日。
② 《初等小学乡土历史模范教科书》，《申报》1907年2月22日。
③ 刘师培：《编辑乡土志序例》，《刘申叔遗书》，江苏古籍出版社，1997，第1586~1587页。
④ 《国粹学报》，1906年第5~7号。

关于国学保存会出版的晚清乡土历史教材，人们大多只注意到刘师培和黄节两人，且很少进行细致的文本研究。实际上，该系列乡土历史教科书为国学保存会三位核心人物分别撰写，即刘师培写江宁、江苏和安徽，陈去病写湖北、直隶和江西，而黄节写广东。根据当时编写惯例，编写者须署原名，所以陈去病署名为陈庆林，黄节署名为黄晦闻。该系列乡土教科书内容选材个性鲜明，重视省情，同时编写技巧成熟，注重儿童教育，值得人们认真研究。

**1. 江宁、江苏、安徽乡土历史教科书**

刘师培是国学保存会的核心人物，又是近代著名的革命家和学者，一生经历极富传奇，著述颇丰。他不仅编有《伦理教科书》《国文教科书》，还编有《中国历史教科书》，以及系列乡土小学教科书。作为教材编写者，刘师培学识渊博，纵贯中西，家学本来深厚，加之又勤于涉猎近代西方书籍，因此他编写教材的高度和深度，为一般教师所难企及。刘师培编写《伦理教科书》时，强调"心理学与伦理学关系最密，不明心理之作用，不能知伦理之起源，故此册书于心身之关系，言之特详"①，从中可略窥编写者学识之广博。

尽管刘师培平时行文激烈、作风奇特、鼓吹革命，不遗余力；但是对于教科书的编撰，他讲求内容平稳，行文简洁，往往将民族复兴等大意蕴于史实之中，乡土教材之阐述更是尽显其能。实际上，除了乡土教科书外，刘师培编写的中学教科书《中国历史教科书》在晚清时期，影响甚大，与夏曾佑所编历史教科书齐名。有关该书的详细文本研究甚少，实际上，该书编写体例和内容均见匠心。该教科书分4册，以"元亨利贞"排列，又将中国历史分为三期：上古、中古、近古，即秦以前为上古，秦至唐为中古，五代以后为近古。内容上讲求略古详今，上古时期史实讲叙扼要简略，而近古时期，特别是明清两朝，论述详尽；同时内容条目上多有创新，如"经济类"为其首创章节，论述自秦汉至明清的经济发展，冠名"产业"或"产业与货币"。刘师培也曾编写一套小学教科书，内容和体例均有创新，如选材方面强调中国史书之叙事，详于郡而略于人民，详于事迹而略于典制，详于近代而略于古代，选材重点在"一、历代政体之异

---

① 刘师培：《伦理教科书序》，《刘申叔遗书》，江苏古籍出版社，1997，第2025页。

同、二、种族分合之始末，三、制度改革之大纲，四、社会进化之阶级，五、学术进退之大势"。从小学到中学，刘师培个人编有数套风格独特的历史教科书，在中国近代教育史上，可谓罕见。

在教材编写体例方面，江苏乡土历史教科书颇具代表性。该书编写内容严格按照学堂章程要求，分为4册，每册18课，每学期使用1册，以便初等小学一、二年级使用。该套教科书有两个重要特点：一是图文并茂，对于地方的著名先贤人物和地方特色鲜明的景色和物产，均配以插图，增强儿童学习兴趣，方便学生学习；二是该套教科书资料翔实，但行文简洁，为满足部分儿童深入探究和教员授课，特附带参考书目，书中涉及人事，均可依据参考书深入考证研究，方便教师教学。以该书第一册为例，课文18篇，同时配有参考书课文18篇，参考课文篇幅远超教材正文。参考书往往引用《史记》等大量史书，注明出处，方便教师检索。教科书讲究文字简洁，无累赘之嫌，编者特别强调，每课书以150字为准。该书在编辑大意中特别广告，"本书第二册即继出，必无误第二学期之用"。从中，人们可以看出当时编辑教科书之紧张，以及整个民营教科书行业竞争之激烈。

在教科书编写指导思想方面，江苏乡土历史教科书是有的放矢。刘师培在该书序言中指出："江苏民富而士文……唐宋以来，吴中遂为人文渊薮，此皆苏省之特色也。然近世其民日趋怯弱。"分析江苏省古今民风转变的原因："夫同一吴民，何以昔强而今弱，则以民富士文有以易之也。夫民富则习于奢侈，士文则习于虚浮，奢侈则日趋于淫，虚浮则日趋于薄，民俗既薄，则好义之心衰，而奢侈之风，又足以趋一境之民，以乐天为宗旨，心有所乐，则趋义之心不能敌其恋生之心，此吴民所由怯弱也。"编写乡土历史教科书目的："故欲矫苏省之积弊，必先革奢侈虚浮之习。今编此书于苏省武功文化，记述特详细，学者观于此，而知道古代吴民以尚武立国，而先贤学术亦与近世之所尚殊途，则文弱之风，庶可稍革乎。"① 从中不难看出，作者冀望乡土教科书的编写，可以改良和促进乡土教育，借此影响民俗改良，转变民风，立意不可谓不高远，贴近省情不可

---

① 刘师培：《江苏乡土历史教科书》第一册，国学保存会，1907，第1~2页，人民教育出版社藏。

谓不真实。

从教科书编写内容选材来看，江苏乡土历史教科书可谓匠心独具。以第一册内容为例，全书共18课，讲述西汉以前江苏地区的历史，选材内容可以分为三大块，一是乡土区域观念，该书对江苏地区的历史区划十分重视，设"商代之区画""秦代之区画""汉代之区画"三课，阐述不同历史时期江苏区划境况，显示对地域观念、乡土变化之重视；二是重要人物的突出事迹，该书擅长于从浩繁的历史事件中去粗取精、删繁就简，设"禹平洪水""太伯适荆蛮""太伯立国""季札让国""阖闾之扩张国境""楚黄歇封吴""项羽起兵"七篇，勾勒吴地重大历史变革；三是对古代江苏地区的文化风俗等重点关注，设"吴国学术之发达""吴国人才之盛""西汉时吴中之人才""西汉江东之风俗"，重在彰显江苏地区古代人民的风俗习惯，鉴古知今，为今日民风之转变积累素材、提供示范。

比较该乡土历史教科书和依据《乡土志例目》所编纂的乡土志，两者显然存在素材与成品的关系，无论是编写指导思想还是编写内容，前者都显示出其成熟与适用之处。

安徽乡土历史教科书也是同一时期由刘师培撰写，该书编写体例与江苏乡土历史教科书基本相同，图文相间，资料翔实。但是编辑的指导思想，略有差别。该书重视安徽省独特的历史特点，认为安徽省在古代历史变革中的地理位置非常关键，不仅"古代视为要区"，而且"皖省之地，非唯控驭金陵已也，且可以固江汉之防"。历代封建王朝更替，无不证明此理。因而"此书于皖省兵事，记叙尤详，以明皖省之重要"①。从该书编写内容来看，如第一册，对安徽省境内的历次战争记叙十分详尽，该书设"西周之区画""秦代之区画""楚汉之际之区画"3篇，论述特定历史时期安徽的战略地理位置；又设"吴楚之争皖北上""吴楚之争皖北下""淮南吴楚之战争""江岸吴楚之战争""皖南吴楚之战争"5篇，讲述吴楚战争在安徽各地展开的具体经过，论述安徽省对于江苏、湖北等地政权争斗和经济发展的特殊意义。此外，在作者看来，学术发达、人才众多也是安徽省特色所在，课文又设"老子之学术""周代皖省之人才"等篇，

---

① 刘师培：《安徽乡土历史教科书》第一册，国学保存会，1907，第1~2页，人民教育出版社藏。

历数安徽古代历史之特色，彰显安徽省情之特色，激发学子乡土之情感。

**2. 湖北、直隶、江西乡土历史教科书**

陈去病也是国学保存会的核心人物，号巢南，初名庆林，晚清著名革命家，南社的发起人之一，以诗闻名于世。关于陈去病编撰乡土教科书之贡献，世人关注尤少。近年新出版的《陈去病诗文集》对乡土教科书序言虽有所收集，然教科书文本，仍难见于世，不免遗憾。① 陈去病一人编写湖北、直隶、江西三地教科书，于晚清乡土教科书编写，贡献尤多。

湖北乡土历史教科书由陈去病编写，碍于当时编写体例，署名为陈庆林。该书编写体例与江苏、安徽等教科书一致，即每省教科书共4册，每册18课，每册附编参考书18课。不过，该书对参考书编写有所创新，对参考书编写理由进行特别说明："其所以参考书与课本合订一册者，盖一以免请师写示之烦，一以免儿童抄录之苦，且可节省时间，多为讲解诵习。而儿童异日偶忆课中事实，复得资以参考，其故一；每省现有初等小学不过百数，若为单行本，仅供教师之用，所需之数甚寡，难以印刷，其故二。"② 从中可以略窥乡土教科书的使用情况。

该书在编写指导思想方面，同样重在阐述湖北历史之特色，论述其为"交通最便者"、"商务最盛者"及"天下贤材之薮也"。编写乡土历史教科书，意在"备述往事，明其关系如此，庶几楚有楚材，终为楚宝，而湖北之兴或未有艾耳"。因而，该书旨在使儿童了解和认识湖北省地方历史文化，目的是发展地方、振兴国家。从编写内容来看，该书善于阐述湖北历史上重要人物及其发生的重大历史事件，借此勾画湖北地方历史发展之全貌，特别重视历史人物的事迹的宣扬，如第一册设"汉末贤人之隐循上""汉末贤人之隐循下""诸葛武侯事略""刘表之镇襄阳"等，通过阐述历史人物事迹，开启湖北学生之学习志趣。又设"南方学术之发达上""南方学术之发达下"等专题，论述湖北学术发达之传统。

江西乡土历史教科书，亦由陈庆林撰写，于光绪三十三年七月出版。该书编写体例与湖北省教科书一致，共4册，每册18课，课文与参考书并

---

① 陈去病：《陈去病诗文集·补编》，殷安如等编，社会科学文献出版社，2009，第1301~1307页。
② 陈庆林：《湖北乡土历史教科书》第一册，国学保存会，1907，第1~2页，人民教育出版社藏。

重。在编写指导思想方面，该书着力阐述江西省历史特点："要而论之，江西之地理，有带山阻湖之雄；江西之人材，负魁奇绝特之行。"该书编写旨在："是故为豫章之民，读史而知往昔盛轨，俯仰于文学道德节义之风，以涵养其德性。他日必有忠宣信国叠山之伦，再见于天下者，其在邦人子弟乎！"①从编写内容来看，作者着力通过搜集和整理江西历史上道德品质和才能突出的人物及其主要事迹，以此描述古代江西发展的历史。以第二册为例，设篇讲述"雷焕得丰城宝剑""范宁设庠序以教四姓子弟""陶侃事略""彭泽令之介节""王勃作滕王阁序"等典型人物的事迹，倡导古人的高尚道德与高超才情；又设"唐代江西之名宦""唐代江西之人才""南唐江西之人才"，介绍江西地区人才群体的成长与发展。作者对于朝代更替对于区域发展的影响十分关注，如设"刘宋宗室之乱""齐梁陈隋之兵祸""南唐之徙都洪州""唐末江西之割据""唐杀其南都留守林仁肇""南唐灭于宋及江州之被屠"等篇，论述江西地区政权更替与风俗变迁。

直隶乡土历史教科书同样是由陈庆林撰写，于光绪三十三年七月出版。该书编写体例与江西教科书一致，共4册，72篇课文。直隶为首都所在之区，作者对于国难之忧，见诸笔端："近世以来，事变益亟，辇毂所届，群雄逼视。虽郡县建置，视昔为廓。而祸患之乘，有加无已。热河西安之狩，事岂甚远，能不寒心！"因而该书编写旨在："爰述旧史，以陈鉴戒。三辅之士，倘怀往昔盛轨，念萧墙隐忧，慨然感奋，以急桑土，则于是编，奚可忽诸！"②该书编写内容重在选择历史上英勇抗敌、拯救国难的英雄事迹，如第一册，单独设篇"禹平水土""荆轲刺秦王""项羽巨鹿之战""韩信之背水阵""李广之守边"等，详细描写古代英雄人物奋勇抗敌之事迹，借此激发民众之爱国信心。全书18课，涉及历史人物的有15课，可见全书重在历数历史人物之功绩，发掘乡土教育之功能。

**3. 广东乡土历史教科书**

黄节也是国学保存会的核心人物，晚清时期重要的革命家、著名学

---

① 陈庆林：《江西乡土历史教科书》第二册，国学保存会，1907，第1~2页，人民教育出版社藏。
② 陈庆林：《直隶乡土历史教科书》第一册，国学保存会，1907，第1~2页，人民教育出版社藏。

者。该教科书在广东出版时,署名为黄晦闻,即作者初名。编写教科书行为与教育爱国之理想极为切合。为了编写乡土教科书,黄节投入大量精力。该书编写体例与江苏、直隶等基本一致,共4册,每册18课。在编写指导思想方面,相比其他教科书,该书编写所具世界眼光尤其明显。编写此书,旨在使学生明白今日广东历史与世界的关系,特别是需要借鉴兴衰的经验,借此培养爱乡爱国之感情:"广东之治乱得失,不惟关中国之大局而已,抑与世界上有影响也夫,是故觊中国者未有不挚觊广东,则吾人之爱中国者亦未有不挚爱广东,何也?其治乱得失于世界上有影响也。"因此,此书编写目的在于"吾邦人子弟,于吾广东故事与夫吾广东影响与世界上大端不可不知,诚有以养其爱土之心,由是而群知爱国,亦当时急务也。于是乃编是书"①。广东乡土教科书和其他教科书一样,关心时事,力图鉴古知今,以乡土教育培养国民爱国信心。

值得注意的是,黄节在乡土教科书编写中,具体提出选材内容的五个原则,即关心吏治、民生、学术、中原和世界五个方面,"兹编注意约分数端:一吏治之升降,二民生之荣瘁,三学术之变迁,四对于中原治乱之影响,五对于世界交通之得失"②。由于各省教科书重在阐述地方历史,分册内容往往不同。广东乡土历史教科书在历史分段和内容选择上,有自己的特点。第一册编写的内容是从上古时期到唐代,这与江苏、安徽、湖北等不同,江苏等教科书第一册历史内容大多编写到汉代。黄节特别注意广东地区历史发展的特点,对于广东地区的特定割据政权,给予特别的撰写,如第二册历史教科书,设置5课,专门讲述南汉历史,设篇"南汉始末一""南汉始末二""南汉始末三""南汉之疆域""南汉之人物",详细阐述南汉政权的兴衰,以及对中原政局的影响,成为描写广东区域发展历史的重要一笔。③ 该册还单独列"回教入粤为阿拉伯通中国之始"篇,阐释伊斯兰教在广东地区的发展。

---

① 黄晦闻:《广东乡土历史教科书》第一册,国学保存会,1907,第1~2页,广东图书馆藏。
② 黄晦闻:《广东乡土历史教科书》第一册,国学保存会,1907,第1~2页,广东图书馆藏。
③ 黄晦闻:《广东乡土历史教科书》第二册,国学保存会,1907,第1~2页,人民教育出版社藏。

## 三 乡土历史教科书的编写特色

晚清社会的每一项变革，几乎都糅杂了政府与地方力量的博弈，也自然呈现国家与地方的复杂关系，教育改革亦然，晚清乡土教科书编写亦然。官方发动乡土志的编撰活动，结果是壮志难酬；虽留下了风格奇特、数量众多的乡土志，但它们更多只是教科书编写的素材，而非教科书。不过，民间出版机构趁此难得机会，推出了一系列高质量的乡土教科书，既弥补官方力量的不足，也有力地动员地方资源的参与。国学保存会在这一运动中，登高一呼，居功至伟。晚清乡土教科书在官民合力编写下，呈现出一个难得的发展时机，留下一批高质量的作品。

晚清乡土教科书的编写历程十分坎坷，官民互动成为教科书编写最终繁荣的重要动力。学部编书局对于乡土教科书的编写，是希望各地州县官委托地方绅士，特别是博学能文之士，能够尽快调查和撰写各地史料，以便统一编写。结果是，数年后，各地州县官办事不力，面对教育新政，大多延迟拖沓，虽有部分州县随后也编有一些教科书，但是编写水平低，适用范围窄，实在难以指望。国学保存会、震东学社等民办出版机构，适时而动，刘师培、黄节、陈去病等著名学者殚精竭虑，为乡土教科书的编写贡献甚多。这一系列的教科书明显不同于方志素材，是一套比较成熟的教科书，对于今日乡土教育和教材编写，有着特殊的参考作用。

**1. 编写体例严守学章、服务学生**

在编写体例方面，该系列教科书明显比乡土志类教科书成熟。该书面对省内读者，讲授对象为本省学生，严格按照奏定章程编写，特别注重对儿童的学习习惯的考虑。该系列教科书特别注重图像的引用，以《江苏乡土历史教科书》第一册为例，配有 7 幅图画，分别为"大禹""太伯""季札""姑苏城外""子游""黄浦江""项羽"，大量图画能够激发孩子的学习兴趣。又如《广东乡土历史教科书》第二册，也有"张九龄像""韩愈像""光塔寺图""大庾岭图"4 幅图画。通过大量的图片，使得小学生对于历史学习有直观的感受。

该系列教科书还考虑学生学习的心理，每册共分 18 课，课文字数少，要求语言易懂耐读。如《江苏乡土历史教科书》在"编辑大意"中，特别强调该书充分考虑学生的学习心理和学习周期："谨按学堂章程，初等小学，每星期授历史一钟点，除年假暑假外，每一学期应授十八钟点。本书分四册，每册十八课，每册恰备一学期教授之用。"对比《上海乡土志》，该书分为160课，每星期授课4节，历史、地理和格致部分，且无参考书，两者之区别可想而知。考虑小学生的学习负担问题，该套教科书极力要求精简字数，如《江苏乡土历史教科书》规定"本书每课以一百五十字为率，无使过多，庶初等小学生徒取便记忆"。安徽、湖北、直隶、江西和广东等系列乡土历史教科书都遵循这一准则，课文极为简练，语言清晰。

重视学生在学习心理和习惯上的差异，该系列晚清乡土教科书配以参考书，且每课都配有专门的参考课文，如《江苏乡土历史教科书》第一课为"上古时代之江苏情况"。该课参考书主要介绍课文中的核心名称"共工氏""岛夷""荆蛮"等词语，引用《韦昭国语》《管子》《左传》《淮南子》《史记》《逸周书》《荀子》《禹贡》等10余种古籍，足见作者著述之认真。参考课文比正式课文长约一倍，足见编写者工作之苦心。值得注意的是，该系列教科书并非完全放弃乡土志，而是有选择性地吸收，如《江西乡土历史教科书》第一册，特别设"江西乡土志之滥觞"一课，搜集江西省原有乡土风物的记载，如对徐整《豫章列士传》、熊默《豫章志》、雷次宗《豫章记》、朱谋㙔《豫章耆旧别传》等均有论述。

**2. 编写内容因地制宜、因省而异**

《乡土志例目》所要求的乡土志资料收集，更多限于州县地方对各种乡土情况的调查，编写内容从历史、人口到商务等15类，多属资料性质，而对于学生学习心理，往往考虑较少。即使如山西《阳城县乡土志》一样，编成骈文，有利学生记诵，但是内容仅限于一县之事，自然难以推广。又如模范乡土教材，每乡设立一模范人物，通过模范人物拉近学生的认知距离，从熟悉的乡土出发，引发学生的乡土感情。无疑，乡土志与模范乡土教科书都能充分体现各地的独特乡土人情风物，但是这种方志与教材难以推广。

不过，国学保存会的系列教科书，大都以省为基本单位，主要选择一省境内历史发展的重大历史事件和历史人物，通过典型的历史节点，展示独特的区域变迁历史轨迹。突出各省的自身特色，围绕特色组织素材，成为该系列乡土教科书的最鲜明特色。《江苏乡土历史教科书》关心的核心问题就是江苏古今民风强弱的问题，因而，该教科书阐述和关注的重点就是古代江苏地方尚武、节俭的典型事例，如"项羽起兵"等；《安徽乡土历史教科书》最关心的是安徽省的历史战略地位，因而对安徽省的历史地理境况，在其境内发生的历次战争，无不仔细阐述，目的就是突出安徽省身居要地的独特省情。《湖北乡土历史教科书》紧紧围绕交通便利、商务繁盛、人才辈出的省情特点，整理和搜集湖北地区历史的先贤人才，对其模范事迹，一一阐述。《直隶乡土历史教科书》更是考虑首都地区特定的历史情况，多采用古代该地区英勇抗敌之行为，等等。

不过，乡土教材究竟何以处理，是以州县为重，抑或以省情为先，存在不小的矛盾。前者固然有利于各州县因地制宜，收集大量地方素材，充分反映乡土特点，但是编撰的种类太多，力量难以遍布，水准难以控制；而后者虽然能够在编写水平和编写技术上得以保证，但是若以省为单位，毕竟会抹杀诸多地方特色，难以容纳更多乡土信息，最多只是区域历史的踪影。似乎更为周全的办法，应如编书局所最初设想那样，各地州县准备和提供乡土方志素材，再由专门的人或机构，在地方素材的基础上，统一编写，既考虑地方特点，又顾及省情国情，只是谈何容易。

**3. 编写宗旨以史为鉴、爱乡爱国**

《奏定学堂章程》规定，初等小学一、二年级学生："尤当先讲乡土历史，采本境内乡贤名宦流寓诸名人之事迹，令人敬仰叹慕，增长志气者为之解说，以动其希贤慕善之心。"[①] 了解当地乡土人情、历史风貌，借此激发学生爱乡之情，进而燃其爱国救国之志，是乡土教材编撰的初衷所在。然而，中国国情复杂，省情乡情各异，乡土教材的编订和实施难度可想而知。学部所颁布的《乡土志例目》将乡土"本境"类型分为四类：府自治之地、直隶州自治之地、州和县，乡土志编辑的成果也应当是四类。[②] 不过，各类乡土志之间的关系总是递进的，从小到大，从爱乡到爱县，从爱县到爱市，又从爱市到爱省，进而爱国。培养学生，特别是初入学的小学生一种家乡观念、一种乡土观念，进而熏陶一种爱国情怀，是乡土教科书最为鲜明的编撰宗旨。

---

① 璩鑫圭、唐良炎编《中国近代教育史资料汇编·学制演变》，上海教育出版社，1991，第295页。
② 《乡土志例目》，《申报》1905年5月15日。

## 论晚清乡土历史教科书的编写特色

刘师培在《编辑乡土志序例》中谈道:"盖古人治天下,至纤至悉,以国统乡,以王都统侯国,一国之史,合众乡之史而成,一代之史,又合各国之史而成。"① 从小的州县开始,到国家的统一,积微成巨,修史如此,编著教科书自然同理。事实上,刘师培身体力行,先后编撰多套历史教科书,其中独立承担的就有江宁、江苏和安徽三套乡土历史教科书。该系列乡土历史教科书特色鲜明,蕴新史学观念、爱国情怀于课本之中,明理者一目了然。《江苏乡土历史教科书》提出借鉴历史,扭转民风,可谓切中时弊,直指现实。陈去病在《直隶乡土历史教科书》中,尽力搜集古代抗敌英雄事迹,鼓舞国人救国救民。国粹派的爱国观念在新的教科书中得到尽情呈现。乡土历史教科书成为国粹派宣传和传播新史学的重要途径,尽管没有《中学历史教科书》如此明显,但是内在理路仍值得注意。如程美宝所指出的那样,更应该看到乡土教科书自身的独特性与启蒙教育的特殊性。

历史是一座丰富的文化矿产,指引着我们的未来。乡土教材的编写范围与宗旨,以省为界还是以州县为限,因地制宜还是因省而异?州县的素材怎样在省级范围中得以呈现?乡土教材怎样缓解区域特色与统一发展的矛盾?编写群体中,怎样动员民间出版力量,积极投身乡土教材编写?怎样处理国家的角色,是否设立特定编写机构,解决教材的审定与统一发展问题?怎样处理历史素材与今日民风、世风的问题,怎样以古鉴今、古为今用?显然,晚清乡土历史教材的编写给人们提供了诸多经验与借鉴。

(作者单位:中国社会科学院)

---

① 刘师培:《编辑乡土志序例》,《刘申叔遗书》,江苏古籍出版社,1997,第1586~1587页。

# 《李安德日记》节译之四

李安德 著　李华川 译

**摘　要**：此段节译收录了1748年5月12日至8月2日的日记。时值大金川之役进入胶着状态，大金川土司莎罗奔对岳钟琪劝降的答复，颇有史料价值。成都市民日常生活中的紧张气氛，也折射出前线战事的惨烈。李安德所记录的九头鸟故事，具体生动，是难得的清代民间传说文献。

**关键词**：九头鸟传说　金川之役　祖先牌位

## 1748年

5月12日（四月十六）

李若望和妻子陈克莱从我们鼓楼街的教堂来看我和范大江。我对他说：

（1）两个人以后要一心侍奉天主；

（2）相互敬爱，相互和睦，承担重任；

（3）不要喋喋不休，讲无意义的话和隐私，特别不要跟异教的邻人讲；我为他们引用使徒雅各伯的话："每人都该敏于听教，迟于发言，迟于动怒，因为人的忿怒，并不成全天主的正义。"①

（4）最后要像看护自己的财产一样，看好我们的房子及里面的东西，避免造成过去那样的损坏。如果他们恪守了这些忠告，将会获得天主的恩典和福报。

---

① 雅各伯书1，19.20.

总督从战场返回,他就在成都抵御番人,据说番人将会攻击成都。如果我没弄错的话,这可以解释在城里非同寻常地布置了大量哨兵,每晚都派人去城墙上值守,以防敌人突然袭击。据说,番人已在他们防守坚固的城中,在高山上建了一座方圆四里的碉楼,只留了一二出口;其他险要的悬崖上,也都建了战碉。他们归还了从中国军队那里夺得的武器,夸耀自己有更好的军队,而且除了铁炮之外,还有大量铜炮。这段时期,四川南部离瞻对不远的番人,也拿起武器反对中国人;他们就在回回总兵马总爷部队的对面建立营地和炫耀武装,这位马总爷曾经战功卓著。不久后定会有事情发生。

5月17日(四月二十一)

今晚九时,整座城市突然传来各种敲锣打鼓声和人们的吵闹声,持续了大约半个钟头,这是为了驱赶头上飞过的九头鸟。九头鸟是异教神话中的形象,根据传说,当天神碾米的时候,它想偷谷子,它的一个头被铁杵捣碎了。数千年来,这个被割下、碾碎的头流出许多脓血,伤口无法愈合。如果房子上滴到血水,全家都会身亡;如果滴到脓,全家也会极度遭殃。因此,每个人从一出生就听说过这个迷信传说,所有人都怕被九头鸟害死或遭殃。每次听到九头鸟,甚至想到它经过,人们就制造各种噪音,要赶走它。对此,我只能叹息,圣咏中说:"在不应惊慌之处,他们反倒惊慌发呆。"① 因为此时,这些无信仰之人并不害怕他们每日的恶行招致天谴。

5月23日(四月二十七)

晚上十时左右,雨最终下了,并不是从白天暴风雨来的时候开始的。

这几天,我利用空闲时间把四川地方官发布的反天主教的文告,逐一从中文译成拉丁文;我以自己的方式做这件事,是为了保存对这些事件的记忆,可能会缺少一些文件,因为我没听说或是我没能拿到。而且,我不想翻译四川巡抚有关宜宾和落瀼沟村的文告,这些文告并非直接反天主教的,而是我在一次告解中了解的。我不想无谓地增加篇幅,何况我在别处的日记中会报告这一事件的来龙去脉。

---

① 咏 53:6.

5月25日（四月二十九）

伊纳爵的弟弟万若瑟、王安瑟，还有王的七舅，跟一群教外百姓一起去金川做买卖。如果我没记错的话，他们去了一年了，在军队中有一些基督徒士兵。重庆的有王安多和周保禄，我们成都的有王儒莲、王方济兄弟。这个王方济跟刘巴蒂斯特一样，被召入军队之前，一直生活在本地。这些年轻人都不想救赎的问题，他们一时冲动就盲目堕入了永恒的苦难之中，没人能阻止他们，特别是在教难时期。希望有一天他们能被天主的恩典唤醒，内心受到触动，以求得改进。

5月26日（四月三十）

我们从院子深处的杏树上摘下来大约500个杏子，用来卖就太少了，于是就跟万家分了。今晚发生了地震，不过时间不长。

5月30日（五月初四）

本城全体文武官员都为乾隆帝的母亲穿了白色的丧服。从一年前开始，就有传言说乾隆将会驾崩。所有官员都集中到文殊院去参加没死者遗体的葬礼，这种葬礼用异教的仪式进行。一周之内，他们都装模作样地坐在铺在地上的茅草上表现他们的悲伤。

5月31日（五月初五）

今天在中国是端午节，这个大众的节日，通常要赛龙船，可是这次却没有喧闹声，一天都在安静中度过。

阵亡士兵的遗孀，聚集在一起，跟着参加太后葬礼的官员们一起行进：她们抱怨她们的牺牲，一边哭诉，一边指责、辱骂；官员们只好安慰她们，担心她们在城里引起骚乱。

6月1日（五月初六）

袁德望、刘多默、李雅克三个教民从双檬子山下来找我，借着五旬节的机会来接受圣事。我允许袁德望靠近圣台，这是他第四次来看我了。他因向官府提交了背教甘结而被判绝罚，但在表现出真诚的皈依信号之后，他得到了赦免。我不想拖延太长时间才让他领圣体，因为太长时间的等待，会造成他精神的堕落，使他现在的热情冷淡下来。

我今天得知刘家的女仆以一种非常可悲的有罪的方式结束了生命，她对于死亡没有表现出任何一点儿悔恨。多么可恶而悲哀的罪恶的偏见啊！她的基督徒丈夫年前离开后就不知去向，再没有回来过，于是她就嫁了另一位教民，尽管穆天尺大人在世的时候曾正式加以反对，她陷在罪恶里，生活总是处于分裂状态。

6月2日（五月初七）

既为了管理经常来访的信徒的圣事，也为了参考保存的书籍，我回到鼓楼街住所。我待了10天。在此期间，我得知城里的官员们已离开文殊院，回到各自的衙门，以便处理各种公事。他们命令下午就关闭城门。

我为16人做了告解，其中12人领了圣体。

6月10日（五月十五）

回到我们的新居。我写信鼓励刘雅克书礼，他和父母、叔伯及整个家族都染了肺痨，在走向死亡。我提醒他们，他们之间的争吵和冲突会招致天主的愤怒和报复。我一再说，在这种情况下，参与圣事是没有用的，正相反，他们只会得到更多的损害，无论是精神上还是肉体上。在这个家庭中，有几个不信教的妇女既危害她们自己，也危害整个家庭，她们毫不顾及让别人知道，甚至让那些正等待机会的异教乡邻知道，很久以前她们就发誓弃绝天主教，尽管这样，她们的亲属还是坚持秘密信教，每天祷告，吃斋甚至请教士来家里。因为有这几个女人在，他们家不敢请我去，如果我去了，她们会向邻居或官府告发。我主耶稣的话在这里应验了："人的仇敌就是自己的家人。"①

6月13日（五月十八）

这已是第三次有人来请我为刘雅克书礼管理圣事了。下午三点，我骑着曾本笃借我的马离开成都。大概晚上十点，我抵达新都县的五马村，没有引起任何异教乡邻的注意。刘五爷雅克为我提供住处，我白天躲在屋里，以免被周围很多认识我的邻居发现，只能在晚上去探望病人。

6月14日（五月十九）

晚上十点，我去看望刘雅克。不太可能更早去，因为他家里有一个外教之人。我听了他的告解，然后为他做了终傅圣事，直到夜半才离去。

6月15日（五月二十）

我不能给病人领临终圣体，因为我们比预期的起得晚了，大家都太困倦了。太阳升起时，我才结束弥撒，圣事被推迟到明天。

---

① 马太福音10，36.

我收到犍为县朝阳坝教民的来信，他们请我原谅他们，由于担心教难的迫害，他们认为最好不要接待我。除此之外，他们没写什么特别的。

6月16日（五月二十一）

我在夜半醒来，第一声鸡鸣之前，为即将离世的雅克举行了终傅弥撒。我根据教会赋予的权限，给予他大赦。拂晓时分，我才回到若望家。

今天，乾隆帝的母舅、首辅讷亲来到成都，他应该很快会去战场。

我一走进刘若望家的厅堂，就看到一个祖先神主，以前墙上挂着一幅圣像，我曾在这圣像前举行过弥撒。在神主的红底上写着"河东堂历代昭穆诸神"。我看到后，就跟教徒们讲，神主上的这些偶像崇拜文字是教规明令禁止的，我又解释，如果他们不丢掉神主，无论是我还是其他教徒都不能在这个厅堂中祷告，更不能在这里做弥撒。关于"天地君亲师"牌位，这就是我对所管理教徒的一贯立场，而且我当面或通过信使告知过他们。对于这些牌位，我的脑际浮现出我主耶稣的话语："几时当你们看到招致荒凉的可憎之物已立于圣所……"也即是多次行过弥撒的祭祀之地，"逃亡……"① 因此，我宣布在厅堂靠边的地方祷告和行弥撒，我也是这么做的。招待我的刘若望被我的言语搞得很慌张。

他请我必须听他解释：

（1）1746年，当所有的教民家庭都被追查之时，是我异教的朋友和邻居从厅堂里拿走了圣像，而代之以这个牌位和另一个写着"天地君亲师"的牌位。我并没有同意，而且告诉他们我的意见。

（2）他们知道我毁掉了牌位之后，又换了另一个，我又毁掉了，换上了一个没有任何偶像意义的画像，就像我的兄弟们做的。

（3）朋友和乡邻最后一次换了牌位之后，他们威胁我，如果我还拒绝这个牌位并还敢毁掉它，他们就会去知县那去揭发我是顽固的教民，而且会带来渎神的三教塑像或画像。我很害怕，因为担心异教邻居制造麻烦，而保留了他们替换的牌位，我哥哥也在家里放置了皇帝像，并一直保留着。何况，邻人和朋友给我带来的困扰还要甚于对我兄弟们的。如果再加上我表达上的困难，就更难以从他们的控制下解脱了。

---

① 玛24：15.16.

我认真听了他的辩解，在接受他补赎之前，我已考虑到他的软弱。我坚持他要一有可能就销毁牌位，并提醒他年初是期限，因为按照中国的习俗，大家在年初更新牌位。我还强调在牌位没撤下的时候，他不能领圣体。之后，我允许他做了告解。

刘类思的妻子冯露西趁我在的时候，来求我做补赎，可我显然不能让这个妇人参与圣事，因为如果没弄错的话，四年前，她在一次双重起诉中有罪：

（1）她先是在新都知县前控告刘雅克殴打她丈夫，这纯属捏造，因为这并非兄长伤害弟弟，而是父亲打了顽固儿子的头。

（2）然后她逃回娘家，她父亲根据她的话修改了控告，两个人是有罪的共谋。他们控告刘家全体教徒通过不停的打骂而强迫她入教，这都是假的。露西是自愿入的教，没有人强迫她，几天前刚刚受的洗。知县利用了这些无耻的指控，在教难开始前把他们的指控在衙门上提出，以此为借口打击刘雅克，也在教难开始后给其他教民制造了麻烦。

在给刘家的几个教民首领制造了巨大的谣言之后，冯露西后悔了，刘家的男男女女都可以证明，无论在行动还是言语上，她都没再犯错。当她的儿子出生后，她声明想给婴儿施洗，并且认识到她的大错是罪过。作为改过的信号，她请求濒死的雅克原谅，还把她提交知县的诉状交给他，雅克读了诉状，要求我烧掉。最后，她求我让她接受补赎圣事。

如果我轻易同意她的请求，就会鼓励这家的其他妇人追随她的恶例，犯下同类的过错。我激励露西不要失望，要相信天主无限的仁慈，通过斋戒和不断祷告，热烈地向天主恳求，当她内心真正皈依的时候，就会获得天主的宽恕。但在此时，我判断不能接受她的补赎，否则，万能的法官会责备我为可鄙的人行圣事。

6月20日（五月二十五）

我从回到成都的曾本笃处听说：

（1）经过成都的夏文生告诉他，杨雅克去世了，1747年阴历四月在名山县牟家沟村寿终正寝。夏来自邛州县的穆家场。

（2）许多名山教民在签署了衙门的具结之后放弃了信仰。

今天，刘保禄的长女罗斯来找我做圣事，她一年前嫁给了一名异教徒。她告诉我，在她的婚礼上，周围的异教徒强迫她礼拜偶像和完成异教徒遵循的礼仪。我担心她会堕入失望的深渊，在告诫了一番之后，接受了她的告解，我还利用自己能找到的最有说服力的论据，鼓励她不要再犯这种错误。

最近这场迫害在教民社区造成的危害如此严重，以我的全部经验来看，至少需要10年才能恢复，而且还要同情不幸的天主使中国和教民本身之间缔造和平，这看起来非常困难，即使不是不可能，因为羔羊散布在随时准备劫夺、伤害和耗尽他们的狼群之中，它们难以保持艰苦和回到羊圈之中。

6月23日（五月二十八）

一大早就做了弥撒之后，我回到成都。为了给临终的寡妇严玛德莱做弥撒，我想从成都去李家沟，但我回到成都后，既雇不到轿子，也雇不到马来旅行。我的脚很脆弱，不得不临时放弃这次长途旅行。

6月24日（五月二十九）

圣若望·巴蒂斯特降生节。我在午夜刚过时做了弥撒，天一亮，就乘船顺流而下去筒子场（Thung-tseu-tchang），然后改骑骡子，在夜里抵达李家沟。生病的寡妇严玛德莱在以后的六天中将招待我。我听了14人的告解，其中9人又能领圣体了，我为两个婴儿施了洗。

7月1日（六月初六）

从骆家坡离开，又住到吴泰德家中，我听了两个人的告解，他们也领了圣体，一个婴儿接受了洗礼。

7月3日（六月初八）

夜里又回到李家沟，给严玛德莱行了终傅礼。

7月5日（六月初十）

中午时候，严玛德莱被疾病夺去了生命。在赎罪、圣体和终傅及宽恕这些圣事的帮助下，她睡得很平静。她去世的时候，我在身边。

7月7日（六月十二）

几天前，我送白伯多禄回了成都，他为我的回程带来曾本笃的马。实际上，如果没有坐骑，我的足疾会妨碍我履行使命，在这种情况下，修会的规则允许传教士使用马匹、骡子或者牛。这是由于事务需要而非为了舒适，或者毫无必要的世俗炫耀。

伯多禄告诉我一个百姓中的传言，据说一个欧洲人奉皇命要来此地，为了教中国人铸造一种西瓜炮，这种炮能打败番人。这个传言是否有根据，我们拭目以待。

7月8日（六月十三）

早晨8时，我们埋葬了严玛德莱的遗体，没有使用中国传统的乐器锣鼓，也没有其他不合适的礼仪，我们只是祷告和哭泣。有30多位当地教民前来参加葬礼，只有两三个教外人士参加。我感到天主助了一臂之力，给了我们特别的保护，因为两个月前离此不远的另一个村庄的同样情况，在异教徒的压力下，西满是以中国传统仪式下葬的，尽管有教民不公开的反对。

现在我要给读者讲一个惊人的故事，涉及一个脾气很坏、性格暴躁、信仰不定的教徒。1746年迫害发生之时，他害怕了，扔掉了家中的圣像，烧掉了家中其他基督教的标志，摆上异教的牌位，我经常说禁止所有家庭以后向牌位祷告和斋戒。他改换姓名，逃到远处一个不信教的亲戚家中躲起来。我们这位新教徒一住下来，就得了重病。他痛苦呻吟，主人出于同情，求助于一个魔鬼，魔鬼答复了异教徒的请求，通过一个算命者为中介告诉他："这病魔缠身是因为一个没有完成的愿望，几年前，他敬拜神通广大的神（天主），之后他抛弃了这神，如今他在家里放了异教徒的牌位，这是一个十分严重的错。如果他要康复，就得尽快回家，扔掉牌位，敬拜他神通广大的神。"

被魔鬼的答复所影响，他对于自己的信仰犹豫了，直接去询问魔鬼。此时，魔鬼用竹签上的文字给了他如下启示："这讨厌之人到底想怎样？他已经有了答复。尽快回到他家里，扔掉异教徒的牌位，敬拜可怕的神，就像他开始做的那样，那是在他因行为可耻受到惩罚之前的行为。他有三支签，前两支阳，最后一支阴：如果他不尽快回去，他就白病了，因为晚了的话，他就逃不过这场灾祸。"

他被魔鬼的这两次回答所打动，不顾身体虚弱回到家中。一到家，他就让人马上拿走并销毁异教牌位，然而，他母亲已经应我的要求这么做了。他母亲对她的这个小儿子说："照李神父的吩咐，我们已经移走了你安放的牌位，我们换了另一个李神父允许的牌位，而且这牌位是他亲手写的。"

这番话抚慰了他，让他从病痛中康复过来。这几天，他来看我，跟我讲了他的全部经历，我多次鼓励他恢复到本来的样子，他在补赎圣事中得到安慰。但是我不知道他是陷在什么魔鬼的罗网中无法自拔，他仍然以各种借口隐藏信仰的缺失和他的怀疑倾向。在我看来，这人意识到自己背负了许多罪，如果我没弄错的话，他羞于解脱这些罪，在我做教士的经历中经常看到这种现象。魔鬼不遗余力地引他坠入邪恶的深渊，造谣说补赎圣事没有赦免罪恶的权力，教士也没有，因为他们不能认识藏于人心深处的隐秘。我跪下请求我主耶稣，作为好的牧人怀着爱心，打开他冷酷而盲目的心灵，不让他因其罪孽所受的惩罚而径直陷入彻底冷酷的境地。我做了一切所能做的，解释他的疑问，但是如果天主的恩惠不能到达他心里的话，我必然只是浪费时间和精力而已。哦，当人心处于冷酷的罪恶中的时候，是多么粗暴啊！但神圣的耐心总是处处寻找罪人的生命而非他的死亡，这是何等的奇迹啊！

7月11日（六月十六）

我离开李家沟回到成都，但我进不了城，因为知府没在，城门在夜里例行关闭，第二天早上才会打开。由于这次我住的家庭很贫困，此次出行总共花费了一两五钱银子。

近一年来，因为传教旅行，我不得不向曾本笃借马，我的脚太虚弱，而我又没办法买或租一匹马来用。几年前，我还可以每天步行七八法里，现在，年齿日增，我连走二三法里都很难了，因为我的双足困扰，它们已肿胀了好几个月。我当然知道我们修会的规章，即禁止所有传教士利用马、骡、轿子做布道旅行，除非他身体虚弱到不骑乘就不能访问教民。以往的经验告诉我，即使我能像几年前那样步行，以我主耶稣为榜样，追随先贤的足迹，对于大部分极为贫穷的教民而言，我也是一个负担，无法在传教中收获更好的成果。但没人可以做不可能之事！

7月13日（六月十八）

赵玛尔告诉我：

（1）上次教难中，名山的三个教民杨菲力、若瑟和曾米迦忍受了来自邻居和官府的许多折磨；这花费了他们一笔银钱。

（2）在1747年，寡妇李朱莉、杨菲力的妻子崔露西，还有杨的父亲雅克去世了。

（3）当地的多数教民失去了热忱。

据说我不在的时候，老教民项文森来到成都，几天之后就回穆家场。

7月17日（六月二十二）

我又从马青山大人的物品中拿了五磅蜡，付了九钱银子给曾本笃。我们的主教大人还留在这里一些装在没有花纹的瓶子里的圣油，只有简单的纸标签。但在上次教难的混乱中，保存这些瓶子的教民扔掉了标签，大家就认不出这些圣油了。我强烈希望尽快寄一些新的圣油过来。

7月19日（六月二十四）

为了与金川番人作战，北京又派来一位总兵。与此同时，又在征集运炭的船只和铸造新炮的铁匠。百姓承担着各种赋税和劳役。农民和商贩的骡马都被用来运送供前线士兵和战马食用的米、麦、胡豆等军粮。岳钟琪虽失去了"公爷"的头衔，但还是被任命为本省提督，他是一直在战场的。

7月23日（六月二十八）

我们焦急地等待有关广州的新闻，所有人都说我们是在白等。下午三点左右，我们看到我亲爱的万若望从暹罗平安归来，回到我们中间。他是步行从重庆回来的，还带来我们的信件。

7月24日（六月二十九）

俗名"书礼"的刘雅克凌晨四点在新都县五马村去世。他被结核病折磨了一年，一个月前，他接受了补赎、圣体和终傅圣事。

7月27日（七月初三）

从金川回来的商人告诉我一位总兵和超过100士兵被番人杀死，他们还说那边的万若瑟放弃了做买卖，而沉溺于赌博。

7月29日（七月初五）

出于虔敬的冲动，曾本笃求我为已故的汤迪格、党怀仁神父，天主的心腹张凤辅祭，还有万安德会长，在两天里举行一场弥撒和一次安寿（ghan-so）追思，我十分乐意为此效劳。作为感谢，他用中国的方式为来宾提供了一顿丰盛的饭菜。

在澳门的马青山主教大人寄来一份清单，要求我送去他需要的物品，我发现在混乱中，用于教皇弥撒的大祭批和轻绸祭服丢失了，显然，这个窃贼也偷了其他东西。之前，我还以为主教已经带走了这些东西呢。

8月2日（七月初九）

据说中国与金川番人之间的战事极为残酷，在多次徒劳的战斗之后，双方都不愿意让步。岳钟琪现在是本省总兵，他似乎想用和平协议把番王招来，但番王并没有落入圈套，他通过信使答复说："你们的士兵在这场战争中死了很多，我们也死了很多。如果我向你们投降，肯定难逃一死；如果我不降，也得死。死在自己人中间总比死在你们手里好些。没有和平，让武器和战斗决定谁胜谁负吧。"

这一坚定的答复让岳钟琪怒不可遏，他去向大学士讷亲说："我已年过花甲，如果我在这场战争中胜不了，就是圣上的罪人，也活不了。我知道，如果再发动进攻，等待我的也是死亡。但与其耻辱地死在刽子手刀下，还不如为了圣上光荣地战死疆场。"讷亲完全赞同他的说法，劝他稳扎稳打，步步推进，不要失去获胜的信心。但就在几天前，他的两名将官和士兵遭到番人的屠杀。这是朝廷的邸报和那边回来的商人都在讲的。兵力日渐减少，本市的官员又在招募接替死者的士兵了。

今天我完成了前几天开始写的一篇小文，概述1746年和1747年福建省的教难以及殉难的白多禄神父的事迹，文中涉及关于信仰的几封信件和报告。我是以事件发生的时间顺序用中文撰写的，这也是为了感化阅读此文的教民。

（译者单位：中国社会科学院）

读史札记

# 顾广圻集外题跋一则考释

李立民

**摘　要**：北京大学图书馆藏有惠栋著《后汉书补注》稿本二十四卷，卷末有顾广圻题跋一则，该题跋并未收入中华书局2007年出版的《顾千里集》中。本文对这一题跋的相关内容进行了考释。

**关键词**：顾广圻集　后汉书　稿本

北京大学图书馆藏有惠栋《后汉书补注》稿本二十四卷，四册一函。卷末有"顾千里经眼记"朱文印，并"广""圻"两白文印；又有顾广圻题跋一则，中华书局2007年出版的《顾千里集》中未见收录此跋。其文曰："右松崖先生家所写本，今为扬州陈君穆堂得之。己卯夏，吾借阅一过，中多钞胥讹字，不敢骤改。予家有浙人新刻，未携行箧相勘，顾俟他年卒业云。小门生同县顾广圻识。"今试对其略加考释如下。

## 一

顾广圻（1770~1839），字千里，号涧薲，江苏元和人（今属苏州），诸生。清代著名文献学家，尤擅校雠，是清代"对校学派"的代表者。其自云："千里以乾隆庚戌岁执贽业于同郡江艮庭征君，征君之师，则松崖先生（即惠栋——引者）也。"[①] 故此则跋文最后署"小门生"。

这则跋文的写作时间当为嘉庆二十四年（1819），即文中所称"己卯夏"。据《顾千里先生年谱》载，是年顾氏在扬州整理孙星衍遗稿，因而有机会走访扬州当地的诸多藏书家。[②] 陈逢衡（1778~1855），字履长，号

---

① 顾广圻：《顾千里集》卷6《惠松崖先生四世画像记》，中华书局，2007，第98页。
② 赵诒琛：《顾千里先生年谱》"嘉庆二十四年"条，《乾嘉名儒年谱》第12册，第345页。

穆堂，诸生。据谢堃《春草堂诗话》载，陈氏"喜交游，家多藏书，阮宫保、吴学士常造庐访之。爱注书，有《竹书纪年集证》五十卷、《逸周书补注》二十二卷，皆已行世。注书之暇，闲为歌诗"①。陈氏在扬州藏书颇丰，与顾广圻屡有结交。顾氏自云："予屡游是土，交君颇稔。"并赞陈逢衡"家世儒林，受学植行，插架既备，寝馈其间，遍涉四部，尤邃三古"②。顾广圻在扬州整理孙星衍遗稿的闲暇，拜访老友陈逢衡，在其家得见惠栋《后汉书补注》手稿，并书题跋于卷末。那么，陈逢衡又是如何得到惠栋手稿的呢？

惠栋（1697～1758），字定宇，号松崖，江苏元和人，诸生，是乾嘉学派的创始者，也是乾嘉学派中较早治史的学者。清代自乾隆年间，"考证学统一学界，其洪波自不得不及于史"③，史学考据遂成为一种风尚。惠栋所撰的《后汉书补注》二十四卷，就是在这样的时代背景下成书的。

先是，雍正九年（1731），惠栋之父惠士奇，缘事罢官，惠栋退居苏州城南，闭门向学，于是开始了对《后汉书》的注释整理工作。至乾隆七年（1742），其书稿已粗具规模。④ 然是时惠栋染病，与其交往甚密的汪棣"以参桂之药供之，不啻千金。征士（即惠栋——引者）无以报，因以此书赠先生（即汪棣——引者）。先生为之校写，作楷本。于是有真、草二本。草曰《训纂》，真曰《补注》"⑤。据此，惠栋有两部手稿。其一为原书手稿，名《后汉书训纂》；其二则经汪棣据原稿校写后，始改称《后汉书补注》。是后，惠栋曾多次修改增补《后汉书补注》，至乾隆十九年，始定稿，并邀请友人顾栋高为书作序。顾氏云："乾隆岁甲戌，元和惠子定宇以所著《后汉书补注》二十四卷见示，且属为之叙。"⑥ 然《后汉书训纂》《后汉书补注》两稿本始终未能付梓，"皆藏于对琴（汪棣之号）先生家，外无有也"⑦。

---

① 谢堃：《春草堂诗话》卷2，清刻本。
② 顾广圻：《顾千里集》卷12《逸周书补注序》，中华书局，2007，第177页。
③ 梁启超：《清代学术概论》，上海古籍出版社，2005，第44页。
④ 漆永祥：《东吴三惠著述考》，《国学研究》第14卷，第401页。
⑤ 焦循：《雕菰集》卷15《后汉书训纂序》，《续修四库全书》第1489册，第266页。
⑥ 顾栋高：《后汉书补注·序》，《续修四库全书》第270册，第511页。
⑦ 焦循：《雕菰集》卷15《后汉书训纂序》，《续修四库全书》第1489册，第266页。

汪棣（1720～1801），字韡怀，号对琴，擅文史，"多蓄异书，性好宾客，樽酒不空。一时名下士如戴东原、惠定宇、沈学子、王兰泉、钱辛楣、王西庄、吴竹屿、赵损之、钱箨石、谢金圃诸公，往来邗上，为文酒之会。子晋藩、掌庭，皆名诸生"①。乾隆年间，汪棣入京师，官于刑部，"在京师以劲直著名，继遭横逆，家产顿落。于是二本仅存草本，而写本遂失"②。又考陈康祺《壬癸藏札记》云，汪棣家道中落后，因绌于财力，"以同里陈氏喜聚书，因付以缮本，而自留稿本。后桐乡冯氏所刻《后汉书补注》，即此本也"③。据此，《后汉书训纂》稿本尚留汪氏家中，而《后汉书补注》稿本则归"同里陈氏"所藏。这里的"陈氏"，即陈逢衡之父陈本礼。陈本礼（1739～1818），字嘉惠，号素村，监生，"筑瓠室，藏书数十万卷，秘本尤多，世以比范氏天一阁、毛氏汲古阁、马氏玲珑山馆……子逢衡，湛深经史之学，为名诸生"④。由此，顾广圻在其友人陈逢衡处得见惠栋《后汉书补注》手稿本。

此稿本几经辗转后，为近代藏书家李盛铎先生所得。据其私藏目录《木犀轩收藏旧本书目》史部载："《后汉书补注》二十四卷，国朝惠栋撰，黑格钞本，顾千里手跋。四册一匣。"⑤ 1939年底，其子李滂将李氏藏书部分出售给北京大学图书馆，今惠栋《后汉书补注》手稿本即为北京大学图书馆所藏。

## 二

顾氏跋文中称，其所见惠栋稿本"多钞胥讹字"，故欲以"浙人新刻"本校之。但事实上，在顾氏之前，宝山李保泰即已分别从汪氏、陈氏处借阅惠氏手稿，校勘后将《后汉书补注》刊刻，这便是顾氏跋文中所称的"浙人新刻"本，即嘉庆九年德裕堂刻本。

惠栋《后汉书训纂》《后汉书补注》两稿自藏于汪棣家后，始终未能付梓。汪氏家道中落后，将《后汉书补注》稿本转予陈本礼、陈逢衡父

---

① 李斗：《扬州画舫录》卷10，清乾隆六十年自然庵刻本。
② 焦循：《雕菰集》卷15《后汉书训纂序》，《续修四库全书》第1489册，第266页。
③ 陈康祺：《壬癸藏札记》卷8，清光绪刻本。
④ 王豫：《淮海英灵续集》庚集卷4，清道光刻本。
⑤ 李盛铎：《木犀轩收藏旧本书目》，《中国著名藏书家书目汇刊·近代卷》第19册，第24页。

子，而自留《后汉书训纂》稿本。乾隆五十七年，学者焦循与汪棣之子晋藩有交，"壬子秋，复于晋藩借阅，因细为校定"①。则《后汉书训纂》手稿本又经焦循校定钞录。嘉庆初年，李保泰先是从汪晋藩处借得《后汉书训纂》手稿，又"焦孝廉循从稿本抄录一通，余复假之焦，互相雠校。而陈氏子为余郡学生，因缘借得缮本"②。李保泰，字啬生，乾隆四十五年进士。嘉庆初年，其"秉铎扬州，诸生徒执业问道者，日络绎不绝"③。因此，李保泰能从陈逢衡处借到《后汉书补注》稿本，于是，李保泰参酌《后汉书训纂》惠栋稿本、焦循钞校本以及《后汉书补注》惠栋稿本，"既手自写录，又乞朋好佽助之"④。对此冯集梧亦曰："集梧馆扬州，得交宝山李啬生教授，晨夕过从，谈艺斯文之契，积久弥笃。一日，出其手录惠氏《后汉书补注》，曰此定宇先生振古之业，顾独未刊行，并示所题识。于书之传授显晦，明辨以皙。集梧狂喜，借观之。"⑤嘉庆九年，在冯集梧主持下，《后汉书补注》始刻于德裕堂。

近代学者刘体信在《苌楚斋续笔》中云："吴县惠栋撰《后汉书训纂》二十五卷，让善于歙县汪棣，棣不欲。其原稿转为桐乡冯集梧所得，攘之，改名《后汉书补注》二十五卷刊行，语见《郎潜纪闻》二、三笔。"⑥综上可见，刘体信所称《后汉书训纂》为冯集梧窃取而改名一事，确为误信误传。

## 三

关于惠栋的另一部稿本《后汉书训纂》，却始终未得付梓。今国家图书馆藏有《后汉书训纂》凡二十五卷，前二十卷题"范氏后汉书训纂"，第二十一卷以后则题"司马氏续汉志训纂"。大题下注"东吴惠栋"，卷末注"小门生朱邦衡校录"。内有朱笔校注数则，如卷一《明帝纪》永平九年"为四姓小侯开立学校，置五经师"条，朱笔眉批云："冶泉云此条人

---

① 焦循：《雕菰集》卷15《后汉书训纂序》，《续修四库全书》第1489册，第266页。
② 李保泰：《后汉书补注·序》，《续修四库全书》第270册，第512页。
③ 李斗：《扬州画舫录》卷3，清乾隆六十年自然庵刻本。
④ 李保泰：《后汉书补注·序》，《续修四库全书》第270册，第513页。
⑤ 冯集梧：《后汉书补注·序》，《续修四库全书》第270册，第513页。
⑥ 刘体信：《苌楚斋续笔》卷6《让己之撰述成他人名》，直介堂丛刻本。

数不符，先生或有笔误。"其称惠栋为"先生"，则国家图书馆所藏或即是当年朱邦衡清钞本。朱邦衡，字秋崖，元和人。据叶昌炽《藏书纪事诗》云："秋厓为余萧客高第，其传录《国语》惠校本，自署'小门生朱邦衡'，盖以仲林（即余萧客——引者）为松厓弟子也。"①

至于朱邦衡具体抄于何年，今已不可详考。据清人桂馥称，其曾于嘉庆元年（1796）在东吴黄恩长处得阅惠栋《后汉书训纂》手稿："嘉庆丙辰，需次吏部，东吴黄君恩长携有惠定宇先生《后汉书训纂》稿本，余亟缮写，将登板矣，乃铨除云南永平县，道远力屈，吞叹而止。……天津吴君人骥，愿刻此书，余以写本付之。今闻其殁，不知书归何许矣。"② 然据李保泰称，至汪棣去世后，"余从其令子假得稿本"云云③，汪棣于嘉庆六年（1801）去世，则嘉庆元年桂馥在黄恩长处所见者，恐非惠栋之手稿。吴人骥，字念湖，官山东莱州知府，"倜傥，广交游，诗词皆精，称风流太守"④。吴氏在得到桂馥所寄"写本"后，亟欲将之付梓，并请洪亮吉序之。据洪亮吉云："此书皆先生（惠栋——引者）采缀众家，凡有异同增损，皆摘录入卷中。其门下再传弟子朱邦衡为之缮写补缀，汇为一编。仍有签识，某书某卷未经录入者，吾友桂进士未谷，复为补成之。定本既出，适吴念湖司马入都，爰力任剞劂之事。濒行，复索序于余。"⑤ 据此，桂馥寄予吴人骥的"写本"，即已是照朱邦衡钞本所录。则朱邦衡钞本在嘉庆元年就已流传于世。

惠栋《后汉书训纂》的手稿，在道光年间为徐雷甫所得。徐雷甫，生平事迹不详。道光二十二年，薛寿以德裕堂刻本为底本，"借徐丈雷甫所藏稿本校录一过"⑥。据漆永祥先生言："薛氏所录极详，凡《训纂》稿本补于上方及添注于旁者，于刻本皆加一'○'于起讫出，便可识别；又详注稿本有而刻本所删之原注之出处，如《通典》《御览》等某书某卷；稿

---

① 叶昌炽：《藏书纪事诗》卷5，王欣夫补正，第514页。
② 桂馥：《札朴》卷6《览古》，清嘉庆十八年小李山房刻本。
③ 李保泰：《后汉书补注·序》，《续修四库全书》第270册，第512页。
④ 光绪《重修天津府志》卷43《传五·人物三》，清光绪二十五年刻本。
⑤ 洪亮吉：《卷施阁集》卷9《惠定宇先生〈后汉书训纂〉序》，《清代诗文集汇编》第413册，上海古籍出版社，2009，第472页。
⑥ 惠栋：《后汉书补注》，北京大学藏德裕堂刊本卷末所题。

本所无者亦一一注明；稿本有刻本无者，亦或书于上方；大小题及目录不同者亦一一注明；又注惠书著成时间及稿本各本之起迄等，于研究是书大有裨益。其中亦间有薛氏纠误补正之处，则别为签条，附于书中。"① 经薛氏校勘的德裕堂刻本《后汉书补注》，亦为李盛铎先生所藏，据《木犀轩收藏旧本书目》史部载："《后汉书补注》二十四卷，薛介伯用惠氏稿本校。二册一木匣。"② 今是本亦藏于北京大学图书馆。

（作者单位：中国社会科学院）

---

① 漆永祥：《东吴三惠著述考》，《国学研究》第14卷，第401页。
② 李盛铎：《木犀轩收藏旧本书目》，《中国著名藏书家书目汇刊·近代卷》第19册，第24页。

# 《清太宗实录》中天聪朝史实曲笔管见

李文益

**摘　要**：直书与曲笔历来是传统叙事史学中共存对立的两个核心问题，其背后隐含着深层次的历史观和政治观。通过对比原始档案发现，《清太宗实录》中天聪朝部分史实几经讳饰，或为掩盖汗室成员贪利忘义之丑事，或为彰显汗之威严以迎合汗权集中与强化的大势。从中可见，实录撰修者在秉承"为尊者讳"的宗旨下，对皇权的极力维护与宣扬。

**关键词**：《清太宗实录》　天聪朝　曲笔

顺治六年（1649），《清太宗实录》即已在多尔衮的主持下完成了纂修，[①] 顺治帝亲政后，又于顺治九年开始重修，至顺治十二年初纂本告成，即现今我们所见到的《清太宗实录稿本》两卷。但是该初纂本内多有"字义为当，姓名舛错"之处，为此，从康熙六年（1667）开始，又陆续对初纂本作了校补，直至乾隆四年（1739）才最终校订完工形成定稿，校修时间长达70余年。[②] 在此期间，几经删改，以"务使祖宗所为不可法之事，一一讳饰净尽，不留痕迹于《实录》中"[③]。

《清太宗实录》中的曲笔问题是《清实录》研究的重要内容，关嘉禄、

---

[①] 王宏钧：《〈清太宗实录〉初纂稿本（残卷）和"擅改国史案"》，《中国历史文物》2007年第1期。
[②] 谢贵安：《清实录研究》，上海古籍出版社，2013，第180~183页。
[③] 孟森：《读清实录商榷》，《明清史论著集刊》下册，中华书局，2006，第686页。

庄吉发、谢贵安等人都曾对此有所论及。<sup>①</sup>但因《清实录》"是对原始档案选择、裁剪和编纂后形成的",其中保留着浓厚的档案痕迹。<sup>②</sup>我们通过对比档案史料,仍可发现几则讳饰之处,笔者不揣浅陋,试作解析。

## 一 对汗室成员贪利行为的掩饰

恩格斯指出:"卑劣的贪欲是文明时代从它存在的第一日起直至今日的动力。"<sup>③</sup>同样,对于财产的贪欲是满洲人参与对外战争的直接目的和最终动力。在后金统一战争中,上至诸贝勒、下至甲兵厮卒,无不体现着对家财的狂热追逐。

与蒙古联姻是后金时期的基本国策,然而在贯彻这一重大战略方针时,诸王贝勒竟罔顾国家利益,唯以对方资财而定。这样的行为显然违背了《清实录》关于"彰显祖绩""宣扬忠义""劝励风俗"的修撰主题,因此在记载这类史实时,多曲笔加以掩饰,从以下两则娶亲事例中即可管窥一斑。

**1. 多铎娶亲**

据实录所载,天聪七年(1633),皇太极谕曰:"科尔沁国大妃之女,额尔克楚虎尔贝勒多铎欲娶之。朕初不允,彼乃坚意欲娶。朕闻此女非有出众才貌,如必欲娶,可召来观之。及召至使观,而娶意愈坚。"<sup>④</sup>由此可知,该女才貌俱平,但多铎却执意娶之,其中缘由实录并未给予解释。

但查《内国史院档》可知,是年,据大贝勒及诸贝勒奏曰:"额尔克楚虎尔(原档残缺),女虽丑,然系汗妻大福晋内亲,且又富贵,故坚意娶之。"最后"定议令娶之"<sup>⑤</sup>。可见,对方富贵是多铎执意娶之的根本原

---

① 关嘉禄、佟永功:《〈天聪九年档〉与〈清太宗实录〉对比研究》,《东北地方史研究》1985年第4期;杨立红、朱正业:《〈清实录〉曲笔之考察》,《史学史研究》2008年第3期;庄吉发:《史料历劫——从故宫旧档看清实录的纂改》,《清史论集》(十九),文史哲出版社,2010,第52~55页;谢贵安:《清实录研究》,第454~456页;张君婷:《〈清实录〉编纂中的曲笔》,《华中师范大学研究生学报》2015年第2期。
② 谢贵安:《清实录研究》,第128页。
③ 恩格斯:《家庭、私有制与国家的起源》,人民出版社,1976,第174页。
④ 《清太宗实录》卷14,天聪七年五月丁酉。
⑤ 中国第一历史档案馆译编《清初内国史院满文档案译编》上册,光明日报出版社,1989,第14页。

因，而在实录中对此作了隐饰。

**2. 皇太极纳后**

天聪九年，察哈尔汗大福金囊囊太后至，出于国家利益的考量，后金统治集团中须有人娶之以正其名。此次事件在实录中载曰："先是郭尔图塞真送察哈尔汗大福金囊囊太后至。贝勒阿巴泰、和硕贝勒德格类、贝勒阿济格、和硕额尔克楚虎尔贝勒多铎等，请于上曰：'此乃察哈尔汗多罗大福金，既归我朝，必应使之得所，皇上宜纳之。'上曰：'朕先已纳一福金，今又纳之，于理不宜。'诸贝勒奏言：'此非有所欲而强娶之也，乃天所赐，皇上不可不纳。'再三奏请，上坚执不从。至是月余，方允诸贝勒所请。"①

然而这一事件究竟如何？据《天聪九年档》和《内国史院档》记载，郭勒图色臣携察哈尔汗之大福晋娘娘太后至，汗屡遣人谕大贝勒曰："此福晋乃察哈尔汗有名之大福晋，当娶之。"然大贝勒对曰："此福晋虽为大福晋，然无财帛牲畜，我焉能养之？"事后，阿巴泰等人借此机会上奏曰："大贝勒以该福晋无财畜故不娶，我等早知此事，不当进谏嫁给大贝勒。此福晋乃察哈尔汗多罗大福晋，汗宜纳之，不可嫁给他人。"皇太极虽以"先已纳一福晋，今又纳之，于义不合"为辞推脱，但最后无奈勉强娶之。②

由此可见，代善不肯娶之的根由在于囊囊太后"无财帛牲畜"。在修撰实录者看来，若将此直书无隐，无疑将使贵为大贝勒、统领两红旗的代善唯利是图的本性暴露无遗，也将有损整个后金统治集团的形象，故而只能粉饰遮掩。

## 二 对皇太极行叩拜之礼的讳饰

后金社会中保留有浓厚的家庭习惯法则，如元旦向长辈行叩拜之礼便是女真人的传统习惯法在家庭事务中的重要体现。努尔哈赤对此尤为重视，这与他一心想建立一个以血缘关系为纽带、以其家族为核心的统治体

---

① 《清太宗实录》卷24，天聪九年七月戊辰。
② 关嘉禄、佟永功、关照宏译编《天聪九年档》，天津古籍出版社，1987，第89页；《清初内国史院满文档案译编》上册，第179页。

系息息相关。为此，天命十年（1625）正月元旦，他便亲身示范，"行家人礼，先拜二兄，后拜四媪"，"跪而酌酒"。① 随后又召集诸贝勒，告诫道："我等世代子孙，亦当孝父母、悌兄长于礼仪之地，勿悖孝悌之道；闲居之时，长者仍按其礼，勿使少者惧怕，和蔼相处。"②

努尔哈赤去世后，皇太极"并不具备努尔哈赤拥有的绝对权威，也无实行家长制绝对统治的实力"③，因此，他即位伊始便扮演着"于国为主"与"于家为弟"的两种角色。据《满文老档》载，天聪六年，元旦庆贺典礼毕，"汗以兄礼至大贝勒家拜之"；次日宴二兄代善、莽古尔泰等于内廷，就座时，"汗让大贝勒居中"；当汗之妻、福晋等以元旦礼拜大贝勒时，"汗离座侧立"；之后汗"于榻上跪，以玉盅进酒"；即便对因罪降居众台吉之列的莽古尔泰，亦强调"不可废兄长之礼"④。

天聪六年的这次拜见之礼在实录中有着完整的记录。⑤ 从中可见，在举行家礼时，皇太极虽贵为一国之主，但并非一家之主，国主与家主错位是制约汗权的重要因素，而正是这种异化的角色，成为其由天聪汗权走向崇德皇权的重要障碍。《清太宗实录》的修撰者显然也注意到了这一矛盾，对照档案史料我们发现，从天聪六年以后，实录对皇太极向长辈行跪拜家礼的描述在刻意淡化，直至完全失载，这从以下的史实中便可得知：

天聪七年正月元旦，据《内国史院档》记载，汗"以兄长礼，至大贝勒住宅拜贺，时大贝勒亦答拜；次诣姊董鄂格格宅第拜贺；次至哈达格格家拜贺"⑥。实录将之改为上"以兄礼诣代善第拜贺，次诣姊董鄂公主第及哈达公主第"⑦。将去董鄂、哈达公主家"拜贺"二字隐去。

天聪八年，对此更是大加隐饰。同据《内国史院档》记载："汗以元旦礼，诣董鄂格格家拜之，诣大贝勒第，行三跪九叩头礼。时大贝勒之子

---

① 《满洲实录》卷8，天命十年正月，《清实录》第1册，第375~376页。
② 《内阁藏本满文老档·太祖朝（汉译）》，辽宁民族出版社，2010，第233页。
③ 杨珍：《清朝皇位继承制度》，学苑出版社，2009，第37页。
④ 《内阁藏本满文老档·太宗朝（汉译）》，第602页。
⑤ 《清太宗实录》卷11，天聪六年正月庚子。
⑥ 《清初内国史院满文档案译编》上册，第1页。
⑦ 《清太宗实录》卷13，天聪七年正月癸巳。

硕托跪曰：'汗行九叩头礼，惟愿汗富寿多男，一统天下，永享太平。'汗嘉其言，复拜一次。"① 而这一史实被实录修饰为："上诣董鄂公主第拜之，又诣大贝勒代善第拜之，以代善兄行有加礼，代善令其子硕托跪奏曰：'上恩优渥，臣无以报。惟愿上富寿多男，一统天下，永享太平。'上曰：'此言诚足为福也。'"② 对比可知，实录将皇太极所行三跪九叩头之大礼隐去，而硕托跪奏之辞也被改为代善使令之，且将"汗行九叩头礼"改为"上恩优渥"，并省去了"汗复拜一次"的史实。

而至天聪九年行家礼时，对相关史实的删改更甚。据《天聪九年档》记载，当时皇太极"率诸贝勒前往其姊嫩哲格格家叩拜……行三跪九叩礼。继之，前往其兄大贝勒家，向大贝勒行三跪九叩礼……继之，汗自彼处前往其姊莽古济格格家，行三跪九叩礼"③。如此细致的叩拜场景却被实录删略为"上率诸贝勒诣姊董鄂公主、兄大贝勒代善、姊哈达公主第，拜贺"④ 寥寥数语。

除元旦叩拜之礼被曲笔隐讳外，实录对皇太极于汗室成员婚礼时所行的跪拜之礼亦有所隐讳。如前述天聪七年多铎聘娶科尔沁大妃之女，据《内国史院档》所载，汗接受聘礼后，"赐大贝勒驮甲胄马一匹、空马一匹、驼一头，（原档残缺）大贝勒跪拜，汗亦以兄行礼，迎面跪拜"⑤。而在实录中被记述为"赐代善驮甲胄马一、空马一、驼一，代善谢恩。上答礼"⑥。皇太极向代善"迎面跪拜"的礼节被"答礼"二字模糊化。

综上可知，随着崇德皇权的来临，实录对皇太极敬拜礼节的隐讳越来越甚。与此相呼应，天聪九年，代善因私结哈达公主而引起了皇太极的不满，他斥责代善之子萨哈廉曰："吾与汝父反目，汝父为兄，吾焉能说之？凡尔父恶逆之行，汝倘有所知，当须强谏之！"⑦ 此语被修史者润饰为："尔萨哈廉身任礼部，尔父妄行，又邀请怨朕之人，尔既知之，何竟无一

---

① 《清初内国史院满文档案译编》上册，第49页。
② 《清太宗实录》卷17，天聪八年正月戊子。
③ 《天聪九年档》，第2页；《清初内国史院满文档案译编》上册，第130页。
④ 《清太宗实录》卷22，天聪九年正月壬子。
⑤ 《清初内国史院满文档案译编》上册，第15页。
⑥ 《清太宗实录》卷14，天聪七年五月壬寅。
⑦ 《天聪九年档》，第118页。

言谏阻耶?"①"汝父为兄,吾焉能说之"一语彰显了代善作为兄长所具有的特殊地位,而实录将此隐蔽,其目的同样是为了给后人营造一种代善等兄姊的地位越来越低、天聪汗国主的地位越来越突出的历史感观,从而为崇德皇权"水到渠成"的降临作政治宣传。

## 三 几点认识

以上,笔者比照档案史料,对《清太宗实录》中天聪朝的部分史实作了对比分析,认为经过长达70余年的反复删改和润色后,《清太宗实录》中的部分史实已渐失历史真相。在此过程中,体现了撰修者的修史意志和修史原则。总结起来,主要有如下几点:

第一,秉承"为尊者讳"的修史传统。

代善、多铎等统治阶层核心成员本应以国家利益为重,却贪恋私产、罔顾大义,公然将家庭利益凌驾于国家利益之上。在修史者看来,如此不耻之举只有曲笔粉饰才能维护先祖们为国冲锋、开创国基的光辉形象,也才能起到激励后世效法先祖、建立丰功伟业的作用。

第二,为崇德皇权的来临作政治铺陈。

天聪时期是后金汗权走向崇德皇权的过渡时期。虽然在即帝位前夕,皇太极依然遵循着传统的敬拜兄姊之礼,且在时人看来身为国主行此大礼亦理所当然。但是在皇权蒸蒸日上的康雍乾时期,撰修实录者已无法理解即将改元称帝的皇太极还有此屈尊行礼的行为。因此,实录在记述这一叩拜之礼时,从天聪六年的"秉笔直书",到天聪七年的"稍有缺略",再到天聪八年的"大加隐饰",最后到天聪九年的"删改节略",可见修史者迎合汗权集中的历史大势,越到天聪后期越有意淡化兄长的影响力,而对汗所行之三跪九叩头礼更是讳莫如深,删改得了无痕迹。其根本目的在于营造出天聪朝后期汗权的强化趋势,为即将到来的崇德皇权做好铺垫。

第三,选择性的曲笔隐饰。

在《清太宗实录》中对同一历史事件的叙述,有时极力隐讳,有时却书法不隐。如代善因囊囊太后"无财帛牲畜"而拒绝聘娶,这一不光彩之事在实录中被极力掩饰;而当代善缘罪时,皇太极怒斥:"我曾遣人谕大

---

① 《清太宗实录》卷25,天聪九年九月庚午。

贝勒，令娶察哈尔汗囊囊太后，彼以无财而不娶。凡人娶妻，当以财聘，岂有欲得其财物而娶之之理乎？"[1] 这一斥责之语却被实录无所隐讳地记录了下来。[2] 此处直书无隐，意在借贬低代善来彰显皇太极之英明与威严。在实录中，对同一事情，有所隐有所不隐，体现了修史者选择性曲笔的原则。

（作者单位：中国社会科学院）

---

[1] 《清初内国史院满文档案译编》上册，第197页。
[2] 《清太宗实录》卷25，天聪九年九月庚午。

图书在版编目(CIP)数据

清史论丛.二〇一七年.第一辑/中国社会科学院历史研究所清史研究室编.--北京：社会科学文献出版社,2017.5
 ISBN 978-7-5201-0734-1

Ⅰ.①清… Ⅱ.①中… Ⅲ.①中国历史-清代-文集 Ⅳ.①K249.07-53

中国版本图书馆 CIP 数据核字(2017)第 088075 号

## 清史论丛（二〇一七年第一辑）

编　　者 / 中国社会科学院历史研究所清史研究室

出 版 人 / 谢寿光
项目统筹 / 宋月华　张倩郢
责任编辑 / 张倩郢

出　　版 / 社会科学文献出版社·人文分社（010）59367215
　　　　　地址：北京市北三环中路甲 29 号院华龙大厦　邮编：100029
　　　　　网址：www.ssap.com.cn

发　　行 / 市场营销中心（010）59367081　59367018
印　　装 / 三河市东方印刷有限公司

规　　格 / 开本：787mm × 1092mm　1/16
　　　　　印 张：20.25　字 数：325 千字
版　　次 / 2017 年 5 月第 1 版　2017 年 5 月第 1 次印刷
书　　号 / ISBN 978-7-5201-0734-1
定　　价 / 79.00 元

本书如有印装质量问题，请与读者服务中心（010-59367028）联系

版权所有 翻印必究